# 華嚴經百日法門

長山 編著

불광출판부

# 華嚴經 百日法門

長山 編著

# 자서(自序)

이 책은 97년 가을 9월 28일부터 화엄경을 주제로 한 백일법문, 정확히 104일간 화엄경을 연속해서 설법한 것을 펴낸 것이다. '화엄경' 하면 막연히 좋다는 생각, 또 화엄경은 불교의 진리의 보고(寶庫)로 생각하여 왔을 것이다. 그러나 일반 불자들은 막연히 '화엄경은 어려운 경전이야' 하며 읽어보는 것조차도 두려워한다. 설사 읽어 보는 경우가 있다 하여도 그 뜻이 오묘하고 깊어서 헤아리기 어렵다고 하며, 화엄경은 그 내용에서나 뜻을 품고 있는 것이 신비하기까지 하다고 한다. 물론 화엄경은 신비한 경전이지만 어렵지만은 않다.

그리하여 대승경전의 꽃이라 부를 수 있는 화엄경 백일법문을 통하여 일반 불자들에게 부처님의 뜻을 전하고자 하였다. 화엄경을 교재로 삼아서 설법하고자 했던 것은 가벼운 마음으로 불자들에게 부처님 법에 인연이라도 심어줄까하는 뜻에서였다. 금강경을 함께 강의하다 보니 104일이 걸렸다. 무엇보다 매일 하는 설법이라서 얼마나 신도들이 모여 줄까 걱정하였는데 그것은 기우에 불과하였다.

영국의 철학자 러셀은 "21세기는 동양의 종교와 철학이 세계를 지배할 것이다."라고 하였다. 동양이라는 말은 중국을 일러 말하기도 하고 동양삼국을 말하기도 한다. 한국의 문화는 무엇일까 생각하여 보면, 크게 불교의 깨우침 사상과 유교 사상을 근간으로 이루어졌음을 알 수 있을 것이다. 특히 불교는 대승사상과 보살사상과 선사상으로 구별된다. 화엄경은 대승경전으로서 적극적 중생구제와 깨달음을 말하는 경전이다. 화엄경은 불교를 알고자 하는 이들이 불교의 깊은 이치를 깨닫게 하여 신앙적으로 움직일 수 없는 절대적 믿음을 얻게 하고, 철학이 있는 믿음과, 깨우침이 있는 믿음으로 신앙의 근본이 되게 하는 경전이다.

그래서 화엄경을 설법의 주경으로 삼았다. 화엄경을 설법의 자료로 하면서 다 읽는 일은 어려울 것 같아 경의 각 품마다 중요하다고 생각되는 내용만을 골라서 법문의 자료를 뽑았다. 이 경전은 연구서나 완역한 경으로서가 아니라 되도록 불교인이나 불교를 모르는 분들도 쉽게 접근할 수 있게 하였다.

이 책은 도서출판 삼장원(三藏苑)에서 편집을 맡고, 출판은 불광출판부에서 하였다. 김숙자 선생님과 송민수 군이 교정을 보았으며, 이 자성심 신도회 회장님과 여러 불자님들의 인연공덕이 크다.

마지막으로 말씀드릴 것은 화엄경을 설법하며, 번역하고, 읽고, 이해하고, 주석하는 방법은 백만 가지가 될 것이다. 이 경을 편집하고 경을 읽고 이해하기 위하여 쓰여진 여러 가지 언어들은 이 중의 하나임을 말씀드린다. 또 이 책을 읽은 분들이 조금이라도 얻음이 있으면 만족할 것이다.

불기 2542년 12월 8일
부산 東明佛院 經露軒에서 長山

4

# 화엄경의 이해를 위하여

우리 나라는 적어도 불교의 나라였다고 할 수 있다. 과거의 신라나 백제 또는 고구려 그리고 통일신라, 고려국까지 불교 이외의 다른 종교가 없었기에 자신있게 불교나라라는 말을 할 수 있는 것이다. 물론 유교(儒敎)가 있었으나 유교라는 것은 종교라기보다는 공자의 가르침을 전하는 인간교육에 중점을 둔 가르침의 수준이었다고 볼 수 있다. 조선조에 와서 고려를 쓰러뜨린 관료들이 국가를 떠받치는 이념으로 유학을 택하였다. 조선은 유학을 국가를 이루는 기본골격으로 삼았으니 당연히 유교국이 되었다. 그러나 기층의 백성들은 하루 아침에 유교로 마음을 돌릴 수는 없었을 것이다. 그런 면에서는 고려의 귀족불교에서 일반 백성의 불교로 탈바꿈하는 계기가 되었을 법하다.

그러나 양반계급은 급속도로 불교를 배척하는 편에 서서 곳곳에서 불교를 배척하였다. 그래도 일반 백성의 종교적 신앙 자체가 무너진 것은 아니다. 그 어려운 여건 속에서도 지금까지 불교는 산중 곳곳에 대찰(大刹)로 발전하는 기이한 기적 같은 일이 일어났다. 아마도 역사상 중국이나 일본 그리고 동남아 어느 나라도 500년 이상 불교를 탄압한 나라는 없다. 그런데도 우리 나라에서 불교가 끝까지 살아 남았다면 이는 기적이라고밖에 표현할 수 없다.

우리 나라는 신라시대부터 화엄사상이 연연이 이어져 온 나라이다. 중국불교가 선불교 또는 교학으로 원각경을 중히 여겼다면 한국은 화엄경이라 하고 일본은 법화경이라고 한다. 신라의 의상(義湘) 스님은 태백산 부석사를 비롯하여 화엄(華嚴) 십찰(十刹)을 창건하였다고 한다. 가야산의 해인사, 경북 안동에 있는 봉정사, 영주 부석사 등은 대표적 화엄사찰이다.

지금도 우리 나라 스님들 중에는 보현행자(보현 보살의 가르침으로 사는 수행자라는 뜻이니 이는 화엄경 말미에 있는 보현행원품에서 유래한 것임)니, 화엄행자니 하면서 수행하는 스님들이 있다. 그리고 우리 나라 여러 고승대덕은 "한국불교의 특질을 말하여 주십시오"하면 서슴없이 화엄사상이라고 하는 것으로 보아 우리 나라는 화엄경을 중히 여겨왔다고 볼 수 있다.

조계종의 스님들은 사람들에게 가장 맞는 대승경전을 한 권 들라면 금강경이라고 할 것이다. 그러나 한국불교사상을 말하라 한다면 화엄경이라 할 것이다. 왜냐하면 화엄경은 한량없는 보살행을 중시한 화합정신이 들어 있기에 그러하다.

신라에 전래된 화엄경은 원효와 의상이라는 당대의 고승들에 의하여 해동화엄이라는 사상으로 발전되어 왔고 고려조에서는 화엄종으로 발전하였다. 실로 오늘날 한국불교의 사상과 그 뿌리는 화엄경이라 할 수 있다. 화엄경에 있어서 주불은 비로자나(毘盧遮那) 부처님이시다. 비로자나 부처님은 바로 법불(法佛)이시니 법은 일심법계(一心法界)의 상주불신(上住佛身)이기 때문이다. 화엄사상이 곧 우리

나라 불교사상으로 발전한 것은 우연한 것이 아니라 생각된다.

화엄경을 읽다 보면 인간세계에서 일어나는 일들이라기보다는 천상의 세계에서 일어나는 부처님과 보살들의 법회를 많이 접할 수 있다. 또 화엄경이 설해진 곳과 시간이 이해하기 어려운 점이다. 부처님이 성도하신 후 21일간에 다 설(說)해 마치셨다든가, 또 화엄경이 설해진 장소가 지상세계와 천상세계인데, 예컨대 야마천궁회라든지 도솔천궁 같은 곳에서 설법하였다는 것이다. 자연히 그 곳에 모인 대중은 보살이요, 부처님이다.

다음으로 화엄경은 단일 경전으론 그 양이 엄청나게 많은 대하(大河)이다. 경전의 권수에서도 알 수 있듯이, 40화엄경, 60화엄경, 80화엄경이 있는데 모두가 다 많은 분량이다. 물론 대반야경과 아함경 같은 경전군들이 있지만 화엄경은 역시 무량하다. 아침 종성을 할 때 화엄경의 글자 수를 말하는 염불이 있는데 그 숫자가 엄청나다. 화엄경의 글자 수는 10조9만5천4십8자라 한다. 글자 수를 계산해 보면, 요즘 나오는 책으로 봐서 한 쪽에 2천5백 글자로 환산하여 400쪽 정도의 책이라면 5십만 자로 해서 권수로 하면 약 2조 권에 달한다. 요즘은 경(京)을 쓰지 않지만 실제로는 조(兆)는 경(京)의 만 배가 되는 수치이다.

그러면 왜 화엄경을 10조9만5천4십8자라 하였을까. 그것도 5천4십8자라고 작은 숫자까지 언급하였는지 의심이 가지만 알 수가 없다. 80화엄경이나 60화엄경이나 40화엄경은 모두 약본이라고 한다. 그리고 화엄경에 5본이 있는데 상본(上本) 중본(中本) 하본(下本) 약본(略本) 항본(恒本)이 있는데 이 항본(恒本)은 그야말로 중중무진의 세계에 두두물물의 일체 모든 것이 부처님의 법문이 아님이 없다는 것이다. 일체의 것은 모두 법문이라고 하는 사상에서 이러한 화엄경의 무량한 숫자가 나왔지 않았나 하는 생각이 든다.

화엄경은 부처님의 자설(自說) 법문(法門)이 아니라 부처님이 깨달으신 후 3, 7일간 백천삼매[또는 화엄삼매라 함]에 드시어 부처님의 뜻을 문수 보살, 보현 보살, 법수 보살, 지수 보살 등 수없이 많은 보살들이 부처님의 가피력을 받아 설한 경전이다. 그러니까 부처님이 깨우치신 후 삼칠일간 삼매에 드시고 이 때에 부처님은 신통력으로 지상과 천상의 세계에 있으면서 여러 보살들이 찾아와서 법문을 하신 것으로 되어 있다. 80화엄경에서 부처님은 일곱 군데에서 아홉번[7처(處) 9회(會)] 설법하신 것으로 되어 있다는 것이다. 설법장소와 설법한 횟수를 정리하면 다음과 같다.

1. 적멸도량 마가다국 적멸도량(2품):
   ① 세간정안품 ② 노사나불품
2. 보광법당회 보광법당(2품) 2품은 지상에서:
   ③ 여래명호품 ⑧ 현수보살품
3. 수미산정회 : ⑨ 불승수미정품 ⑭ 명법품
4. 야마천궁회 야마천궁의 보장엄전:
   ⑮ 불승야마천궁자재품 ⑱ 보살십무진장품
5. 도솔천궁회 도솔천궁의 일체보장엄전:
   ⑲ 여래승도솔천궁 ⑳ 일체보전품 ㉑ 금강당보살회향품
6. 타화천궁회 타화자재천궁의 마니보전:

8

㉒ 십지품 ㉜보왕여래성기품
7. 보광법당중회 보광명전 : ㉝이세간품
8. 중각강당회(서다림원회) 기수급고독원의 중각 강당:
㉞입법계품

　마지막 2차에 걸쳐서는 지상에서 설법을 하신다. 제 7의 보광법당
중회는 제 2회와 같은 장소이므로 법회가 열린 것은 9회이지만 장소
는 일곱 군데 7처(處)이다.


## 아수라의 전쟁

　일본의 화엄학자 카마타시케오 교수가 지은 『화엄경 이야기』에 이
런 이야기가 있다. 오아시스의 도시 우전국(지금의 티벳지역의 위쪽
그러니까 타클라마칸 사막)은 불교를 숭앙하는 나라였는데, 그 나라에
반야미가박(般若彌伽薄)이라는 스님이 살았다. 그는 일심으로 화엄
경을 공부하며 독송을 하였는데, 화엄경은 다 읽자면 보통 끈기가
아니면 다 읽어낼 수가 없었으므로 반야는 열심히 화엄경을 독송하
는 것을 기도삼아 독송하였다고 한다.
　그런데 어느날 인간이라고는 말할 수 없는 어떤 이상하게 생긴 두
사람이 나타나 합장하며 인사하였다. 반야가 어디에서 왔느냐고 물
으니, 하늘을 가리키면서 저 곳에서 왔다고 하면서 오늘 우리들이
온 것은 하늘나라 천제가 스님을 꼭 모시고 오라 하여 왔으니 가자

고 하였다. 반야가 어떻게 가느냐고 하니 아무 걱정 말고 눈만 감으라 하여 시키는 대로 하였다. 그런데 금세 알 수 없는 사이에 두 사람과 함께 천상의 세계에 왔다 하였다.

반야는 너무 신기하여 불가사의한 일이라고 생각하였는데 천제(天帝)가 오더니 반야의 앞에 무릎을 꿇고, "지금 하늘나라에서는 전쟁이 났습니다. 아수라들이 우리 하늘나라 병사들을 격퇴시키기 위하여 수도 없이 와서 공격하고 있습니다. 스님께서 제발 화엄경을 독송하여 법력으로 저 병사들을 물리쳐 주십시오." 하였다. 그리하여 반야는 하늘의 전차를 타고 깃발을 흔들면서 큰소리로 화엄경을 외웠다. 반야와 함께 하늘병사들도 용감히 맞서 싸우자 이를 지켜본 아수라들은 놀라서 흩어져 도망갔다.

이 때 하늘나라 사람들은 기뻐서 말하길, "모두 당신 덕분입니다. 무엇이든지 원하는 것이 있으면 말씀하여 주십시오. 당신이 원하는 것이 있으면 무엇이든 다 바치겠습니다." 하여 반야가 "나는 위없는 보리도를 깨닫기를 원합니다."하니, 천제가 말하길, "그것은 우리들도 어찌 못합니다. 우리들의 능력으로는 불가능합니다." 하고 다른 것을 소원하라고 하였으나 반야는 오직 깨달음뿐이라고 하였다.

얼마 후 반야 스님은 지상으로 내려 왔다. 그런데 반야가 입고 있던 가사와 의복에 향기로운 향기가 났는데 향기가 배어서 그가 죽은 후에도 그 향기가 변함없이 났다는 것이다.

반야는 죽게 되었을 때 부처님처럼 오른쪽 옆구리를 땅에 대고 열반하였는데 반야는 말하길 "나는 이제 불국토에 태어나게 되었다." 라고 하였다고 한다. 그 후 우전국에 있던 삼장법사(三藏法師)인 인타라파아가 중국의 화엄종의 대성자(大聖者)인 법장(法藏) 스님에게 말하길 지금으로부터 35년 전 우전국에서 실제로 있었던 이야기라고 하면서 말해 주었다.

-『화엄경전기』

* 이 이야기는 잡아함경 정법염처경(正法念處經)에 있는 이야기이기도 하다.


## 갖가지 꽃으로 장식하다

화엄경을 읽다 보면 갖가지 꽃으로 장엄을 한다는 말이 수도 없이 나온다. 이 중에서 갖가지 꽃으로 장엄한다는 것은 잡화엄식(雜華嚴飾)의 의미인 것이다. 화엄을 범어로 말하면 간다뷔하(Ganda-vyuha)이다. 이것을 한자어로 표하면 잡화엄식(雜華嚴飾)이 된다. 잡화엄식이란 갖가지 온갖 꽃으로 꾸몄다는 얘기이다. 갖가지 꽃이란 연꽃같이 아름답고 품위 있는 꽃과 봄에 피는 진달래와 국화, 장미, 들국화, 산야에 피는 모든 꽃들일 것이다. 뿐만 아니라 이 세계에는 갖가지 꽃과 장신구와 보석 그리고 광명으로 온 천지가 가득하고 일체 세계가 모두 부처님과 보살들로 가득찼다는 것이다. 천상의 세계는 지구의 열 배 백 배나 더 나은 장엄을 했다는 것을 강조한다. 아무리 이 세계가 아름답다고 하여도 빛이 없다면 볼 수 없듯이 부처님은 항상 무량광명을 놓는다고 하였다.

## 청정(淸淨)한 눈을 얻는다

　　뭇 어리석은 중생은 봉사라서 눈이 없네
　　고통받는 중생을 위하여 청정한 눈을 뜨게 하고
　　중생에게 지혜의 등불을 비추어
　　부처님은 여래의 청정한 몸을 보게 하시네.


　이와 같이 일광(日光) 천왕은 부처님을 찬탄하였다. 세간정안품(世間正眼品)에서 부처님은 정안(正眼)이라는 말씀으로 법문을 하신다. 일체 중생이 바르고 깨끗한 눈을 갖는다는 것은 곧 청정한 삶을 살아야 된다는 것을 말한다. 사람이 마음이 깨끗하면 눈도 깨끗하여지는 법, 일체의 번뇌가 없고 욕심이 없는 사람은 눈이 맑다는 것이다. 우전국에서 반야 스님의 눈에 하늘사람이 보였다는 것은 그의 눈이 맑았다는 것을 말해 준다. 흔히 우리들은 "부처는 부처를 보고, 돼지는 돼지를 본다"는 조선 왕조 태조에게 한 무학 대사의 말을 떠올린다.

　부처님이 응현(應現)해 준다는 것은 곧 부처님이 32응신(應身)으로 모든 중생들을 구제해 주시는 것을 말한다. 불교에는 천룡팔부(天龍八部) 신장(神將)이 있어 나쁜 일을 하는 사람에게는 벌을, 좋은 일을 하는 사람에게는 그 앞길을 인도한다고 되어 있다. 이 천룡팔부 신장은 천(天), 룡(龍), 야차(夜叉), 아수라(阿修羅), 가루라, 건달바, 긴나라, 마후라가 등이 있다.

　여기서 하늘이라는 천(天)은 부처님 세계에서 천신(天神)을 말한다. 이 천신들의 나라인 하늘나라에 싸움이 벌어졌는데 우전국의 반야가 읽는 화엄경 독경소리에 아수라들이 놀라 도망을 쳤다는 것인데 그러면 왜 화엄경 읽는 독경소리를 듣고 돌아갔는가?라는 것이다. 이는 화엄경은 곧 부처님 말씀인데 이 모든 하늘신장[天神]이라든가 모든 귀신들은 부처님의 말씀을 사모하는 한편 그 말씀을 듣고 자신들의 잘못을 뉘우친다고 되어 있다.

## 보살들의 등장

화엄경에는 신장(神將)들만 등장하는 것이 아니고 모든 보살들도 다 등장하는데 그 가운데 보살들의 역할이 많이 있다. 그 가운데에서도 관세음 보살과 문수 보살, 보현 보살이 이 경에 나타나는 보살 가운데 그 역할이 제일 많이 언급되어 있다. 문수 보살의 한없는 지혜와 보현 보살의 원력은 우리들에게 많은 용기와 할 수 있다는 의지를 심어 준다. 그리고 관세음 보살은 우리에게 두려움을 없애 주고, 그리하여 용기와 지혜와 두려움이 없는 마음을 성취하여 깨달음을 얻게 하는 것이다.

한편 화엄경에서 백미라고 할 수 있는 것이 입법계품일 것이다. 선재동자가 53선지식(善知識:선지식은 이미 알고 있는 선생님이라는 뜻)을 찾아간 것은 그 모든 선지식의 가르침을 내것으로 하기 위하여서였다. 내것으로 한다는 것은 실천(實踐)을 말하는 것인데, 화엄경은 곧 실천을 하기 위하여 설해진 경전으로 보면 될 것이다. 특히 여기에 나오는 42번째의 마야 부인은 가비라 성의 정반왕(淨飯王:범어로는 숫도다나 왕)의 부인으로 싯다르타(석가모니 부처님의 출가 전 이름)를 낳았지만 그것은 단지 중생의 어머니로서 서원(誓願)과 환술(幻術)로써 이 세상에 온 것이며, 일체 노사나불의 어머니라고 하였다. 그러니까 마야 부인은 단지 중생을 가르칠 부처님을 잉태하여 낳고는 바로 입멸하였던 것이다.

선지식은 자애로운 아버지이시고, 큰스승이시며, 훌륭한 의사이고, 뱃사공이라 하였다. 인생에 있어서 선지식이라고 말할 수 있는 사람은 많지 않을 것이다. 또한 선지식을 만날 수 있다는 것도 아주 어려운 일일 것이다. 만약 진정한 선지식을 만나서 그의 가르침을 받아 생활한다면 그는 운명을 바꿀 수 있을 것이다. 설사 선지식을 만난다고 하여도 그를 따르거나 실천하지 않는다면 타오르는 번뇌의 불길을 어찌 끌 것인가?

# 차 례

## 제 1부 화엄의 세계를 가다

## 제 2부  화엄경 그 진리의 세계

## 제 3부  화엄의 바다

# 제1부
## 화엄의 세계를 가다

# 화엄경 요해(華嚴經 要解)

## 1. 화엄의 바다

　대방광불 화엄경(大方廣佛華嚴經)이란 '제불중생의 평등불성을 바로 보이신 것이다' 라고 하였다. 삼세제불이 함께 증득한 바이며 시방의 모든 보살이 함께 닦은 바이다. 석가 여래가 처음으로 정각을 이룰 때 수행의 인(因)과 닦은 바 과(果)를 밝히고자 하사 사람들로 하여금 함께 닦고 함께 깨닫게 하사 노사나 부처님의 몸을 시현해 연설하고자 함이다. 문수 보살이 아난해(阿難海)로부터 철위산에서 결집할 때 상중하의 근기에 따라 나누어 삼부를 나누었었다.

　이 경의 말한 바는 비로법신(毘盧法身)으로써 몸을 삼고 문수 보살의 묘한 지혜로 그 활용을 쓴다 하였다. 보현 보살의 행원으로 그 씨앗이 되고 그 원행으로써 묘지(妙智)가 원만하여 바로 미륵의 보처가 됨이라. 문수와 보현, 미륵을 의지하여 새로운 세계의 지표를 열어감은 광명보조(光明普照)를 믿기 때문이다. 문수사리 보살은 묘덕성(妙德性)이다. 미륵은 우리 말로 하면 자씨(慈氏)이고, 범어로는 '마이뜨리아'이며, 마이뜨리아는 '사랑의 부처' '사랑의 붓다' '희망의 부처' '희망의 보살' '사랑의 보살' 이라는 뜻이다. 화엄은 화엄해(華嚴海)라 하여 화엄은 이 세계에서 모든 것이 하나로 용해된다는 보편성의 진리를 갖고 있다. 지금까지 우리들이 배운 금강의 묘리와 반야지혜는 바로 이러한 화엄의 세계를 열기 위한 기초에 불과하다.

대(大)는 크다는 뜻이요, 또 그 몸이 한량없이 크기 때문에 무외(無外)라 한다. 무외란 밖이 없다는 뜻이니 그만큼 크다는 말이다.

방(方)이란 그 상(相)이 방대하기가 마치 법계와 같아서 방정(方正)하다고 표현하기도 한다. 그리고 평등하여 옮겨지거나 움직이는 것이 아니다.

광(廣)은 그 씀(用)이 마치 태허(太虛)와 같아서 두루하고, 모두 품고(含容) 있어서 막히거나 걸릴 것이 없음을 말한 것이다.

불(佛)은 곧 본지(本智)의 과(果)의 이름이다. 다시 말해서 근본각(根本覺)의 다른 이름이라고 할 수도 있을 것이다. 불(佛)은 우주의 근본자리요, 만물의 아버지이다.

화(華)는 만행(萬行)으로 얻어진 꽃이니 곧 그는 만행의 근본인 인(因)으로서 모든 것의 씨이다. 과(果, 열매를 맺기 위하여 꽃이 피듯이 華는 곧 열매를 맺기 전의 형태인 수행의 種因인 셈이다. 이것을 왜 꽃화자를 썼느냐 하는 것이다. 꽃이라는 것은 열매를 맺기 위한 몸부림일지도 모른다. 열매를 맺기 위하여는 모든 식물은 꽃을 피운다. 어떠한 방법이든 그 식물들은 꽃을 피우는 것을 그 생에 있어서 빼놓을 수 없는 거룩한 역사인 셈이다. 설사 꽃을 피우기는 피웠는데 열매가 없다하는 것은 또다른 이유가 있겠지만 그것은 생각할 바가 아니다. 왜냐하면 열매 맺기 이전, 하나의 流轉的 형태일 수 밖에 없다. 법화경의 華字도 바로 이 華 자이니 화란 바

로 수행을 의미한다. 예의바른 것도 화요, 공부하는 것도 화요, 염불하는
것도 화요, 참선하는 것도 이 화이다)를 말해 화(華)를 말한 것이니라.

엄(嚴)은 인과의 꽃으로써 불과를 장엄하되 복지행화장엄(福智行
華莊嚴, 복지란 복덕을 겸비한 것이요, 행화란 수행의 꽃이니 그것이 장엄
하게 된다는 뜻이다)한다 하니 십덕(十德)이 원만하여 십신(十身) 노사
나를 증득한다고 한다.

## 2. 오십이위(五十二位) 새로운 지평을 열어간다

십신(十信) 십주(十住) 십행(十行) 십회향(十廻向) 십지(十地) 등각
(等覺) 묘각(妙覺) 이것을 52위라 한다. 이 지위는 보살의 지위이다.
오십일위는 수행의 인(因)이고 묘각은 수행의 과(果)이다.

대저 유정(有情)의 근본이 지혜바다를 의지하여 근원이 되고 함령
(含靈:함령이란 일체 유주무주 제중함령의 준말이다. 함령이란 모든 중생
의 식(識)의 세계를 말한다. 그가 의식하는 그것을 일러 함령이라 하는데
그것은 미물중생들까지 갖고 있는 의식의 세계인 것이다.) 근본을 요달하
여 식정이 멸진하며 마음을 알아서 근본몸에 합하는 것이다. 대방광
불화엄경이라는 것은 중생의 본제(本際)를 밝히시고 모든 부처님의
과원(果源)을 보임이라 하였다. 자재함은 곧 비로자나불이시니 본성
으로 그 근본을 삼음이라. 사람마다 지혜가 근기에 따라서 응하시니
대비(大悲)로 제도하시어 이로써 이름한 것이라 하였다.

불(佛)의 십신(十身)이 있으니 그 첫째는 광명신(光明身)이요, 둘째
는 실상신(實相身)이요, 셋째는 자재신(自在身)이요, 넷째는 보리신

(菩提身)이요, 다섯째는 원신(願身)이요, 여섯째는 복덕신(福德身)이요, 일곱째는 위세신(威勢身)이요, 여덟째는 화신(化身)이요, 아홉째는 보신(報身)이요, 열째는 법신(法身)이다.

십신은 무변하여 중생의 마음을 다 아시고 어느 곳이든 아니 계신 곳이 없다. 십세(十世 : 십세란 三世에 또 三世를 곱하여 九世가 되고 현존 일념(한생각)에 격(隔)하지 않고 시작과 마침이 마땅히 생각에 옮기지 않는다.)는 오직 그 자리에 있을 뿐이다. 허공으로써 량이 됨이며 세상을 모두 거둠이라 하였다.

## 3. 선재 동자

화엄경에서 선재 동자(善財童子 : 화엄경에서 선재 동자는 그 백미이다. 선재 동자는 입법계품에서 여실히 나타난다. 선재가 일만팔천 대중 가운데 一人으로서 선두에서 일체 중생을 선도한다는 것이다.)가 가는 길은 바로 우리가 가는 길이다. 선재는 오십삼(五十三) 선지식을 찾아 나선다. 선재는 그가 찾는 스승을 찾아 나서는 용기가 있다. 때로는 배도 고프고 짜증도 나고 병도 얻었으리라. 그러나 그는 오직 일념으로 생각하기를 중생을 구제한다는 생각뿐이다. 자기 자신을 구한다는 것은 바로 남을 구하는 일도 된다. 반야의 가르침은 공(空)을 설(說)하여 실(實)을 말한다 하였다. 또 화엄경에서는 실(實)을 말하여 과(果)를 위한다고 하였다. 나보다 나은 사람에게 허리를 굽히기는 쉬워도 나보다 낮은 사람에게 허리를 굽히기는 어려운 것이다. 그러나 선재는 모두가 다 스승이라고 생각했다.

선재는 법계에 있는 일체 미진까지도 소홀히 하지 않았다. 그래서 선재의 눈에는 모두가 스승으로만 보이는 것일까. 선재는 바로 십신과 십주와 십회향과 십지와 십행을 차례대로 수행하고 마지막에 등각을 성취하는 일을 한다. 불교는 지식을 쌓는 것만이 배움이란 생각을 하지 않는다. 바로 지혜 다음으로 실천이라는 오십위가 기다리고 있는 것이다. 오십위는 내가 걸어가야 할 과제로 남겼다고 보면 될 것이다.

**부처님은 중생의 아버지**

어떤 사람에게 아들 셋이 있었습니다. 이 아버지가 하루는 아들 셋을 불러 놓고 이와 같이 말했습니다.

"내가 너희들에게 각각 돈 천만 원씩을 줄 터이니 너희들은 이 돈을 가지고 가거라. 그리고 삼년 후 오늘이 되면 이 돈의 용처를 물어볼테니 그 때 나에게 말해다오."

삼년이 흘렀습니다. 아버지와 아들 셋이 다시 만났습니다. 아버지는 먼저 큰아들에게 물었습니다. "그래 그 돈을 어디에 사용하였느냐?" 큰아들은 머리를 긁적이며 아버지 앞에다 저금통장 하나를 내어놓습니다. 큰아들은 아버지가 준 천만원을 하나도 쓰지 않고 그대로 은행에다 정기예금을 시켜 두었고, 그 동안 상당한 이자가 늘어 돈의 액수가 제법 불어 나 있었습니다.

아버지는 둘째 아들에게 "너는 무얼 어떻게 했느냐?" 하고 묻습니

24

다. 둘째 아들은 빙그레 웃으면서 하는 말이 "아버지, 돈이라고 하는
것은 원래 쓰라고 있는 것인데 천만원이 삼 년 갈 것 같습니까? 저
는 그 돈을 다 써버렸고 오히려 돈이 더 필요해서 형님한테 좀 빌려
썼으니 아버지께서 그 돈을 좀 갚아 주시지요." 하는 겁니다.

셋째 아들은 어떤가 하고 물어 보았습니다. 셋째 아들이 내어놓은
서류에는 그 동안 천만원이 투자가 되어 불어난 사업 실적이 다 들
어 있었습니다. 참으로 이 아들은 천만원을 몇 배로 불려 놓았던 것
입니다. 아버지는 참으로 흡족한 웃음을 지었습니다.

우리들은 이 사바세계에 태어났습니다. 그리고는 그냥 그럭저럭
사는 사람도 있고 인생의 의미를 찾아가며 사는 사람도 있고 또는
공덕을 쌓고 사는 사람도 있습니다. 마치, 저 세 아들과 마찬가지로
우리는 부처님의 위대하신 가르침을 늘 배우고 있지만 과연 그것을
내것으로 얼마만큼 저축을 하느냐는 것입니다. 본래 가지고 있는 복
이지만, 있는 그 복덕(福德)마저 까먹고 말았느냐? 아니면 복을 지어
세세생생 태어나는 곳에 아무런 근심과 걱정이 없는 그런 복을 지었
느냐는 것입니다.

법화경에는 이런 비유가 나옵니다. 본래 이 아들은 부잣집에 태어
났습니다. 그런데 부모와 헤어지고 말았습니다. 자라면서 객지를 떠
돌고 그는 참으로 가엾은 존재가 되어 돌아 왔습니다. 그러다가 부
잣집의 머슴으로 들어왔습니다. 아버지는 이제나 저제나 아들을 찾
기 위해 무척 애쓰다가 어느날 그 아들이 자기 집에 머슴으로 온 것
을 알고, "내가 네 아버지이고 이 집은 바로 너의 집이란다." 하였습
니다. 하지만 이 아들은 놀래서 달아나려고 합니다. 자기를 해코지

하려는 줄 알고 있었던 것입니다.

우리들에게 있어 부처님은 아버지이십니다. 예불할 때 사생자부 시아본사 석가모니불(四生慈父 是我本師 釋迦牟尼佛) 하지 않습니까? 부처님은 사랑의 아버지이시고 항상 우리에게 깨달아라! 그리고 너희들은 본래 부처 보배를 가진, 조금도 모자람이 없는 나와 똑같은 불성을 가진 나의 아들들이라고 말씀을 해주십니다.

그런데 우리들은 부처님 말씀을 못 듣는 것입니다. 스승의 말씀을 늘 잊고 삽니다. 스승은 나에게 있어 큰 복전입니다. 저 세 아들의 비유처럼 우리는 어떤 삶을 살아가고 있느냐 하는 말입니다. 부처님 말씀을 배워 내 인생을 보다 지혜롭게 살아가야 하지 않겠습니까?

저축해 놓은 돈을 꺼내 쓰지 않은 첫째 아들은 인내가 있고 끈기가 있는 사람입니다. 이 사람과 같이 우리도 부처님 말씀을 배우는 데 좀 끈기가 있어야 된다는 것입니다.

또한 이 세상에서 무엇인가 하나라도 남다른 데가 있는 사람, 용기 있게 자기의 미래를 꿈꾸는 사람, 어떤 성공을 거둔 사람, 이와 같은 사람들은 우선 생각이 남다릅니다. 보통 사람들과는 다르게 보고, 다르게 생각을 갖고, 또 행동함에 있어서도 항상 진취적입니다. 셋째 아들은 우선 그 생각이 남달랐고 그래서 그와 같은 성공을 거둔 것입니다.

# 화엄경 요의(了義)

## 1. 근수선법(勤修善法 : 부지런히 선법을 닦다)

중생을 수순하는 것은 경에 이르기를, "마치 큰 바다가 조수(潮水)를 이룰 때 그 시기를 놓치지 않음과 같아서 경의 말씀도 그러하다." 하였고, "만일 중생이 있어 근기가 깊고 마땅하여 들은 자는 곧 얻는다" 하셨다. 대승의 법화(法化)에 때를 잃음이 없나니, 여래출현품에 이르되, "불자야, 여래의 음성도 또한 다시 이와 같아서 남도 없고 지음도 없으며 분별도 있음이 없으며 들고 남도 아님이요, 다만 여래의 공덕과 법력을 좇아서 부처님은 광대한 오종(五種)의 음성을 내느니라."고 하셨다.

(1) 첫째는 이르되, 너희들은 마땅히 알라. 일체 중생의 모든 행이 고(苦)이니 이른바 지옥고, 축생고, 아귀고(餓鬼苦)와 복덕이 없는 고와 아와 아소(我, 我所)에 집착하는 고, 모든 악행을 짓는 고라. 인천(人天)에 나고자 할진대 마땅히 선근을 심을지니 인천 가운데 나매 모든 난처(難處)를 여의나니라. 이렇게 인천에 나면 바로 인천승(人天乘)이요, 인천승이라 함은 이는 인천 가운데 나기 때문이다.

(2) 둘째는 이르되, 너희 등은 마땅히 알라. 하신 것은 일체제행중고(一切諸行衆苦 : 모든 행이 다 무더기 고통뿐이다 라는 것)가 뜨거운 쇳덩어리와 같음이니 제행은 무상이라. 모든 것은 다 변하고 없어지고 지워지는 것이요, 열반은 적정(寂靜)이니, 다함 없음이요, 안락이라 멀리 번뇌를 여의어서 모든 열뇌(熱惱)를 여읜다 하였고, 부처님이 음성으로 수순하시니 이는 성문승(聲聞乘 : 성문이라 함은 바로 부처님의 말씀을 들어야 깨닫는 근기)이다.

(3) 셋째는 이르되, 너희 등은 마땅히 알라. 성문승이라 함은 다른 사람의 말을 듣고 알아 들음이로되 지혜가 약하고 근기가 없어 오직 말할 때만 알아듣는 그런 사람이다. 다시 상승(上乘)이 있으니 이름이 독각승(獨覺乘 : 독각이라 함은 홀로 깨달은 사람을 말하는데 그들은 소견이 적다고 말할 수 있다. 그러나 홀로라도 깨닫기 어려움이니 독각이라 함은 그도 존자 속에 든다 하였다. 흔히 우리 스님들이 좀 유별나고 남과 타협을 모르고 오직 자기 주의 주장을 하는 사람을 독각이라 한다)이다. 독각은 다른 이의 가르침을 받고 깨달은 것이 아니라 하였고 너희 등은 응당 배울지니라. 수승한 도를 즐기는 자는 법음을 들어 성문승을 버리고 독각을 이룸이니 이는 독각승(獨覺乘)이라.

(4) 넷째는 이르되, 너희 등은 마땅히 알라. 2승의 위를 지나서 수승한 도가 있으니 이름이 대승(大乘)이 되는지라. 보살이 행할 바니 육바라밀(六波羅蜜 : ①은 보시바라밀이요, ②는 지계바라밀이요, ③은 인욕바라밀이요, ④는 정진바라밀이요, ⑤는 선정바라밀이요, ⑥은 지혜바라

밀이다. 바라밀이란 피안이라는 뜻으로 일체의 고통을 떠난 淨土의 땅 또는 열반(Nirvāṇa)을 뜻한다.)을 수순할지니라. 항상 보살행을 끊이지 말아야 무량한 생사에 처하되 싫어하거나 괴로워하지 않느니라. 이 2승〔聲聞·緣覺〕을 초과함이 바로 대승을 이룸이니라.

(5) 다섯째는 이르되, 제일승(第一乘)이란 최상승(最上乘)이며 일체 중생을 이익케 하는 승(乘)이니 만일 중생이 믿는 마음과 앎이 광대하고 모든 선근이 익어 숙세에 심은 선근으로 모든 여래신력(如來神力)의 가피한 바가 되어서 수승한 욕락으로 불과(佛果)를 바라는 자는 이 법음을 들어 보리심을 일으킨다 하였다. 그러므로 이는 불승(佛乘)이라 하였다. 일승법(一乘法)은 여래의 음성이 몸을 좇아서 남이 아님이며 마음으로 좇아 남도 아님이로되 능히 무량중생을 이익케 한다. 그러므로 부처님은 항상 중생을 잘 보는 바이며 잘 듣는 바이며 잘 선도하는 바이니라.

## 2. 화엄경의 구성

화엄경은 세 종류의 한역본이 전해지고 있다. 먼저 불타발타라(佛陀跋陀羅 : Buddhabhadra 359-429)가 번역한 60화엄경은 동진(東晋)시대에 번역하였다고 하여 진경(晋經)이란 이름이 붙기도 한다.

그 다음으로 당나라 때 695년-699년에 걸쳐서 실차난타(實叉難陀 : Siksananda 652-710) 삼장이 번역한 80화엄경이 있다. 당나라 측천무후가 대승불교에 귀의하여 불심을 발하고 장안에 수많은 절을 세우고 스님들을 공양하였으며, 불탑을 중국 전역에 세웠다고 전한다. 측천무후는 경전의 미비함을 듣고 60화엄경으로는 안 된다고 생각하여 우전국(于闐國)에 범본이 있다는 말을 듣고 그 본과 역경사를 모셔다가 번역을 하게 하였는데 그가 바로 실차난타이다. 그는 범본 4만5천 게송을 가져왔다고 한다. 측천무후는 80화엄경을 번역하고 간행하는 데 실로 엄청난 자금을 댔고 본인이 그 서문을 쓰기도 하였다. 당나라 현수 법장이 이 역경사업에 동참하였으며, 그래서 당경 또는 신경(新經) 80화엄경으로 불리운다.

다음으로 40화엄경은 반야(般若: Prajñā) 삼장 법사가 당나라 정원년간(795-798)에 번역하였는 바 이 번역은 중국 화엄종의 청량 징관(淸凉澄觀) 대사도 참여하였다고 한다. 입법계품(入法界品)만을 번역하여 이 경이 완전하다고 할 수 없다.

## 3. 화엄경이 설해진 장소

화엄경은 일곱 군데에서 설하였다고 한다. 지상의 세 곳과, 하늘의 네 곳이다. 설법은 모두 아홉 번이며 품수는 39품이니 보통 우리들은 7처 9회 39품이라 말한다. 석가모니 부처님께서 보리수 아래에서 대각을 이루시니 온갖 의문이 모두 풀리었다. 생로병사하는 인생의 모든 것, 삼라만상의 실상생명(實相生命)을 깨달은 것이다. 그래서 이 자리를 금강보좌(金剛寶座)라 하고 보리도량(菩提道場)이라고 한다.

부처님께서 깨달음을 성취하고 3·7일 동안 설하였다고 전하는

데, 부처님 깨달으신 내용을 설법하시나 중생들이 알아 듣지 못하므로 부처님의 깨달은 경지를 수많은 상근기 보살들이 삼매에 들어서 부처님의 깨달은 경지를 감득한 후 부처님의 가피력을 받아 설하였다고 한다.

화엄경의 내용은 그러한 우주본성과 변만무량(邊滿無量)한 세계와 비로자나 부처님의 성불을 그린 것이다.

1회에 설법한 여섯 품이 세주묘엄품, 여래현상품, 보현삼매품, 세계성취품, 화장세계품, 비로자나품으로 화엄경의 서론에 해당된다고 한다.

다음으로 보광명전에서 설한 여섯 품이 있다. 2회부터 8회까지는 보살이 성불해 가는 것을 묘사하고 있다. 여래명호품, 사성제품, 광명각품, 보살문명품, 정행품, 현수품으로 십신(十信)에 해당하고,

3회부터는 하늘로 그 장소가 옮겨진다. 욕계 2천인 도리천궁에 올라가서 한 설법으로 여섯 품이 있다.

제 4회 설법은 욕계 제 3천인 도솔천궁에서 세 품을 설법하고 네 품이 있는데 십행에 해당된다고 하며,

제 5회는 욕계 6천의 제 4천인 도솔천궁에서 세 품을 설하였는데, 십회향품에 해당된다. 도솔천은 미륵보살이 있는 곳으로 미륵보살은 사바세계의 중생을 제도하기 위하여 지금 그 시기를 기다리고 있다고 한다.

제6회는 타화자재천궁(他化自在天宮)에서는 십지품(十地品) 한 품만을 설하셨다. 비록 한 품이지만 가장 수준 높은 진리의 설법이다.

제 7회에 부처님은 법회장소를 다시 지상으로 내려 와 다시 보광

전에서 11품을 설하고 이 품은 성불의 높은 경지에 이른다고 한다.

　제 8회 설법도 보광명전에서 보살의 수행계위를 다 이루는 설법이며, 마지막 단계로 묘각을 이룬다.

　마지막으로 9회는 금강경이 설해진 급고독원이다. 기수급고독원에서 마지막의 보현행원품과 입법계품이 설해진다. 화엄경의 마지막을 장식한 설법인 셈이다.

❁

**도를 따르면 그 가르침이 있다**

　"밝은 광명은 일체를 비추나니 온 법계가 다 청정해졌도다."

　화엄경 세간정안품에 있는 말씀입니다. 이제 부처님 깨침의 문을 열었으니 모든 지혜가 바로 여기서 난다는 것입니다.

　노자의 제자 중에 '경상추' 라고 하는 사람이 있습니다. 이 사람의 형상은 그리 잘나지는 않았지만 그의 말이라든가 행동 하나하나가 모두 본받을 만해서 사람들은 그를 참으로 귀히 여겼다고 합니다. 이 사람은 중국 십대 기인 중의 한 사람이기도 합니다.

　왕이 그를 아껴서 불러다 아무리 좋은 벼슬자리를 주어도 다 마다하고 경상추는 한적한 시골에서 사람들과 같이 논을 일구고, 밭을 일구고, 집을 짓고, 그렇게 살았습니다. 경상추는 자기가 잘났다고 똑똑함을 내세우는 사람과 불평을 일삼는 무리들을 모두 산에서 떠나 보내고, 무능한 어떻게 보면 바보와도 같은 순박한 사람들하고만 살았습니다.

그런데 참으로 이상하게도 마을의 다른 농민보다 그가 짓는 곡식은 참으로 잘 되었고 또 그 마을 전체에는 항상 풍년이 들었다고 합니다. 그가 온 이후에 이와 같은 덕이 있어서 마을 사람들은 그를 모시고 무엇인가 배우고 듣기 위해 그를 찾아 왔습니다.

"덕이 있으신 분이시여, 저희들에게 가르침을 주소서."

경상추는 답합니다.

"이 세상 있는 그대로 그대들은 볼 것이며, 이 세상 있는 그대로 들을 것이며, 이 세상 있는 그대로 생각할 것이니라. 만약 한 가지라도 꾸밈이 있다면 그 때부터는 도(道)를 잃을 것이다. 꾸밈이 없이 살면 온 나라가 평안할 것이며, 저 한갓 농사짓는 일이라도 잘 될 것이다. 왜냐하면 식물이라고 해도 다 그들에게도 마음이 있는 연고로 우리가 도와 더불어 살 것 같으면 그들도 그것을 좋아하기 때문이다."

마을 사람들 모두 그의 큰 가르침에 고개를 끄덕였습니다. 참으로 그는 도인이었던 것입니다.

우리들은 이 세상을 살아가면서 얼마나 꾸미고 삽니까? 너무도 인위적이고 작위적인 것이 많습니다. 작은 도랑에서는 큰 물고기가 살 수 없고, 작은 언덕에는 큰 짐승이 숨을 곳이 없습니다. 작은 언덕에는 간교한 여우 무리만 머물 뿐입니다. 현자를 존중하는 자는 지혜가 있는 사람일 것이며 현자를 헐뜯는 자는 어리석은 자일 것입니다. 큰 산짐승이라고 해도 산에서 내려오면 덫에 걸리기 쉽고, 큰 물고기도 물을 잃고 뭍에 오르면 개미에게까지 괴롭힘을 당한다고 하였습니다.

물고기가 물에서 헤엄치고 노는 것은 아직은 그 물이 놀 만큼 좋다는 것이며, 그 물에 물고기가 없다고 하는 것은 물이 이미 독으로 변했다는 것입니다. 머리카락을 세면서 머리를 빗는 사람, 쌀을 세어서 밥을 짓는 사람, 이런 사람들은 깐깐하고 까다로워서 일에 있어서 진척이 없을 것이며, 또 무슨 일이나 모두 대충대충 하는 사람도 그 일에 있어서 진척이 없으며 또한 단정함도 없을 것입니다.

이와 같이 이 세상은 항상 상대적으로 우리에게 주어져 있는 듯이 보입니다. 부처님의 깨우침의 자리에는 이 상대적인 것이 다 떨어져 나간 그 자리입니다. 부처님께서 깨우침을 얻고 난 후 우리 중생들을 보니 모두가 개유불성(皆有佛性)이라. '모두가 다 나와 같은 불성을 갖고 있건만 상대적인 차별을 떠나지 못하니 참으로 안타깝구나!' 하시고 팔만 사천의 법문을 중생의 근기에 따라서 설해 주신 것입니다. 우리들이 부처님의 말씀을 잘 배우는 길만이 나의 행복과 더 나아가서는 이 사회의 행복이 될 것입니다.

진리는 무엇인가? 진리는 어디에 있는가? 우리는 때때로 진리에 대해 궁금해 합니다. 진리는 저 절에 있는가? 진리는 저 교회에 있는가? 진리는 그 어디에 있는가? 라는 물음을 한다면 진리는 성실하게 일한 자에게는 그 대가를 주는 것이며, 게으름을 피운 자에게도 그 대가를 줍니다. 그러므로 진리는 다른 곳에 있지 아니합니다. 내가 기도의 공덕을 쌓으면 그 공덕을 주고, 나누는 삶을 사는 사람에겐 그 복이 증장합니다. 진리는 철학자가 부르짖는 곳에 있지도 아니하고, 바로 내가 살고 있는 이 자체가 진리입니다. 화엄경의 세계는 바로 이 같은 진리의 세계를 적나라하게 펼쳐 보이는 그런 경전입니다.

　어리석은 사람에게 나라를 맡기면 그는 도둑질하고 백성을 속인다 하였고, 현자에게 나라를 맡기면 백성은 서로 다투며, 무능하면서 높은 자리에 앉아 있으면 백성이 골탕을 먹고, 간신이 들끓는다고 하였습니다.

　여기에서 왜 '현자에게 나라를 맡기면 서로 다투는가' 하는 것입니다. 이 현자는 자기가 현자이니 만큼 타인의 허물을 보지 않으려고 합니다. 그러므로 백성의 다툼이 늘 수 있습니다. 오직 혼자만의 현자입니다. 이 현자가 두루두루 능한 자라면 모든 다툼을 멈추게 할 것이며, 그 나라를 잘 이끌어 나가 백성을 안온처로 만들어 갈 것입니다. 그러므로 윗자리에 앉은 사람이 좀 힘이 있고, 결단성이 있고, 만사에 능함까지 갖추고 있으면, 백성은 편안해집니다. 가정도 마찬가지입니다. 어버이가 엄하지 않고서는 자식들이 올바로 자랄 수가 없습니다.

# 화엄의 바다

1. 화엄경의 역해(譯解), 논(論), 소(疎), 초(招) 등의 역저들

  (1) 지엄(智儼)이 5권의 소(疎)를 지었음. 수현기(搜玄記)라 함.

  (2) 현수(賢首)가 탐현기(探玄記) 20권을 지었음.

  (3) 80화엄경에 대해 혜원(慧苑)이 간정기(刊定記) 16권을 지었음.

  (4) 청량 법사(淸凉法師)가 소(疎) 20권을 지었음.

  (5) 화엄경 전기 5권 당나라 법장(法藏) 지음. 줄여서 화엄전이라
     고도 함.

  (6) 화엄경 금사자장(金獅子章) 1권을 당나라 현수(賢首)가 지어서 측
     천무후(測天武后)에게 설법한 것임. 금사자를 비유를 들어서 강
     설함.

  (7) 화엄일승법계도(華嚴一乘法界圖) 신라 스님인 의상 대사가 지음.

  (8) 화엄종의 초조로 원효 대사가 해동종을 세웠다. 화엄종 계통
     으로는 부석사를 창건한 의상 스님이 있다. 화엄해동초조라고
     도 함.

  (9) 화엄종 계통의 스님이나 화엄경을 역하거나 주, 소, 초, 논, 기
     등을 모두 합하여 무려 300여 종이나 된다고 한다.

## 화엄경의 글자수

첫째, 화엄경의 글자는 십조구만오천사십팔자라고 하는데, 100000000000000000000000로 0이 23개나 된다. 약 십조의 글자라 하고, 요즈음 보통 책으로 한 페이지에 200자 원고지 10장으로 치고 300페이지의 책으로 치면 200 곱하기 10하면 2000자 곱하기 300페이지 하면 약 60만자는 (1권), 10조 나누기 60만은 16666666666666666 일백육십육경 육천육백육십육만육천육백육십육억 육천육백육십육만 육천육백육십육 권이 된다.

이것은 화엄경을 말할 때, 글자 수를 한번 셈하여 본 것이다. 화엄경은 10만 게송이니 30만 게송이니 하니 말이다. 10만 게송이나 30만 게송도 사실은 다 믿을 수는 없다.

다만 부처님 멸후에 많은 스님들이 게송을 부처님 입장에서 지은 것도 있을 것으로 해석할 수도 있다. 화엄경의 많은 분량을 말할 때 그것을 표현하기 위한 것으로 짐작된다.

화엄경의 글자 수가 하도 많다는 생각이 들어 셈하여 본 것이다. 그런데 화엄경은 겨우 80권이니 이것을 어떻게 이해할까. 화엄경을 이와 같은 비유로 말한 것이 있다. 마치 바다에 들어가서 모래 수를 세는 것과 같다 하였다. 화엄경의 내용과 그 수많은 공덕이 이와 같다는 뜻으로 이해하면 될 것이다.

## 회석(會釋)

(합론 제6권 180현 · 181현)

저 출현품은 이 경 가운데에 여래가 스스로 미간 백호광명을 놓으사 문수 보살이 입 가운데 광명이 나고 다시 보현의 이마에 이르게 하니 2인으로 하여금 한 가지 서로 문답케 하여 인과(因果)와 이사(理事)가 서로 사무치게 함이니라.

두 사람이 이치와 행과 그 몸이 되는 것과 그 씀[用]이 되는 것[理事體用]으로써 부처님을 이루는 고로 세상에 출현하시거든, 저 선재 동자가 미륵 보살의 처소에 이르러 미륵 보살이 또한 선재로 하여금 도리어 최초의 선지식인 문수사리를 보게 하시거늘 선재가 듣기를 마치고 다 기억하는 까닭에 보현 보살의 이름을 듣고 이에 무량한 삼매문(三昧門)에 들어 문득 그 몸이 보현의 몸에 듦을 보시며, 미륵 보살이 누각 가운데 있으사 삼세사(三世事)가 다 금시에 있음을 보고, 선재의 공력이 한량없거늘 그 과(果)가 지극(極)한데 미륵보살이 너그러이 함께하여 법칙을 이루어 후학으로 하여금 믿어 알게 하고 증득하여 들어감에 하나도 의심이 없게 함이라.

여기에서 이사(理事)가 서로 사무치게 한다는 뜻은 곧 형이상학적으로나 형이하학적으로 서로 융합한다는 뜻으로 풀이된다. 화엄경은 부처님이 무량삼매에 드시고 문수와 보현이 대보살로 이 경을 설하기도 하고 부처님 경계를 보여주기도 한다.

### 상수보살(上首菩薩)

부처님의 설법 가운데에 동참한 많은 대중이 있는데 그 대중 가운데 상수가 되는 보살은 보현 보살과 문수사리 보살이다. 문수와 보현은 법신 부처님인 비로자나 부처님의 좌우 보처이기도 하다. 문수 보살은 대지(大智)이시고 보현 보살은 대행(大行)보살이다. 대지(大

智)와 대행(大行)은 지혜와 실천을 나타낸 것이다. 문수 보살이 있는 데에는 항상 보현 보살이 있고, 보현 보살이 있는 곳에는 항상 문수가 있다.

화엄경에는 물론 한량없는 보살 대중이 나오지만 모두가 보현이나 문수를 따라가지 못한다. 부처님 회상에는 모두 500인의 보살 대중이 있다. 대개 광념당 보살, 수미당 보살, 보당 보살, 무애당 보살, 화당 보살, 이진당 보살, 묘당 보살, 보광당 보살 등이 수도 없이 나온다.

여기에 일일이 보살들의 이름을 소개하는 것은 그만한 이유가 있다. 그 이름마다 특별한 성격이나 의미를 부여하였기 때문에 이름을 모두 나열하게 된 것이다. 깃발 당(幢) 자 돌림의 이름 자, 힘력(力) 자 돌림자의 위력(威力) 보살이 나온다. 대개 이 힘력 자의 보살들은 십행, 즉 행동으로 옮기는 데는 힘이 있어야 하기 때문에 이 힘력 자를 썼다.

다음으로 감출 장(藏) 자 돌림의 보살이 있다. 예를 들면 지장 보살, 허공장 보살, 연화장 보살, 보장 보살, 일장 보살 등 수도 없이 많이 나온다. 이 장(藏) 자 돌림의 보살님들은 한량없는 보배들을 갖추고 있다.

눈안(眼) 자 돌림의 보살이 있다. 선안 보살, 정안 보살, 보안 보살, 이구안 보살 등 많은 안 자 돌림의 보살들이 출현한다. 이 안(眼) 자 돌림의 보살 등은 한량없는 세계를 보시며 중생들이 이 보살들의 눈을 통하여 세계를 보게 하는 위신력이 있다.

관(冠) 자 돌림의 보살은 벼슬을 하고 있는 보살들이다. 벼슬을 하고 있는 보살들의 역할은 아주 크다. 만약 그들이 생각을 어떻게 먹느냐에 따라서 불교의 흥망성쇠가 달려 있기도 하다. 중생계는 바로 이런 위치에 있는 사람들이 어떻게 마음먹느냐에 따라 달라질 수도 있다.

또 빛광(光) 자 보살이 나오고, 소리 음(音)자 돌림의 보살, 윗상(上) 자 보살이 나오고, 이길 승(勝) 자 보살이 나오고, 자재왕(自在王)이란 이름의 보살이 나오고, 깨달을 각(覺) 자의 보살이 나온다. 여기에 글자의 의미가 있으니 그 의미는 한번 새겨볼 만하다.

❁

### 지혜의 빛은 미혹의 어둠을 깬다

옛날 우리 고대사를 보면 나라가 여러 갈래로 갈라져 있음을 알 수가 있습니다. 백제, 고구려, 신라, 가야 등 이들 여러 나라들은 살육의 전쟁을 일삼았습니다. 사람들을 모아 놓고, '나는 왕이다. 나는 벼슬이 높다.' 하는 자들은 실제는 전쟁에 참가하지 않으면서 순하디 순한 백성들을 전쟁터로 내몰아 그들의 목숨을 빼앗았습니다. 가까이로는 6 · 25사변도 있습니다. 같은 민족끼리의 부끄러운 싸움으로 또 얼마나 많은 목숨이 유린을 당했는지… 다른 나라의 사람들도 이러한 싸움에서 그들의 소중한 목숨을 빼앗겼습니다.

지금도 세계 도처에서는 서로의 영역을 넓히기 위한 싸움이 일어나고 있음을 봅니다. 또 총 안 든 경제 전쟁이 지금은 더욱 치열하기도 합니다, 언어가 다르고, 풍속이 다르고, 사는 곳이 다르지만, 우리는 모두가 소중한 사람들입니다.

　석가모니 부처님께서는 일찍이 인간들의 이와 같은 살육하고 생·노·병·사 하는 것에 대한 문제들에 의문을 품고 그것을 완전히 풀기 위해 설산으로 고행의 길을 떠나셨던 것입니다. 우리는 그분께서 곧 왕위를 이어 받을 것으로 알고 있으며, 그분은 전혀 부족함이 없으리란 걸 알고 있습니다. 세상 사람들이 그렇게도 얻고자 하고 그렇게도 되고자 하는 그런 것들을 모두 다 갖고 있었습니다. 그러나 그러한 부귀영화가 참으로 무상한 것으로 간주하고 일말의 후회도 없이 중생의 아픔을 보고, 당신의 아픔인 양 싯다르타는 출가의 길에 올랐던 것입니다.

　우리는 정말 석가모니 부처님께 큰 감사를 올려야 합니다. 그분의 팔만 사천 법문이 없었다면 우리 중생들은 어디에 의지처를 두고 살겠습니까? 살육이 끊이지 않는 지구 도처에 부처님의 광대한 법음이 전해질 수 있도록 노력하는 것이 우리 불교도들이 부처님께 은혜 갚는 길이라고 생각합니다.

　이 세상을 살아가는 데에는 여러 길이 있습니다. 누구나 복을 구하고 또 행복을 바랍니다. 그렇지만 복을 구한다고 해서 마냥 구해지는 것은 아닙니다. 본래 복이란 선을 닦아서 얻는 것이며 또 부처님처럼 수행하면 큰 복이 됩니다. 원래 복이란 실체가 없습니다.

　왜 살아가는 것일까? 왜 고통이 있을까? 왜 복은 구해지지 않는 것일까를 생각하면서 우리의 삶이 좀 더 가치 있는 삶이 될 수 있도록 항상 힘써 나가야 되겠다는 것입니다. 이 세상에 가치라는 것, 이것만큼 귀중한 것이 있을까 싶습니다. 가치는 어떻게 보면, 만인을 먹여 살린다고 할 수 있습니다. 복은 기껏해야 자기와 가족밖에는 먹여 살리지 못합니다. 그러나 가치는 참으로 우리 인간들이 추구해야 할 정말 좋은 것 가운데 하나입니다.

복은 좋은 것이지만 옛 조사스님들께선 경계해야 할 것이라고 말씀 하셨는데 왜 그러느냐 하면, 경의 말씀에 "복은 선의 종자이기는 하나 지혜를 모른다. 그러므로 복이 다 끊어져 버리고 나면 미혹에 빠진다."라고 했습니다. 그러므로 복이 아무리 많다고 하여도 복을 다 받고나면 그는 나락으로 떨어져 버리는 것이기에 조사스님들께선 경계해야 될 것이라고 말씀하신 것입니다.

복이 있을 때 지혜를 낼 수만 있다면 그는 많은 선근 공덕을 베풀었을 것이고, 아무리 현재 그가 가지고 있는 복이 없다손 치더라도 그는 슬기롭게 고난을 헤쳐 가면서 살 것입니다. 그런데 지혜를 모르니 그가 무엇을 할 수가 있겠습니까. 그래서 복은 그리 좋은 것이 못 된다 했습니다. 그러면 무엇이 좋은 것인가? 그것은 가치입니다. 부처님께서 깨우침의 문을 여신 것이 이와 같이 많은 중생들이 살아갈 바 큰 의지처인 것처럼 이 가치라는 것은 만인을 살리는 것이라고 할 수 있습니다.

어떤 삶이 가치 있는 삶일까? 가치는 마치 연금술사와도 같아 사람을 깨우침의 길로 인도해 줄 뿐만 아니라 인간이 어떻게 살아야 될까를, 어떻게 살아야 실패 없는 성공의 인생이 될까 하는 데 큰 기여를 합니다. 가치라는 것은 이것 저것 섞여 있는 그런 것은 아닙니다. 이 세상에 가치있는 삶을 살았던 많은 분들 가운데 부처님은 가장 위대하신 분이십니다. 그럼 '왜 부처님을 위시한 세상의 성현들은 가치 있는 창조적 삶을 살으셨을까.' 하는 것입니다. 그분들은 만인에게 큰 이로움을 주신 거룩한 분들이기에 가치있는 분들이십니다. 이것이 복과 가치의 차이입니다. 세계가 이와 같이 많은 발전이 있는것도 가치 창조를 끊임없이 해온 분들 덕택입니다. 그러므로 가치는 창조를 낳고, 창조는 미래를 열어가게 하는 힘이 있습니다.

맹자의 어머니는 한때 아들이 서당에 다녀와서 "어머니 저기서 잡는 돼지는 왜 잡습니까?" 하는 말에 "오, 그것은 너를 위한 것이란다." 그랬답니다. 그리고선 가만히 생각을 하니 '아이쿠, 내가 거짓말을 하였구나. 이 거짓말이 장차 아들을 망치겠다' 싶어 얼른 돼지 잡는 곳으로 가서 사정을 하고는 돼지고기 한 근을 얻어와 아들에게 끓여 먹였다고 합니다. 맹자의 어머니는 이 때 복의 인을 심은 것입니다. 우리가 자녀들을 키움에 가치를 제대로 알지 못해 그저 공부, 공부합니다. 그 바람에 아이들은 갈 곳을 잃고 방황을 하게 되지요.

이제 가치 있는 삶, 용기 있는 삶, 복이 있는 삶, 지혜 있는 삶, 무조건 관용적이지 않는 삶, 요소 요소에 선과를 심는 삶, 그래서 모두가 소중해지는 삶을 살아야만 하겠습니다. 이 화엄경의 세계는 이와 같은 삶의 지혜를 베풀어 주는 거룩한 경전의 바다입니다.

# 기 도

시방청정해의 법계에 가득한 법신이신 노사나불의 모든 보살대중
에게 설하신 바 진리의 금강륜(金剛輪)과 청정대해중과 삼보님전에
계수정례(稽首頂禮)하오며 원만보신 부처님과 천백억화신 석가모니
부처님께 발원하오니 일체 장애가 끊어지고 원컨대 성중(聖衆)이 가
호(加護)하여 주시사 법문(法門)에 두려움 없게 하여 주시옵소서. 저
희들도 마치 청정법신이신 노사나 부처님처럼 하여 모두 이익을 얻
게 하여지이다.

저희가 오늘 이 법의 한량없는 문을 열어서 대해(大海)에 든 것처
럼 할 것이며 공덕의 문을 열고 무량한 보배를 얻어서 나눔에 부족
함이 없게 하여지이다. 그리고 지혜를 열어서 진리를 사무쳐 밝게
빛나게 하시고 복은 가히 덮을 만한 것이 없어서 마치 샘물처럼 솟
게 하시옵소서. 시종일관(始終一貫) 변함이 없어 흐리거나 개이거나
하는 표정이 없고 항상 맑은 하늘처럼 천지를 밝히듯이 하시고, 수
행은 근수(勤修) 정진(精進)으로, 여래의 신력(神力)으로, 종취(宗趣)
에 이르러서는 증의(證義)케 하시사 하나도 부족함 없게 하시고 지
(智)와 비(悲)로 제가 갈 곳을 가리켜 주소서. 계수정례하옵니다.

# 세주묘엄품(世住妙嚴品)

## 1. 내가 이와 같이 들었다

**경문** 한때에 부처님께서 마갈타국 아란야 법 보리도량에서 계시사 비로소 정각을 보이시었다. 땅은 견고하여 금강으로 되었으며 가장 미묘한 보배수레와 온갖 보배꽃이 청정한 마니주로 장엄되어 모든 색들이 한량없이 나타났다. 또한 마니로써 깃대가 되어 항상 광명을 놓고 미묘한 소리를 내며 온갖 보배그물과 향기가 나는 꽃다발로 두루 드리워졌다. 이 땅의 모든 보배나무와 꽃은 부처님의 신력(神力)으로 말미암아 나타난 것이며 이 도량의 모든 장엄이 다 그림자처럼 나타났다.

## 2. 보리수의 장엄

보리수는 높고 훌륭해서 금강으로 몸을 이루었으며 유리로써 줄기가 되고 온갖 미묘한 보배로 가지가 되어 있었다. 또한 잎이 무성하여 드리운 것이 마치 구름과 같고 보배꽃의 갖가지 색들은 가지마다 마니로써 그 열매가 되어 안과 밖으로 빛이 났다. 보리수 주변에 광명을 놓아서 그 광명 속에서 보살들이 있어 구름과 같이 동시에 출현하였다.

## 3. 궁전의 장엄

여래께서 거처하시는 궁전과 누각은 넓고 장엄하고 화려해서 시방에 충만하여 가지각색의 마니로써 이루어졌다. 모든 장엄한 곳에 광명이 흘러나와 구름 같으며 한량없는 대중들이 그 곳에 모였는데 부처님의 광명과 불가사의한 소리를 내었다.

## 4. 사자좌의 장엄

사자좌는 높고 넓으며 미묘하고 훌륭해서 마니로 좌대가 되고 연꽃으로 그물이 되었으며 청정한 미묘한 보배로 바뀌게 되었다. 그리고 마니광명은 서로서로 밝게 비추었다. 보배나무에서 미묘한 광명을 놓아서 찬란하게 광명을 비추니 여래의 위신력으로 여래의 광대한 경계를 설하시니, 첫째는 부처님은 마음대로 항상 태어남을 보이시며, 둘째는 여래가 삼세에 행한 온갖 복덕의 바다는 다 청정하다. 셋째는 끝없는 색상과 원만한 광명이 온 법계에 두루하여 차별없이 평등하시고 일체 세계를 다 수용하시되 아무런 장애가 없으시다. 각각 한량없는 신통력을 나타내시어 일체 중생을 교화하고 조복하신다. 넷째는 또한 부처님의 세계에 미진수와 같은 신중신이 있으니 족행신(足行神), 도량신(道場神), 주성신(主城神), 주산신(主山神), 주림신(主林神), 주약

신(主藥神), 주가신(主稼神), 주하신(主河神), 주해신(主海神), 주수신
(主水神), 주화신(主火神), 주풍신(主風神), 주공신(主空神), 주방신(主
方神), 주야신(主夜神), 주주신(主晝神)이라. 다섯째는 아수라왕, 가루
라왕, 긴나라왕, 마후라가왕, 야차왕, 용왕, 구반다왕, 건달바왕, 월천
자, 일천자, 삼십삼천왕, 수야마천왕, 도솔천왕, 희락천왕, 타화자재
천왕, 대범천왕, 광음천왕, 변정천왕, 광과천왕, 대자재천왕 이러한
이들 이외의 무수한 헤아릴 수 없는 수로써 모두 부지런히 행하는 바
가 평등하였다.

## 5. 사자빈신(獅子頻伸) 삼매에 들다

그 때 세존이 보살들의 생각을 아시고 큰 자비로 몸이 되고 큰 자비
로 문이 되고 큰 자비로 머리가 되고 크게 자비한 법으로 방편을 삼아
허공에 가득히 사자빈신 삼매에 드시었다. 이 삼매에 드시니 일체 세
간이 모두 깨끗하게 장엄하시고 그 때에 크게 장엄한 누각이 홀연히
넓어져서 끝닿은 데가 없었다. 금강으로 땅이 되고 큰 보배로 위에 덮
고 한량없는 보배꽃과 마니보배들을 가운데 흩어서 곳곳에 가득하였
다. 유리로 기둥이 되고 모든 보배로 합하여 된 대광마니로 장엄하고
그 위에 장엄하게 꾸몄으며 솟은 높은 누각과 높이 구름다리가 곁으
로 뻗었으며 추녀와 추녀가 마주 닿았고 창문과 섬돌과 모든 것이 다
구비하였다.

**해설** 부처님은 대단히 크고 큰 위신력을 가지신 것이 분명합니다. 인

생은 꿈이라고 말합니다. 부처님은 이 꿈을 깨어 버리신 분입니다. 부처님은 깨달은 분입니다. 깨달은 입장에서 일체 중생을 바라보았을 때 여러 가지로 생각할 수 있습니다. 일체 중생이 깨닫지 못했으니 부처님의 자리에서 보면 참으로 불쌍하기 짝이 없을 것입니다.

또 부처님이 깨달은 후 중생을 바라보니 '그들도 나와 똑같은 자성과 소양과 깨달음의 근본자리가 너무도 완벽하게 같다' 고 하셨습니다. 그러니 '나는 저들을 위하여 큰 깨달음의 세계로 인도하여야 할 것이다.' 라고 생각하셨습니다. 그래서 부처님은 사자빈신 삼매에 들어 무량한 광명으로 중생세계를 탐험하신 것입니다. 삼매에 들어서 보니 '이 얼마나 놀라운 사실인가.' 부처님은 이렇게 생각하신 것입니다. 부처님이 깨달아서 본 세계는 그야말로 아름다운 세계인 것 같습니다. 그래서 부처님이 본 세계는 끝이 안 보일 정도로 어마어마한 넓은 누각과 마루 그리고 대광명전이 있었다는 것입니다. 마치 꿈에서 깨어난 사람은 단지 꿈만 깨어난 것이 아니라 완전히 현실로 바뀌듯이 깨달음의 세계는 바로 완전히 바뀐다는 사실입니다.

꿈

중국에 유명한 유학자 '주해암' 이라는 분이 있습니다. 이 분의 말 중에 "아직 꽃이 피어나기 전의 그 꽃의 자리는 근본의 자리요, 성품의 씨앗이다. 꽃이 피어난 자리는 마음을 드러낸 모습이다." 라고 말하고, 또 말하길, "어짊(仁)이라고 하는 것도 마음을 깨닫지 못하면 어짊을 얻을 수 없다"라고 했습니다. 이와 같은 말을 보면 참으로 깨달은 분이 아닌가 싶습니다. 진정한 어짊을 얻는 것, 진정한 자비를 베푸는 것은 깨달음을 얻지 않고서는 불가능한 일일 것입니다.

우리들이 흔히 자비, 자비라고 하는 차원과는 다른 불보살님의 '참자비'는 깨달음을 성취하는 그 자리에서 많이 일어나게 될 것입니다. 우리들은 변덕이 심한 마음으로 자비를 좀 베풀다가도 심사가 뒤틀리면 그냥 비방을 해대곤 하는데 이것은 바로 깨닫지 못했기 때문입니다. 저 옛날 밀린다 왕이 나가세나 존자에게 묻습니다.

"존자시여, 시간은 있는 것입니까?"

나가세나 존자는 답합니다.

"왕이시여, 시간은 존재하지 않는 것입니다."

밀린다 왕은 다시,

"존자시여, 우리가 이렇게 살고 있고 또는 죽고, 또 태어나고 늙고 하는데 당신은 어떻게 해서 시간이 없다고 하십니까?"

여기에 맞는 비유로 저 조선시대에 있었던 '조신'이라는 스님의 얘길 하겠습니다. 이 스님이 나이 어린 사미로 있을 적에 강릉 목사의 부인과 그 고명딸이 낙산사로 수양을 왔습니다. 그들은 절에서 며칠 묵으면서 불공도 드리고 산책도 하면서 쉬다가 돌아갔습니다. 그 때 사미승인 조신은 이 외동딸의 자태에 마음을 빼앗겨 그만 사랑에 빠지고 말았습니다. 꿈에도 나타나고, 물을 떠올 때도 눈앞에 아른거리고, 기도를 할 적에도 앞에서 웃고 있고, 아무리 해도 이 아가씨의 영상(影像)을 떨쳐 버릴 수가 없었던 것입니다.

그래서 조신은 법당에서 관세음 보살님께 간절하게 기도를 드렸습니다. '제발 제 앞에 아가씨의 모습이 나타나지 않게 하소서. 관세음보살'. 그런데 어느날 나타나지 말라는 아가씨가 앞에 나타나서 사미승 조신의 옷소매를 잡아 끄는 것입니다. 그 길로 둘은 손을 잡고 먼 곳으로 달아나 버렸습니다. 그리고는 아름다운 사랑을 꽃 피우고 오손도손 살았습니다. 세월이 지나니 애들이 태어나고 애들에게 무얼 입히고 먹일까만 생각하는 처지가 되었습니다.

세월이 유수와 같이 흘렀습니다. 아이들이 점점 커가자 결혼을 시키려니 조신이 본래 근본이 내세울 바 없는지라 마음에 큰 고민을 하게 되었습니다. 둘은 이제 늙어 얼굴은 쭈글쭈글해지고 삶이 고단하기만 하여 도저히 사랑은 사치스러워졌습니다.

부인이 "여보, 우리 그러지 말고 저 낙산사에 가서 바람이나 쐬고 옵시다."라고 말하매 "그럽시다." 하고는 둘이 낙산사에 와서 기웃기웃 하는데 그 때 큰 범종 소리가 울립니다.

깜짝 놀래어 눈을 뜨니 꿈이었습니다. 그런데 시간이 종 한 번 치는 시간이었습니다. 꿈이더라. 이것입니다. 조신 스님은 깜빡 졸았던 것이었습니다. 그 졸았던 잠깐 동안, 일생을 살아본 조신 스님은 그 후 수행을 잘 하여서 큰스님이 되었다고 합니다.

나가세나 존자가 "대왕이시여, 죽은 사람에게는 시간이 없습니다."라고 말했습니다. 그렇습니다. 그러므로 해탈한 사람에게는 시간은 존재하지 않습니다. 왜 시간은 없다 하고 해탈한 자에겐 시간이 존재하지 않는 것일까? 아주 오래 전에 미국에서 심리학자들이 이 시간 개념에 대해 실험을 해본 적이 있는데 그 실험 방법은 죄수들을 각각 독방에 넣고, 방에 전깃불만 마음대로 쓰고 끄게 하고, 그

외의 창문도 막고 용변도 그 속에서 해결하게 하고, 또 일어나 있으면 밥을 주고, 자고 있으면 밥을 주지 않는 이 같은 실험을 한 석 달간을 하고 나서 각각에게 물었습니다.

어떤 죄수는 "글쎄 한 일주일 정도 지났나요?" 또는 한 "일 년 지난 것 같네요." 이와 같이 그 대답이 각자 다르다는 것이었습니다. 전에 삼풍백화점이 폭싹 주저앉았을 때에 살아나온 한 젊은이도 시간이 얼마나 지났는지 몰랐잖습니까? 이와 같은 것으로 볼 때도 시간은 감각이고, 우리가 느끼는 저 해가 지고 뜨고 함에 미혹되어 있는 것임에 틀림이 없습니다. 해가 뜨고 지고 하는 숫자에 따라서 시간이 있다고 하고 없다고 할 뿐이지 시간은 존재하지 않는다. 이것입니다. 시간은 과거에도 없었고, 현재도 없으며, 미래에도 시간은 존재하지 않습니다. 그러므로 '깨달은 사람에게는 시간은 없다.'는 것입니다.

그래서 깨달음은 이처럼 중요한 것입니다. 이 깨달은 사람에겐 무량 겁의 업장도 그 자리에서 싹 없어져 버리고 맙니다. 우리의 인생에서 깨달음을 얻는 것은 이처럼 삶을 바꿔 놓습니다. 이미 해탈한 사람에게 더 이상의 증오는 없고, 더 이상의 구함도 없으며, 더 이상의 너와 내가 없어집니다. 이런 사람에겐 모든 환경이 그 사람의 창조적 환경으로 바뀌며, 이런 사람에겐 고요한 적묵한 향기만이 납니다. 나는 어떤 향기를 내는 사람일까? 향기라는 것은 그윽한 것입니다. 그 사람이 어떤 마음가짐이냐에 따라 향기가 다를 것입니다. 부처님의 진리의 말씀에 따라 나를 변화시키고 나를 성숙시키고 나를 자숙시켜서 나의 고유의 향기를 만들어 가는 그런 불교인의 자리가 참으로 아쉬운 때입니다.

## 6. 보살들이 얻은 보배

**경문** 해월광대명 보살 마하살은 보살의 모든 지위와 모든 바라밀을 내어서 중생을 교화하고 온갖 부처님의 국토를 깨끗이 장엄하는 해탈문을 얻었으며, 운음해광이구장(雲音海光離垢藏) 보살 마하살은 생각 생각에 법계의 갖가지 차별한 곳에 널리 들어가는 해탈문을 얻었고, 공덕자재왕정광(功德自在王淨光) 보살 마하살은 시방 모든 보살이 처음으로 보리도량에 나아갈 때 장엄하여 널리 보는 해탈문을 얻었고, 선용맹연화계(善勇猛蓮華界) 보살 마하살은 여래의 지혜를 성취하여 한량없는 겁 동안 길이 머무는 해탈문을 얻었고, 향염광당(香焰光幢) 보살 마하살은 현재의 모든 부처님이 처음 닦는 보살행과 지혜의 무더기를 성취함을 보았고, 덕이 깊고 깊은 한량없는 많은 부처님이 비로자나 부처님의 큰 서원 바다에 들어 해탈하는 문을 얻게 함이니라.

나는 시방을 남김없이 다 보며 나 또한 모든 부처님의 신통력을 나타내어 도량에 앉아 정각을 이루었고 보살대중이 법을 듣기 위하여 둘러 앉아 있음을 보았노라.

광대한 비로자나 법신에서 광명이 나고 능히 자비방편으로 세간에 나투어 널리 중생의 마음에 즐김에 따라 근기에 맞추어서 법비를 내리느니라.

진여는 평등하여 형상 없는 몸이 이 때(垢) 없는 광명 청정한 법신이라. 지혜는 고요하고 몸은 무량하니라. 나는 널리 시방에 법을 연설함이로다. 시방의 경계 다함도 없고 같음도 없으며 끝도 없고 모두 각각 다르니 나는 걸림없는 힘으로 광명을 놓아 모든 국토 밝게 비춤이라.

## 7. 구름을 일으키다

혜자재신통왕 보살 마하살과 뇌음보진(雷音普震) 보살 마하살과 부사의공덕보지인(不思議功德寶智印) 보살 마하살과 선용맹광명당(善勇猛光明幢) 보살 마하살 들이 있었다. 이러한 상수 보살들이 세계 티끌 같은 수의 이들과 동시에 출현하였다. 모든 보살들이 제각기 가지가지의 구름을 일으키니 온갖 마니보배 꽃구름과 향기구름과 온갖 보배가 원만한 광명구름과 끝없는 경계의 향기로운 꽃구름과 광명구름과 등불광명구름과 온갖 나뭇가지의 꽃열매구름과 다함없는 보배의 청정한 광명 마니보배 구름과 장엄구의 마니왕 구름이니라.

## 8. 부처님의 자리를 찬탄

비로자나 부처님이 상호 갖추사 연꽃 사자좌에 앉으시고 모든 대중 청정하여져 고요함과 머무름 없어라. 갖가지 변화하여 시방에 가득하고 여래의 장광설 화현으로 연설하니 모든 보살 그 속에 있음이라. 이러한 자리에 부처님 앉으셨네.

**경해** 뇌음 보살은 우레와 같은 소리를 내어 이 세상의 무량한 소리의 세계를 말함이라. 뿐만 아니라 뇌음 보살은 소리 진동함이 천지를 나눌 수 있을 만큼의 널리 진동하고 진동한 소리마다 다 공덕이 있게 하니라 하였다. 부사의공덕보지인(不思議功德寶智印) 보살은 그 공덕이 사량으로 분별할 수가 없고 많은 공덕이 있으니 그것은 모두가 다 보배스런 지혜의 공덕이라고 하였다.

하늘세계[天]는 자재하는 힘이 있는 연고이니 천(天)은 자재(自在)의 뜻이며 광명의 뜻이며 청정의 뜻이다. 지론(智論)에 이르되, 천(天)이 삼종이 있으니 제1은 인천(人天)이니 제왕을 이름이요, 제2는 생천(生天)이니 욕색천(欲色天) 등을 이름하니라. 제3은 정천(淨天)이니 불보살의 제 일의천(一義天)을 이름이라. 모든 하늘나라 사람들의 수명의 길고 짧음과 몸의 크고 작음과 옷의 가볍고 무거움과 궁전의 좋고 나쁨은 구사론 제 11과 유가등론(瑜伽等論)에 밝히었다. 삼십삼천(三十三天)이란 불지론(佛智論)에 수미산을 가운데 두고 사면으로 각각 팔대천왕(八大天王)이 있거늘 그 가운데 있는 천왕이 제석천왕(帝釋天王)이다.

고로 삼십삼천왕이 있나니, 또 능가대운소(楞伽大雲疎)에 제석의 이름이 108이 있으되 그 가운데 둘을 해석하면, 첫째 인타라(因陀羅)이니 인타라란 존중(尊重)이라는 뜻이다. 33천이 한가지로 존중함이니라. 둘째는 석가(釋迦)이니 중국 말로는 용맹(勇猛)이라. 존중과 위덕과 용맹은 제천(諸天)보다 수승한 연고라 하였다. 셋째는 불란타(不蘭陀)이니 불란타란 항복이라 한다. 마군중(魔軍衆 : 마는 귀신이라 함이니 마음이 조용하지 못함이요, 항상 남을 엿듣고 엿보는 것을 즐겨하여 눈은 찢어지고 시기하는 마음이 그치질 않음이라 하다.)을 항복받는다 한 것은 마군은 33천의 마군들이다. 또 구사론(俱舍論)에 이르기를, '마군은 오직 마음으로부터 나오는 것이니라' 하다. 아수라(阿修羅 : 아수라란 싸움을 좋아하는 연고로 항상 남을 헐뜯고 꾸짖으며 욕하고 때리고 남을 괴롭게 하는 것이다. 항상 남을 생각하지 않음이요, 그래서 그들은 작은 고깃덩어리를 놓고도 서로 살점을 뜯는 중생이라 한다)를 항복 받는 것이다.

## 9. 부처님의 열 가지 힘

**경문** 지난 옛적 청정한 인욕을 닦아 신해(信解)가 진실하여 신색(身色)과 상호(相好)가 원만하고 광명 놓아 시방을 비추노라. 옛적 끝없는 큰 겁 동안 청정한 계(戒) 바라밀을 닦아서 청정한 몸을 얻어 시방에 가득하여 세간의 고통은 이미 없도다. 나는 일체 중생의 모든 번뇌와 미혹과 습기(習氣)를 세간에 와서 방편으로 소멸하니라.

**경해** 부처님은 지난 세상에 세간에 오시어 인욕을 하였다고 합니다. 그 인욕을 닦으니 색신인 이 몸이 상호가 원만하고 금색이 나며, 뿐만 아니라 몸에서 광명이 나며 광명을 놓으신다고 합니다. 우리들도 사람들이 사람에서 빛이 나는 사람이 있습니다. 빛이 나는 사람은 어떠한 사람일까를 생각하니 그 사람은 깨끗하며 믿음으로 부드러운 말씨를 쓰고 항상 남을 존중하는 사람일 것이라는 생각을 해봅니다. 불평을 늘어 놓고 남을 헐뜯는 사람은 몸에서 광명이 나질 않습니다. 그래서 부처님은 인욕을 하셨다는 것을 강조하십니다. 그리고 청정한 계를 지키고 수행을 한 공덕은 바로 습기(習氣)를 제거하고 일체 세간의 번뇌를 소멸시킨다고 하시는 것입니다.

꽃

## 향기로운 사람 향기로운 세계

모든 부처님의 경계는 중생으로서는 가히 헤아릴 수 없습니다. 큰 그릇은 큰 그릇만큼 물을 담고, 작은 그릇은 작은 그릇만큼 물을 담습니다. 작은 그릇이 아무리 '나는 큰 그릇이요' 하며 많은 물을 담으려고 해도 자기의 그릇만큼밖에는 담아내지 못합니다. 이것이 바로 중생과 부처님의 차이입니다. 소인이 대인의 경계를 어찌 알겠습니까?

부처님의 세계는 항상 여여히 있건만 중생들은 그 곳을 모르고 방황하기만 합니다. 부처님은 마치 땅과 같아서 삼라만상을 다 살려냅니다. 부처님은 그러므로 우리들의 복밭입니다. 땅에 복의 씨앗을 뿌리면, 거두는 것은 복의 열매입니다. 마음으로만이 갈 수 있는 부처님의 세계, 부처님의 법을 우리가 알 수만 있다면, 우리에게는 어떠한 장애도 없습니다. 여기 열쇠가 있습니다. 많은 열쇠가 있는데 부처님 세계에 도달할 수 있는 문의 열쇠는 단 한 개만이 필요합니다. 이 단 한 개의 열쇠만이 바로 내 앞길을 열어주어 시공을 초월한 무한한 삶을 살게 할 수 있습니다.

만약 우리가 외도나 사도에 따라다니면 어떻게 될까요. 깡패 따라다니면 깡패 되고, 도둑 따라 다니면 도둑 되고, 사기꾼 따라 다니면 사기꾼 됩니다. 그러나 공부하는 사람 따라 다니면 공부를 해서 자신의 삶을 풍족하게 해 줄 것입니다. 향 만진 손은 향내가 나고, 생선 만진 손은 비린내가 나듯, 선한 사람, 향기로운 사람, 괜찮은 사람, 위대한 사람은 그들의 삶에서 향기가 납니다. 때때로 경악을 금치 못하는 사고가 일어나는 이유는 사람들이 잘못된 편견이나 생각을 갖고 있기 때문입니다. 악인도 선인도 본래는 없습니다.

먼 하늘만 바라보고 있는 사람에겐 미래가 열려오지 않습니다. 반드시 미래는 준비하는 사람에게만 열려옵니다. 그러므로 늘 준비하는 사람이 되어야겠습니다. 기도하고, 참선하고, 염불하고, 공덕 짓고, 참회하고 이와 같이 항상 준비하는 삶을 살아야 합니다.

기도의 성취는 이러한 행동이 무르익을 때 그 모습을 나타내 보입니다. 살아가는 것을 늘 연습처럼 우리는 삽니다. 하지만 연습이 거듭됨에 따라 실상의 삶이 오는 날도 있을 것입니다. 나를 담아내는 그릇이 큰 그릇이 될 그날을 위해 겸허한 자세로 나를 키워 나아가야 되지 않을까요.

우리의 마음을 개발하는 것은 끊임없이 샘솟는 샘물과 같은 것입니다. 퍼내도 퍼내도 샘솟는 저 샘물, 우리 마음도 쓰면 쓸수록 그 마음그릇이 커집니다. 한량없이 큰 마음, 나누어 주고 또 나누어 주어도 마르지 않는 샘물 같은 마음, 사랑·자비·존중, 이러한 것들을 누구를 막론하고 나누어 주어야 합니다. 부처님 사상은 저 하늘에 있고 저 먼 곳에 있지 않습니다. 바른 삶을 실천하는 그 곳에 화엄의 바다는 광대히 열려 우리에게 진리를 안겨 줍니다. 자비의 관세음 보살도 좋지만 열 가지 원을 가지시고 행의 실천자인 보현 보살도 있습니다.

# 여래현상품(如來現相品)

**합론** 이 품의 덕목을 해석하면 여래현상(如來現相)이란 보살과 천중신(天衆神)들이 운집하여 묵묵히 마음과 마음으로 법을 청하매 서른세 가지의 문(問)이 있거늘 여래가 아시고 광명을 놓으시고 상(相)을 나투시어 현시(現示: 현시란 곧 나투어 보이신다는 것을 말함)하시고 시방대중이 모여 물은 바를 답하신다. 여래께서 모두 모이게 하시고는 백호광명을 놓으시어 인과행문(因果行門)을 믿게 하시었다.

## 1. 마음과 마음으로 법을 청하다

**경문** 그 때에 모든 보살 마하살과 일체 세간의 주인들이 이러한 생각을 하였다. '어떤 것이 모든 부처님의 지위이며, 경계이며, 어떤 것이 모든 부처님의 가지(加持)이며, 어떤 것이 모든 부처님의 행이며, 어떤 것이 모든 부처님의 힘이며, 어떤 것이 모든 부처님의 두려움 없음이며, 어떤 것이 모든 부처님의 신통이며, 어떤 것이 모든 부처님의 자재이며, 어떤 것이 모든 부처님의 포섭해 취할 수 없음입니까.'

**논** 가지(加持)이니 부처님이 보현삼매에 드시사 갖추지 아니한 것이 없다 함이요, 합론(合論)에 이르기를, 붙들어 가진다 하였고, 32상 80종호를 모아 갖추신다 하였다. 어떤 것이 부처님의 행인가 하면 합론에 이르기를, 그르침이 없음을 불행(佛行)이라 하였으며, 일체의 모든 것을 다 아시는 행이며, 일체의 모든 것을 보시는 행이시며, 항상 실다움만 있는 것이라 하였다.

## 2. 법을 들어서 청법하다

**경문** "어떻게 하면 모든 부처님의 지위를 알게 되며 어떻게 해야 여래의 경계를 관찰합니까. 부처님의 가피 그지 없으사 법을 보이시어 청정케 하소서. 무엇이 넓고 큰 보배 삼매이며 무엇이 두려움 없는 수행입니까. 부처님의 힘은 크고 넓고 끝이 없으시니 모든 보살 위하여 열어 보이소서."

## 3. 세존께서 입으로 광명을 놓으시다

부처님께서 티끌 수 같이 많은 광명을 놓으시니 이른바 온갖 보배 꽃이 두루 비추는 광명과 법계를 장엄하는 광명과 미묘한 구름을 드리우는 광명과 시방의 부처님이 도량에 앉으사 신통 변화를 나투시는 광명과 묘한 음성으로 부처님의 명호를 일컫는 광명이었다.

한량없는 겁 동안의 수행바다에서 시방 모든 부처님 세계에 공양하시며 일체 중생세계를 교화하시사 묘각으로 두루하신 부처님 이루시네. 마니의 묘한 보배 보리수가 여러 가지 장엄이 다 특이하거늘 부처님 그 밑에서 정각을 이루시었고 이제 광명으로 널리 빛을 놓으시네.

## 4. 동북방의 염부단금(閻浮檀金)의 세계

이 화장세계 바다의 동북방에 다음 세계바다가 있으니 이름이 염부단금파리색당(閻浮檀金玻梨色幢)이요, 그 세계바다 가운데에 국토가 있으니 이름이 중보장엄(衆寶莊嚴)이요, 부처님의 명호는 일체법무외등(一切法無畏燈)이시다. 보배구름을 나타내시는 광명장 사자좌에 앉으시사 법을 설하시었다.

**경해** 이와 같이 동방, 남방, 북방, 서방 등 시방 국토에 각기 다른 부처님이 각기 다른 보배로 장엄하여 원만함을 보이시고 설법을 하시는 것이다. 여기에서 보배는 무엇인가? 보배란 쉽게 얻을 수 없는 것을 보배라 한다. 그렇다고 어렵게 얻어지는 것이 다 보배는 아니다. 진귀하고 아름다움을 갖추어야 보배라 할 수 있다.

**경문** 저 때에 보현보살 마하살이 여래 앞에 연화장 사자좌에 앉으사 부처님의 신통력을 받아서 삼매(三昧)에 드시니 삼매의 이름은 일체제불비로자나여래장신삼매(一切諸佛毘盧遮那如來藏身三昧)이니라. 널리 일체 제불의 평등성에 들어가서 능히 법계에 모든 영상(影像)으로 보이시며 광대무애하여 허공과 같고 법계해(法界海)에 들어 일체 모든 삼매법을 내어 능히 일체 시방법계를 포납(抱納)하여 삼세제불의 지혜광명이 다 이로부터 좇아 옴이라.

60

**합론** 첫째, 삼매라는 것은 작증(作證)이니 터럭 끝으로 광명을 내는 분이라. 둘째는, 부처님의 보덕(普德 : 보덕이란 넓게 펴는 부처님만이 갖고 있는 큰 덕을 보덕이라 한다)이 보현(普賢)으로 나타난다. 셋째는, 영상(影像)이라 함은 부처님의 그림 같은 형상이 법계에 두루하여 나투심을 말함이니 이것은 무량의 삼매에 드시는 연고라 했다. 소(疎)에 보살이 연화다라니를 외워 얻을새 설법시(說法時)에는 다 연화가 나타남이라 한다.

　열반경에 이르기를, 유(有)를 여의고 상주할새 고로 이름이 여래요, 만덕이 합섭(合攝)함을 장(藏)이라 하니라. 광대무애하다는 것은 법계를 영현(影現)함으로 넓고 크고 한량이 없으니 광대며 무애는 삼매에 들어 오고감이 걸림이 없으니 무애라 한다. 무변내외(無邊內外)한 연고로 이것은 광대무애문(門)이 된다고 하였다.

## 5. 중생들이 각각 이익을 얻다

**경문** 생각생각 속에서 각각 낱낱 수미산 미진수와 같은 중생들로 하여금 악도에 떨어진 이가 그 고통에서 영원히 떠나게 하며, 각각 수미산 미진수와 같은 중생들로 하여금 삿된 정에 머문 이가 바른 정에 들게 하며, 각각 수미산 미진수와 같은 중생들로 하여금 그 즐거움을 따라 천상에 나게 하며, 각각 수미산 미진수와 같은 중생들로 하여금 그 즐거움을 따라서 성문이나 벽지불 지위에 안주하게 하며, 각각 수미산 미진수와 같은 중생들로 하여금 위없는 보리심을 내게 하며, 수미산 같은 중생들로 하여금 평등법을 보게 하며, 모든 서원의 바다에 안

주하게 해서 끝없는 지혜로써 방편을 삼아 모든 부처님 국토를 청정
하게 하며, 각각 수미산 미진수와 같은 중생들로 하여금 모두 비로자
나 부처님의 광대한 서원의 바다에 안주하게 하여 여래의 집에 태어
나게 하였다.

꽃

**낙수물이 돌을 뚫듯이 정진은 원력을 이룬다**

　부처님이 깨닫기 하루 전에 마왕 파순이 찾아왔습니다. 마왕 파순
은 부처님께 말하길 "싯다르타여, 왜 여기 앉아 있는가? 싯다르타
그대는 원래 왕자가 아닌가? 빨리 집으로 돌아가라." 그러나 싯다르
타는 묵묵 부답이었습니다. 그러자 마왕 파순은 이제 위협을 가해
옵니다. "네가 아무리 도(道)를 깨닫는다고 해도 정말로 도를 깨닫지
는 못할 것이다. 그것은 오직 마음뿐이며 오직 너의 생각뿐이지 도
라고 하는 것은 원래 없는 것이다. 진리는 없는 것이다. 그러니 지금
이라도 늦지 않았으니 포기하라. 만약 네가 포기하지 아니 하면 내
가 불과 물로써 너를 없애 버리리라."고 협박합니다.

　마왕 파순은 석가모니 부처님의 깨달음을 방해하기 위해 온갖 협
박을 가하나 석가 세존은 그저 대답 없음으로 답합니다. 마왕 파순
은 예쁜 여자를 옆에 가게 해서 부처님의 정각 얻음을 방해코자 해
봅니다. 그러나 그 역시도 실패를 하고 맙니다.

　이 때 석가모니 부처님께서 말씀을 하십니다.

　"마왕 파순이여, 나는 하나도 두렵지 않다. 네가 나를 아무리 파

괴하려 해도 내일이면 나는 성불하노라."

이 세계의 많은 선각자들은 모두가 일어날 일들을 다 아시고 예언을 하고 있듯이 석가모니 부처님께서도 당신의 성불을 알고 있었습니다. 그리하여 마왕 파순은 지리멸렬하여 사라지고 말았습니다. 한 세계에 깨닫는 사람이 나오면 마왕의 나라 궁전들은 이유없이 무너져 내린다고 합니다. 그래서 그들은 도인의 앞에 나서서 이와 같이 위협하고 방해한다고 합니다.

인도 천축국에 축법난이라는 스님이 계셨는데 이분은 '어떻게 하면, 내가 부처님처럼 빨리 성불을 이룰 수 있을까' 하여 무던히도 애쓰며 공부했습니다. 온갖 고행을 마다않고 그는 수행하였으며 나중에는 설산으로 들어가 십년 동안 나오지 않고 수행을 하다가 그는 큰 깨달음을 얻었습니다. 축법난 스님은 말합니다. "끝내 나는 해냈다. 이 아름다운 진리의 세계, 부처님의 세계를 나는 보았다. 깨닫고 보니 모두가 참으로 석가모니 부처님이 말씀하셨듯이 다 참진리의 성품을 갖고 있는 것을 알았다. 마왕 파순이 나를 괴롭혔지만 끝까지 그는 나를 괴롭히지는 못했다."라고 하였습니다.

축법난 스님이 깨닫고 나서 정에 들어 법열을 즐기고 있을 때 전단나무는 말합니다. "나의 원이 있으니 부디 나의 원을 들어 주소서. 나를 베어다가 부디 부처님의 상호가 되게 해주십시오." 정에 들어 있던 이 스님은 이 말을 어여삐 여겨 사람들과 함께 이 나무를 잘라다가 삼십이상 팔십종호를 갖춘 부처님 상을 조각하여 모시고 다니다가 중국 청량사에 이 부처님 상을 영원히 모셨다고 합니다.

그 후 이 청량사에는 무진 상서가 나타나 한량없이 많은 대중들이 모여 들어 무진 법문을 들었다고 합니다. 축법난은 중국에 와서 한량없는 불법을 전했으며, 오늘날 북방 불교의 근간을 이루었다고 합니다. 축법난 스님처럼 깨달음을 구하는 데에는 내 몸을 불사르고 던지지 아니하면 안 됩니다. 이 세상에 태어나서 아무리 그가 복이 있고, 지혜가 있다고 해도 그도 노력을 하지 않고 살면 쓸모 없는 존재가 되고 맙니다.

석가 세존께서 정각을 성취하신 것도, 축법난 스님이 깨달음을 얻은 것도, 모두가 노력의 대가입니다. 99%가 땀의 가치입니다. 공덕은 단 1%에 지나지 않습니다. 이와 같이 어떤 일이라도 내 몸을 던지지 아니하면 그 어떤 것도 얻을 수가 없습니다. 우리는 자신을 긍정하고 부단히 부정으로부터 멀리 떠나서야 비로소 무언가 이 생에서 해낼 수 있는 길을 만날 것입니다.

어느 스님께서 나이 삼십이 되도록 바다를 못 보았습니다. 옛날 스님입니다. 이 스님은 바다를 생각하기를 '호수보다는 조금 크겠지.' 생각하고 살다가 어느 날 바다를 보게 되었는데 너무도 놀라서 그는 그 자리에 멍하니 서서 바다를 바라보았습니다. '나는 바다가 호수보다는 조금 클 것으로 생각했는데 바다는 참으로 크구나.' 그랬답니다. 참으로 바다는 바다입니다. 모든 강물들이 바다에 모이면 강이라는 이름을 잃어 버립니다. 그리고는 다 한 맛의 짠 바다라는 이름을 얻습니다. 바다는 온갖 어지러운 것들이 몰려 들어와도 다 밖으로 내 보내고 또 내보냅니다. 그리고 내 보내지지 않는 것은 짠물에 절여 썩히질 않습니다. 바다는 아무리 나쁜 것을 가지고 와도 또는 좋은 것을 가지고 와도 내색하지 않습니다.

　이 화엄경도 바다와 같습니다. 무궁 무진한 설법이 방편따라 설해 져 있고, 좋은 사람 나쁜 사람 가리지 않고 선지식으로서 법을 폅니 다. 화엄경의 바다에는 어떤 것도 포함돼 있지 않음이 없습니다. 기 독교의 경전이든 회교도의 경전이든 그 어떤 경전이든 모두 화엄의 바다에 속해 있습니다.

　바다는 변치 않고 영원합니다. 영원해서 없앨 수 없듯이 불법도 그 와 같습니다. 불법의 바다에는 살인자도 받고, 도둑도 받고, 그 누구 도 받지 않음이 없습니다. 그 누구라도 이 법바다에 들어오고 나면 다 같이 한 맛인 짠 맛을 내는 법바다가 됩니다. 깨달음이라고 하는 것은 모두가 한 맛입니다. 염불을 하여 깨달았든 경전을 읽고 깨달 았든 참선을 해서 깨달았든 주력을 해서 깨달았든 그가 길을 가다가 깨달았든 그 어떤 것으로 해서 깨달았든지 간에 가는 길은 서로 달 랐으나 그 목적지는 같습니다. 바다를 본 사람은 호수만을 본 사람 과는 다릅니다. 망망 대해에 나가 본 사람은 더 이상의 작은 세계 속 에 속하지 않습니다.

　이 시점에서 우리들의 마음은 어떻습니까? 얕은 우물과 같은 마음 입니까? 작은 구덩이의 물에는 작은 돌을 던지면 물이 출렁이고 튑 니다. 자기의 마음이 손바닥만큼 좁디 좁은 자는 위대하고 큰 것을 가질 수 없습니다. 우리들은 자기 자신을 감추려고 아무리 노력하지 만 감추지 못합니다. 자기의 얼굴에다, '나는 옹졸한 사람이에요. 나 는 질투심이 많은 사람이에요. 나는 간교한 사람이에요.' 하고 써 붙 이고 살고 있다는 말입니다. 도량이 넓은 사람은 그 얼굴이 편안합 니다. 내 얼굴을 책임질 수 있는 내가 되기 위해서는 부처님을 배워야 됩니다. 그리하여 개울물만 보는 우리도 저 바다의 망망 대해 앞에 서서 바다의 넓음에 한 몸이 되어가야 하는 것입니다. 나를 유혹하는 무수함 속에서 우뚝 서는 그날 우리는 바다에 속할 것입니다.

## 보현삼매품(普賢三昧品)

**합론** 보현삼매를 간략히 설명하면 일(一)은 그 품명을 설명함이요, 이지(理智) 무변(無邊)한 것이니, 이름하여 보(普)라 함이요, 지혜가 그 근기를 따라서 이익케 함을 이름하여 현(賢)이라 한다. 삼매(三昧)의 삼(三)은 정(正)이요, 매(昧)는 정(定)이니 삼매는 정정(正定)이라 한다. 정정(正定)이 되어야 능히 지혜를 낸다 하였다. 이(二)는 서른일곱 가지 물음에 어떤 것이 일체 보살의 수행의 바다이며, 어떤 것이 고통에서 벗어나는 바다이며, 어떤 것이 신통의 바다이며, 어떤 것이 바라밀의 바다이며, 어떤 것이 세계의 바다인가를 답함이 될새, 모름지기 정에 들어 중법(衆法)을 간택(簡擇)하여 앞에 물은 바를 답하여 대중으로 하여금 미혹(迷惑)한 것을 풀리게 함이라. 고로 이로 하여금 정에 들게 함이니라.

## 1. 보현 보살이 삼매에 드시다

**경문** 그 때에 보현 보살 마하살이 여래 앞에서 연화장 사자좌에 앉으사 부처님의 위신력을 받들어 삼매에 들어갔다. 이 삼매는 이름이 일체제불비로자나여래장신(一切諸佛毘盧遮那如來藏身)이다. 모든 부처님의 평등한 성품에 들어가서 능히 법계에서 온갖 그림자를 보이시며 넓고 크고 걸림이 없어서 허공과 같고 법계 바다의 소용돌이에 따라 들어가며 온갖 삼매의 법을 출생하고, 널리 시방법계를 싸들이며 삼세 모든 법계의 부처님의 지혜광명바다가 모두 여기에서 나오고 시방의 나란히 널려 있는 바다들이 다 나타내 보이시며, 모든 부처님의 힘과 해탈의 모든 보살의 지혜를 모두 포함하여 간직하고, 모든 국토의 티끌들이 그지없는 법계를 널리 수용하며, 모든 부처님의 공덕바다를 성취하고, 여래의 모든 서원의 바다를 나타내 보이시며, 모든 부처님에게 있는 법륜을 굴리어 유통시키며 보호해서 끊이지 않게 하시었다.

**합론** 불신소현(佛身所現 : 불신소현이란 부처님이 몸을 나투시는 관계로 항상 몸을 나투신다 하니라)이 일체 국토와 이 국토에 있는 바 미진의 낱낱 티끌 가운데 세계의 미진수의 불세계가 있고, 낱낱 부처님의 세계에 미진수의 모든 부처님이 계시거늘 낱낱 세계의 미진수 부처님의 세계가 있으며, 낱낱 미진수 세계에 보현보살도 다 또한 이 일체 제불의 비로자나여래장신삼매(毘盧遮那如來藏身三昧)에 듦이 있으시니라.

**해설** 위의 경문에서 "법계의 소용돌이에 따라 들어가고…" 이하 구절에 부처님께서 말씀하신 내용은 바로 우주가 항상 어떤 소용돌이에 따라서 미진수의 세계를 만들어 낸다는 구절이 나온다. 참으로 오늘날 과학의 세계에서 우리들이 이해하는 바이지만 지금으로부터

100년 전이라고 하여도 믿지 않았을 것이다. '시방세계를 싸들이며' 가 무슨 말인가, 그것은 다름 아닌 블랙홀 같은 것이 아닐까 생각되어진다. 이 시방법계를 싸들이며 그 곳에서 미진수 부처님의 지혜광명이 나온다고 하였다. 삼매에 들되 일체제불비로자나여래장신삼매라는 이름의 삼매에 든다는 것, 그것은 곧 여래의 삼매에 들어간다는 뜻이다.

## 2. 부처님이 가피를 내리시다

**경문** 그 때 낱낱 보현 보살에게 시방의 모든 부처님이 모두 그 앞에 나타나시사 모든 여래께서 같은 음성으로 찬탄하시었다.

"훌륭하고 훌륭하다. 선남자여, 이것은 그대가 능히 일체제불비로자나여래장신삼매에 들어간 것이로다.

불자여, 이것은 시방의 모든 부처님이 함께 그대에게 가피하심이니 비로자나불의 본래 원력인 까닭이며, 또한 그대가 부처님의 행원력을 닦은 것이니라. 이는 여래 지혜의 바다에 들어가서 법륜을 굴리는 바이며 지혜의 바다를 열어서 나타내 보이는 연고이며, 시방의 모든 바다를 남김없이 나타내 보이는 연고이며, 온갖 모든 법의 실상에 들어가서 지혜를 증장하는 연고이며, 모든 중생의 근기를 잘 아는 연고이며, 능히 일체의 교법(敎法)의 바다를 가지는 연고이니라."

보현 보살마하살에게 그 때 지혜 성품에 능히 들어가서 부처님의 지혜를 이루는 성품에 들어가며, 이와 같이 마음으로 가피를 내리시었다.

**합론** 저 때에 낱낱 보현 보살이 있어 시방국토에 낱낱 부처님이 계시어 그 앞에 시현하사(그 一은 口加요, 二는 意加요, 후는 身加이다.) 모든 여래가 한 가지 음성으로 찬탄하시되, 착하고 착하다. 네가 능히 일체제불의 비로자나여래장신인 보살삼매에 들었도다. 불자야, 이는 시방의 부처님이 한 가지 너에게 가지(加持)하심이니 비로자나여래의 본원력(本願力)으로써 한 연고이며, 또 여래의 행원력(行願力)으로써 한 연고이니라. 일체 여래 지혜를 개현(開顯)하는 일이며, 시방의 모든 바다를 비추어서 남음이 없게 하는 연고이며, 일체 중생으로 하여금 잡념을 맑게 하여 청정을 얻게 하는 연고이며, 일체의 모든 큰 국토를 섭수(攝受)하여 착(着)하는 바가 없는 연고이며, 깊이 일체 제불경계에 들어가서 장애가 없는 연고이며, 널리 일체 불공덕을 연〔開〕 연고이며, 능히 일체제법실상에 들어가서 지혜를 더하는 연고이며, 일체 법문을 관찰하는 연고이며, 일체 중생의 근본을 요달하여 아는 연고이며, 능히 일체 제불의 가르친 바를 가지는 연고이니라.

**해설** 비로자나여래장신삼매(毘盧遮那如來藏身三昧)란 비로자나는 법신이니 곧 진리의 당체이다. 차(遮)는 '자'로 읽는다. 보통 우리들은 청정법신비로자나불이라고 한다. 그 진리의 당체는 항상 청정하다고 믿는다. 진리는 왜 청정한 것이냐 하면 일체의 언설이 붙으면 그것은 군말이며 군더더기가 되는 연고로 이미 진리와는 일만 팔천리로 떨어지는 것이다. '여래장신'이란 여래의 몸인데 여래의 몸은 미묘하여 감추어진 것이라는 것이다. 보현삼매에 드니 곧 여래의 몸이 그 삼매 안에 있다는 것이다.

⚘

### 소지 보살(掃地菩薩)

옛날에는 빨래를 할 때 아낙들이 개울가에 모여서 양잿물로 옷가지를 삶아내 편편한 돌덩이 위에 놓고 방망이로 내리쳐서 빨았습니다. 어떤 것들은 손으로 싹싹 비벼 빨기도 했습니다. 그러나 지금은 빨래하기가 좋습니다. 세탁기가 헹굼까지 다 해주고 또 물을 꼭 짜주니, 편할 뿐만 아니라 할 일이 없으니 그저 그만입니다. 또 물빨래를 할 수 없는 옷가지들은 전문 세탁소에다 맡기면 화공약품으로 그 옷가지들을 세탁해서 반듯하게 내놓습니다.

그런데 우리가 입는 옷가지 등은 세탁을 해서 우리의 차림새가 말쑥해지는데 가만히 생각해보니, 중생의 때는 무엇으로 뺄 것인가 하는 생각이 듭니다. 우리들은 세상살이에 찌들려 너무도 많은 때가 묻어 있습니다. 얼굴에 분 바르고 머리에 무스 바르고 다녀도 그 사람 자체에서는 땟국물이 줄줄 흐릅니다. 우리들의 마음과 생각들에 묻은 때를 빼는 데에도 저 빨래하는 것과 마찬가지로 여러 방법이 있긴 있습니다.

부지런히 절에 나아가 스님의 법문을 듣는 것도 그 중 한 가지요, 부처님 앞에 간절히 엎드려 절하는 것도 또 한 가지이며, 가난한 자에게 나누어 주는 것, 봉사를 열심히 하여 공덕을 쌓는 것, 두려움에 떠는 중생에게 경전의 말씀을 가르치는 것, 한량없는 부처님 법문을 다른 이에게 전해 주는 방법 등 많이 있습니다.

정신과 육체는 둘이면서 하나인데 이 육체는 정신에 따라 움직이는 그림자입니다. 마음이 불안정한 사람은 얼굴에서부터 좋을 게 없습니다. 남 보기에 불안하게 보이고, 남도 편하지 않게 합니다. 매일 얼굴에서 웃음이 떠나지 않는 사람은 보기에도 너무나 화사해서 옆사람에게까지 그의 미소가 옮겨가게 되어 있습니다. 그러므로 일소일소(一笑一少)요, 일노일노(一怒一老)라 하지 않습니까? 한 번 웃으면 한 번 젊어지고, 한 번 노하면 한 번 늙어진다.

이와 같이 어떻게 마음을 쓰느냐에 따라서 그 사람의 얼굴 색깔이 달라지고, 얼마만큼 공부하느냐에 따라서 그 사람의 성격이 달라지며, 이처럼 그 사람의 짓는 공덕이 달라지면 그 사람의 생각하는 것이 달라집니다. 나쁜 마음을 먹는 사람은 항상 생각하는 것이 나쁜 일만 생각하기에 그의 미래는 자꾸 어두워져가고, 좋은 생각을 하는 사람의 미래에는 좋은 일만 이루어지게 되어 있습니다.

옛날에 저는 부처님 경전을 공부하면서도 '그래 짧고 굵게 사는 거야. 단번에 깨달음에 도달하여 모든 생사 문제를 해결해야지'하는 생각을 가졌던 적이 있었습니다. 그러나 세월이 흐름에 따라 이 생각이 잘못되었다는 것이 느껴집니다. 우리가 살아가는 나날들은 그야말로 수행의 정수인데, 깨달으면 이 삶을 떠나 다른 삶이 있는 것처럼 서둘렀으니 말이죠. 우리들의 기도와 원력은 하루 이틀에 끝날 그런 것이 아닙니다. 한량없는 세월 동안 정진에 정진을 거듭해야 할 그런 업장들입니다.

이 세상에 성공을 하고 싶은 사람은 변함없는 마음으로 일관성 있게 무엇인가 해나가야 합니다. 성공하고 싶다는 마음만 있고, 그 뒤에 따르는 준비가 없다면 어떻게 성공이 나에게 오겠습니까? 그러므로 정진이라는 이 말은 우리에게 어떻게 살아가야 되는지를 가르쳐 주는 그런 단어입니다.

# 세계성취품(世界成就品)

## 1. 세계가 이루어짐을 말하다

**경문** 일체 중생과 보살들의 이익을 위하여 설하노라.

"이와 같이 모든 법을 내가 마땅히 위신력으로 구족하게 베풀어 말하리라.

중생들에게 나의 지혜바다에 들어가게 하기 위하여 모든 보살들에게 부처의 공덕바다 가운데 안주하기 위한 까닭이며, 온갖 바다를 모든 부처의 자재함으로 장엄하기 위하여 모든 겁의 바다에 여래의 종성(種性)이 항상 끊어지지 않게 하기 위한 까닭이며, 온갖 중생들의 근기의 바다를 따라서 방편으로 모든 부처의 법을 내게 하기 위한 까닭이며, 온갖 중생의 욕락의 바다를 따라서 장애의 산을 꺾어 깨뜨리기 위한 까닭이며, 온갖 중생의 심행의 바다를 따라서 생사의 윤회에서 벗어나는 요긴한 길을 깨끗이 닦기 위한 까닭이며, 모든 보살들이 보현의 원력바다에 안주하기 위한 까닭이니라."

지혜의 심히 깊은 공덕바다가
시방의 한량없는 국토에 널리 나타나

모든 중생의 보는 바에 따라서
광명이 두루 비춰서 세계 일어나네.

시방세계 불가사의함을
부처님이 한량없는 겁 동안 일체를 장엄하고
중생들을 교화하여 성숙시켜
온갖 모든 국토에 나타나게 함이라.

보현의 원력을 따라 원행 끝없거늘
내가 이미 구족히 하였고
보안의 경계와 광대한 몸으로
이는 나의 행함이니라.

## 2. 세계의 바다 열 가지로 나타나다

그 때에 보현 보살이 여러 대중에게 말하였다.

"모든 불자들이여, 세계해에 열 가지가 있느니라. 과거, 현재, 미래
모든 부처님이 말씀을 하셨느니라."

이른바 모든 바다가 일어날 때 갖춘 인연(因緣)으로 세계바다가 의
지(依持)해서 머무는 것과 세계바다의 형상(形狀)과 체성(體性)과 세
계바다의 장엄(莊嚴)과 세계바다의 청정(淸淨)과 세계바다의 겁주(劫
住)와 세계바다의 변전(變轉)하는 차별과 세계바다의 차별(差別)없는
문(門)이니라.

**해설** 모든 세계가 일어난다는 것은 세계가 생겨난다는 뜻입니다. 세계의 형상과 그 세계의 모양과 성질과 허공에 있는 시간과, 변하여 지는 과정의 정도와, 그 세계의 차별되는 모든 것들, 청정함과 장엄되는 모든 것들이 부처님의 지혜와 신통력으로 이루어졌다고 합니다. 이는 '과거 현재 미래의 모든 부처님이 오셔도 똑같은 말씀이다'라고 합니다. 이는 중생의 업의 인연과 무관하지 않습니다.

전에 내가 잘 아는 처사님 한 분이 계셨는데 그분은 늘 "나는 늙으면 산 속에 조그마한 집을 짓고 살겠노라"고 입버릇처럼 말씀하셨습니다. 어느날 그분은 과연 강원도 삼척의 산 속에 집을 장만하여 살고 있습니다. 이는 그분이 소원처럼 말하던 것이 현실로 바뀐 것입니다. 이것도 업의 한 세계입니다. 우리 나라 사람들이 과거에는 아무 희망도 없고 할 수 없다는 탄식만 가지고 살았는데 모든 국민이 할 수 있다는 업으로 바뀌니까 이렇게 다 잘 해낼 수가 있으며 잘 살고 있습니다. 이것은 중생의 장엄입니다.

**경문** 열 가지 인연으로 말미암아 일어나는 세계를 또 말하리라. 이러한 세계는 과거에도 일어났고 현재에도 일어나며 미래에도 일어나리라. 무엇을 열 가지라 하는가. 첫째는 여래의 위신력인 까닭이며, 둘째는 법(法)이 응당 이와 같은 연고이며, 셋째는 모든 중생의 행(行)과 업(業)인 연고이며, 넷째는 모든 보살이 온갖 지혜를 이루어서 얻은 연고이며, 다섯째는 모든 보살이 함께 선근을 모은 연고이며, 여섯째는 모든 보살이 국토를 엄정(嚴正)하게 하기 위한 원력의 연고이며, 일곱째는 모든 보살이 물러나지 않는 행과 원을 성취한 연고이며, 여덟째는 모든 보살이 청정하고 자재한 원력의 연고이며, 아홉째는 모든 여래의 근본(根本)에서 나온 세력(勢力)의 연고이며, 열번째는 보현 보살의 자재한 원력의 연고이니라.

말한 바 부처님의 온갖 바다를
비로자나 부처님이 장엄하시네
부처님 경계 부사의(不思議)함이여
지혜와 신통의 힘 이와 같도다.

허공 같은 세계에 신통을 나타내어
도량에 모든 부처님 나투시고
연꽃자리 일체 모습 보이시니
낱낱 몸이 일체 세계에 없으심이 없네.

한 생각에 일체 세계 나투시니
모든 세계바다 성립되고
부처님 방편으로 그 속에 드시니
이것은 부처님의 장엄이니라.

**합론** 이제 이 품에서 간략히 세 가지로 말하려 한다. 일(一)은 품의 이름을 해석함이요, 이(二)는 품의 온 뜻을 해석함이요, 삼(三)은 글을 따라 그 뜻을 해석함이라. 첫째는 의주형상(依住形相)이니 세계의 모든 형상과 고락(苦樂)과 정예(淨穢)가 다 이 중생의 업보이니 그것은 자업(自業)으로 장엄하였느니라. 불보살의 세계는 대원력에 의하여 자체(自體) 청정한 법성력(法性力)으로, 또 중생을 구제하기 위하여 대자대비의 힘[力]에 의하여 부사의변화력(不思議變化力)으로 성취한 바니라. 이러한 까닭으로 세계성취라 한다.

만일 초심 중생이 이러한 부처님의 말씀이 없다면 어떻게 여래가 중생을 섭수(攝受)함을 알까. 무엇을 의지하여 부처님의 원행(願行)으로 널리 제도함을 받을까. 이 세계는 중생계와 법계(法界)와 불계(佛界)와 보살계(菩薩界)와 허공계(虛空界)가 둘이 없고 다함도 없어서 형상을 따르는 그림자와 같이 중중(重重) 무진(無盡)으로 의주(依住)함을 설하지 않을진대 어떻게 초심보살이 보살행을 닦을 것이며 보살행을 닦더라도 불경계를 알지 못하는 까닭으로 중중무진무애(重重無盡無碍) 상(相)과 불(佛)과 보살(菩薩)들의 행원이 합하여 이익케 함이니라 하다.

❦

## 보살의 길

불교도들에게 있어 불사 중의 불사는 부처님 말씀을 전하는 것이 그 첫째가 될 것이며, 그 외에 하나가 있다면 법석(法席)을 펼 수 있는 자리를 마련하는 것이 아닐까 합니다. 오늘은 이 절의 창건주이신 강석진 거사님의 13주기 재일입니다. 거사님의 공덕으로 수많은 불자들이 이 자리에서 공부하고 선근을 심어 나가고 있습니다.

사람이 태어나서 이분과 같은 거룩한 마음을 갖기란 그리 쉽지는 않은 일일 것입니다. 수많은 재산가들이 있지만 절을 지어 중생에게 그 복밭을 가꾸게 하는 분은 흔히 볼 수 없는 일입니다. 참으로 이분은 부처님과의 불연이 깊은 분인 것 같습니다. 우리 모두 이분께 깊은 감사를 드립니다.

불교를 상징하는 꽃이 있는데 우리 불자들 외에 다른 사람들도 빨리 알아 차리는 꽃이 있습니다. 그것은 연꽃인데, 연꽃은 아무리 흙탕물 속에서 자라도 그 잎새나 꽃에는 조금의 흙탕물도 묻지 않습니다. 이것은 불보살의 삶을 비유한 것입니다. 보살은 아무리 악도에 있어도, 아무리 두려운 곳에 있어도, 아무리 더러운 세계에 있어도 물들지 않습니다. 우리들은 보살과 같은 경지가 아니므로 작은 일에도 그만 물이 들어 그 삶을 헛되게 하는 경우가 많습니다.

지난번 대통령에 당선된 김영삼 씨가 청와대에 들어가고 나서 연꽃이 수난받은 사건이 있습니다. 경복궁 안 경회루 연못의 연꽃이 어느 날 몽땅 파내어져 버린 일과 독립기념관 앞의 연못의 연꽃도 활짝 피었는데 또 다 뽑아 내버린 일입니다. 기독교를 믿는 이가 대통령이 되니까 경복궁의 연꽃과 독립기념관의 연못에 핀 연꽃은 불교의 상징이므로 격에 안 맞다고 생각한 어느 아부쟁이의 말을 듣고 그렇게 했겠지요. 그래서 법정 스님이 동아일보에 기고를 했었습니다. 그러니 무어라고 변명하느냐 하면 '금년에 연잎이 나긴 다 났는데 잉어들이 다 뜯어 먹어 버렸다' 는 것입니다. '그럼 작년엔 왜 안 뜯어 먹었는지 모를 일입니다' 물으니 글쎄 '작년엔 식성이 없었는가 보죠' 하였답니다. 그런데 연잎은 줄기는 질기고 가시가 나 있어 물고기가 뜯어 먹을 수 없습니다.

　중생들이 갖는 이 같은 편견은 이 사회를 병들게 합니다. 불교의 상징이든 기독교의 상징이든 그것이 무어 그리 중요합니까? 연못에 피어 있는 꽃은 많은 이에게 기쁨을 주고 행복을 주는데, 이것을 모르니 참으로 그들이 가엾은 영혼을 가지고 있다고 아니할 수 없습니다. 영혼의 타락입니다.

　이 사바 세계에 태어난 우리 모두는 모두가 같은 민족이요, 같은 인간입니다. 같은 인간끼리 서로 적대시 하는 이유는 도대체 무엇일까요. 부처님께서는 우리의 업력에 의해서 그러하다고 말씀해 주십니다. 우리가 같은 한국인인 것도 같은 업력의 힘입니다. 모든 세계가 생긴 이유도 이러하며 모든 사람의 삶도 자신이 지은 업의 소산입니다.

　해인사는 가야산에 있는 한국의 큰절인데 왜 절이름이 해인사일까요? 저는 그것이 참으로 궁금한 적이 있었습니다. 글자를 풀어보면 바다에 도장을 찍었다는 말인데 도무지 처음 출가한 그 때의 저로서는 이해가 되지 않아 여러 스님들께 여쭈어 보기도 하였습니다. 그러다가 화엄경을 공부하다가 그 절이름에 화엄경 사상이 담겨져 있음을 알았습니다. 해인은 곧 해인삼매요, 해인삼매는 부처님께서 화장세계해(華藏世界海)의 삼매에 들어 중생을 바라보시며 적광(寂光)을 놓습니다. 이것이 해인사라는 이름의 비밀입니다.

　부처님께서는 중생들을 이해시키기 위해서 바다 또는 허공, 우주 등에 많은 비유를 해 놓으셨습니다. 물이 바다에 도착하기까지는 내, 강 등 여러 이름이 있다가 바다에 이르면 그 이름은 온 데 간 데 없고 오직 바다라는 이름만 갖게 되듯이 미혹하고 번뇌에 가득찬 중생도 깨달음에 도달하면, 오직 한 맛의 깨달음입니다. 그러므로 깨달음의 바다가 있습니다.

화엄경은 이와 같이 많은 바다의 세계를 대표하고 있다 하겠습니다. 바다에 도장을 찍었다는 해인! 이 해인 속에는 안 들어 있는 게 없이 다 들어 있습니다. 바닷 속도 마찬가지로 무엇이든 들어 있는 무궁 무진합니다. 우리의 행동 하나하나, 마음 쓰는 그 자리 하나라도 놓치지 않고 다 찍혀지는 해인의 바다! 내가 악업을 짓든 선업을 짓든 그것은 여지없이 그냥 찍어 놓는단 말입니다.

오늘 내가 이 해인의 정신에 각성을 가져 한생각 돌이켜 살지 않으면 안 됩니다. 내 생각을 바꾸면 내 미래가 바꿔어집니다. 도대체 무엇 때문에 우리가 부처님 마음으로 돌아가지 못하느냐 하면, 그것은 단 한 가지 이유밖에 없을 것입니다. 미혹해서 번뇌에 싸여 사는 이 세상을 떠날 수 없기 때문일 것입니다. 부처님의 위대한 가르침은 미망을 떨쳐버리고 "네 갈 길을 바로 찾아 가라. 그리하면 안락이 있을 것이다."라고 가르치고 있습니다.

우리의 참삶은 멀리 있지 않고 오직 이 한생각, 한마음 속에 다 들어 있습니다. 그래서 공부하고 발원해서 중중무진의 한량없는 부처님의 세계에 다같이 나아가 성불의 인연을 만나야 합니다.

# 화장세계품(華藏世界品)

## 1. 화장세계의 인과와 장엄

**경문** 그 때에 보현 보살이 다시 대중에게 말하였다.

"모든 불자여! 이 화장장엄 세계바다는 비로자나 부처님이 옛날 옛적 세계바다 미진수 겁 동안에 보살행을 닦을 때에 낱낱 세계 가운데 세계바다 미진수 부처님을 친근하고 또 낱낱 부처님 처소에서 세계바다 미진수의 큰 서원을 청정하게 닦아 장엄한 것이니라."

"또 불자야, 이 화장장엄 세계바다는 수미산 미진수 풍륜(風輪)이 있어서 유지하는 것이니 그 가장 밑에 있는 풍륜의 이름이 평등주(平等住)이니, 능히 그 위에 온갖 보배꽃들로 장엄을 하였으며, 다음 위의 풍륜은 이름이 출생종종보장엄(出生種種寶莊嚴)이니, 능히 그 위에 청정한 광명이 밝게 비추니라. 다음 위의 풍륜은 이름이 보덕위이니, 능히 온갖 보배방울을 유지하며, 다음 위의 풍륜의 이름이 평등염(平等焰)이니 능히 그 위에 햇빛으로 마니바퀴를 유지하였다. 다음 위의 풍륜은 종종보 장엄(種種寶莊嚴)이니 능히 그 위에 광명바퀴꽃을 유지하며, 다음 위의 풍륜은 이름이 성변(편)시방(聲遍十方)이니 능히 그 위에 온갖 불꽃길 사자좌를 유지하며, 다음 위의 풍륜은 이름이 종

종궁전유행(種種宮殿遊行)이니 능히 그 위에 온갖 보배빛 향대구름을
유지하니라.

## 2. 화장세계의 큰 연꽃과 향수바다

"모든 불자여, 저 수미산 미진수 풍륜의 가장 위쪽에 있는 세계가
수승위광장(殊勝威光藏)이니 능히 보광마니장엄향수해(寶光摩尼莊嚴
香水海)를 유지하니라. 또 여기에 큰 연꽃이 있으니 이름이 종종광명
예향당(種種光明蘂香幢)이요, 연꽃 한복판에는 화장장엄세계 바다가
견고하여 금강륜산(金剛輪山)이 두루 에워싸고 있으며 땅과 바다와
온갖 나무들이 각각 아름답게 장엄하였느니라."

**합론** 이 품에 간략히 해설하면 십문(十門)이 있으니 그 가운데에 몇
곳만을 골라서 해석하려 한다.

  소(疏): 화장세계(華藏世界)란 범본(梵本)에는 화장장엄엄구세계해
지변청정공덕해광명품(華藏莊嚴嚴俱世界海之邊淸淨功德海光明品)이
다. 또 화장장엄세계해품(華藏莊嚴世界海品)이라 줄여서 쓰기도 하
고, 짧게는 '화장세계품'이라 쓰기도 한다. 비로자나불의 연화장 세
계에 자(子)(씨)를 머금(含)은 것을 지목하여 함장(含藏)했다 하여 화
장(華藏)이라 한다. 화장의 의미는 일일경계(一一境界)에다 찰해진수
(刹海塵數)의 청정공덕이 있어 고(故)로 이르되 장엄(莊嚴)이라 한다.
세계가 깊고 넓을새 이름하여 해(海)라한다. 변청정공덕해광명(偏淸
淨功德海光明)은 곧 장엄의 상용(相用)을 나타냄이니 체(體)에 의지하

여 그 씀을 이룬 것이다. 화장장엄세계가 꽃 중에 있다 하여 그런 까닭으로 연화장세계라 한다. 이제 초발심을 일으킨 보살로서 원(願)바라밀 가운데 들어가서 일체 장엄을 가지나니 제행(諸行 : 모든 원력과 수행)으로써 '얻은 몸'(報得: 보신 또는 업보로 '얻은 몸'이라는 뜻을 담고 있기에 여기에서 '얻은 몸'이라고 하였다.)이 일체 장엄을 가진다고 한다. 또 원바라밀 가운데 단바라밀(檀波羅蜜 : 보시로 이룬 저 언덕이라는 뜻)의 법보시와 재보시[法財]로 치연(熾然)한 장엄을 가지나니 그러한 과보로 난(生) 바라. 스스로 서로 가져서 인과가 서로 사무치니 법(法)과 인(因)이 서로 헛되지 않은 연고이니라. 중생들이 망상으로 하여금 망상 업풍(妄想業風)을 일으킨다고 하였다. 이 망상 업풍으로 하여금 사바세계에 중생이 가지가지로 많고 그 삶 또한 무궁하다. 누가 있어 이 망상업풍을 그치게 할 것인가. 그것은 오직 자신의 업 바람을 잠재우는 일이다. 만약 중생이라도 대비심을 일으키고 큰 원력을 품는다면 그는 설사 이 세상에 살더라도 무진의 지혜를 닦아서 이룸이 있게 될 것이다.

## 3. 향수해의 아름다운 장엄

**경문** 그 때에 보현 보살이 대중에게 말을 하되, "모든 불자들이여, 이 세계바다 대지 가운데에 열 가지 말로 다 할 수 없는 부처님의 세계 향수해가 있으니 온갖 묘한 보배로 다 장엄하고 향기나는 마니로 그 언덕에 장엄을 하였으며, 비로자나 마니 보배왕으로 그 그물이 되고, 그 안이 충만하여 온갖 보배들을 다 갖추어서, 그 안에 온갖 것의 보배꽃이 위에 덮고 전단향이 깔렸으며, 부처님의 음성으로 연설하고 보배 광명을 놓으며, 끝없는 보살들이 갖가지 일산을 가지고 신통력을 나타내며 온갖 세계가 그 속에 있어서 그 안에서 장엄을 하느니라."

## 4. 세계종(世界種)이 있다

**미진수 향수해에 세계종이 있고 세계종에 세계가 있다**

**경문** 그 때에 보현 보살이 다시 대중에게 말하였다. "모든 불자들이여, 이 가운데에 어떠한 세계가 있는지를 내가 이제 마땅히 설하리라. 이 십불가설(十不可說)의 부처님 세계가 미진수와 같이 향수해(香水海) 가운데 십불가설의 부처님의 세계 미진수와 같은 세계종(世界種)이 안주(安住)해 있고 낱낱 세계종에는 또 십불가설의 부처님 세계 미진수와 같은 세계가 중중(重重)으로 있느니라."

**세계 속에 연꽃바다 이루다**

"모든 불자들이여, 저 온갖 세계종들이 큰 연꽃바다를 의지하여 머물며, 혹은 끝없는 보배바다를 의지하여 머물며, 보배영락바다를 의지하여 머물며, 혹은 향수해를 의지하여 머물며, 혹은 소용돌이 치는 광명바다를 의지하여 머물며, 혹은 보살의 보배로 장엄한 바다를 의지하여 머물며, 혹은 부처님의 음성바다에 의지하여 머무름이니라."

**서로서로 섭입(攝入)함을 밝히다**

세계종의 낱낱 차별한 종이 불가사의하여 다함이 없다.

이와 같이 시방에 가득하니 광대한 장엄이

신력(神力)으로 나타내네.

시방에 있는 광대한 세계

이 세계의 종에 다 들어와 있음이라.

비록 시방세계가 다 들어옴이나

실로 들어옴과 나아감이 없음이라.

**합론** 화장세계가 순수하고 섞임〔雜〕이 무애함이라. 부처님의 소행(所行)의 행한 바가 이 법계와 중생계에 두루함이라. 영신(靈神)과 귀취(鬼趣 : 귀취라 함은 귀신들의 모임과 같아서 귀취라 한다. 공덕녀와 흑암녀가 있는데 인간의 선악을 사찰하여 제석천왕에게 고하는 바 공덕천녀는 선을 맡고 흑암천녀는 악을 맡는 귀신이라 한다.)가 사람으로 더불어 함께 있되 사람이 능히 보지 못하는 것과 같다. 경에 이르기를, 사람에게 항상 이천(二天:공덕녀와 흑암녀)이 따라다니는데 천(天)은 늘 사람을 보되 사람은 하늘을 보지 못함과 같다 하시다. 그러므로 마땅히 대보리심을 발한 자는 모두 행원력을 내어서 불이문(不二門)에 돌아와서 법계에 두루하는 원력을 세울지니라.

## 연꽃의 세계

연꽃은 불교를 상징하는 대표적인 꽃입니다. 불교는 상징물이 많은데, 연꽃, 보리수나무, 사라수나무, 코끼리, 소, 사자, 용, 금강석, 만자, 향불, 촛불, 단청, 산, 해, 달, 새벽별 등 등 이 외에도 많을 것으로 생각됩니다.

앞에서 공부한 것처럼 화장장엄세계는 부처님의 원력에 의하여 이루어진 세계입니다. 즉 불세계는 8지 보살과 위의 불보살님의 원력의 소산이라고 하였습니다. 중생들은 어떤 원력의 소산인가. 우리가 사는 이 땅은 중생의 업으로 이루어진 것입니다.

간단히 예를 들면, 한국 사람들은 목조 기와집을 좋아합니다. 그래서 오랜 옛날부터 그런 유형의 집을 지어 왔기에  기와집은 한국인에 맞는 집이 된 것입니다. 기와집은 어디를 가나 한국에서만 볼 수 있는 집입니다. 그런데 일본에 가면 일본식의 집이 있고 영국에 가면 영국식의 집이 있습니다. 이것은 모두 업력의 소산으로 그들이 쌓은 업력으로 하여 똑같은 사람이 살지만 집 짓는 것조차도 똑같지 않은 것입니다.

### 연꽃의 몇만 배의 제곱한 삼천대천세계

여기 한 연꽃이 있는데 이 연꽃은 연잎이 무려 1000개입니다. 이 연잎마다 천 개의 연꽃이 다시 피어납니다. 또 다시 각 연꽃의 연잎마다 천개의 연꽃이 피어나면 과연 연꽃은 몇 개이며 연잎은 몇 개이겠습니까?

1개의 연꽃에 연잎 1000개×1000＝1억. 1억 개×1000＝1천억 개의 연꽃이 되고 1천억 개의 연꽃에 다시 1000개의 각각 연잎이 있고 1천억×1000개의 연잎＝1백만억 개의 연꽃이 된다＝그러므로 1,0003×1,000은 10조 개의 연잎이 생겨난다는 결론입니다.

이와 같이 삼천대천 세계는 중중무진이라 하였으니 이 사바세계와 기타의 우주에 있는 수많은 세계를 화장세계라고 하는 말로밖에는 표현할 수가 없으니 이 얼마나 놀라운 것입니까?

## 주인과 하인

사람들이 TV 앞에 모여 앉아서 모두 열심히 연속극을 보다가 한 사람이 눈물을 흘리면서 슬프다고 합니다. 또 어떤 경우는 영화관에 가서 영화를 보면서 그 영화 내용이 실제인 것처럼 착각을 일으켜서 재미있다라든가 또는 여러 가지로 흥미를 얻곤 합니다. 그런데 이러한 것들은 모두가 다 남이 하는 일에 현혹되어 내 일처럼 착각을 하고 있는 것입니다. 그러니 모두들 내 일은 남겨두고 남의 인생을 걱정하고 있습니다.

그러나 TV 속의 연극은 내가 아닙니다. 설사 내가 출연한 극이라도 극이지 그것은 삶이 아닙니다. 인생도 마찬가지입니다. 참 나의 삶을 어떻게 살아야 하는지 생각해야 합니다. 주인은 나이지 다른 사람이 주인이 될 수 없습니다. 하인은 자신을 모르고 생활하는 사람이 하인입니다. 주인은 자신을 걱정하지만 하인은 남의 일이라고 생각하기 때문에 주인과 하인 관계는 이와 같이 다릅니다. 하인은 노예근성이 있기 때문에 굽실대며 주인이 시키는 일만 할 수 있다고 생각합니다. 모두가 주인되어 살아야 합니다.

## 5. 광명으로 중생을 비춰 보시다

**합론**  이 경의 현연풍륜(現緣風輪)이란 열 가지 풍륜을 말함이니 이 중 게송(偈頌) 가운데엔 바람의 가진 바 힘으로 요동함이 없다 하였 다. 광염이 큰 바퀴를 이뤄서 묘한 꽃으로 엄히 장식을 하였다 하니 법계에 두루하지 않음이 없음이라 하였다. 게송에 부처님의 광명이 시방의 중생해(衆生海)를 빛을 놓아 비추니 시방의 중생이 다 하여금 고에서 벗어나서 보리(菩提 : 보리라 함은 깨달음을 말한다.)에 향하게 함이라 하였다.

**경문**

　가지가지로 장엄한 화엄의 바다
　광명의 구름 시방을 덮었음이라.
　보살들이 구름같이 모임이여,
　널리 시방국토에 빛을 비춤이라.

　법계에 광명으로 화현하심이여,
　광명 가운데 부처님 오시도다.
　가지가지로 방편을 놓으시고 조복받아
　널리 중생을 제도하신다.

　이 때에 보현 보살이 다시 대중에게 말씀하시되 "모든 불자여, 낱 낱 향수바다에 각각 사천하에 미진수의 향수바다가 있으니 오른쪽으로 돌면서 있고 일체가 다 금강으로 되었으며 정광 마니(淨光摩尼)로 이루어졌느니라. 모든 부처님의 보배스런 광명의 구름과 모든 중생의 언설(言說)을 나타내어 세계의 있는 바 모든 장엄이 그 가운데 마니보배의 구름으로 나타나니라. 그 때에 보현 보살이 거듭 그 뜻을 살피고자 부처님의 신력(神力)을 받아서 시방을 관찰하시고 송으로 설하시길,

청정한 향수해(香水海) 바다 크게 이루고
금강의 보배로 그 언덕을 삼네.
보배로 둘러쳐서 그 땅을 이루니
가지가지로 엄히 장식하니 다 진귀함이로다.

금빛 계단 모두 이루고
난간마다 장엄하였네.
진주와 칠보로 장식을 하니
가지가지 영락이 더욱 아름답다.

마니보배 속에서 부처몸을 나투네.
널리 광명이 시방의 국토를 비춤이여,
이와 같은 것으로 장엄하나니
향수해 한량없이 비추어서 이 땅 장식을 하네.

그 때에 보현 보살이 다시 대중에게 말씀하시되, "모든 불자들이여,

이 향수해의 양쪽 땅들이 다 실로 묘한 보배로 가지가지 장엄을 하고 낱낱 가지가지 사천하(四天下) 미진수의 보배로 장엄을 하였으니 그 분타리화(芬陀利華)가 두루 법계에 변만하여서 각각 동서남북 사천하에 미진수처럼 차례로 행렬을 지어 있으며 낱낱 나무 가운데에 일체 모든 장엄을 하고 가지가지 향이 처처에 가득하며, 그 나무마다 미묘한 음성이 나느니라. 불가사의 색신마니보왕 등 세계해에 미진수와 같이 있으니 그 향수해가 양쪽의 땅에 낱낱으로 실로 이와같이 장엄하니라."
이 때에 보현 보살이 그 뜻을 펴시고자 부처님의 신력(神力)을 받아서 시방세계를 관찰하시고 이와 같이 말씀하시니라.

**논, 소** 이 세계는 잠시도 쉼이 없이 돌아가니 휴식(休息)함이 없음이라. 게(偈) 가운데 소리가 미묘하다 한 것은 이로써 묘(妙)케 함이라. 또한 원융무애함이 게(偈)에 모두 갖추었도다. 능히 일체 게(偈) 중에 널리 그 몸을 중찰(衆刹)을 시현해서 깨끗하게 함과 일 찰나 가운데 모두 능히 다 시현함과 모두 자재함이라.

**경문**
이 국토바다 일체가 보배로 장엄을 하였어라.
광염(光焰)을 발(發)해 허공에 오르고
광명이 늘 사무쳐 가득히 비추는도다.
마니가 구름 토하니 불영(佛影)이 그 중에 나타나도다.

신통변화는 잠시도 쉼이 없고

일체보살 모두 모이는도다.
그 가운데 보살이 불음(佛音)을 전하니
그 음이 미묘해서 부사의(不思議)라.

비로자나 옛적에 행하신 바
이 보전(寶殿)에서 늘 듣고 보도다.
청정광명변조존(淸淨光明遍照尊)이
영상(影像)을 현시(現示)하시니
분신하고 대중이 위요(圍繞)하여 세계에 계시었다.

여래의 신통변화가 시방국토 두루하시니
세계를 깨끗이 하여 장엄하고 나타나도다.
시방의 있는 바 모든 것이 거울 속 그림 같으니
여래의 옛적 행한 바 신통과 원력으로 출생하였도다.

**합론** 이하 오행경(五行經)과 이십송은 모두 다 이 세계의 여래무량공
덕장엄을 환영한 것이다.

**해설** 이 경을 송하거나 읽다 보면 어느덧 화엄의 바다에 들어간 느
낌을 받곤 합니다. 처음에는 과연 그런 곳이 있을까를 생각해 보지
만 음미하면서 읽으면 나도 모르게 부처님의 청정공덕해에 들어가
있음을 볼 것입니다. 부처님의 신통변화도 그렇지만 온 세계의 공덕
이 가득하다고 볼 수 있는 눈이 있다는 것은 부처님이 아니면 아니

될 것입니다. 우리들 모두가 이 세상에 태어남은 모두가 부처님의 옛날 옛적에 행하신 바와 같이 원력으로 출생되었다고 합니다. 그러한 우리들은 왜 지금 이렇게 고해를 떠도는가. 그것은 미혹이라 하였습니다. 그러므로 우리들이 깨우침의 공부를 게을리 하여서는 아니 될 것입니다.

**경문**  불자여, 이 무진광명향수해우선(無盡光明香水海右旋)에 차제로 향수해가 있으니 이름이 금강보염광(金剛寶焰光)이요, 세계종(世界種)은 이름이 불광장엄장(佛光莊嚴藏)이라. 일체 여래 이름을 부르는 음성으로써 몸이 되나니, 이 가운데 최 하방에 세계가 있으니 이름이 보염연화(寶焰蓮華)라, 그 펼쳐진 모습은 마니색미간호상(摩尼色眉間毫相)과 같으며 일체 아름다운 바다를 의지하여 있으며 일체 장엄한 누각으로 그 위에 덮고 부처님의 미진수 세계가 두루하여서 순일하여 청정하니 부처님의 이름은 무구보광명(無垢寶光明)이며, 이 위에 불찰미진수의 세계를 지나서 세계가 있으니 이름이 화염장(華焰藏)이요, 부처님의 이름은 무애자재지혜광(無礙自在智慧光)이시다. 이 위에 불찰미진수세계를 지나서 세계가 있으니 이름이 보륜묘장엄(普輪妙莊嚴)이요, 부처님의 이름은 일체보광명이시며, 이 위에 불찰미진수세계를 지나서 세계가 있으니 이름이 전단수화당(栴檀樹華幢)이요, 부처님의 이름은 청정지광명이시며, 이 위에 불찰미진수 세계를 지나서 세계가 있으니 이름이 불찰묘장엄이요, 부처님의 이름은 광대환희음(廣大歡喜音)이시며, 이 위에 불찰미진수의 세계를 지나서 세계가 있으니 이름이 무변상(無邊相)이요, 부처님의 이름은 무애지(無礙智)

이며, 이 위에 불찰미진수세계를 지나서 세계가 있으니 이름이 중보장엄청정륜(衆寶莊嚴淸淨輪)이요, 부처님의 이름이 이구화광명(離垢華光明)이며, 이와 같이 한량없는 세계가 중중무진으로 보장(寶藏)하였느니라.

불자여, 이 금강보염향수해우선에 차례로 향수해가 있으니 이름이 제청보장엄(帝靑寶莊嚴)이요, 세계종은 이름이 광조시방(光照十方)이라. 일체묘장엄연화향운(一切妙莊嚴蓮華香雲)에 주(住)해서 무변불음성(無邊佛音聲)으로서 그 몸이 되었다. 이 최하방에 세계가 있으니 시방무진색장륜(十方無盡色藏輪)이라. 그 모양이 두루하여 무량한 각과 각(角)이 서로 연이어 있으며, 무변색일체보장해(無邊色一切寶藏海)에 주하며, 인타라망(因陀羅網)으로 그 위에 덮고 부처님의 미진수 세계가 두루하여 순일하고 청정하니 부처님의 이름은 연화안광명변조(蓮華眼光明邊照)시라. 이 위에 불찰미진수세계를 지나서 세계가 있으니 이름이 정묘장엄장(淨妙莊嚴藏)이요, 부처님의 이름은 무상혜대사자(無上慧大師子)이시라. 이 위에 불찰미진수세계를 지나서 세계가 있으니 이름이 출현연화좌(出現蓮華座)요, 부처님의 이름은 변조법계광명왕(遍照法界光明王)이라.

**해설**  이와 같이 무진의 부처님의 세계와 부처님의 이름이 무진으로 나오는데 말씀 그대로 중중무진이 바로 이것이 아닌가 합니다.

(1) 인타라망(印陀羅網)은 부처님의 무진의 바다를 한 그물로 건져 올릴 수 있는 그런 그물입니다.

(2) 마니(摩尼)는 마니보주(寶珠) 또는 산스크리트어로 Mani로서

마니는 제석천왕이 소중히 여기는 보주입니다. 이 보주는 십생(十生) 동안에 삼보를 모시면 마니보주를 얻는다 하였습니다. 제석천왕은 항상 이 보주를 가지고 있다가 선근을 심은 사람에게 주어 그의 앞을 열어준다고 합니다. 일정마니(日精摩尼)와 월정마니(月精摩尼)가 있는데 일정 마니는 마니보주 아래에 불이 타고 있어 이 불꽃은 비추지 못할 곳이 없다 하고, 월정마니는 그 보주 아래가 아름다운 맑은 빛을 발하는데 그 맑은 곳에서 청정수가 나와 그 물을 먹을 것 같으면 어떠한 병도 다 낫는다고 합니다.

(3) '무진의 세계를 지나서'라는 등의 부분에서 이렇게 많은 세계가 있고 그 세계를 지나면 또 세계가 있다는 것입니다. 이것이 중중무진의 세계로서 세계 위에 세계가 있고 세계 아래 세계가 있습니다.

❁

### 뱀 이야기

어느 날 연못에 물이 말라 들어가기 시작하자 그 안에 있던 물고기들이 줄어드는 물에 겁을 먹고 있었습니다. '아! 이제 죽는구나.' 그들은 한탄을 하면서 죽어갔습니다. 그 때 그 연못에서 살던 뱀들이 "우리들도 이제 죽게 된다. 이 안에 있는 고기들이 죽게 되면 사람들이 달려와서 우리들도 모두 죽일 것이다. 우리들은 이제 이 곳을 빠져 나가야 한다"고 하며 의논을 했습니다.

그런데 이미 사람들은 이 곳으로 오고 있는 중이었습니다. 연못의 물이 마른 관계로 물고기를 잡으러 오고 있으니 이제 급한 상황이 되습니다. 뱀들은 다시 의논을 하였는데 어느 영리한 뱀이 말하길, "우리들이 그냥 나가면 반드시 사람들이 우리들을 발견하고 죽일 것이다. 그러니 우리들이 묘책을 강구해야 하겠습니다." 그리고는 영리한 뱀이 또 말하기를, "우리들이 그냥 가면 보통 뱀으로 알 것이기 때문에 잡힐 것입니다. 하지만 신기한 모습을 하고 나가면 사람들이 우리들을 보고 '보통 뱀이 아니다. 아마도 저 우물에 살던 귀신'이라 생각하여 다 도망칠 것입니다."

그 영리한 뱀이 묘안을 내기를, "어미뱀은 제일 앞장을 서면서 꽃을 입에 물고 머리를 흔들며 가고, 그 다음 작은 뱀부터 꼬리를 물고 가면 우리들이 열 마리이니까 아마도 길다란 큰 행렬을 이룰 것입니다." 하였습니다.

뱀들은 모두 좋다고 하고 그대로 하였더니, 마침 마을 앞을 지나는데 사람들이 이러한 모습을 보고 과연 보통뱀들이 아니라 하고 모두 도망을 쳤다고 합니다. 모두 도망을 치면서 말하기를, "신령이 나왔어요 신령이, 우리 동네에 신령이 나왔어요." 하였다고 합니다.

## 술에 취하여 나라를 잃어버리다

한나라의 대신이 술에 취하여 길 옆에 누워 자는 동안에 지나가던 사람이 그의 좋은 가죽옷을 벗겨 갔습니다. 이 말을 들은 임금님은 그 신하를 불러서 호통을 쳤습니다.

"아무리 그래도 그렇지, 술에 취하여 가죽옷까지 벗겨가도 모르다니 너를 어찌 신하라고 하겠느냐."

그러자 신하가 말하기를, "중국의 걸주왕은 술에 취하여 천하를 잃어버렸는데 저야 이 가죽옷 하나 잃어버린 것을 뭐 그리 심하게 말씀을 하십니까." 하자 그 후 천자는 술을 멀리 하였다 합니다.

### 가슴 속의 보배

어떤 사람이 길을 가다가 새끼줄을 하나 발견하였습니다. 그 새끼줄을 집어드니 생선 냄새가 진동하는 것을 보고 그 사람은 금방 '아, 이 새끼줄은 생선을 묶었던 게로구나.' 하고 알아차렸습니다. 그는 얼마쯤 또 길을 가다가 이번에는 종이를 발견하였습니다. 그 종이에서 향긋한 향내음이 나는 것을 보고 그는 금방 알아 차렸습니다. '아 여기에 향을 쌌던 게로구나.'

그리고 그는 얼마를 더 갔습니다. 이번에는 한 사람을 만났는데, 그 사람은 얼굴에 수심이 가득하였습니다. 그 나그네는 금방 알아차렸습니다. '저 사람은 근심이 있는 게로구나.' 그리고 얼마를 또 가다가 이번에도 사람을 만났는데 그 사람은 수행자였습니다. 그의 얼굴을 보니 환희와 기쁨이 가득차 보였습니다. 그는 '저 사람은 아마도 가슴 속에 많은 보배를 간직하고 있는 것이 틀림없다.' 라고 생각하며 수행자에게 인생을 물어보았습니다. 그 사람, 즉 수행자는 말하기를, "마음의 안정을 얻는 것은 오직 부처님의 법문뿐이요."라고 하였습니다.

# 비로자나품(毘盧遮那品)

**합론** (1) 장차 이 품을 간략히 설명하면 삼문(三門)의 분별을 하리니 첫째는 품의 뜻을 해석함이요, 둘째는 품의 명목(名目)을 해석함이요, 셋째는 글을 따라 그 뜻을 해석함이라. 앞의 뜻에서 현세(現世)에서 비로자나불과(毘盧遮那佛果)를 들었으나 신(信 : 믿음)을 이루지 못할까 두려워함이니 어찌 그러한가. 옛적의 뜻을 이끌어서 지금 증명하여 도가 그릇되지 않음을 밝힘이 된 연고이며, 또 고금제불이 삼세법(三世法)이 같은 연고로 그 믿음을 이루는 자로 의심치 않게 함을 밝힘이라.

　(2) 비로자나품이란 고불(古佛)을 이끌어서 이제 믿음을 밝힘일새 불호(佛號)로써 인하여 품의 이름을 삼으니라. 비(毘)는 종종(種種)을 이름이요, 자나(遮那)는 광명을 이름이니 법신의 지혜와 자비로 갖가지 교행의 빛을 시설(施設)하여 중생의 업장을 깨뜨리어(破) 말한 연고이니라.

　(3) 글을 따라 해석한 것은 십오단(十五段) 가운데 사불(四佛)이 이 세상에 나오심은 비로자나 부처님의 한 이름이 각각 세간의 근기를 따라서 이름이 다름이요, 이 부처님이 다름이 아님을 밝힘이니라. 이 경의 아래에 낱낱 부처님의 이름이 법계와 중생계와 같은 수연

(隨緣 : 인연을 따라서)의 이름을 갖춤은 세간의 일체 명호가 모두 이 제불(諸佛)의 명호이니 여래의 광명이 일체 법에 두루함이니라. 마치 허공이 모든 법을 다 함유하여 두루함과 같음이니 맑지 않음이 없는 것과 같음이니라.

## 1. 과거의 인연을 밝히다

**경문** 그 때 보현 보살이 다시 대주에게 말하였다.

"여러 불자들이여, 지나간 옛적에 세계 미진수 겁을 지나고 다시 그 곱을 지나서 세계가 있었다. 그 세계의 이름은 보문정광명(普門淨光明)이고 이름은 승음인데 마니꽃 그물바다를 의지하여 머물며 수미산 미진수 세계로 권속(眷屬)을 삼았다.

## 2. 갖가지로 장엄을 이룬 성(城)

**경문** 여러 불자들이여, 이 숲의 동쪽에는 큰 도성이 있으니 이름이 염광명인데 인간왕이 도읍으로 하였고, 백만억 나유타 성이 두루 둘러싸였으며 깨끗한 보배로 이루어 졌고, 길이와 넓이가 칠천 유순이며 칠보로 이루어 졌고, 우담바라꽃과 파두마꽃과 구물두꽃과 분타리 꽃들이 온갖 보배로 되어서 장엄되었느니라. 이 도성 안에 살고 있는 사람들은 이미 쌓은 선업으로 신족통(神足通)을 이루지 않음이 없어서 허공으로 왕래하기를 천인과 같으며, 마음으로 하고자 하는 것은 모두 이룬다 하였다."

**해설** 이 성의 동쪽과 서쪽과 남쪽과 북쪽 모두에 한량없는 부처님의 나라가 있으니 이 곳의 동쪽에 염광명(熖光明)의 성이 있다는 것입니다. 이 염광명의 성 안에는 인간왕이 사는데, 백만억 나유타 성이 있다고 하였으니 나유타란 무수한 숫자를 말하는 것으로서 유식종에서 Nayuta라고 하고 또는 Ayuta라고도 합니다. 일, 십, 백, 천 이렇게 10수 다음에 그 10수의 10배 한 것을 아유타라 하였습니다. 그러니까 10의 자승한 수의 숫자입니다. 그리고 아유타의 숫자 이상의 수는 102개를 들어서 그 이상의 숫자도 있다고 합니다.

## 3. 백만 억의 성과 함께하다

**경문** "그 도성을 지나 남쪽으로 하늘성이 있으니 이름이 수화장엄(樹華莊嚴)이고 그 다음 오른쪽으로 돌아서 큰 용의 성이 있으니 이름은 구경(究竟)이다. 이런 것이 백만억 나유타가 있고 낱낱 성에 각각 백만억 나유타가 있어서 모두 한량없는 장엄이 있었다."

## 4. 첫번째 부처님이 오시다

"여러 불자들이여, 저 수승한 음성세계의 최초 겁 동안에 열 수미산 미진수 여래가 세상에 출현하셨음이라. 최초의 부처님 명호는 일체공덕산수미승운(一切功德山須彌勝雲)이시다. 그러므로 여러 불자들이여, 마땅히 알아라. 부처님이 장차 출현하시려 할 때 일백 년 전에 이 마니꽃가지바퀴숲에 온갖 장엄이 두루 청정하였으니 이른바 보배

꽃구름을 내고 부처님 공덕을 찬탄하는 음성을 내었느니라."

## 5. 연꽃 속에서 부처님이 출현하시다

이 때 홀연히 일체공덕산수미승운 부처님이 큰 도량의 연꽃 가운데 홀연히 나타나시사 그 몸은 두루 펴서 진법계와 같고, 온갖 부처님 세계에 모두 출생함을 보이시며, 온갖 도량에 나아가서 온갖 모습을 보이시며, 영상을 보이시어 온갖 중생으로 하여금 눈으로 볼 수 있게 하며, 끝없는 화신 부처님이 그 몸에서 나오시니 갖가지 빛이 세상에 가득하였다.

## 6. 부처님이 놓으신 광명

이 때 부처님이 미간에서 백호광명을 놓으시니 그 광명의 이름은 발기일체선근음(發起一切善根音)이시고 십 불찰 미진수의 광명으로 권속을 삼아서 온갖 시방 국토에 가득하였다. 만약 어떤 중생을 응당히 조복할 것이 있으면 그 빛이 비치어 곧 스스로 깨닫게 하시며 모든 번뇌를 쉬게 하여 장애의 산을 부수고 큰 믿음의 이해를 하게 하며 선근을 내게 하고 온갖 두려움을 여의게 하며 온갖 마음에 괴로움을 없애 주시고 부처님을 뵈오려는 마음을 내게 하였다.

**해설** 일체 대연화(大蓮華) 가운데에서 부처님이 홀연히 출현하시니 그 몸은 비추지 못하는 곳이 없으십니다. 보주(普周)한 모든 불찰(佛

刹)에서 일시에 부처님은 출생하신다 되어 있고, 합론에서 정(正)히 현(顯)함이라 하였습니다. 부처님의 무변 묘색신이 구족청정(具足淸淨)하여 일체 세간을 능히 다 색광(色光)한다 한 것은 빛으로 비춘다 함입니다(疎 : 미간 백호광명을 낸다 한 것은 부처님의 선근 공덕이라 하였다.).

선근에 세 가지가 있는데 첫째는 복(福)을 쌓음이니 복은 시(施), 인(忍), 지(智)로서 즉 베풂과 참음과 지혜입니다. 둘째는 고(苦)를 멸(滅)할진대 믿음으로 근본이 된다 하신 것입니다. 셋째 무상혜(無上慧)로서 구할진대 게으르지 아니함으로 근본을 삼는다 하였습니다. 열반경에 이르기를, "다 자비한 마음으로 찬탄하여 구함은 선근 공덕이 됨이라 하였으며, 방일하지 아니하며 항상 시혜(施惠)하는 마음이 보살의 뿌리"라 하였습니다. 이어 무진근(無瞋根)을 이루는 것과 무탐근(無貪根)이 이것입니다.

### 종달새

어느 봄날 하늘 높이 종달이가 날고 아지랑이가 피어 오르고 멀리에서는 종소리도 들려 왔습니다. 종달이는 쉴 새 없이 종달종달 노래를 합니다. 봄처녀가 나물을 캐다가 물끄러미 먼 하늘을 바라보다 날고 있는 종달새를 쳐다 보며 듣기가 무척 아름답다는 생각을 합니다.

만약 종달이가 노래하는 소리를 듣고 그 소리가 섞여서(그러니까 먼저 나온 소리와 나중에 나온 소리가 뒤섞인다면) 소리들이 하늘에 맴

돈다면 어떠한 일이 벌어질까요?.

그렇게 되면 아무 소리도 분간할 수 없는 일이 벌어질 것입니다. 사람의 말소리도, 새의 지저귐도 분간하기가 어려울 것입니다. 그러면 소리는 어떠한 과정으로 앞과 뒤가 순일하게 차례로, 앞의 소리는 감추고 뒤의 소리가 다시 이어져 나오게 하는 어떤 신통함이 있을까요.


## 집을 잘 지으면 비가 새지 아니 한다

제나라 임금인 정곽군(靖郭君)이 자기 영토 변방에 성을 쌓기 시작하였습니다. 많은 군졸들을 풀어서 매일 그들로 하여금 채찍을 쓰게 하여 성을 쌓는 일에 몰두하는 것입니다. 그런데 많은 사람들이 성을 쌓는 일에 반대도 하고 비웃기도 하였습니다. 그래서 정곽군은 "식객(食客) 가운데 내가 성을 쌓는 일에 대해 세 마디 이상의 말을 하는 자가 있으면 그들을 죽일 것이다." 하면서 부하에게 어떠한 사람이 찾아 오더라도 안내하지 말라고 당부하였습니다.

그런데 어느날 한 사람이 찾아와서 말하기를, "임금님이 세 마디 이상 하는 사람은 죽인다 하니 내가 세 마디만 해야 하겠소" 하는 것이었습니다. 안내를 맡은 사람이 정곽군에게 말하기를, "어떤 사람이 찾아와서 세 마디 말만을 하겠다고 합니다. 어찌 할까요." 하였더니 이리로 데리고 오라 하였습니다. 그는 낙자춘(洛子春)이라는 사나이인데 임금을 만나자 마자 '대해어(大海魚)' 하고는 달아나는 것이었습니다. 임금이 그를 붙들어 오게 하였습니다. "어찌하여 도망을 치느냐" 하니 "죽고 싶은 자가 어디에 있겠습니까." 하였습니다.

임금이 누가 죽인다고 하더냐 물으니, "임금님은 사람을 죽이는 일을 쉽게 생각하신다는 말을 사람마다 입에 담고 있습니다."라고 대답하자, 임금이 "도대체 '대해어(大海魚)'가 무슨 말이더냐?" 하니, "임금님께서는 큰 물고기에 대하여 알고 있습니까?" "모르고 있느니라."

낙자춘(洛子春)이 말하기를, "대해에 큰 물고기가 있었습니다. 그 물고기는 물 속에 있을 때는 힘이 얼마나 센지 아무 물고기도 그를 당해 내질 못합니다. 몸집은 마치 황소와 같아서 크고 힘이 세며, 이빨은 날카롭기가 톱과 같습니다. 그래서 물 속의 물고기들이 그만 보면 모두 고개를 숙이고 무서워합니다. 그러나 그러한 큰 물고기도 뭍에 나오면 작은 개미나 땅강아지보다도 못합니다. 지금 임금님의 나라 제나라는 바다에 해당합니다. 그러니 임금님이 오래도록 제나라의 정권을 쥐고 계시면 바다에 있는 큰 물고기처럼 모든 물고기를 제압할 수 있습니다. 그러나 제나라를 잃어버리면 나라 땅에다가 성을 쌓는 일이 무슨 소용이 있겠습니까. 설사 임금님이 성을 하늘에 닿도록 쌓는다 하더라도 아무런 보탬이 되지 아니할 것입니다."

그 말을 듣고 임금은 성 쌓는 일을 중지하고 낙자춘(洛子春)을 재상에 앉혔습니다.

부처님의 말씀의 땅을 세우지 않고 우리들이 닦는 복이라는 것은 마치 개미성과 같은 것입니다. 부처님의 청정공덕해의 바다에서 우리들이 살아야 합니다. 사상누각을 아무리 높이 쌓아 올린다고 하여도 그것은 비만 한번 오면 와르르 무너질 것이기 때문입니다.

## 7. 대위광 보살이 가지가지 힘으로 중생을 교화하다

**경문** 그 때에 대위광 보살이 법문을 듣고 즉시에 일체 공덕수미승운 부처님의 지난 세상에 법회 광명을 얻었으니 이른바 일체 법취(法聚)의 평등삼매지혜광명(平等三昧智慧光明)과 일체 법이 다 최초 보리심 가운데 머무는 지혜광명과 시방법계에 청정한 눈의 지혜광명과 공덕바다의 청정한 지혜광명과 끝없는 공덕바다에 들어가는 지혜광명과 물러가지 않는 큰 힘의 지혜광명과 일체 중생 앞에 나타나는 신통한 바다를 이루는 지혜광명과 일체 부처님의 힘과 두려운 바가 없는 법을 요달하는 지혜광명을 얻었다.

발심을 찬탄하다

훌륭하도다 대위광이여,
복덕의 창고로 그 이름 가득하니
중생에 이익이여
보리도량에 나가도다.
너희가 지혜광명 얻어
법계에 충만하니
복과 지혜 모두 광대하며
깊은 지혜바다 얻으리라.

부처님 가피와 지혜 이루다

삼세 모든 부처님

마땅히 함께 너의 원을 만족하리니
모든 부처님 모임 가운데
너의 몸 그 곳에 평안히 안주하리라.

## 8. 두 번째 부처님 출현하시다

"여러 불자들이여, 그대들은 마땅히 알라. 저 대장엄겁 가운데 모래 수와 같은 소겁이 있으니, 사람들의 수명은 2소겁인데 저 일체공덕수미승운 부처님은 수명이 오십억 세라. 저 부처님이 멸도하신 후에 부처님이 출현하시니 이름이 바라밀선안장엄왕(善眼莊嚴王)이시다. 마니꽃가지 대화륜(大華輪) 숲에서 정각을 이루셨느니라.

그 때 대위광 동자는 그 여래께서 등정각을 이루어 신통력을 나타내심을 믿고 곧 염불삼매를 얻으니 이름이 무변해장문(無邊海莊門)이며, 곧 다라니를 얻었으니 이름이 대지력법연(大智力法淵)이며, 곧 대자(大慈)를 얻었으니 이름이 보수중생조복도탈(普隨衆生調伏度脫)이며, 대비(大悲)를 얻었으니 이름이 변부일체경계운(邊復一切境界雲)이며, 곧 대희(大喜)를 얻었으니 이름이 일체 불공덕해위력장(一切佛功德海威力藏)이며, 곧 대사(大捨)를 얻었으니 이름이 법성허공평등청정(法性虛空平等淸淨)이며, 곧 반야바라밀을 얻었으니 이름이 자성이구법계청정신(自性離垢法界淸淨身)이며, 곧 신통을 얻었으니 이름이 선입이구연(善入離垢淵)이며, 곧 지혜광명을 얻었으니 이름이 일체불법청정장(一切佛法淸淨藏)이라. 이와 같은 십천(十千) 법문을 모두 통달하였느니라."

**합론** 명(明) 위광이 설송(說頌)할 때 즉시 광명을 얻었다고 하니 광명이란 청정공덕을 쌓았으므로 이룬 것이니라. 마니로써 장엄을 하고 엄식(嚴飾)함일새 모든 보살 대중이 부처님의 법문을 듣기만 하면 모두 광명을 얻는다. 광명이란 부처님의 위광(威光)이니라. 모두가 다 지혜광명을 얻었다 하니 지혜는 광명이라 한다.

**해설** 지혜는 왜 광명인가 하면 지혜가 없는 사람을 어리석다고 말한다. 광명이라는 것이 부처님이 전깃불 같은 것을 가지고 오셔서 내 방을 비춰 주는 것이 아니다. 광명이란, 내가 모르는 것을 얻는 것은 모두 광명이다.

## 9. 함께 부처님께 나아가다

**경문** 이 때에 희견 선혜왕이 삼만칠천의 부인과 시녀로 모두 갖추고 복길상이 머리가 되고, 오백 왕자로 함께하되 대위광이 머리가 됨이요, 육만 대신으로 함께하되 혜력이 상수가 된지라. 이와 같이 칠십칠백천억나유타 대중으로 앞과 뒤로 에워싸고 염광명대성으로 나아갈새 왕의 힘을 쓴 연고라. 일체 대중이 허공을 타고 나아가는데 모든 공양구가 허공에 가득하여 부처님께 공양하고 부처님 발에 예배드리고 물러가서 다 서로 얼굴을 마주하고 앉았느니라.

## 10. 10부(十部) 여러 왕들도 부처님께 나아가다

　　다시 묘화성선화당천왕(妙華成善化幢天王)이 십억 나유타 권속과 함께했으며, 다시 구경대성정광용왕이 이십오억 권속으로 함께하였으며, 다시 금강승당성용건야차왕이 칠십칠억 권속으로 함께했으며, 다시 무구성희견건달바왕이 구십칠억 권속으로 함께했으며, 다시 묘륜성정색사유아수라왕이 오십팔억 권속으로 함께했으며, 다시 묘장엄성시방행가루라왕이 구십구천권속으로 함께했으며, 일체 권속이 일체공덕수미승운여래로 와서 부처님의 발에 예배하고 모두 서로 마주하여 앉았느니라.

**합론**　일체공덕수미승운여래불은 숙세에 모든 공덕을 지었으므로 법회광명을 얻어서 이른바 일체공덕의 법취평등삼매를 얻었다. 일체법이 다 지혜광명에 들어가서 법을 얻으니 이것은 최초 처음 발심한 때로부터 보리심중에 들어가기 때문이니라. 다시 말하건대 망혹(妄惑)이 본래 공함일새 고로 이르되 청정이요, 명견(明見)을 안(眼)이라 말하니 견성한 육안이 곧 불안(佛眼)이라.

## 11. 부처님이 대위광 보살을 위하여 설하시다

**경문**　그 때 부처님이 대위광을 위하여 게송으로 말씀을 하시었다.

　　훌륭하도다 공덕과 지혜의 바다여
　　발심하여 큰보리에 나아가니
　　너는 마땅히 부처님의 부사의를 얻어

중생을 위해 법을 설할지니

너희는 이미 바다에 들었도다
능히 온갖 법을 알았도다
마땅히 미묘한 방편을 써서
부처님의 처소에 들게 하라.

너희는 이미 서원의 바다에 들었다
너희는 이미 광명의 바다에 들었다
너희는 이미 지혜의 바다에 들었다
너희는 이미 때 없는 장엄을 얻었다.

## 12. 세 번째 부처님이 출현하시다

"여러 불자들이여, 바라밀선안장엄왕여래께서 열반에 드시고 희견 선혜왕이 또 이 세상을 버리시니 대위광 동자가 전륜왕의 자리를 받으니라. 마니꽃가지바퀴큰숲에 셋째 여래가 출현하시니 이름이 최승공덕해(最勝功德海)이시다. 이 때에 전륜성왕이 저 여래의 성불하시는 것을 보고 누각을 지어 부처님께 바쳤다. 대위광 보살이 이 법을 듣고 삼매를 얻었으니 이름이 대복덕보광명이라, 삼매를 얻은 연고로 일체 중생의 과거, 현재, 미래의 복과 복 아닌 바다를 다 요달하였다."

**경론, 소** 적조(寂照)하여 비추지 못함 없음이 보광명이다. 복과 복 아 님은 두 가지가 있으니, 일(一)은 곧 선(善)이요, 비복(非福, 비복이라 함은 복이 되지 않는 것들)은 죄며, 이(二)는 복이 곧 상(相)이요, 비복 은 곧 성(性)이니 쌍(雙)으로 성상(性相)을 요달할새 고로 경에 이르 되 복덕이 곧 복덕성이 아니라 하니 이는 곧 심(深)함이요, 일체를 요지하는 것은 광이니 고로 해(海)라 한다. 또 복덕상을 말할 때 진 복은 복으로써 복을 삼지 아니함이니 복이 된다. 법화에 이르되, 모 든 법의 적멸한 상은 가히 말로써 선양하지 못함이거늘 방편력을 쓴 까닭으로 5비구를 위해 설했다 함이 바로 이것이다.

꽃

두 가지 성질의 화살

어떤 사람이 열심히 화살을 숫돌에 갈고 있었습니다. 그 화살은 이제 전쟁터에서 많은 전과를 이룰 것입니다. 비록 화살이 역할을 하였지만 공은 사람에게 돌아갑니다. 또 화살은 어떤 때는 자신이 갈아서 만든 것이 적의 활시위에서 나에게 돌아올 때도 있습니다. 화살은 주인을 모릅니다. 적의 장수를 쓰러뜨릴 수도 있고 아무런 임무를 수행하지 못할 때도 있지만 화살의 잘못은 아닙니다. 그는 조종하는 대로 움직일 뿐이기 때문입니다.

조선조 때 시공(矢工)이라는 사람이 있었습니다. 이 사람은 화살 을 얼마나 잘 만드는지 최고의 품질로 만들었기에 항상 사람들로부 터 사랑을 받았습니다. 임진난이 일어났습니다. 하루는 그가 열심히 화살을 만들고 있는데 사람들이 물었습니다. "누가 주문을 하였는 가" 하자, 아니라고 하였습니다. "왜 그러면 그렇게 화살을 열심히 만들고 있는가" 하고 묻자, 그가 답하기를, "왜 꼭 주문이 있어야 하느냐, 나는 항상 주문이 올 것을 미리 예측하고 이렇게 화살을 만든다. 머지 않아서 화살이 필요할 것이다."라고 하였습니다.

사람의 전갈이 왔습니다. 이순신 장군이 화살을 만드는 장인을 구하는 것이었습니다. 그는 이순신 장군을 따라다니면서 화살을 만드는 일을 평생 하면서 가장 보람이 있었다고 하였답니다. 왜냐하면 나라를 구하는 일에 종사하였다는 자부심이 그를 그렇게 만들었을 것입니다. 하나는 나라를 구하는 화살이요, 하나는 사람을 죽일 수 있는 무기가 됩니다. 사람이 하는 일도 때에 따라서는 그것이 독이 되기도 하고 약이 되기도 합니다.

## 육신이 나인가, 영혼이 나인가

범소유상 개시허망 약견제상 비상 즉견여래(凡所有相 皆是虛妄 若見諸相 非相 卽見如來), 금강경의 사구 게송입니다. "무릇 모양이 있는 것은 모두가 다 허망하다. 만약 모양을 보되 모양이 없는 것임을 알면 곧 부처를 볼 수 있다."라는 부처님의 설법입니다.

어떻게 모양을 보면서 모양이 아니라고 할 수 있는가. 우리들은 분명히 사람을 보면 사람이라고 알 수 있고 돌을 보면 돌이라는 것을 압니다. 그러나 돌을 보면서 돌이 아니라고 하고 사람을 보면서 사람이 아니라고 말할 수 있는가.

어떤 사람이 돌아가셨습니다. 영단 위에 있는 그분의 젊었을 때 사진이 참 그분인지, 아니면 고운 얼굴은 사라지고 늙고 쭈글쭈글한 얼굴을 가진 그분이 참 그분인지 도무지 알 수가 없습니다. 그리고 그 노보살님은 불러봐도 대답을 하지 못하니 참 그 노보살님은 어디를 갔을까요. 아니면 아무 곳도 가지 아니 하였으면 왜 대답을 못할까요. 노보살님이 기억하고 말하고 웃고 하던 그분을 도저히 만나보려고 해도 만날 수가 없습니다. 만약 그 노보살님의 진신(眞身)을 볼 수 있다면 여래를 볼 수 있을 것입니다.

제가 언젠가 고향엘 갔습니다. 우리 노모께서 구순을 맞이하셨는데 아들인 제가 가서 축수도 하여 드리고 모처럼 형제들도 만나서 그간 지나간 얘길들도 자연 많아졌습니다. 그리고 그 곳 동네에 사는 옛날의 친구들을 만나봤습니다. 그런데 옛날의 어릴 때 그 친구들은 이제 머리가 희끗희끗하게 세어가고 있었습니다.

옛날의 그 모습은 어디로 갔을까를 곰곰히 생각하여 보았으나 그 옛날의 어릴 때의 모습은 영영 찾을 길이 없습니다. 그러면 그가 누구인가. 앳되고 곱던 옛날의 그와 지금의 그가 무엇이 다른 것일까. 모두가 다른 모습이었습니다. 물론 나도 옛날의 내 모습은 없어졌습니다. 그러면 무엇이 나인가. 상은 변하지만 변하지 않는 것이 있다면 그것은 무엇일까?

# 사성제품(四聖諦品)

**합론** 사종의 성제의 뜻이 모두 다 섭(攝)한 연고이니 일체 세간의 고집(苦集)을 여의지 아니하고 일체 출세간의 멸도를 여의지 아니함을 밝힘이니 모든 고통을 다 멸함이 이름이 멸제가 되고 열반을 멸진함이 이름이 도제가 되나니 삼승(三乘: 성문 연각 보살)의 열반승을 얻는 것은 얻을 것이 있거니와 이 대열반은 가히 얻을 게 없음이 이름이 도제가 됨이라. 보살은 많이 정토에 날새 또 정토는 여타방(餘他方)에 있다. 미루어 또 이르되 혹(惑)에 머물러 중생을 이롭게 하는 연고라 한다.

## 1. 사성제(四聖諦)의 진실을 말하노라

**경문** 그 때 문수사리 보살마하살이 여러 보살에게 말하였다.

"여러 불자들이여, 고(苦) 성제는 이 사바세계 가운데서 혹은 죄라 하고 혹은 핍박이라 하고 혹은 변이라 하고 혹은 반연(攀緣)이라 하고 혹은 취(趣)라 하고 혹은 의근(依根)이라 하고 혹은 허광이라 하고 혹은 옹창처(癰瘡處)라 하고 혹은 우부행(愚夫行)이라 하느니라."

"여러 불자들이여, 고집(苦集) 성제는 이 사바세계의 가운데서 혹은 계박(繫縛)이라 하고, 혹은 괴멸이라 하고, 혹은 어떤 사람은 애착이라 하고 혹은 망각념이라 한다."

"여러 불자들이여. 고멸(苦滅) 성제는 이 사바세계는 혹은 무쟁(無諍)이라 하고, 혹은 이진(離塵)이라 하고, 혹은 적정이라 하고, 혹은 무상(無相)이라 하고, 혹은 멸이라 하고, 혹은 무자성(無自性)이라 하느니라. 또한 체진실(體眞實)이라 하고, 혹은 주자성(住自性)이라 하느니라."

"여러 불자들이여, 고멸도 성제는 이 사바세계의 가운데 혹은 일승이라 하고 혹은 취적(趣寂)이라 하고, 혹은 인도(引導)라 하고, 혹은 구경무분별(究竟無分別)이라 하고, 혹은 평등이라 하고, 혹은 수성의(隨聖意)라 하고, 혹은 선인행이라 하느니라."

"여러 불자들이여, 이 사바세계의 사성제를 말하는데 이러한 사백억십천(四百億 十千) 가지의 이름이 있으니 중생의 이름을 따라 다 하여금 조복케 하느니라."

**합론** 법화경에 "성문을 위하여 사제법을 설하고 연각을 위하여 십이연기를 설하고 보살을 위하여 육바라밀을 설하고 또 여래의 수시(隨時) 설법이니라" 하고, 영락경에서 사제(四諦) 법문과 십이연기 설법을 하신 것은 각각 스스로 도 얻음이 차별함을 밝힘이니, 구승법(九乘法)을 설한 것은 성문의 성문승이요, 성문의 연각승이요, 성문의 보살승이라. 이와 같이 한 가지 사제와 십이연기법을 관하여 각각 스스로 도 얻음이 같지 아니함일새, 이와 같이 삼승 가운데 각각 삼통(三通)이 있음일새 구통이 됨이라.

## 2. 북방풍일세계(北方豊溢世界)의 사성제

**경문** "여러 불자들이여, 이 사바세계에서 고성제라 하는 것은 풍일세계 가운데에서 혹은 이름이 애념처이며, 혹은 험해근(險害根)이며, 이름이 유해분(有海分)이며, 혹은 이름이 적집성(積集性)이며, 혹은 차별근이며, 혹은 수소성(數所成)이니라."

## 3. 멸성제(滅聖諦) 그 깨달음의 세계

"여러 불자들이여, 멸성제라 하는 것은 저 풍일세계(豊溢世界) 가운데 이름이 상속단(相續斷)이며, 이름이 개현(開顯)이며, 이름이 무문자(無文字)이며, 이름이 무소수(無所修)이며, 이름이 무소견(無所見)이며, 이름이 안은거(安隱去)이며, 이름이 무소작(無所作)이며, 이름이 적멸(寂滅)이며, 이름이 이소진(已燒盡)이며, 이름이 사중담(捨重擔)이며, 이름이 이제괴(已除壞)니라."

## 4. 도성제(道聖諦) 강가에 피어난 꽃

"여러 불자들이여, 고집멸도성제라 하는 것은 저 풍일세계 가운데에서 이름이 적멸행이며, 이름이 출리행이며, 이름이 근수증(勤修證)이며, 이름이 안은거(安隱去)이며, 이름이 무량수이며, 이름이 선료지(善了知)이며, 이름이 구경도이며, 이름이 난수습(難修習)이며, 이름이 지피안(至彼岸)이며, 이름이 무능승(無能勝)이니라."

**해설**  고멸(苦滅)이라 하는 것은 고가 무쟁(無諍) 번뇌(煩惱)가 됨이라. 혹(惑)을 없애 버리고 오직 청정을 닦아서 간직함이 고를 여읨이라 합니다. 집성제는 모든 고의 모집(募集)이니 고통을 여의는 것은 일체 세간의 일어나는 일들은 다 모여서 생기는 것을 알아서 관(觀)하여 아는 것을 말함이라.

목수가 집을 짓기 위해서는 많은 것이 필요합니다. 목수는 흙이 필요하고 나무가 필요하고 못도 필요하고 시멘트도 필요하고 온갖 것이 다 필요하다는 것을 압니다. 집은 원래 없던 것이었으나 목수가 여러 가지로 모아서 집을 만들었으니 그것은 모았다는(集) 것을 아는 것입니다.

고집멸도를 왜 사성제라 하는가. 네 가지이기 때문에 사(四)요, 성(聖)이라는 것은 성스러움이니 이것은 참으로 깨달아야 될 문제이기 때문에 성이라 한 것입니다. 만약 부처님이 이것을 발견하지 않았더라면 우리들은 무엇을 어떻게 공부해 나아가야 할 지를 모를 것입니다. 그러므로 성(聖)이라 한 것입니다.

제(諦)란 음으로는 체(諦)이나 여기에서는 음운상 제라고 읽는데, 체(諦)는 진실한 것, 또는 진리를 말합니다. 범어로는 Satya라 하며, 유일한 진리를 제(諦)라 하는데 사제(四諦) 또는 사성제(四聖諦)라고도 합니다. 앞의 둘의 고(苦)와, 집(集)은 미망에 들어 있는 중생상의 모습이며, 뒤의 멸과 도는 깨달은 증오(證悟)의 세계입니다.

✿

### 조문도석사가야(朝聞道夕死可也)

미국의 인류학자 앨빈 토플러는 말하기를, "인류가 살기 위하여
는 다시 정신적인 삶을 찾아야 된다. 만약 정신적인 것을 찾지 못하
면 인류는 멸망할 지도 모른다." 하였습니다.

지구과학자들은 지구가 이 세상에 태어난 것은 약 45억년, 그러
니까 지구의 나이는 45억살이라고 합니다. 또한 달의 나이도 지구의
나이와 비슷하며, 달이 지구에서 떨어져 나왔다고 말하는 사람도 있
습니다. 그리고 해왕성이라든가 토성 · 수성 · 금성 · 화성들도 모두
가 지구의 나이와 같거나 훨씬 이전이거나 또는 10억 년 정도밖에
안 되는 것들도 있다고 합니다.

그런데 지구만이 생물이 살 수 있는 것은 무엇 때문일까요? 그것
은 환경 덕분입니다. 적합한 기후와 토질, 수분과 온도 등 생물이 살
수 있는 조건들을 지구는 갖추고 있습니다. 그리고 이 지구의 생물
가운데 동물이 살기 시작한 것은 수억에서 수십억 년을 흘렀습니다.
그런 가운데 인간은 없었다고 합니다. 미생물이 처음으로 살았으니
미생물이 지구를 지배하는 그런 세상인 셈입니다. 미생물은 생명체
는 생명체이되 아직 생명이라 말할 수 없는 그런 생물체를 뜻합니다.

그 후 한량없는 시간이 흘렀습니다. 아마도 십억 년 정도는 흘렀
을 것입니다. 그리고 미생물들만이 사는 세상에 비로소 생물이 태어
나게 되었는데 그것은 다세포생물이 아니라 단세포적인 생물이 태
어나게 되었습니다. 겨우 녹말을 만들어 내고 색소가 있는 그런 것

들이 살면서 또 수억년이 흘렀습니다. 그러다가 지구는 홍적기, 또는 시생대 그리고 빙하기를 거쳤습니다. 빙하기도 제 1, 제 2의 빙하기가 있습니다. 이렇게 하여 오랜 세월을 두고 지구는 아무도 없는, 그러니까 사람이 없는 상태에서 수십억 년을 훌쩍 보낸 것입니다.

그 후 지구에는 여러 가지 알 수 없는 일들이 일어나게 됩니다. 산소가 발생한다든가 이산화탄소가 생겨난다든가, 디옥시리보핵산(DNA) 리보핵산(RNA)의 발생이 그것입니다. 왜 이런 물질이 생겨났는 지는 아무도 모릅니다. 이것은 생명공학도가 모르는 것이나 내가 모르는 것이나 여러분들이 모르는 것이 다 똑같습니다. 다만 아는 것은 오래 전에 지구가 만들어졌다는 것만을 압니다. 그것도 지구가 왜 만들어져야 하는 지에 대해서는 아무도 모르기는 매한가지입니다. 지구의 공전주기와 자전주기와 질량, 공전속도, 뭐 이런 것들은 대략 과학자들이 다 알아냈으나 왜? 라는 것에 있어서 모르기는 우리와 똑같습니다. 달의 질량과 화성, 목성, 수성 등 모든 별들의 질량과 자전과 공전의 주기가 각각 다릅니다.

우리들이 사는 이 지구상에 그래도 생명체다운 생명체가 살게 된 것은 쥬라기 시대부터입니다. 시생대는 말 그대로 겨우 생명이 살던 때를 말합니다. 쥬라기는 무엇인가. 그 시대는 '공룡의 시대' 라고도 하는데, 어마어마한 몸집을 가진 동물이 생겨나서 지구를 지배하던 시대입니다. 그들은 그들의 몸집을 지탱하지 못해 죽어갔습니다. 그리고 그보다는 훨씬 작은 몸집을 가진 동물이 지구를 지배하게 된 것입니다. 그 후 얼마를 지나다가 하늘을 날 수 있는 동물도 생겨났습니다. 또 얼마를 지나면서 아마도 거의 같은 시기에 네발 달린 동물이 지구를 지배하는 그런 시기가 왔습니다. 빙하기를 거치면서 또 몇 억 년이 지나면서 그들도 모두 죽었습니다. 그러니까 지구에 생명체가 두 번이나 또는 세 번 정도 모두 죽고 마는 수난을 겪어야 한 것입니다. 그리고 지구에 다시 생명체들이 태어났는데 그 때는 조금 완벽에 가까울 만큼 발전된 시기가 왔습니다. 그리고 얼마를 흘렀을까, 수억에서 수천만 년을 그렇게 또 흐르면서 지구는 생물들이 잡아 먹고 잡아 먹히는 일들로 얼룩지게 됩니다. 누가 그렇게 만들었는 지는 몰라도 만든 자가 있다면 그것은 실패작인 셈입니다. 아무도 만든 자가 없다면 왜 그런 먹이사슬이 생겨났을까. 아무도 그것을 모릅니다.

동물이 생겨나서 활동을 하는데 그 중에 인간이 있었습니다. 당시의 인간들은 벌거숭이였습니다. 온 몸에 털이 나고 얼굴은 그렇게 잘 생기지도 못하고 매일 먹고 사는 일이 이만저만 고생이 아닌 그런 동물에 지나지 않았던 것입니다. 그런데 그들은 집단을 좋아했고 본능적으로 자기를 방어하는 기술을 습득할 줄 아는 동물로 발전하였습니다. 그리고 그들은 어느날 산불이 나는 것을 보고 놀랐습니다. 그런데 산불로 타 죽은 다른 동물의 시체를 뜯어 먹어보니 날것보다는 훨씬 맛이 있다는 것을 알게 된 뒤부터는 불을 얻기 위하여 온갖 애를 썼습니다. 그러다가 그들은 불을 만들 줄 아는 동물이 되었는데 다른 동물과 비교하면 이는 굉장한 발전입니다.

집단을 형성하는 것은 자기방어의 일환이며 불을 만들어 낼 줄을 아는 것은 하나의 생존방식의 터득입니다. 그리고 생각했습니다. '어떻게 동물을 잡아서 구울 것인가.'

　　그러다가 배가 너무 고파서 풀을 뜯어 먹기 시작하였고, 풀을 뜯어 먹다가 독이 있어 죽은 자가 수없이 생겨나면서 먹을 수 있는 풀과 먹을 수 없는 풀을 알아냈습니다. 또한 나무열매를 따먹는 일도 그리 쉽지는 않았습니다. 나무열매를 따먹다가 다른 동물에게 잡아먹히는 일이 허다하니 망을 보고 대처하는 일을 더욱 열심히 하지 아니 하면 안 되었던 것입니다. 얼마를 흘렀을까. 지구에는 망고 나무나 바나나 나무가 무성하게 자라는 환경이 되고 모든 것이 풍성하게 되는 전성기를 맞았습니다.

　　인간이 살기에 아주 적합한 환경이 된 셈입니다. 인간들은 더욱 교묘히 동물들을 사냥하는 비법을 터득하기 시작할 때 이미 말을 할 줄 알게 되었습니다. 말의 수단은 인간들이 사는 데 아주 중요한 것입니다. 말을 하다가 그들은 말의 약속 같은 것을 정하게 되고 그리고 인간이 살 수 있는 움막 같은 것을 짓고 다른 맹수들이 침범하지 못하도록 여러 가지를 강구할 줄도 알게 되면서부터는 대장이 나타나고 집단생활을 하게 되었습니다. 얼마가 흐르고, 인간은 또 글을 만드는 일을 하게 되고 이렇게 정신적인 것을 생각하게 되고부터는 정신적인 사람이 우대받는 시대를 열어가게 되는 것입니다.

　　정신시대를 지나 우리들은 지금 물질의 시대에 삽니다. 대통령이 되려고 하는 사람들은 말하기를, 국민소득 2만달러니 3만달러니 하면서 물질을 추구하는 데 열심입니다. 과거는 정신이 물질을 지배한다고 하였는데 지금은 물질이 정신을 지배하는 시대로 돌아온 것일까요? 동물적인 인간이었을 때에는 물질적이었다가 진보하여 그 후 정신적인 사람이 지배를 하다가 이제는 누가 더 많은 것을 갖는가라는 것을 생각하게 만든 사회가 되었습니다. 그러니까 인류가 이 지구상에 태어난 것은 겨우 수백만년에서 아무리 넉넉하게 잡아도 천만년을 넘지 못합니다. 모든 생명이 태어난 후 가장 늦게 태어난 것이 인간이라 할 수 있고 인간이 살 수 있는 환경이 인간을 태어나게 한 것입니다.

그러면 우리들은 지금 무엇을 하고 있습니까. 인간은 무엇인가를 열심히 생각하고 불을 만들고 음식을 만들고 집을 짓고 글을 만들고 하면서 번뇌를 일으키고 번민하고 또 고민하면서 거듭거듭 발전해 왔습니다. 진보했다는 말이 옳을 것입니다. 그런데 무엇보다도 인간은 물질의 동물이 아니라 정신의 동물이라는 것은 알아야 합니다. 다. 그러하기에 옛부터 많은 사람들이 도를 배우고 공부하는 것을 중히 여겨왔던 것입니다. 하지만 지금은 물질을 만드는 일을 공부하는, 정신적인 것을 공부하는 것이 아니라 물질을 만드는 일을 공부하는 사람이 더욱 존경받고 두뇌들도 그 쪽으로 따라가고 있으니 큰 문제입니다. 정신것인 것을 쫓는 것이 아니라 물질을 쫓으며서 우리들은 지금 무엇을 할까 하는 절박함에 쫓기고 있습니다. 이제 "조문도석사가야(朝聞道夕死可也), 아침에 도를 들으면 저녁에 죽어도 좋다"라는 말을 배워야 할 때가 된 것이 아닐까 생각합니다.

## 반신반의(半信半疑)

우리들이 무엇을 성공시키고자 한다면, 반신반의(半信半疑)하면 아니 됩니다. 확신은 자기 안에 있는 도화선에 불을 당기게 됩니다. 반신반의(半信半疑)하는 마음이 도사리고 있다면 도화선은 중간에 꺼지고 말며, 자기 안의 무한한 힘을 발휘하지 못합니다. '아마도' 라든가 '글쎄' 라든가는 나에게 아무런 힘이 되어 주지 못합니다. '반드시' 와 '꼭 할 수 있다' 가 그 사람을 성취의 길로 인도할 것입니다. 바로 인간은 신인(神人)입니다. 그러므로 우리 인간이 이 지구상에 태어나서 그 짧은 기간 동안에 엄청난 일들을 해낼 수 있었던 것입니다. 우리 인간들이 지혜다운 지혜를 낸 것은 불과 일만 년밖에 안 된다는 것입니다. 말하자면 확신은 마치 풍선을 부풀게 하는 공기와 같은 것입니다. 믿지 아니하는 것은 풍선의 바람을 빼내는 역할을 할 것입니다. 인간은 신인(神人)입니다. 인간은 신이라는 것입니다. 바로 인간이 신입니다. 저 뉴욕에서 런던까지 대서양을 인류 최초로 비행에 성공한 린드버그가 되십시오.

불교를 믿는 마음은 항상 새로워야 하고 '나는 바로 불성을 가진 인간이다' 라고 믿는 것입니다. 불성(佛性)이 무엇입니까. 불성은 바로 나도 부처가 될 수 있다는 것입니다. 아무도 나를 저 피안에 인도해 줄 자가 없습니다. 이것이 바로 부처님의 법문입니다. 부처님의 법문만이 우리들을 인도할 것입니다. 그러므로 인간은 물질로 사는 것이 아니라 정신으로 삽니다. 지혜로 산다는 것입니다.

# 광명각품(光明覺品)

**합론** 처음은 이 품의 품명을 해석함이니, 여래께서 족륜(足輪)의 아래에서 광명을 놓으시니 시방세계를 모두 비춤이라. 법륜 허공계에 이름을 인하여 무진을 밝히사, 신심 있는 자로 하여금 마음경계가 커서 무진하고 걸림이 없어서 법계, 허공계로 더불어 같은 줄을 요달케 함이라.

부처님이 보광명전에서 십신을 설하신 것은 범부의 마음으로 계합하신 바 불과(佛果)를 믿어 이룸을 밝힌 것이니 부처님의 안이비설 등과 명호가 두루함을 말씀하신 것이다.

**해설** 부처님께서 방편삼매에 들어가서 십주문(十住門)에 들으시고 한량없는 보광명을 놓으시어 중생들로 하여금 보현 보살의 원력의 바다를 이루게 합니다. 부처님의 신통력을 얻어서 중생은 광명을 얻게 됨이니 이것은 무량한 복과 공덕입니다. 부처님께서 광명을 놓아서 중생을 구제하신다 하니 이는 불원력(佛願力)입니다.

## 1. 부처님이 두 발바닥으로 백억 광명을 놓아
삼천대천세계를 비추셨다

**경문** 그 때 부처님께서 두 발바닥으로 백억 광명을 놓아 이 삼천대천
세계를 비추었다. 그러자 백억 남염부제(南閻浮提: 염부제란 염라대왕
이 살고 있는 세계)와 동불파제(東弗婆提)와 백억 서구야니(西瞿耶尼)와
백억 북울단월(北鬱單越)과 백억 대해와 백억 윤위산(輪圍山)이 나타
났다. 또한 백억 보살 수생(受生)과 백억 보살 출가와 백억 여래의 정
각을 이룸과 백억 여래의 법륜을 굴림과 백억 여래의 열반에 드심이
나타났다.

## 2. 여러 천상이 나타나다

백억 수미산왕과 백억 사천왕중천(四天王衆天)과 백억 삼십삼천과
백억 야마천과 백억 도솔천과 백억 화락천과 백억 타화자재천과 백억
범중천과 백억 광음천과 백억 변정천과 백억 광과천(廣果天)과 백억
색구경천(色究竟天)을 비추니 그 가운데 있는 것들이 다 분명하게 나
타나다.

**합론** 발 아래에서 광명을 놓는다는 것은 믿음의 네 가지 뜻이 있음
이니, 첫째는 아래로부터 위로 비춤을 믿는 것이 최초의 연고라, 둘
째는 빛을 발 아래에서 몸으로부터 주처를 얻음이라. 삼천대천 세계
라는 것은 구사론에 사대주(四大州)의 일월과 범세(梵世)의 각 일천

이 일소천 세계요. 소천의 천배가 중천이요. 중천의 천배가 대천이라. 여기에서 말하는 염부제란 담부(膽部)라 한다. 담부란 구사론에 말하기를, 아뇩달지(阿耨達池) 안에 나무가 있는데 이름이 담부니 그 나무로써 담부라 이름한 것이다.

제(提)란 여기 이름으로 주(州)라는 뜻이다.

동불파제(東弗婆提)란 여기 말로 하면 승신(勝身)이니 몸이 다른 주에 있는 사람보다도 더 수승하다 하여 승(勝: 동부다니)이라 한 것이다. 서구야니(西瞿耶尼)는 여기 말로 하면 우화니 우화(牛貨)란 소 값으로 모든 것을 치른다 하여 우화라 한다. 북울단월(北鬱單越)은 여기 말로 하면 승생(勝生)이니 승생이란 정한 수명이 천세요, 의식이 자연히 이루어 진다고 한다.

## 3. 세존께서 사자좌에 앉으셨다

**경문** 그 낱낱의 염부제 가운데 다 여래가 화장장엄 연화장 세계에 앉으시사 십(十) 불찰 미진수의 보살들이 함께 둘러싸고 있었으며 다 부처님의 위신력으로 시방에 각각 한 큰 보살이 있고 그 보살들이 낱낱 각각 열 불찰 미진수의 모든 보살들과 함께 부처님이 계신 곳에 나아가니 그 보살이 이르되 문수사리 보살 등이며 좇아 온 바의 국토는 금색세계이며 본래 섬기던 부처님은 이르되 부동지 여래 등이었다.

## 4. 문수사리 보살이 게송으로 설하시다

**경문** 그 때 온갖 곳에서 문수사리 보살이 각각 부처님 계신 곳에서 동시에 소리를 내어 이 게송을 말하였다.

부처님은 자재하십니다.
세상을 뛰어넘어 의지함이 없으시사
온갖 공덕을 갖추사
모든 세상을 제도하시는 도다.

광명이 두루 청정하여
번뇌를 다 씻어 제하사
움직이지 않은 채
여래의 지혜로다.

중생과 국토가
일체가 다 적멸하니
의지함도 없고 분별함도 없으면
능히 부처님 도량에 나다.

⚜

풀리지 않는 운명

　어느날 한 남자가 부채를 들고 길을 가는데 한 관상쟁이가 그 남자를 보고 당신은 저 여자와 결혼하게 될 것이라고 하였습니다. 그런데 그 여자를 보니 다름 아닌 콩밭을 매는 여자인지라 '아니 내가 왜 저런 여자와 결혼을 해야 하나, 나는 공부도 많이 하였으며 우리 집안은 저 여자 집안과는 비교도 될 수 없거늘', 생각한 그는 화가 났습니다. 그래서 '에이 재수 없어'라고 하며 그 여자한테 가서 죽으라고 욕을 하며 칼을 던졌고, 그 여인은 얼굴에 칼을 맞고 피를 흘렸습니다.

그 남자는 칼을 던지고 도망쳤습니다. 그 여인은 그 후 치료를 받고 살아났을 뿐만 아니라 집안에 경사가 생겼습니다. 그녀의 집안은 대대로 세도가였는데 정치권의 정치 싸움에 말려 그만 귀양살이를 하던 중이었습니다. 그러다가 임금이 그 여인의 아버지를 다시 부른 것입니다. 그녀의 집안은 이제 다시 옛날처럼 세도를 누리게 되었습니다. 그 여인은 혼기가 차서 시집을 가야 하는데 마땅한 신랑감이 없었습니다. 그러던 중 중매가 들어왔습니다.

그 집안도 꽤 세도가였으나 이제는 몰락하는 집안입니다. 그러나 그 집이 원래 지체가 낮은 집은 아니기 때문에 잘만 하면 그런 집도 괜찮다는 생각이 들어서 중매를 하게 된 것입니다. 물론 그 색시가 얼굴에 큰 흉터가 있다는 것을 알기 때문에 그런 집안하고 결혼을 하게 되었던 것입니다. 신랑집에서는 색시의 얼굴을 말할 처지가 못 되므로 아무 상관없었습니다. 그런 명문 집안과 결혼을 하는 것만도 감지덕지한 상황이었습니다.

그들은 결혼을 하였습니다. 첫날 신랑은 신부를 보면서 안타까워 했습니다. "아! 당신은 참 아름답소. 그 얼굴에 상처만 없었더라면 당신은 이 나라 안에서 제일가는 미인일 것이요."

신부는 그래도 아무 말을 하지 않았습니다. 신랑은 다시 말했습니다. "여보 어찌하다가 그리 되었소. 칼자국 같은데, 누가 그리 했소?" 하고 아내가 된 신부를 위로하느라 여러 가지로 말을 하였습니다.

신부는 마음 속으로 이런 생각, '내가 얼굴에 상처만 없었더라면 어찌 당신과 같은 집안과, 그리고 당신과 같은 처지의 사람과 결혼했겠느냐'는 반감 같은 것도 도사리고 있었습니다. 그러나 운명인 것을 어찌하겠는가 하고 결혼을 했으니 미우나 고우나 내 남편이다 하면서 이제는 신랑을 신뢰하기로 하였습니다. 그래도 남자에게 당한 분노와 수치심은 결코 잊을 수 있는 일이 아니었습니다.

신부가 신랑에게 "아버지가 정변으로 귀양살이를 하다가 이제 아버지가 다시 임금님의 부름을 받고 서울에 올라 왔습니다. 시골에서 아버지를 모시고 살 때 콩밭에서 김을 매고 있었는데 난데없이 한 남자가 제 얼굴에 칼을 던졌습니다."라고 하는 말을 듣고는 신랑은 기절할 뻔하였습니다.

잠시 후 신부는 눈물을 흘리면서 말을 이었습니다. 그 후 치료를 받아 다행히 목숨을 건졌습니다. 그런데 저 같은 여자를 아내로 받아 주시니 고맙습니다."

신랑은 아내의 흐르는 눈물을 보면서 한없는 죄책감이 들었습니다. 또한 인연의 끈질긴 것을 보면서 식은땀이 났습니다. 인과응보를 절감하면서 아내에게 무슨 말을 할까 생각하였습니다.

## 말은 씨가 된다

나는 시골에서 살았습니다. 당시 시골은 참으로 사람이 사람 구실을 하고 사는 곳이라는 생각이 들지 않았습니다. 지금은 그야말로 여느 도회지 못지 아니할 뿐더러 어떤 면에서는 더 좋기도 합니다. 그런데 시골에서 살 때 항상 마음속으로나 남에게 말할 때 나는 시골에서 살지 않겠다고 하면서 항상 도시로 갈 꿈을 꾸었습니다. 그래서 사실 어릴 적에 두 번씩이나 가출한 경험이 있습니다. 그리고는 이제는 산 속에서 살게 되었습니다.

나 자신도 내가 스님이 되리라곤 정말로 꿈에도 생각을 못했습니다. 무엇이 나를 마치 끌고 가듯이 급작히 절로 나를 이끌어 놓았습니다. 그것은 인연이었습니다. 나의 인생행로를 보면 모두 드러납니다. 하나도 나의 설계대로 그렇게 움직여지는 것이 아니라 항상 조금은 다르게 움직이고 있다는 것을 느낍니다.

어릴 적에 나의 절친한 친구가 있었는데 그는 참으로 공부와는 담을 쌓은 친구인데 그는 항상 말하기를 "나는 사장이 될 거야, 그리고 우리 어머니를 호강시켜 드릴 거야." 하더니 그 후 그는 실제로 사장이 되었습니다. 그리고 그는 항상 "나는 돈을 벌면 땅을 살 거야"라고 하더니, 옛날의 땅 없던 설움을 씻기라도 하듯이 땅을 사는 데 정신이 없는 것이었습니다.

말은 씨가 됩니다. 어떤 사람은 입버릇처럼 "죽고 싶다, 죽고 싶다"라고 합니다. 그런 사람은 언젠가는 사고가 나고 맙니다. 옛 어른들이 항상 말씀을 하시길 말은 씨가 되니 말조심 하라고 합니다.

왜 그런 현상이 나타나는가 하면 사람의 마음에는 기억하는 기억 장치 같은 것이 있다고 합니다. 그러한 기억장치 녹음이 풀리게 되면 옛날 자신이 녹음을 해두었던 것이 재생되는 셈입니다. 그러므로

항상 말을 할 때는 조심을 해야 합니다. 이것은 인과법칙의 하나입
니다. 내가 무엇이 될 것이라고 하는 마음을 먹을 것 같으면 그 사람
은 그 마음을 먹은 대로 실천에 옮기게 됩니다.

# 보살문명품(菩薩問明品)

## 1. 문수 보살이 각수(覺首) 보살에게 법을 묻다

열 가지 일(十事)과 오대(五對)로써 상위(相違)함을 묻다

**경문** 저 때에 문수 보살이 각수(覺首) 보살에게 물으셨다.

"불자여, 마음의 성품은 하나이건만 갖가지 차별을 일으키는 것은 무엇입니까? 이른바 선하기도 하고 악하기도 하며, 모든 근본이 원만하기도 하며, 태어남이 같기도 하고 다르기도 하며, 단정하기도 하고 추하기도 하며, 고통을 받고 즐거움을 받는 것도 같지 않나이다. 그러므로 업이 마음을 알지 못하고 마음이 업을 알지 못하며, 받음(受)이 과보를 알지 못하고 과보가 받음(受)을 알지 못하며, 마음이 '받음'을 알지 못하고, 연(緣)이 인(因)을 알지 못하고 인(因)이 연(緣)을 알지 못하며, 지혜가 경계를 알지 못하고 경계가 지혜를 알지 못합니다."

**합론** 문수 보살과 부처님의 경계는 같지 아니하다. 문수는 믿음을 주인으로 삼음이며 부처님은 소신(所信)인 연고라. 발심을 하는 것은 그 신심이 최초요, 소신(所信)은 그 후에 있다. 또 십신을 밝힌 바나 모두가 차제대로 되는 것은 아니며, 부지런히 닦음은 마음 바탕

에 나아감이요, 덕은 고요한 마음을 얻음이 되나니 심성이 무심함이 정(定)을 삼는다. 지혜는 혜심(慧心)이니 혜가 상수가 되어 자기 장엄을 얻는 연고라. 섭론에 이르되, 보살이 처음 배움에 여실히 응당 먼저 여실인연(如實因緣)을 관(觀)하여 바른 믿음과 바른 앎을 얻는 연고라 하였다.

십신에 십덕이 있으니 1은 친근선우(親近善友)요, 2는 공양제불(供養諸佛)이요, 3은 수습선근(修習善根)이요, 4는 지구승법(志求勝法)이요, 5는 심상유화(心常柔和)요, 6은 조고능인(遭苦能忍)이요, 7은 자비심후(慈悲深厚)요, 8은 심심평등(深心平等)이요, 9는 애락대승(愛樂大乘)이요, 10은 구불지혜(求佛智慧)이다.

십심심(十甚深)을 배치(配置)하면 1은 곧 정교심심(正敎甚深)이니 부처님의 선우를 친근하여 교법을 들음이요, 2는 곧 복전심심(福田甚深)이요, 삼은 곧 업과(業果)요, 4는 곧 연기(緣起)요, 5는 곧 정행(淨行)이요, 6은 곧 조도(助道)요, 7은 곧 교화(敎化)요, 8은 곧 일도(一道)요, 9는 곧 설법(說法)이요, 10은 곧 불경(佛竟)이니 부처님의 지혜가 곧 믿을 바 됨을 설한 연고이다.

## 2. 비유로써 밝히다

**경문**

비유컨대 강가에 흐르는 물이
빠르게 다투어 흐르건만
각각 서로 알지 못하듯이

모든 법도 또한 이와 같으니라.

큰 불 무더기에서
맹렬한 불길이 함께 일어나지만
각각 서로 알지 못하듯이
모든 법도 또한 이와 같으니라.

바람이 불어 올 때에
물건에 닿으면 함께 흔들리지만
각각 서로 알지 못하듯이
모든 법도 또한 이와 같으니라.

여러 땅 덩어리가
차례차례 머물러 의지하지만
각각 서로 알지 못하듯이
모든 법도 또한 이와 같으니라.

**합론, 소**  네 가지 비유로써 모든 법이 서로 알지 못하는 연고를 통석(通釋)으로써 모든 법이 서로 같지 아니함을 말함이다. 1은 물에 의지하여 흐르고 멈춤이 있음이요, 2는 불은 불에 의해서 염기(焰起)하게 되며, 3은 바람은 바람에 의하여 움직이며, 4는 땅에 의하여 모든 이것이 임하여 갖게 된다고 하였다.

　진(眞)에 의해서 망(妄)이 상속한다. 망은 진의 소지(所持)가 됨이

라. 망념은 서로 알지 못함이 있어서 흐르고 머무름이 있음이라. 이는 바람에 의해 동작이 있으므로 망용(妄用)이 진(眞)에 의해 일어남을 비유한 것이다. 바람의 동작하는 모양을 가히 볼 수 없음이라. 그러므로 가히 얻지 못하는 까닭으로 가히 서로 알지 못함이라.

**해설**  이 경의 뜻을 읽으면서 이런 생각을 하여 봅니다.

'아! 부처님은 참으로 위대하셔라. 어떻게 이런 법을 우리들에게 말씀하실 수 있을까. 항상 그렇듯이 비유를 드나 과하지 않고 부족함이 없게 하시니 이는 필시 우리들을 구제하시기 위함이라고 하신 것이 틀림없다'고 생각하곤 합니다. 이제 화엄경의 열 가지 믿음에 들어가는 방법을 제시하셨고 다음으로는 어떻게 우리들이 행동(실천)을 하는가를 말씀하실 것입니다.

이 경을 읽어가면서 부처님께서 "듣는 것으로 끝나지 아니하고 실천으로 옮기는 자만이 비로소 불행(佛行)이 된다"라고 하신 것을 알게 될 것입니다. 어떤 분이 말씀하시길, 나이가 철들게 한다고 합니다. 나이가 깨달음을 일으키게 될 것입니다. 나이만큼의 풍부한 경험과 이론이 있습니다. 이 세상에 나이만큼 자신을 깨우치게 하는 것도 드물 것입니다. 그런데도 나이를 헛먹는다면 그보다도 억울한 일은 또 없을 것입니다. 그만큼 나이는 나에게 있어서 선생님이요, 친구이며 보살입니다. 우리들이 흔히 하는 말로 나이 헛먹었다고 할 때가 있습니다. 아무에게도 나이 헛먹었다는 소리를 듣지 않는다면 그 사람은 공부가 된 사람입니다.

## 3. 모든 국토에 들어가다

**경문**

세간의 모든 국토에
일체가 다 들어간다.
지혜의 몸은 색상이 없으시니
저들이 능히 볼 수가 없도다.

## 4. 법계와 중생계를 모두 보신다

법계와 중생의 세계가
구경엔 차별이 없음을
일체를 다 밝게 보시니
이것이 여래의 경계로다.

## 5. 세계의 모든 음성을 모두 다 아신다

일체 가운데에
있는 바 모든 음성을
부처님의 지혜로 다 따라 아시나
분별을 하지 아니 하신다.

## 6. 여래는 중생의 마음을 한 순간에 아시도다

일체 중생들의 마음이
삼세에 널리 있거늘
여래는 한 순간에
일체를 다 통달하도다.

저 때에 사바세계에 일체 중생이 가지고 있는 바 법의 차별과 업의 차별과 세간의 차별과 몸의 차별과 근기의 차별과 생명을 받는 차별과 계를 지니는 차별과 계를 범하는 차별과 국토의 과보 차별이 부처님의 위신력으로 모두 다 분명하게 나타나도다.

❀

### 지식이 지식을 알아내다

지식은 자기 인식을 본질로 하며 그 지식이 자기 안에 있는 지식을 인지합니다. 그러므로 자기 성찰로 자기 안에 있는 지식을 보는 것입니다. 자신을 인식하는 것은 자기요, 인식을 할 수 있는 능력도 자기 자신입니다. 등불을 어두운 방에 들고 들어가면 어두울 때는 보지 못했던 것들을 모두 볼 수 있습니다. 책상이며, 책들이며, 옷장이나 기타 여러 가지를 모두 고루 비춥니다. 어떤 것은 비추고 어떤 것은 비추지 않고가 없습니다. 모두 비춥니다. 그러면서 등불 자신도 비춥니다. 그러므로 사람은 그 등불을 볼 수가 있습니다. 지식도 그와 같아서 지식을 얻기 이전에는 깜깜하던 것이 지식이 들어감으로써 내 안을 보게 해줍니다.

깨우침은 무엇인가. 깨우침은 늘 깨어 있는 '정신이 맑아 깨어 있는 모습'으로 영명한 모양입니다. 우매하다든가 혹은 미혹하다는 것은 무엇인가? 그것은 깨어 있지 못한 정신입니다. 보통 우리들은 '깨침'이라는 말을 씁니다. 마음을 말하나 마음의 진정한 모습을 가르쳐 주는 사람이 없습니다. 마음을 무엇으로 볼 수 있을까요. 그것은 바로 마음으로 봅니다. 마치 등불이 스스로 자신을 비추듯이 마음도 자신을 볼 수 있습니다. 지금 당신의 마음을 보는 자가 바로 당신의 마음입니다.

어떤 사람이 무게를 달기 위하여 저울을 사용합니다. 그런데 저울의 추의 정확한 무게를 알기 위하여는 또 다른 저울을 사용하지 아니하면 안 됩니다. 마치 우리들의 마음을 알기 위하여는 내 안에 있는 자기를 알지 아니하면 안 되듯이.

작은 것으로부터 연습을 하여 보겠습니다. 나는 지금 어떤 지식의 정보를 알고 있나 생각하여 봅시다. 부산 서면에서 어느 지점에 가야 택시를 쉽게 잡을 수 있는가를, 만약 어떤 사람이 빈 택시를 타기 위하여 서면 로터리에서 기다리고 있다면 그 사람은 바보입니다. 그러니까 그는 택시 잡는 지식을 모르고 있는 것입니다. 그 자신이 빈 택시를 잡을 수 있는가 또는 없는가를 판단하는 것은 지식입니다. 깨침은 아닙니다.

불교에서 마음을 수도 없이 말을 하고 있는데 과연 마음을 말하는 사람은 마음을 알까. 마음을 깨친다는 것은 무엇을 어떻게 깨친다는 것일까. 내가 지금 무엇을 하고 있는가를 내가 아는가. 아니면 내가 지금 알고 있는 것을 내가 알고 있는 것인가. 그것이 잘못이었든 잘

한 것이었든 그것은 상관없습니다. '알고 있는가' 라는 것입니다.

많은 사람들이 마음을 깨닫는 것이 무슨 도깨비 방망이 쯤으로 생각하고 있는 것은 아닌지? 부처님은 분명 지금 우리들이 느끼고 있는 그런 깨우침을 말씀하지 않으셨다는 것입니다. 불교의 깨우침은 연기법이요, 연기법은 불교의 교리 가운데 가장 위대한 성제라는 것으로도 알 수가 있습니다. 마치 등불이 자신을 비추듯이 마음은 언제든지 자신을 비추고 있습니다.

우리들은 '깨침'을 통해서 자신을 재발견하는 것입니다. 깨침은 자신을 직관하는 하나의 통로입니다. 따로 깨침이라는 존재가 있는 것은 아닙니다. 자신을 보는 하나의 눈을 얻는 것, 그것을 깨침이라 하였지만 그것은 마음을 본다는 것에 불과함이요, 그것은 존재가 아닙니다. 지각과 '깨침'은 전적으로 다릅니다. 지각은 예컨대 지금까지 몰랐던 것을 아는 것이지만 '깨침'은 지각하는 그 자체를 깨닫는다는 것입니다. 인식이라는 것은 지각과 동시에 이루어집니다.

마음을 'A'라 하고 지각을 'B'라 하고 인식을 'N'이라 합시다. 지각하고 인식하는 것을 마음이라고 가정하면 $(B+N)=A$, 즉 $BN=A$이며 $A=BN$인 셈이 됩니다. 그러면 무엇으로 마음을 보는가? 지각인가, 아니면 인식인가? 인식과 지각 모두입니다. 인식과 지각 모두가 다 마음이라는 껍질 같은 것의 안에 들어 있습니다.

$ABN$ 모두를 합한 것을 $X$라고 하면 $X$를 아는 방법은 무엇인가. 그것을 부처님은 '반야'라 했습니다. 선(禪)이라고 하는 것, 그것도 마음을 알기 위한 하나의 방법일 뿐입니다. 공안(公案)도 마음을 알기 위한 방법의 하나입니다. 공안을 통하여 마음을 깨친다고

합니다. '깨친다' 는 것은 마음을 알아 낸다는 것입니다. 마치 계란의 껍질을 깨고 나오는 병아리처럼 말입니다.

### 뗏목의 비유

부처님은 마음을 수시로 뗏목에 비유하셨습니다. 뗏목의 비유라는 것은 이쪽에서 저쪽의 강가에 가기 위하여는 뗏목이 필요합니다. 그러나 강을 건넜으면 뗏목을 들고 다닐 필요가 없습니다. 오히려 뗏목이 거추장스럽게 될지도 모릅니다. 마음은 건너야 할 강이요, 뗏목은 강을 건너기 위한 도구인 것입니다. 그러므로 강이 없으면 뗏목은 필요없다고 할 수도 있습니다.

사람들은 마음이 없으면 어떻게 하나 하고 걱정할 것입니다. 그러나 우리들은 무심경계(無心境界)를 자주 말합니다. 무심으로 돌아가라고도 합니다. 그러면 무심은 무엇인가. 망념이 없다는 것일 것입니다. 청정심도 오히려 진(塵)이라 한 것도, 청정하다, 더럽다 라는 분별을 일으키는 것을 예방한 것입니다. 어쨌든 마음에 일어나는 것은 모두 분별이요, 망상이라 하였습니다. 분별하고 망상을 일으키는 것이 좋으냐 혹은 나쁘냐를 떠나서 분별심을 일으키면 번뇌가 생겨난다는 것입니다.

# 정행품(淨行品)

## 1. 불과(佛果)의 삼업(三業)이 원만함을 묻다

**경문** 저 때에 지수 보살이 문수 보살에게 물으셨다.

"문수 보살이시여, 보살이 어떻게 허물이 없는 몸과 말과 뜻의 업을 얻으며, 어떻게 해롭히지 않는 몸과 말과 뜻의 업을 얻으며, 어떻게 깨뜨릴 수 없는 몸과 말과 뜻의 업을 얻으며, 어떻게 움직이지 않는 몸과 말과 뜻의 업을 얻으며, 어떻게 수승한 몸과 말과 뜻의 업을 얻으며, 어떻게 청정한 몸과 말과 뜻의 업을 얻으며, 어떻게 물들지 않는 몸과 말과 뜻의 업을 얻나이까."

## 2. 열 가지 힘을 묻다

"어떻게 곳과 곳 아님을 아는 지혜의 힘과, 과거 미래 현재의 업과 과보를 아는 지혜의 힘과, 근기의 수승하고 하열함을 아는 지혜의 힘과, 경계를 아는 지혜의 힘과, 갖가지 경계를 아는 지혜의 힘과, 갖가지 알음알이를 아는 지혜의 힘과, 일체의 곳에 이르는 지혜의 힘과, 선정삼매의 물들고 깨끗함을 아는 지혜의 힘과, 지난 세상에 머무름을 기억하는 지혜의 힘과, 걸림없는 천안을 아는 지혜의 힘과, 모든 악업을 끊는 지혜의 힘을 얻나이까?"

3. 일체 중생의 이익됨을 묻다

"어떻게 일체 중생의 이익을 위하여 의지가 되며, 어떻게 일체 중생의 이익을 위하여 구호가 되며, 어떻게 일체 중생의 이익을 위하여 횃불이 되며, 어떻게 일체 중생의 이익을 위하여 인도자가 되며, 어떻게 일체 중생의 이익을 위하여 두루 인도하는 훌륭한 인도자가 됩니까?"

4. 문수 보살이 지수 보살에게 답하다

저 때에 문수사리 보살이 지수 보살에게 말씀하셨다.
"훌륭하십니다. 불자여, 그대가 이제 많이 요익케 하고 많이 안은케 할 바로 세간을 애민이 여겨서 천상의 사람들을 이롭게 하고 즐겁게 하고자 할새 이 같은 뜻을 묻는구나.
잘 들으라, 불자여, 만약 모든 보살이 그 마음을 잘 쓰면 곧 온갖 수승한 묘한 공덕을 얻어서 모든 부처님 법에 마음의 걸림이 없으며, 과거 미래 현재의 모든 부처님의 도에 머물며, 중생을 따라 머물며, 항상 버리거나 여의지 아니하며, 저 모든 법을 다 통달하여 온갖 나쁜 것을 끊고 모든 선한 것을 구족히 하여 마땅히 보현의 원력과 같이 하리라 한다."

**합론, 소** 해석한 가운데 먼저 지수 보살의 물음이니 덕(德)을 들어 인(因)을 물음이요, 후는 문수의 답이니 덕을 표하여 인(因)을 보임이라. 물은 바가 20의 문이 있으니 모두 11단에 단마다 모두 10문이 있음일새 일백일십종덕(種德)을 말씀하시었다. 제 1은 삼업을 여의고 덕을 쌓음을 말함이요, 제 2는 보살의 행을 이 세상에 가득 채움을 말함이다. 열 번째는 중생의 요익〔衆生饒益〕을 위함이다.

**해설** 지혜가 뛰어난 보살이 지수 보살입니다. 물론 문수 보살도 지혜의 보살이라고 합니다. 지수 보살은 업을 쌓는 일과 지혜를 일으키는 일과 선덕을 쌓는 일 등을 물었는데 지혜는 어디에서 나오겠습니까? 모든 사물을 보면서 그들을 위하여 무엇인가 도움을 주는 것은 분명 지혜일 것입니다.

예전에 어떤 보살님이 말하길 "스님, 저는 말입니다. 우리 남편에게 언제나 손해를 보고 살아요." 하는 것이었습니다. 그래서 두 분 사이에 혹시 상거래를 하시느냐고 물었더니 그것은 아니라고 하였습니다.

"무엇 때문에 그렇게 손해를 본다고 합니까?" 라고 물었더니, 말은 다 못하지만 언제나 남편을 위해서 사는 부속물 같은 생각이 들어서 그렇다는 것입니다. 그 때 그 보살님에게 이런 말을 해준 기억이 납니다. "손해를 보는 것은 곧 이익이 되어 돌아올 것입니다. 남편은 남편대로 조금 손해를 본다고 생각하고 아내는 아내대로 조금 손해를 보고 산다고 하면 모두가 만족할 것입니다. 부부간에 근본으로 돌아가면 손해고 손해 아니고가 없습니다."

142

　지수 보살은 무엇으로 지수(智首)라 하는가. 그가 참으로 지혜스러운 보살이기에 지수라 하였습니다. 지수 보살은 금강지(金剛智)를 가진 보살로 일체 모든 것에 대한 지혜가 뛰어나다고 하였습니다. 문(文)에 '훌륭하십니다.' 한 것은 지수 보살을 칭찬하기 위함입니다. 우리들은 사람을 만나서 무엇이라고 합니까. 안녕하십니까? 하고 인사를 합니다. 문수 보살은 참으로 훌륭한 일을 하기에 훌륭하다고 하신 것입니다. 남을 칭찬하고 찬탄하는 것을 덕담이라 합니다. 입만 열면 남을 헐뜯는 사람도 있습니다. 그런 사람들을 보면 평생 남을 헐뜯다가 인생을 마감하고 맙니다.

　또 문수 보살에게 말씀하시길, 그 마음을 잘 쓰면 온갖 수승한 공덕을 이룬다고 하였습니다. 마음뿐만이 아닙니다. 행도 그와 같이 하면 공덕이 될 뿐더러 사람이 사람답게 되는 것입니다. 가끔 보면 사람은 멀쩡한데 그 말과 행동, 예의범절이 천박하기 이를 데 없는 사람이 있습니다. 예의는 사람을 아름답게 만든다고 하였습니다. 예의바른 사람 앞에 있으면 언제나 편안한 마음을 얻는 것도 그 사람이 예의가 바르기 때문입니다. 반대로 예의가 없는 사람을 만나면 웬지 불안하고 오래 있고 싶지 않습니다.

　도라 하는 것은 바로 이러한 데에 있습니다. 그러므로 천상의 인간이나 사바세계에 있는 인간들을 이롭게 한다는 것은 바로 예의에서부터 시작됨을 명심하여야 할 것입니다. 중생을 따라 머문다는 말을 문수 보살은 하십니다. 중생 곁에 있는 것이 편안하고 중생을 위하는 일이 편안한 삶을 얻는 것입니다. 이 세상의 모든 훌륭한 사람들은 모두가 다 남을 위한 일에 앞장선 사람들입니다. 부처님도 그래서 중생 곁에 계셨던 것입니다.

## 5. 어떻게 마음을 잘 써서 능히 온갖 수승하고 묘한
##    공덕을 얻음인가

**경문**

불자여, 집에 있을 때는
마땅히 중생들의 공덕을 관하라.
그리하여 그 핍박을 면케 할지니라.

부모를 효성으로 섬기되
마땅히 중생이 부처님을 잘 섬기듯이
외호하며 공양을 할지니라.

만약 오욕을 얻었을 때는
마땅히 중생이 오욕의 화살을 빼버리고
구경에 안은하기를 원할지니라.


## 6. 출가하여 계를 받는 스님이 마음을 쓰는 법

살던 집을 버릴 때에는
마땅히 중생이 출가하여 걸림이 없고

마음에 해탈 얻기를 발원할지어다.

출가하기를 구할 때는
마땅히 중생들이 퇴전치 않는 도를
마음에 얻어서 장애 없기를 발원할지어다.

바르게 출가할 때는
마땅히 부처님과 같이 출가하여
온갖 것을 구호하기를 원할지어다.

세속의 옷을 벗을 때에는
마땅히 중생이 선근을 부지런히 닦아서
모든 죄의 멍에 벗어나기를 원할지어다.

구족계를 받을 때는
마땅히 중생이 모든 방편을 얻어서
가장 수승한 진리 얻기를 발원할지어다.

대소변을 볼 때는
마땅히 중생이 탐진치를 버려서
죄업을 깨끗이 없애기를 원할지어다.

고행하는 사람을 볼 때에는

마땅히 중생이 고행에 의지해서
깨달음 얻기를 원할지어다.

예절 바른 사람을 볼 때에는
마땅히 중생이 선업의 갑옷을 입고
불도(佛道) 버리지 않기를 원할지어다.

걸식을 할 때에는
마땅히 중생이 깊은 법계에 들어가서
마음에 장애 없기를 원할지어다.

❀

희(喜)

본생경에 이런 말씀이 있습니다.

수행자가 길을 가다가 금덩어리를 주웠습니다. 그 수행자는 그 금덩어리를 호주머니에 넣고 길을 계속 걸었습니다. 마음이 웬지 무거웠습니다. 그래서 그는 선인에게 가서 묻기로 마음을 먹고 무우수나무 밑에서 정진하고 있는 선인을 찾았습니다. "선인이시여, 저는 길을 걷다가 주인이 없는 금을 주웠습니다. 그러나 마음이 편치 못합니다. 어찌하면 좋을까요?"하니, 선인은 "그 금이 있던 자리에 놓아 두시오. 그러면 그대는 마음이 편안할 것이요." 하였습니다.

수행자 "그러면 누가 금을 가져 갑니까?" 하자, 선인이 말하기를,

"금을 누가 가져 가느냐는 중요한 것이 아닙니다. 있는 대로 그대로 놓아두면 됩니다." 수행자는 선인의 말대로 그 금덩어리를 그 자리에 갖다놓았습니다. 그 수행자는 크게 깨달았습니다. 길을 걷는데 그렇게 기분이 좋을 수가 없었습니다. 그는 길을 걷다가 노인을 만났습니다. 그는 걷기 힘들어 하는 노인을 업고 산길을 내려 왔습니다. 업은 노인이 무거운 만큼 그의 마음속엔 기쁨이 가득하였습니다.

저는 어릴 적에 해인사에서 살았습니다. 매일매일 강원에서 경전 공부하는 것이 마냥 좋다는 생각뿐이었습니다. 기분 좋은 일이 아주 많았습니다. 대중 스님들이 봄이 되면 절에서 짓는 논에 가서 모내기를 하고 가을이 되어서는 추수할 때 내가 심은 논에서 벼이삭이 영글어 가는 것을 보는 것도 기쁨의 하나입니다. 강원을 졸업할 때도 기쁨이었습니다. 돌이켜 보면 기뻤던 것이 하도 많아서 이루 헤아릴 수 없습니다. 기억하는 것도 있고 잊은 것도 많습니다.

제가 당부드리건대, 하루에 한 번 기쁜 일을 하십시오. 만약 하루에 한 번 기쁜 일을 하면 일년이면 365번의 기쁜 일이 생깁니다. 그리고 10년이면 3650번의 기쁜 일을 할 수 있으니 그 얼마나 좋은 일이겠습니까? 매일 슬픈 일을 한 가지씩 만들면 그는 일년이면 365가지의 슬픈 일을 만들고 따라서 10년이면 3650번의 슬픈 일을 만들고 삽니다. 기쁨은 작은 것을 소중히 하는 사람에게 찾아옵니다. 슬픔은 작은 것을 소홀히 하는 마음에서 생깁니다.

노(怒)

남을 슬프게 하면 자신도 슬픔을 얻게 됩니다. 반대로 남을 기쁘게 하면 자신도 그 사람으로 인해 기쁨을 얻을 것입니다. 절에 들어오다 보면 분노한 얼굴의 사천왕상을 볼 수 있습니다. 그런데 그 사천왕은 분노하는 것 같은데 실상은 분노 같지가 않습니다. 진실로 성을 낸 것이 아니기 때문입니다. 중생을 걱정하는 나머지 그들을 안타깝게 바라보는 마음으로 일으킨 것이기 때문에 그렇습니다. 그런데 우리들이 성낼 때는 분노를 일으킵니다. 그래서 남의 마음을 아프게 만듭니다.

제가 해인사 강원에서 공부를 할 때 아침 공양을 하고, 공부를 마치면 나무를 할 때도 있고 밭에 나가서 일을 할 때도 있었습니다. 그때는 젊었을 때라서 일하기가 때로는 귀찮고 싫어질 때도 많았습니다. 그러나 노스님이 호미를 들고 나가시는데 어떻게 젊은 사람이 빈둥거릴 수 있겠습니까. 그래서 할 수 없이 밭에 나가곤 했는데 하루는 노스님이 이렇게 말씀하시는 것입니다.

"일하기가 싫지, 나도 일하기가 그리 좋지는 않아. 이제 늙었거든. 그런데 밭에 채소를 심어서 대중의 아침 저녁 공양상에 오르는 것을 보면 즐거운 일이 아닌가. 내가 가꿔서 부처님께 공양도 올리고 대중도 먹는다는 것을 생각하면 즐거운데 일할 때는 힘드니까 싫어진단 말이야. 그리고 나는 저 산천초목이 나를 보고 게으르다고 할까봐 걱정이야." 이렇게 말씀하실 때 우리들은 숙연해졌습니다.

"무슨 산천초목이 우리들을 게으르다고 할까. 무슨 말을 한다고" 하며 속으로 중얼거리면서 억지로 일할 때도 많았습니다. 그런데 이제 나이를 먹고 보니 그게 그런 것이 아닙니다. 마음으로 억지로 할 때는 속상해하고 그런 것은 수도에 아무런 도움을 주지 않습니다. 또 이러한 마음은 잘못하면 마음으로 분노를 갖게 되어 몸을 상하게 만들 것입니다. 즐거운 마음을 가지면 그에게는 즐거운 일이 찾아옵니다. 그런데 성내는 마음을 갖고 살면 그 사람에게는 화낼 일이 자주 자주 생기게 됩니다. 그러므로 성내지 말아야 할 것입니다.

애(哀)

인도 신화에 나오는 비슈누 여신의 이야기입니다. 그 여신은 어떻게 하면 사람들을 골탕 먹일까 하고 생각하다가 어느날 어떤 집을 가보니, 그 집은 음습하고 온 집안 식구들의 얼굴엔 웃음기가 하나도 없으며 무엇인가 낙담하고 있는 것이었습니다. 그들의 말을 들어보니, 슬픈 일이긴 해도 그다지 많이 슬퍼할 일은 아닌데 그렇게 슬퍼하는 것이었습니다.

사람들에겐 슬픈 일이 하도 많아서 이루 헤아릴 수가 없습니다. 부모님이 돌아가신 것, 형제가 죽는 일, 자식이 죽는 일, 부부간에 사별하는 일 등 그 가지 수도 많습니다. 그런데 이 심술궂은 비슈누 여신은 그것을 좋은 기회로 삼아서 중생들에게 슬픔을 증가시킬 방법을 그 여신의 부하들에게 강구하라고 하였답니다.

그렇게 강구된 것이 사람들의 눈에 눈물이 나오도록 하여 소리내어 울고 울어서 도저히 미래를 스스로 열어가지 못하고 자신에게 항복하고 기도하도록 하였다고 합니다. 인간에겐 슬픔도 때로는 미래로 도약하는 힘이 되는데, 그것은 부처님의 가르침입니다. 왜냐하면 부처님은 비심(悲心)이 있으십니다. 가련한 마음을 통하여 무상(無常)의 진리를 얻게 하기 때문입니다.

## 낙(樂)

무엇이 즐거운 일인가를 생각해 봅니다. 나에게 있어서 무엇이 진정 즐거운 일일까. 때로는 나에게 즐거운 일도 남에게는 즐겁지 못한 것도 있을 것입니다. 내가 잘 아는 스님이 계셨는데 그 스님은 하루 종일 분재에 매달려서 나무들을 손봅니다.

그 나무들을 보면 저절로 감탄이 나옵니다. 어떤 것을 보면 그야말로 거대한 소나무를 보는 듯한 생각이 들 때가 있고, 또 어떤 나무들은 숲을 이루는 것 같기도 하고, 또 어떤 나무들은 저 높은 바위 언덕에 매달려 있는 듯하기도 하고, 이렇게 제각기 나무들이 여러 가지 모양들을 하고 있습니다. 그 스님이 모두 만든 작품들입니다. 스님은 분재가 재미있고 즐겁다고 합니다. 또 어떤 스님은 글씨 쓰는 것을 좋아하여 글을 아주 잘 씁니다. 그 스님도 자신의 즐거운 일을 가지고 있습니다. 또 어떤 도반 중에 선객이 있는데 그는 참선을 하면서 고요히 자신을 참구하면서 세월을 보내기도 합니다.

모두 자신이 갖고 있는 즐거운 일들입니다. 푸르게 우거진 숲을 지나가다 보면 산새들이 지저귑니다. 사람들은 그 새소리를 듣고 짜증내거나 화내지 아니할 것입니다. 즐거운 마음이 날 것입니다. 도회지를 벗어나 푸른 숲을 보면서 산길을 걷는 것도 즐거움의 하나일 것입니다. 비록 가진 것은 적더라도 마음이 풍요로워야 한다고 하지 않습니까. 그러한 이치는 모든 사람이 다 잘 아는 일입니다.

그리고 모든 것에 대하여 감사할 줄 알아야 즐거움이 생깁니다. 추수의 감사, 거두어들임의 감사입니다. 그리고 주변 사람들에 대한 감사, 부처님에 대한 감사, 사물에 대한 감사, 참으로 감사해야 할 것들이 너무 많습니다. 감사하는 마음 그것을 나의 즐거움으로 삼아야 합니다. 아끼는 마음이 곧 고마워하는 마음입니다. 저는 쓰던 물건을 함부로 버리지 않습니다. 쓰던 것일수록 더 정감이 가기 때문입니다. 물론 새것은 새것대로 좋지만, 언제나 새것만을 고집하면 낭비가 될 것입니다. 물건을 아끼는 마음은 사물에 대하여 경외심을 갖는 마음입니다. 쌀 한 톨이라도 아끼고 농부의 공력을 생각하는 마음은 복이 쌓인다고 합니다. 다른 것도 마찬가지일 것입니다. 아끼는 마음은 사랑하는 마음입니다. 사람이든지 아니면 사물에게든지 아끼는 마음이 있어야 즐거운 마음이 난다고 합니다.

요즘 사람들은 스트레스를 많이 받으며 산다고 하는데 저는 사실 스트레스가 무엇인지 모릅니다. 나도 때로는 속상할 때도 많이 있습니다. 그러나 그런 것은 마음이 상해서 속상한 것이 아니라, 그럴 수밖에 없는 일에 대하여 속상해 합니다. 그러나 그것이 스트레스까지 받을 일이 아니기 때문에 그다지 문제가 되지 않습니다.

# 현수품(賢首品)

## 1. 문수 보살이 현수 보살에게 수행공덕을 묻다

**경문** 그 때에 문수사리 보살이 번뇌 없는 청정한 행의 공덕을 설하시고 나서 보리심의 공덕을 나타내 보이시고 게송으로 현수 보살에게 물었다.

내가 이제 이미 모든 보살에게
부처님이 옛적에 닦으신 청정행을 말했으니
어지신 이는 마땅히 이 모임 가운데
수행의 수승한 공덕을 말하소서.

## 2. 현수 보살이 게송으로 답을 하시었다

훌륭하십니다. 현자여, 자세히 들으소서.
저 모든 공덕은 헤아릴 길이 없어
내가 이제 힘을 따라 조금 말하리니
마치 큰 바다의 한 방울 물과 같습니다.

만약 보살이 처음 발심을 하매
맹세코 부처님의 보리를 증득하려 하면
그 공덕은 끝이 없어서
헤아릴 수 없고 비유할 데 없습니다.

늘 모든 중생 이익되고 즐겁게 하고자
국토를 장엄하고 부처님을 공양하며
바른 법 받아 지니고 지혜 닦아서
깨우침 증득한 연고로 발심함입니다.

**합론** 기신론에 이르기를, 삼종발심(三種發心)이 있으니, 첫째는 믿음의 성취를 밝힘이니 일만 겁이 지나도록 선근이 끊이지 않아야 바야흐로 불퇴전에 이름일새 보살이 가르쳐 하여금 발심케 하며, 혹은 스스로 대자대비가 있으며, 혹은 정법이 멸하고자 함에 정법을 위호(衛護)함으로써 발심하는지라.

이와 같이 신심이 성취하면 정정취(正定趣)를 얻어서 필경에 퇴전치 않나니 이름이 여래종중(種中) 바른 인연에 살게 됨을 얻거니와 만약 어떤 중생이 선근이 미소(微少)하여 오랜 옛날로부터 번뇌가 깊고 두터워서 비록 부처님을 만나서 또한 공양함을 얻으나 인천(人天)의 종자와 연각의 종자를 일으키며 설사 대승을 구하는 자라도 근기가 결정치 못하여 혹 퇴굴한다 하시니 대의와 자기 선근이 미소한 까닭인지라.

## 3. 믿음은 수승한 힘이니라

**경문**

믿음은 도의 근본 공덕의 어머니이니라
온갖 모든 선법을 장양하며
모든 의심 끊고 선법의 도량에 들어
위없는 열반을 열어 보이네.

믿음은 마음이 청정함이요
교만함 없는 공경의 근본이라
믿음은 제일가는 재물이요
청정한 손이 되어 온갖 과보를 얻는다.

믿음은 은혜로이 보시하며
믿음은 환희심이라
지혜와 공덕을 증장하고
복전의 자리에 오른다.

믿음은 공덕이 파괴되지 않음이요
깨달음 나무 생장케 하고
믿음은 가장 큰 지혜를 자라게 하고
묘한 보배구슬 소유함이라.

## 4. 삼보를 공양하는 믿음을 밝히다

만약 부처님을 믿고 배우면
곧 능히 계(戒)를 지니는 자라
항상 계를 지켜 닦고 배우면
능히 모든 공덕을 구족히 하리라.

계는 보리의 근본이요
배움은 공덕을 닦음이라
계와 배움을 함께 닦으면
부처님은 아름답다 칭찬하리라.

만약 청정한 스님을 믿어 받들면
신심이 물러가지 않음을 얻으리니
신심이 물러나지 않음을 얻으면
능히 불퇴의 힘을 얻으리라.

**해설**  계경에 말씀하시되, "천상에 낳는 사람은 지계 제일이다" 하였습니다. 즉 계를 잘 지키면 공덕이 그만큼 크다는 것입니다. 계에는 첫째, 삼귀의계가 있습니다. 삼귀의계란 하나는 부처님께 귀의하는 계요, 둘은 부처님의 법에 귀의하는 계요, 셋은 스님네께 귀의하는 계입니다.

둘째, 오계가 있습니다. 오계란 하나는 불살생계(不殺生戒)이니

산 목숨을 죽이지 말라는 것이며, 둘은 불투도계(不偸盜戒)이니 도둑
질하지 말라는 것이며, 셋은 불음행계(不淫行戒)이니 음행을 하지말
라는 것이며, 넷은 불망어계(不妄語戒)이니 거짓말, 이간, 꾸미는 말,
두 가지 말을 하지 말라는 것이며, 다섯은 불음주계(不飮酒戒)이니
술을 마시지 말라는 것입니다.

모든 계의 근본은 바로 이 오계로부터 시작됩니다. 그리고 십계가
있습니다. 십계란 오계에 다시 오계를 더한 것입니다.

어느날 눈병이 걸린 사람이 병원을 찾아갔습니다. 의사는 "당신
은 눈에 연꽃의 향기를 맡게 하면 저절로 낳을 것이요" 하였습니다.
그래서 그 사람은 연못으로 가서 연꽃을 눈에 대고 있습니다. 그런
데 코가 연꽃 향기를 맡으니 너무 좋아서 연꽃을 눈에 대야 하는데
그만 자꾸 코에 대고 향기를 맡았습니다.

이 때 한 노인이 연못에서 나와서 "이 고얀놈, 어디 도둑질을 하
다니"하며 노인은 노려보면서 가라고 떼미는 것이었습니다. 이 사람
은 놀라서, "아니 노인께서 나보고 도둑이라니 말도 안 됩니다. 나는
연꽃의 향기를 맡았을 뿐입니다." 노인이 말하기를, "너는 아무런 노
력도 하지 않고 향기를 취하였고 이제 탐심까지 일으켰으니 네가 향
기를 도둑질한 것이 아니고 무엇이랴"고 반문하였습니다.

그런데 조금 있다가 아주 험상궂은 사람이 오더니 그냥 연못에 들
어가서 연꽃이며 연잎 등을 한아름 꺾어서 안고 가는 것이었습니다.
이 때 그 눈병을 얻은 사람이 화가 나서 노인에게 따졌습니다. "왜
저 사람은 연꽃을 통채로 꺾어가는데 아무 말 하지 않고, 나는 그저
향기만 맡았는데 나보고는 도둑이라 하십니까?" 하니, 노인이 말하

기를 "세간의 악한 사람이 똥물에 들어간들 무슨 냄새가 대수겠느냐. 그러나 수행하는 사람은 마치 하얀 백지와 같아서 조금만 더러운 물이 튀어도 큰 허물이 되느니라."하였다고 합니다.

## 5. 십주위(十住位)를 밝히다

**경문**

　　만약 보리심을 일으키면
　　능히 부처님의 공덕을 얻으리니
　　여래가 계시는 집에 태어나
　　즐거움과 청정함을 얻으리라.

## 6. 십행위(十行位)를 밝히다

　　만약 항상 바라밀을 닦아 익히면
　　곧 능히 대승을 얻으리니
　　만약 대승을 구족히 한다면
　　능히 여법히 부처님께 공양하리라.

## 7. 십회향위(十廻向位)를 밝히다

　　만약 한량없는 부처님을 보게 되면

여래의 몸 항상 머무름을 보리니
만약 여래의 몸 항상 머무름을 보게 되면
곧 능히 법이 없어지지 아니함을 보게 되리라.


**합론. 소**  객진(客塵)은 능히 마음을 탁하게 하며 비지(悲智)가 능히
그 생각의 어지러움을 막나니 청정행이 대공덕이라. 마음이 가득한
보리심이 수승한 공덕이요, 널리 모든 오위인행(五位因行)을 갖춰서
현시한 연고라. 생사에 서원코 보리를 증득함이니 만덕이 의지하는
바일새 고로 이제 나타내어 보임이라.


❀

**투도계의 범계(소가 된 이정린)**

　왜정 때 일입니다. 이정린이라는 사람은 친구의 재산을 관리하는
사람이었습니다. 그는 친구의 돈과 논과 밭을 죄다 팔아먹었습니다.
친구는 나라를 구하기 위하여 만주에서 구국운동을 하였습니다. 그
런데 이정린은 그 친구의 모든 것을 빼앗아버린 것입니다. 그의 친
구가 와서 이정린을 보고 이렇게 말하였다고 합니다. "내가 너의 죽
음을 꼭 보리라. 내가 너를 반드시 지켜 보리라." 하고는 그의 친구
는 노모를 모시고 청송 시골로 돌아가서 농사를 지었습니다.
　그는 암소를 한 마리 사서 기르는데 소가 새끼를 낳았습니다. 그
런데 이상한 일이 생겼습니다. 새끼 송아지는 숫송아지였는데 그 송
아지의 배에 이정린이라고 쓰여져 있는 것이었습니다. 이것을 본 그

사람은 다시 분노가 치밀었습니다. "옳지, 네놈이 이렇게 나에게로 오다니 언제 죽어서 이제사 나에게 왔느냐." 하고 그는 복수할 마음을 먹었습니다. 그리고 그는 생각이 떠올랐습니다. 매일 저녁 외양간의 송아지가 보는 앞에서 식칼을 숫돌에 쓱쓱 갈면서, "내가 너를 이 칼로 잡아서 팔 것이다." 하면서 눈을 흘기고 말을 하였는데 그럴 때마다 송아지는 소리를 지르면서 눈물을 흘리는 것이었습니다. 그 후 그 사람은 이 소를 청송 시장 어구에 장날이면 매어 두고 사람들이 보는 가운데 이 소의 내력을 말하였습니다.

"그 웬수의 죄값을 치르기 위하여 내 집에 태어난 것이다. 내가 너처럼 환장한 놈은 처음 본다. 이제 뻔뻔스럽게 내 집에 오다니 네 이놈 잘왔다. 내가 반드시 그 웬수를 갚아 주리라." 하는 것이었습니다. 분명 인과는 있습니다. 그 인과가 여실히 분명하게 당장에 나타나는 일도 종종 있습니다.

### 신품(神品, 다함 없는 참사람 : 無位眞人)

조문도석사가야(朝聞道夕死可也)라는 말이 있습니다. 아침에 도를 듣고 저녁에 죽어도 좋다는 말입니다. 석도화론(石濤畵論)을 쓴 석도 화상은 도의 경지를 이렇게 말하였습니다. "무위진인(無位眞人)이야말로 참 도인이다. 그림을 그리되 무엇인가를 그리려고 하지 말아라. 너의 붓이 가는 대로 그려라"고 했습니다.

사람들은 이 뜻을 잘 이해하지 못할 것입니다. 이는 작위(作爲)하지 말라는 뜻입니다. 마음에서 우러나오는 그런 그림을 그려야 일품이 나온다고 하였습니다. 그러나 신품은 마음으로도 그릴 수 없다고 한 것입니다. 신품은 바로 무심의 경계에 가서야 비로소 그림을 얻는다 하였습니다. 즉 무위진인이 되어야 한다는 것입니다. 도는 왜 아침에 듣고 저녁에 죽는다 해도 괜찮은 것일까. 도라고 하는 것은 공부인의 생명이기 때문입니다. 무심의 경계에서 그림을 그리는 사람이나 도를 닦는 사람은 모두가 다 무심 속에 생명을 키우고 있습니다. 일하는 사람이 그 일에 빠져서 하는 사람은 그것을 좋게 만들 수 있는 능력이 있지만 의무로 하는 사람은 참다운 물건을 만들지 못합니다.

이것은 작위(作爲)이기 때문입니다. 그러나 무작위(無作爲)의 작위(作爲)야말로 생명(生命)을 얻습니다. 내가 하는 일에 생명(生命)이 없으면 그 일은 죽은 일과도 같습니다. 생명을 불어 넣어야 합니다. 걸레 하나 빠는 데도 생명이 필요합니다. 밥을 짓고 청소하는 데도 생명이 필요합니다. 공부하고 일을 하는 데도 생명은 필요합니다. 모든 일에 다 생명이 필요한 것입니다. 문명을 일으킨 모든 사건은 다 생명을 갖고 있습니다.

일에 대하여 사랑을 가져본 적이 있습니까. 어떤 사람이 만약 일에 대하여 사명감과 사랑을 갖고 임했다면 그 사람은 무슨 일을 하든 상관없이 다 성공을 하였을 것입니다. 그러나 만약 일에 대하여 그다지 흥미를 갖지 못하고 '그저 월급을 받으니 일하겠다.' 또는 '일한 만큼의 월급을 말하고 월급 받는 만큼의 일을 하겠다'고 하는 사람은 일에 생명이 없는 관계로 그 사람은 어디를 가나 환영을 받지 못합니다. 모든 사람은 생명을 좋아함이요, 죽은 생명을 싫어하기 때문입니다.

옛날 일본에서는 축성사(築城師)가 있었는데 그들은 축성을 하고 는 조용히 죽었다고 합니다. 놀라운 일입니다. 그러나 그들은 성을 쌓는 일을 싫어하지 않았습니다. 그 성을 쌓는 것을 오히려 자랑으로 여겼다니 놀라운 것입니다. 왜 성을 쌓고 죽어야 하는가 하면 성의 비밀을 지키기 위하여 그리 했다고 합니다. 일본뿐만 아니라 서양이나 인도 같은 곳에서도 그랬습니다. 그래서 그들의 성은 견고할 뿐만 아니라 어떻게 성 안에 들어가야 하는 지 성을 쌓은 사람이 아니고는 아무도 몰랐다는 것입니다. 이것이 생명입니다. 혼신의 정성을 다 기울이는 것, 그것이 생명입니다.

자신의 인생도 그와 같이 사는 것은 생명입니다. 부처님을 섬기는 일은 생명을 얻는 것입니다. 다른 이의 생명을 얻는 것이 아니라 바로 나의 생명을 얻는 것입니다. 여기에 바로 비밀이 숨어 있습니다. 나의 발걸음 움직임 하나하나 모두가 생명이 있습니다.

모두가 다 나의 생명을 삼아서 사는 것은 참 생명을 얻는 길이기도 합니다. 생명이 있는 일은 피곤하지 않습니다. 마치 젊은 남녀가 사랑을 할 때 그들이 피곤하다는 것을 들어본 적이 있습니까. 왜냐하면 그 속에는 생명이 있기 때문입니다. 그들은 늘상 즐겁기만 합니다. 무엇이 실상생명(實相生命)이냐 하면 바로 '다함 없는 참사람(無位眞人)'입니다.

**경문**

만약 능히 견고한 대비심이 있으면 곧 능히 깊고 깊은 법을 좋아하고 즐겨 하리라.

만약 능히 깊고 깊은 법을 좋아하고 즐기면 곧 능히 허물을 버려 여의리라.

만약 허물을 버리고 교만함과 방일을 버릴지니, 교만함과 방일을 여의면 곧 능히 모든 중생을 이롭게 하리라.

능히 온갖 중생을 이롭게 하면 생사에 처하여도 피로하거나 싫어함이 없으니 싫어하고 피로함이 없으면 능히 용맹하고 건강하여 이길 이 없으리라.

만약 능히 용맹하고 건강하여 이길 이가 없으면 능히 대신통을 얻으니 능히 대신통을 얻으면 온갖 중생의 행을 알리라.

만약 중생을 잘 거두어 주는 지혜를 얻으면 능히 사섭법(四攝法)을 성취하리니 중생들에게 무한한 이익을 주리라.

만약 능히 네 가지 마(魔)의 경계를 벗어나면 곧 물러가지 않는 경계에 들어가리니 남이 없는 깊은 법인을 얻게 되리라.

만약 모든 부처님의 수기를 받으면 곧 부처님이 네 앞에 나타나리라.

만약 모든 부처님이 기억하고 생각하는 바가 되면 곧 부처님의 공덕으로 스스로 장엄하는 바가 되리라.

## 9. 십지(十地)를 말하다(신업의 수승한 덕)

만약 부처님의 공덕으로 스스로 장엄하면 묘한 복으로 단정히 장엄한 몸을 얻으리라.

묘한 복덕으로 단정히 장엄한 몸을 얻으면 몸이 금산화같이 찬란하리니 곧 삼십이상으로 장엄하리라. 만약 몸의 광명이 한량없으면 곧 부사의한 광명으로 장엄하리니 만약 부사의한 몸으로 장엄을 하면 그 빛이 곧 모든 연꽃을 내리라. 만약 모든 연꽃을 내면 곧 한량없는 부처님 몸이 연꽃 위에 앉으시어 시방에 두루 나타내시고 능히 일체 중생을 조복(調伏)하시리라.

**해설** 위의 1지(一地)에서 10지(十地)까지 보살이 닦아야 할 것 등과 닦아 쌓아서 얻는 공덕을 말함과, 부처님의 능행(能行)을 말함입니다.

초지인 일지(一地)는 증득한 바 진여의 수승함을 알고 기뻐함을 말씀하셨고, 제 2는 이구지(離垢地)를 밝혔으니 허물을 벗어나 청정도량에 이름을 말씀하였고, 제 3의 삼지(三地)와 사지(四地)는 법을 구함에 게으르지 않아서 이만(離慢)이라 하였으니 만(慢)이라는 것은 아는 것 없이 거만하다는 것이고, 이만은 거만함을 여읜다는 뜻이요, 게으르지 아니함을 말함입니다.

　제 5지는 출세(出世)를 얻음이나 아직 생사에 얽혀 있어도 자재하니, 이름을 난승(難勝)이라 한 것입니다. 제 6은 지혜가 수승함을 말함이니 중생을 대비심으로 섭수하니 지혜행입니다. 제 7은 칠지(七地)를 밝힘이니 수승행(殊勝行)이며, 방편지(方便地)를 밝혔습니다. 제 8은 부동(不動)인 고로 물러서지 않고 미혹하지 아니하므로, 깨달아 십력(十力)이 있어서 천마(天魔)도 어찌하지 못한다 하였습니다.

　제 9는 대법사(大法師) 지음을 밝힘이요, 제불가지(諸佛加持)니 부처님이 현전(現前)함이라 하였습니다. 제 10은 십지위니 삼업이 수승함이라 하였고, 신업(身業)의 대용(大用)이라 하였습니다.

## 10. 삼업(三業)의 큰 공덕

**경문**

　만약 지혜로써 인도함을 삼아서
　신, 어, 의업에 잃음이 없으면
　곧 원력의 자재함을 얻어서
　널리 모든 갈래로 따라서 몸을 나투리라.

　만약 중생을 위해 설법을 할 때에
　음성을 따라 사의하기 한량없어
　곧 온갖 중생의 마음을 알아
　한 생각에 다 알아 남음이 없으리라.

## 11. 원만하고 밝은 해인삼매(海印三昧)를 밝히다

혹 어떤 중생의 땅에 부처님이 안 계시거든
거기에 화현으로 나타내 보이시며
혹 어떤 곳에 법을 알지 못하거든
거기에 화현하여 묘법을 설하신다.
저 시방세계 가운데
생각마다 불국토를 이루어 두루하되
달빛 두루함과 같이
화현하여 한량없는 법을 설하신다.

저 시방세계 가운데
생각마다 불국토를 이루어 나타내 보이시며
바른 법을 굴리어 적멸에 들어
사리까지 널리 분포하시네.

## 12. 화엄삼매에 드시다

불가사의한 세계를 장엄하고
모든 여래를 공양하며
끝없는 광명을 놓아서
중생을 제도함이 또한 한이 없도다.

## 13. 인다(타)라망(因陀羅網) 삼매에 드시다

저 티끌 수 같이 많은 세계 속에서
부처님이 상주하시어
혹은 잡되고 혹은 물들고 혹은 청정하고
혹은 넓고 크고 좁은 세계에 머무신다.

## 14. 법문을 밝게 나타내는 삼매에 들다

보현 보살이 삼매 가운데에 머물러 있어
갖가지로 섭(攝)하여 구제할새
행하는 바 법의 공덕인 고로
한량없는 방편으로 중생을 이끄신다.

## 15. 동사(同事)를 말하다

중생의 고통과 즐거움과 이익과 손해와
일체 세간이 짓는 법을
능히 일에 나아가 함께하여
이것으로 모든 중생을 널리 제도하니라.

❧

### 새끼줄과 뱀

어떤 나그네가 길을 가다가 그만 뱀을 밟고 말았습니다. 그는 얼마나 놀랐는지 모릅니다. 잘못하면 넘어질 뻔하였습니다. 그는 놀라서 가슴이 두근두근하였습니다. 그리고 얼마나 걸었는지 모릅니다. 날이 어두워졌습니다. 마을에 이제 다다릅니다. 그는 길을 걷다가 소스라칠 뻔했습니다. 또 뱀을 밟은 것이었습니다. 그런데 낮에 길을 걷다가 밟은 뱀과 방금 밟은 뱀은 조금 달라보였습니다. 사실은 낮에는 진짜 뱀을 밟았고 방금 밟은 뱀은 뱀이 아니라 새끼줄이었습니다. 뱀인 줄 잘못 알았으나 그 사람이 느낀 것은 완전한 뱀이었습니다. 이것은 가짜로 인하여 참인 줄 잘못 알았다는 것입니다. 우리들은 일상생활에서 많은 것을 느끼며 살아가고 있습니다. 그러나 모두가 진(眞)이 아니라 가(假)로 인하여 진실이 무엇인지 잘못 알고 산다는 것을 비유한 예화입니다.

### 연기를 보고 불이 난 줄 알았다

아궁이에 불을 때면 굴뚝에서 연기가 납니다. 그래서 사람은 불을 때면 연기가 나는 것을 알았습니다. 어느날 일을 하다 보니 산너머에서 연기가 나는 것입니다. 그는 깜짝 놀랐습니다. "산너머에 불이 났다. 어서 가서 불을 끄자"고 하였습니다. 그래서 사람들은 부랴부랴 산너머에 가보니 과연 산불이 나 있었고 그들은 힘을 합쳐 불을 껐습니다. 먼저 인지하고 나중에 증험으로 안다 하였습니다. 이것은 인명론(因明論)에 나오는 얘기 가운데 한 토막입니다.

# 승수미산정품(昇須彌山頂品)

## 1. 근본법회

**경문** 그 때에 여래의 위신력으로 시방일체 세계의 낱낱 사천왕 염부제를 모두 다 보니 여래께서 나무 아래 앉아 계시니 각기 보살이 부처님의 위신력을 받들어 법을 연설하시고 항상 부처님을 대하지 않음이 없었다고 말하였다.

## 2. 세존께서 수미산에 오르시다

그 때 세존께서 보리수 아래를 떠나지 아니하시고 수미산에 오르시어 제천의 궁전으로 향하시었다. 그 때에 제석천왕이 묘승전(妙勝殿) 앞에서 멀리 부처님이 오시는 것을 보았다.

## 3. 사자좌의 장엄을 이루시다

제석천은 곧 신통력으로 이 궁전을 장엄하고 보광명장(普光明藏) 사자좌를 놓았다. 그 사자좌는 모두 묘한 보배로 이루어졌으며 일만

段 168

층으로 흰칠하게 장엄을 하였으며, 일만의 금 인다라망으로 장엄을
하고 일만 가지의 휘장과 일만 가지의 덮개로 사이사이에 두루 벌려
놓았으며, 일만의 비단으로 띠를 드리우고 일만의 진주와 영락으로
두루 엮었으며, 일만의 의복으로 자리 위에 펴 깔았으며, 일만의 천황
과 일만의 법왕이 앞과 뒤로 둘러싸여 일만의 광명으로 비춰 찬란한
장엄이었다.

4. 제석천왕(帝釋天王)이 부처님 법을 청법하다

제석천왕이 여래를 받들어 자리를 펴고 합장하고 예배하며 이렇게
말하였다. "세존이시여! 잘 오시었습니다. 여래 응공 정각이시여, 원
컨대 불쌍히 여기시어 이 궁전에 머무시옵소서."
그 때 부처님께서 그 청을 받으시고 승묘전(勝妙殿)에 들어가시니
시방의 일체세계 가운데에서도 또한 이와 같이 하였다.

5. 제석천왕이 게송으로 찬탄하다

가섭 여래께서 자비를 구족하시니
모든 길상 가운데 최상의 길상으로
부처님께서 일찍이 이 궁전에 오시어
그런 고로 이 곳이 가장 길상하나이다.

구나모니(拘那牟尼)께서 보심이 걸림없고

모든 길상 가운데 가장 높으사
부처님께서 일찍이 이 궁전에 오시어
그런 고로 이 곳이 가장 길상하나이다.


비사부불(毘舍浮佛) 세 가지 때가 없으시니
모든 길상 가운데 가장 높으사
부처님께서 일찍이 이 궁전에 오시어
그런 고로 이 곳이 가장 길상하나이다.


연등(燃燈) 여래께서 광명이시니
모든 길상 가운데 가장 높으사
부처님께서 일찍이 이 궁전에 오시어
그런 고로 이 곳이 가장 길상하나이다.


**합론** 전에 보광명전에서는 인간 지상엔 십신(十信)의 심(心)을 이뤄 이미 마쳤고 묘봉(妙峰)의 정상엔 열 가지 믿음으로 좇아서 열 가지 주할 곳에 들어가 입위(入位)의 승진(昇進)을 밝힌 연고라. 이 산이 칠중의 금륜으로 이루어짐과 칠중대해에 있어 출수(出水)의 고가 팔만사천 유순이요, 종(縱)의 넓이도 그러하며 네 가지 보배로 이룬 바라. 동면은 황금이요, 서면은 백금이요, 남쪽은 유리요, 북은 마노이다.

중심의 이름은 묘고정(妙高頂)이어니 제석천왕이 그 곳에 있어서 보궁전에 있음이라. 이름을 제석이라 함이니 삼십삼천이 다 제석천왕으로 주인이 됨이라. 제석천왕이 네 명이 있으니 그 일(一)은 천제석(天帝釋)이요, 이(二)는 교시가(驕尸迦)요, 삼(三)은 석제환인(釋提桓因)이며, 사(四)는 이름이 인다라(因陀羅)라.

묘봉전은 네 가지 보배로 이루었으니 모든 하늘의 보궁전이 이 위에 있어서 제천의 묘궁전 위에 있어 장엄할새 고로 묘봉산이 되고 이 산(山) 밖에 칠중금산(七重金山)과 팔중대해(八重大海)로 이루어졌으며 그 넓이는 금시조(金翅鳥)의 양 날개가 삼백삼십 리니, 한 번 날개짓하면 구천만리를 날되 칠일칠야를 날아야 바야흐로 그 수미산정에 이른다 하였다.

그 산이 대해 가운데 있으되 형상이 장고와 같고 험난함이 마치 사슴뿔〔高聳〕과 같아서 수족으로는 능히 오를 바가 아니라. 마치 십주 법문이 처음 여래 지혜의 가문에 태어나서 참 불자가 되매 가히 함〔爲〕이 있는 생멸의 깊이 관찰과 다문(多聞)과 심상(心想)의 반람(攀攬)으로 하여 능히 얻을 바가 아닌 고로 묘봉산을 가져서 후인으로 하여금 방학(倣學)케 함을 표함이라. 산(山)이라는 것은 높은 뜻을 표한 것이니 십주가 부처님의 주하신 바인 법신묘지혜(法身妙智慧)에 주하는 까닭이라.

## 6. 시방세계의 제석천왕도 모두 이와 같다

**경문** 이 세계 가운데 도리천왕이 여래의 신력으로써 열 부처님의 공덕을 게송으로 찬탄하는 것과 같이, 시방세계의 모든 제석천왕들도 다 또한 이와 같이 부처님의 공덕을 찬탄하였다.

그 때 부처님이 승묘전에 들어가시니 홀연히 승묘전이 넓어졌으며 부처님이 가부좌를 맺고 앉으사 하늘대중이 모두 머무는 곳과 같았으며 시방세계도 또한 다 그와 같았느니라.

🪷

### 나는 태양이 빛나는 시간만을 기록한다

아마도 '태양시계'라는 말을 들어본 사람은 없을 것입니다. 그러나 그것은 누구나 알 수 있는 것입니다. 그것을 만들기는 더 간단합니다. 왜냐하면 해가 떠오를 때에 사방이 확 트인 곳에 막대기만 하나 꽂아 놓으면 태양시계가 되기 때문입니다. 이 태양시계는 어두운 것을 기록하지 않습니다. 아니, 어두운 것조차 모르고 있습니다.

어떤 사람은 태양을 모르기 때문에 어두운 기록을 꽤나 잘 하고 사는 사람이 있습니다. 불유쾌, 미움, 질투, 비웃음, 비아냥 그러니까 될 수 있는 대로 남이 싫어하는 것을 죄다 머리 속에 기록하는 사람이 있습니다. 이런 사람은 공부와는 담을 쌓은 사람입니다. 기억을 잘한다고 하면서 오로지 기분 나쁜 것만을 골라서 머리에 기록을 합니다. 이 사람은 태양을 모르는 사람입니다. 태양이 어떻게 생겼는지를 모릅니다.

그러나 우리 동명불원 대불법회에 오시는 분들은 태양시계를 압니다. 우리들이 '광명주의'를 이해한다면 왜 대불법회에서는 광명이라는 말을 그렇게 많이 사용하는가를 알 것입니다. 우리들에게 어둠 같은 것은 애초에 없습니다. 그것은 태양이 밝은 빛만을 기록하듯이 대불법회에 동참한 모든 분들에게 광명의 찬란한 빛이 스며 들기 때문입니다. 어둠 속에서는 그 어떤 것도 기록하지 못합니다. 산 그림자가 자신의 그림자를 덮고 있을 때 그는 그 어떤 자신의 그림자도 산 그림자로 인하여 만들어 갈 수가 없습니다.

　어떤 사람이 있습니다. 그는 방에서 잠을 자다가 오후 늦게 밖으로 나와 하늘을 보았습니다. 대충 몇 시나 되었는지 알고자 함이었습니다. 그런데 그 때 태양이 구름에 가리어져 도무지 알 수 없었습니다. 그 때 다시 구름이 걷히면서 태양이 보였습니다.  그는 그 때서야 '아! 지금은 바로 점심 때로구나' 라고 알 것입니다.

　사람들이 '때' 를 기다린다고 말을 합니다. 그 때가 어느 '때' 인지는 알 것도 같으면서도 모릅니다. 공부할 때, 잠잘 때, 놀 때, 일할 때, 시장에 갈 때, 이와 같이 많은 때〔時〕들이 있지만, 다 그 때라는 것에는 적절한 시간이 있습니다. 즉 '타이밍' 이라는 것이지요. 우리들이 부처님을 '만날 때' 는 즉 타이밍이 맞을 때입니다. 광명의 도량은 언제나 광명이 나기 때문에 '항상 그 때' 가 준비되어 있습니다. 아무리 광명을 말하고 또 말하여도 그것은 조금도 잘못된 것이라든가 또는 이해가 가지 않는다고 말할 수 없습니다.

　우리들의 귀중한 생명도 때를 기다리고 있습니다. 정시(正時)를 기다리고 있습니다. 그것도 밝은 태양이 빛나는 정오를 기다리고 있습니다. 모든 것이 밝은 데에서 기록되는 생명을 말합니다. 우리들은 마음을 자성광명이라고 합니다. 왜 자성광명이라고 할까요? 빛나기 때문입니다. 그러나 그 자성광명이 구름에 덮여 있으면, 모든 것은 어둠 속에 숨어 버립니다. 그것은 슬픔이요, 좌절이고, 미망이며, 절망입니다. 아무 미래가 보이지 않는 것입니다.

　그러므로 태양시계를 어둠 속에, 구름 속에 가두어 놓지 맙시다. 그것만이 나를 구제하는 유일한 길입니다. 그것만이 이 사회를 밝히는 등불입니다. 그것만이 미래를 여는 열쇠입니다. 모든 사람에게 부처님은 미래의 문을 여는 비밀스런 열쇠를 하나씩 주셨습니다. 그런데 지금 우리들은 그 열쇠를 잃어 버렸습니다. 어느 곳에 두었는지를 모르고, 찾으려고도 하지 않습니다. 만약, 열쇠가 태양이 빛나는 밝은 곳에 있다면 금방 찾을 수도 있을텐데, 찾으려고 하지도 않기에 열쇠는 어둠 속에서 녹슬어 가고 있는 것입니다.

## 널을 뛰는 인간

　어느 날 마을 입구에서 남녀 한 쌍이 널을 뛰고 있는 것을 보았습니다. 그런데 여기서도 저기서도 모두들 널을 뛰기 시작하였습니다. 그들은 언제부터인 지도 모르게 오랜 옛날부터 시작된 널을 뛰고 있는 것입니다. 아무도 그들에게 널뛰는 일을 중단시킬 수가 없습니다. 그들은 조상으로부터 시작된 유업을 고스란히 물려 받은 것이기 때문입니다.

　만약, 단 한 권의 성전을 읽고 마음을 바로 고칠 수 있는 사람은 결단성 있는 사람입니다. 어떤 것이 성전인가 하면 바로 내 마음의 병을 고칠 수 있는 그런 책이라면 그것은 성전입니다. 우리 인간들은 내가 지금 어떤 일을 하고 있는지 잘 모릅니다. 그런데 누구에게 묻는 것이 가장 잘 물었다고 할 수 있습니까? 그것은 두말할 나위 없이 스승입니다. 스승은 누가 스승인가? 나를 인도하여 주는 사람이나, 또는 옛 성인들입니다. 아무에게도 물어 볼 사람이 없는 사람은 불행한 사람입니다. 옛날 옛적 우리 조상들이 했듯이 항상 그렇게만 하여 왔다면 우리들은 다른 동물과 전혀 다를 것이 없습니다. 그러나 우리들은 지금까지 눈부신 발전을 하여 왔습니다.

꼭 다른 사람들처럼 그렇게 그 자리에서 널뛰기를 할 것인가? 아니면 새로운 방법은 없을까를 생각해 보아야 하는지, 만약 다른 방법을 찾지 못한다면 무엇을 어떻게 할 수 있는 것일까요.

세상에는 무궁무진한 이야기들이 있습니다. 바늘 만드는 일부터 인공위성 만드는 일까지 그야말로 천차만별, 글자 그대로입니다. 항상 예전 그대로의 생각이나 아니면 타성에 젖어 산다면 그는 결코 일어설 수가 없습니다. 새로운 개척정신이 있어야 합니다. 이 세계는 지금이야말로 황금의 시장이요, 황금의 어장입니다. 그런데도 나는 아무 것도 보이지 않는다고 한다면 누가 보여 줄 수 있겠습니까. 오직 눈을 뜨고, 안 뜨는 것은 자신이 할 소관입니다.

자신 앞에 물건을 갖다 놓았습니다. 자, 이제 과거는 잊어 버립시다. 그리고 이제 당신 앞에 커다란 보물을 갖다 놓았으니 이제 눈을 떠보십시오. 깜짝 놀랄 것입니다. 그러나 그는 전혀 눈을 뜨려고 하지 않습니다. 누구의 허물입니까. 그것은 오직 자신의 허물일 뿐입니다. 널뛰기란 무엇입니까? 그것은 이쪽이 튀어 오르면 다시 저쪽이 내려 앉고, 다시 저쪽이 튀어 오르면 이쪽은 내려갑니다. 그와 같은 일들을 인간들은 계속 반복합니다. 절대로 같이 내려 갈 수도 함께 튀어 오를 수도 없습니다. 반드시 다른 한쪽이 내려가야 하고, 한쪽은 올라가야 합니다.

　인생은 무엇인가요. 내려가는 쪽과 올라가는 쪽이  널이라고 하는 하나의 널빤지입니다. 널빤지와 같은 인생이라고 생각되지 않습니까. 우리들은 하나의 판때기에 앉혀 있는 인과관계를 갖고 있습니다. 남을 밟고 튀어 오르는 순간 곧 그는 떨어지게 되어 있습니다. 그리고 그는 내려오면서 오기를 부립니다. 반드시 너를 떨어뜨리고 말겠다고 하면서 말입니다.

제2부
화엄경 그 진리의 세계

# 수미정상게찬품(須彌頂上偈讚品)

## 1. 불찰세계 보살대중이 모이다

**경문** 그 때 부처님의 신력(神力)으로 시방의 대보살들이 모였는데 낱낱이 각각 불찰 미진수의 보살들로 더불어 함께하시어 백 불찰 미진수의 국토 밖에 있는 보살들도 좇아와서 모이었느니라. 그 때 모인 대보살들은 이름이 법혜(法慧) 보살과 일체혜(一切慧) 보살과 승혜(勝慧) 보살과 공덕혜(功德慧) 보살과 정진혜(精進慧) 보살과 선혜(善慧) 보살과 지혜(智慧) 보살과 진실혜(眞實慧) 보살과 무상혜(無上慧) 보살과 견고혜(堅固慧) 보살들이 모이었음이라.

## 2. 대보살들이 온 세계

대보살들이 온 세계는 이른바 인다라화(因陀羅華)세계와 파두마화(波頭摩華)세계와 보화(寶華)세계와 우발라화(優鉢羅華)세계와 금강화(金剛華)세계와 묘향화(妙香華)세계와 열의화(悅意華)세계와 아로나화(阿盧那華)세계와 나라타화(邢羅陀華)세계와 허공화(虛空華)세계였느니라. 이 모든 보살들이 부처님 계신 곳에 이르러 부처님 발에 정례하고 온 방위를 따라 각기 비로자나장 사자좌를 변화하여 만들고 그 자리 위에 가부좌를 맺고 앉았음이라.

## 3. 부처님께서 광명을 놓으시다

그 때에 세존께서 부사의한 신력으로 백천 억의 묘한 빛 광명을 놓으시어 널리 시방의 일체 세계와 수미산 꼭대기 보살들이 와서 모인 것처럼 수미산 꼭대기 제석궁전에서 그 가운데에 계시는 부처님과 대중들을 비추시니 모두 나투지 않음이 없었음이라.

**합론** 장차 이 품을 해석함에는 네 가지로 분별하리니 일(一)은 품(品)의 이름을 해석하고 이(二)는 품의 뜻을 해석하고 삼(三)은 십주(十住) 육품의 경뜻을 회통함이라. 사(四)는 글을 따라 해석함이라.

첫째, 법혜 등 열 보살이 각각 위치를 따라서 수행하는 법으로서 스스로 게를 찬하여 믿음을 좇아오는 보살들로 하여금 본받아 깨달음에 들게 함으로 이 품이 게찬품이 된다.

둘째, 품의 온 뜻을 해석한다는 것은 이미 수미산에 오르매 제석천왕이 게(偈)로써 이미 부처님을 찬탄을 밝혔거니와 이 품은 십주의 당위(當位)보살이 법문을 열어 게로써 부처님을 찬탄함으로 신심있는 사람으로 하여금 입위(入位)함을 연 연고라. 처음은 과거불을 찬탄함이요, 두 번째는 현재불을 찬탄함이요, 미래불이라 하는 것은 곧 이 지위에 들은 자가 곧 이것이라.

셋째, 수미정상게찬품은 법을 게찬(偈讚)하여 승진(昇進)의 이치와

근수(勤修)함을 밝힘이라. 당위(當位)의 수행인과와 십행에 향하는
인(因)을 밝힘이라.

　넷째, 경의 뜻을 따라 품을 다시 열하나로 나눔이라.


## 4. 동방 법혜(法慧) 보살의 찬탄 게송(偈頌)

**경문**

　부처님께서 광명을 놓으시니
　널리 보니 세간의 부처님이
　수미산 정상(頂上)의
　승묘전(勝妙殿) 가운데 머무시도다.


　저 모든 큰 모임 가운데에
　입위(入位)한 대중 보살이
　모두 시방으로부터 오시어
　자리를 하고 편안히 앉으셨네.


　불자들이여, 그대들은 마땅히 볼지어다
　여래의 자재한 힘으로
　일체의 염부제에
　부처님이 계시다 말하느니라.


　낱낱이 세계 가운데에

발심하여 불도를 구하시니
이러한 서원력에 의지하여
보리행을 닦으셨느니라.


부처님을 보아도 부처님을 보지 못하는도다.

## 5. 남방 일체 보살의 찬탄

설사 백천 겁 동안에
항상 여래를 보더라도
진실한 뜻에 의지하지 않고
세상을 구하는 자를 볼진대

이 사람은 모양에 집착하여
어리석고 미혹함을 자라게 하여
생사의 지옥에 얽매여서
눈이 멀어 부처님을 보지 못하리라.

온갖 법이 나지도 않고
온갖 법이 없어지지도 않나니
만약 능히 이와 같이 안다면
모든 부처님은 항상 그 앞에 나투리.

## 6. 서방 승혜 보살의 찬탄

미혹하여 앎이 없는 자는
헛되이 오온(五蘊)의 모양만 취하여
참된 진리 알지 못하니
이런 사람은 부처님을 보지 못하리.

비유컨대 어둠 속의 보배를
등불 없이는 볼 수 없듯이
부처님 법도 말하는 사람 없으면
비록 지혜는 있더라도 부처님 보지 못하리.

마치 눈에 눈병을 얻으면
깨끗하고 참모양을 못 보듯이
이와 같이 마음도 깨끗하지 못하면
부처님의 법을 보지 못하리.

**합론** 법혜 보살로 좇아서 수행하는 바의 사람을 이름이니 여래지혜를 말하여 이름함이요, 세계가 인다라화 세계라 함은 인다라는 능주(能主)하니 능주라 하는 것은 시방 일체 세계 가운데에 시현 성불함을 이를새 능히 시현하여 중생을 제도하여 이끌어 능히 그 행화(行華)로써 자타의 지혜를 열어서 폄이라. 중생은 무명에 미혹하여 어두운 장애가 많이 막힘일새 세계의 티끌 같은 것에 비유하였음이라.

법신지혜로 능히 깨끗이 하여 청량하여 달과 같은 곳에 이름이 각각 부처님의 처소에서 행하는 바가 청정범행이라. 이러한 계위의 보살이 묘혜(妙慧)가 현전하매 제행(諸行)의 체(體)가 자정(自淨)한 고로 법성지혜가 법에 맡겨서 운위하여 체가 생멸이 없는 곳으로부터 인(因)해 자심불과(自心佛果)를 표함이라. 이런 고로 발심한 보살은 응당 불지혜문(佛智慧門)을 발현하여 능히 번뇌에 물드는 바가 없으면 문득 곧 부처님 지위에 듦이라 하니라.

## 7. 북방 공덕해 보살의 찬탄

**경문**

자기의 마음을 알지 못하고
어떻게 바른 진리를 알리요
전도된 지혜로 말미암아서
온갖 악을 키우네.

내가 옛적에 고통을 받은 것은
내가 부처님을 보지 못한 까닭이니
마땅히 법의 안목을 깨끗이 하여
응하여 부처님을 볼지로다.

## 8. 상방 견고혜 보살의 찬탄

거룩하시어라 큰 광명이시여
용맹하신 무상사(無上師)이시여
미혹한 군생 이익케 하시려고
세간에 나오셨도다.

오직 정등정각을 이루시고
덕을 갖춘 공덕으로
일체 능히 천상 인간 사람을
능히 구호하시네.

우리들이 세존을 뵈오면
큰 이익을 얻게 되나니
이러한 묘한 법을 들으면
마땅히 부처님 진리 얻으리.

이제 노사나 부처님을 뵙고
청정한 믿음 내어 더욱 더하리.

인간의 가치

불교의 인간관은 처음부터 명백합니다. 그것은 인간은 불성을 머금은 존재라는 것, 모든 생명과 인간은 함께 불성을 갖고 있다는 것으로 이것은 지극히 인간 신뢰성을 바탕으로 하고 있습니다.

불성을 머금은 인간의 가치를 어떻게 실현하느냐가 바로 이 사회를 어떻게 보느냐와도 직결됩니다. 불성을 갖고 있는 인간 그들이 실현하려고 하는 사회는 무엇인가? 인간을 모르면 사회의 정의나 소위 불교인들이 말하는 불국토는 있을 수 없습니다. 인간은 누구나가 다 갖고 있을 위대한 존재를, 그것을 실현하는 것이 바로 사회를 바르게 한다면 그것은 무엇인가?

불성을 품고 있는 인간관의 가치를 실현하는 것이 사회정의입니다. 인간이 살고 있는 집단의 구조를 어떤 형태로 만들어야 하는가를 생각할 때 그것은 인간의 마음을 이해하는 것이며 그 이해를 바탕으로 틀을 짜는 것입니다.

불교의 가치는 반드시 목적이 있는데, 그 목적이 무엇이냐 하면 그것은 궁극적으로 자기해방(해탈)으로 이어집니다. 극락이 죽어서 가는 곳이 아니라 살아 있는 곳의 불토불국(佛土佛國)을 이룩하는 것입니다. 세속적으로 전체를 성취하는 것이 정치라면 불교적으로 그러니까 출세간적으로 전체를 실현하는 것이 종교요, 불토의 실현입니다. 본래 정치가 권모술수가 넘쳐나는 속성을 갖고 있다면 종교는 그 권모술수를 뛰어넘어, 그것을 그치게 하고 바로하여 근본으로 돌리는 속성을 갖고 있습니다.

정치가 '속(俗)'이라면 종교는 '성(聖)'입니다. 소위 '속'이 '성'으로 가려는 노력은 있어도 '성'이 '속'으로 가는 일은 없습니다. 과학, 정치, 그리고 세계가 어떻게 흘러 가더라도 우리들은 불교의 정신으로 이 사회를 보지 아니하면 안 됩니다. 불교의 정신은 인류를 구제하는 것입니다. 과거는 제왕의 시대였다면 이제는 인간이 제왕이 되어 그 대접을 받는 시대를 만들어야 될 것입니다.

오늘 이러한 부처님의 가치와 종교의 가치를 말하는 것은 오늘 이 자리에 있는 분들을 위하여 하는 소리는 아닙니다. 전체를 향하여 하는 말씀입니다. 인간의 보편적인 가치를 알지 못하는 불자들이라면 불국토 건설은 헛구호가 될 것입니다. 불교의 가치는 이러한 인간 속에 내재되어 있는 부처님의 진실을 알아서 그것을 사회정의의 바탕으로 삼는 것입니다. 그것이 이루어지지 아니하면 모든 것은 아무 소용이 없는 쓰레기에 불과합니다. 금이 좋은 것이지만 금을 쓸 곳을 찾아야 합니다.

불교를 짊어질 성스러운 숙제가 나한테 있다는 것을 깨닫는 것이 불교를 이해하는 것이며 부처님 말씀을 이해하는 것입니다. 인간시대, 즉 인간이 완성되는 시대가 도래하지 아니하면 이것을 해낼 수가 없습니다. 가치를 실현하는 데에는 실패도 본래 안고 있는 것입니다.

# 십주품(十住品)

## 1. 법혜 보살이 삼매에 들다

**경문** 그 때에 법혜 보살이 부처님의 위신력을 받들어 보살의 무량방편 삼매에 드시다. 삼매의 힘으로 시방으로 각각 일천의 부처님 세계의 미진수와 같은 세계 밖의 일천 부처님세계의 미진수 같은 많은 부처님이 계시는데 다같이 이름이 법혜불이라. 법혜 보살 앞에 널리 나타나셔서 말씀하시었다.

## 2. 열 가지의 가피력을 입다

**경문** "부처님의 지혜를 자라게 하기 위한 연고이며, 법계에 깊이 들게 하기 위한 연고이며, 중생의 세계를 잘 알게 하기 위한 연고이며, 들어가는 바가 걸림이 없게 하려는 연고이며, 행하는 바가 걸림이 없게 하기 위한 연고이며, 같을 이 없는 방편을 얻게 하려는 연고이며, 일체 지혜의 성품에 들게 하려는 연고이며, 모든 근기를 알게 하는 연고이며, 모든 법을 능히 설하게 하는 연고이니 이른바 모든 보살의 열 가지 주처를 열게 하려는 연고이니라."

## 3. 입의 가피, 뜻의 가피, 몸의 가피를 입다

**경문** "선남자여, 그대는 마땅히 부처님의 위신력을 받들어 이 법을 연설할지니라."

"이 때 모든 부처님이 법혜 보살에게 걸림없는 지혜와 집착없는 지혜와 어리석음이 없는 지혜와 다름이 없는 지혜와 잃어버림 없는 지혜와 한량없는 지혜와 이길 수 없는 지혜와 게으름이 없는 지혜와 빼앗을 수 없는 지혜를 주셨으니 무슨 까닭입니까."

"이 삼매의 법의 힘이 이와 같으니라."

이 때 모든 부처님이 각각 오른손을 펴시고 법혜 보살의 이마를 어루만지시니 법혜 보살이 선정으로부터 일어나 여러 보살들에게 말씀을 하시었다.

## 4. 보살의 열 가지 머무는 곳

"불자들이여, 보살의 주처가 넓고 커서 법계허공과 같으니라. 불자들이여, 보살이 삼세에 모든 부처님의 집에 머무나니 저 보살의 머무는 것을 내가 마땅히 설하리라. 무엇이 열 가지인가. 이른바 초발심주(初發心住)와, 치지주(治地住)와, 수행주(修行住)와, 생귀주(生貴住)와, 구족방편주(具足方便住)와, 정심주(正心住)와, 불퇴주(不退住)와, 동진주(童眞住)와, 법왕자주(法王子住)와, 관정주(灌頂住)니라. 이것을 보살의 열 가지 주처라 하느니라. 과거, 현재, 미래 모든 부처님들이 설하시느니라."

190

**합론** 번뇌는 제일(第一) 십주 가운데 초발심주와 치지주와 수행주의 이 삼주에 모두 근본지혜를 이룸이니 곧 선재가 묘봉산상에서 덕운 비구를 친견하사 모든 부처님의 지혜광명을 얻고 세간의 모든 번뇌장을 없애고 불지혜광명을 이룸과 같으니라. 선재가 묘봉산에서 신안(信眼)이 맑고 깨끗해서 지혜광명이 널리 비추어 경계를 관하여 일체 장애를 여윔이 이것이 초발심이니라. 제이(第二) 해운국(海雲國)의 해운 비구를 친견하고 마음 경계의 미진을 없애고 십이연생관(十二緣生觀)을 지어서 장애가 없게 한 연고로 바다 가운데 부처님이 출현하사 보안경(普眼經)을 설하심을 보아 자타의 십이연기생을 보아 장애를 없애 대지해(大智海)를 이룸이 부처님의 뜻인 고로 마음 경계가 다 이 경임을 밝힌 연고라.

이는 치지주(治地住)에 십이연기법을 깨달아 부처님의 지혜를 이루게 함이라. 제삼(第三)은 해안국(海岸國)에 선주(善住) 비구를 친견하사 마음 경계의 밝지 못한 장애를 끊고 보살의 장애 없는 해탈문을 얻어서 능히 일체 중생이 여기에서 죽고 저기에서 태어남을 밝게 봄이 이것이 수행주니라.

### 초발심주(初發心住)

**경문** "불자여, 어떤 것이 보살의 발심주인가. 이 보살이 부처님 세존의 형상이 단정하고 상호가 원만하여 사람들이 보기를 즐겨하며 만나뵙기 어렵고 큰 위신력이 있음을 보며, 혹은 신통을 보며, 혹은 수기함을 보며, 혹은 가르침을 들으며, 혹은 중생들이 온갖 고통 받는 것을 들으며, 혹은 여래의 넓고 큰 불법을 듣고 보리심을 내어서 온갖 지혜를 내느니라."

**해설** 경문에서 주(住), '머문다' 는 것은 꼭 있어야 할 곳에 있는 것을 머문다고 한다 하였습니다. 예컨대 어떤 사람이 시집을 가게 되었습니다. 새색시는 좋은 한복으로 단장을 하고 예쁘게 차려 입었습니다. 그리고는 어디로 가야 할까요. 좋은 옷을 입었으니 친정이나 시부모님 뵙는 일이 가장 잘 어울릴 것입니다. 그런데 그런 한복을 입고 오락실에 간다든가 어울리지 않는 곳에 가게 되면 이것은 잘 주하는 것이 못 됩니다. 차를 갖고 다니는 사람이 주차할 곳에 차를 놓지 않고 다른 곳에 놓게 되면 딱지를 떼고 벌금이 나옵니다. 그러니 초발심자는 처음 부처님 앞에서 마음을 낸 사람이므로 정성을 다해야 합니다. 그래야만이 성불할 수 있는 기회를 얻습니다.

치지주(治地住)

**경문** "모든 불자여, 어떤 것이 보살의 치지주인가. 보살은 중생에게 대하여 열 가지 마음을 내나니 무엇이 열 가지인가. 이른바 이익을 주려는 마음, 대비심, 안락케 하려는 마음, 편안케 하려는 마음, 가엾이 여기는 마음, 거두어 주려는 마음, 수호하려는 마음, 내 몸같이 여기는 마음, 스승을 모시는 마음, 도사(導師)같이 여기는 마음이니 이것이 열 가지니라."

수행주(修行住)

"불자들이여, 어떤 것이 보살의 수행주인가. 보살은 열 가지 행으

로  온갖 것을 관찰하나니, 그 열 가지 행이란 무엇인가 하면 이른바
온갖 것이 항상하지 못하고, 온갖 것이 괴롭고, 온갖 법이 공하고, 온
갖 법이 '나'가 없고, 온갖 법이 지음이 없고, 온갖 것이 맛이 없고,
온갖 것이 이름과 같지 않고, 온갖 것이 처소가 없고, 온갖 법이 분별
을 여의었고, 온갖 법이 견실함 없음을 관찰할 것이어니 이것이 열 가
지니라."

### 생귀주(生貴住)

"불자들이여, 어떤 것이 보살의 생귀주라 하는가. 보살은 성인의
교법으로부터 나서 열 가지 법을 성취하나니 무엇이 열 가지인가. 이
른바 영원히 퇴전치 아니하며, 부처님께 깨끗한 신심을 내며, 법을 관
찰하며, 중생과 국토와 세계와 업의 행과 과보와 생사와 열반을 잘 아
는 것이니, 이것이 열 가지니라."

### 구족방편주(具足方便住)

"불자들이여, 이 보살은 열 가지 법 배우기를 권할 것이니, 무엇이
열인가. 중생의 끝없음을 알며, 중생의 한량없음을 알며, 중생의 수가
없음을 알며, 중생의 부사의함을 알며, 중생의 한량없는 몸을 알며,
중생의 헤아릴 수 없음을 알며, 중생의 있는 바 없음을 알며, 중생의
제 성품 없음을 아느니라."

**합론**  생귀주는 세간의 법칙과 생사번뇌에 자재하지 못하는 장애를
대치하여 자재케 함을 밝혔음이라. 선재 동자가 미가 장자(彌伽長者)

의 윤자경(輪字經)을 설함을 들은 것은 중생이 생사번뇌에 처해 있으되 늘 공적함을 표함이라. 구족방편주(具足方便住)는 대지혜 경계로 하여금 자재함을 얻어서 자재하지 못함을 파한 연고라. 선재가 해탈장자를 친견하매 삼매에 드시니 이름이 보섭일체불찰무변다라니라. 시방(十方)으로 각각 십 불찰 미진수 불국토해의 청정장엄을 나타내어 중생의 몸 가운데 무변불찰(無邊佛刹)을 함유하여 근본이 무애(無碍)함을 밝힌 것이니라.

## 정심주(正心住)

**경문** "불자들이여, 어떤 것을 보살의 정심주라 하는가. 이 보살이 열 가지 법을 듣고 믿음을 결정하여 흔들리지 아니하나니 무엇이 열인가 하면, 부처님을 훼방하고 불법을 훼방하여도 흔들리지 않음이요, 보살을 훼방하거나 하여도 마음이 결정되어 흔들리지 않음이요, 보살의 행하는 법을 훼방함을 듣고도 흔들리지 않음이요, 중생이 한량있거나 한량없다고 하여도 흔들리지 않음이요, 중생이 때가 있다 하고, 중생을 제도하기 어렵다고 하고, 법계가 한량있다거나 없다거나 하고, 법계가 이룩하는 것도 무너지는 것도 있다고 함을 듣고, 법계가 있다거나 없다거나 함을 듣고도 마음이 결정되어 흔들리지 아니 하나니 이것이 열 가지이니라."

## 불퇴주(不退住)

"불자여, 보살이 응당 열 가지 넓고 큰 법을 배울 것을 권할지니 무엇이 열 가지인가. 이른바 하나가 곧 많은 것이다 말하며, 많은 것이 곧 하나다 말하며, 글이 뜻을 따르고, 뜻이 글을 따르며, 있지 않은 것이 있고, 있는 것이 곧 있지 아니하며, 상 없는 것이 상이며, 상이 곧 상이 없는 것이며, 성품 없는 것이 곧 성품이며, 성품이 있다 하나 곧 성품 없는 것이며, 그러나 실상의 모습이 있음이라."

### 동진주(童眞住)

"불자들이여, 어떤 것이 보살의 동진주인가. 보살이 열 가지 업에 머무나니 무엇이 열 가지인가. 이른바 몸으로 행함이 잘못 됨이 없고, 말로 행함이 잘못 됨이 없고, 뜻으로 행함이 잘못 됨이 없고, 뜻대로 생을 받고, 중생의 갖가지 욕망을 알고, 중생들의 갖가지 이해를 알고, 중생들의 갖가지 경계를 알고, 중생들의 갖가지 업을 알고, 세계가 이루어 지고 머묾을 알고, 신통이 자재해서 걸림이 없는 것이니 이것이 열 가지니라."

**해설**  합론에 이르기를, 정심주는 지혜의 고요하고 적적함을 씀을 부자재(不自在)함을 대치한 것이라 하고 선재가 해당(海幢) 비구를 친견할 때 가까이서 가부좌를 하고 앉으사, 신상에 각각 신분을 따라서 화현신을 내되 구름같이 널리 덮어서 시방법계에 두루하지 않음이 없다 하고 이르러서 무애자재함을 보였다고 하였습니다.

불퇴주는 대자대비한 마음으로 일체 중생을 동행(同行)하여 그들을 섭생하고 원만자재한 바로 선재 동자가 보장엄원(普莊嚴園)에 휴사우바이(休捨優婆夷)를 친견할새 선재 동자에게 말하기를, "나는 8만 4천 나유타의 권속이 있어서 늘 이 원(園)에 머문다" 하였습니다.

여덟째 동진주(童眞住)는 더러움에 처해 있으나 더러워지지 아니함을 나타낸 것이니, 선재가 비목구사 선인을 친견하였는데 대지혜가 청정하여 더러움에 처하되 조금도 더러워지지 아니함을 표하였고, 다른 선인들도 모두 같은 대비심과 큰 비지(悲智)를 모두 갖추었다고 하였습니다.

## 법왕자주(法王子住)

**경문** "불자여, 어떤 것이 법왕자의 주인가. 이 보살이 열 가지 법을 잘 아나니 무엇이 열 가지인가. 이른바 모든 중생들의 태어남을 잘 알며, 모든 번뇌가 일어남을 알며, 습(習)의 연속을 알며, 행할 방편을 알며, 한량없는 법을 알며, 모든 위의를 알며, 법을 연설할 줄 알며, 제일의제(第一義諦 : 법 가운데 가장 수승한 진리를 뜻함)를 연설할 줄 아나니 이것이 열 가지이니라."

## 관정주(灌頂住)

"불자여, 어떤 것이 보살의 관정주인가. 보살은 열 가지 지혜를 성취하나니 이른바 수없는 세계를 진동하며, 수없는 세계를 밝게 비추며, 수없는 세계에 머물며, 수없는 세계에 나아가며, 수없는 세계를 깨끗이 장엄하며, 수없는 중생에게 열어 보이며, 수없는 중생을 관찰하며, 수없는 중생의 근기를 알며, 수없는 중생들이 들어가게 하며, 수없는 중생들을 조복함이니라."

**합론** 법왕자주는 설법을 하는데 일체의 부자재함이 없어 장애가 끊

196

어지고, 자재함을 얻은 연고라. 선재 동자가 승렬 바라문을 친견하고 도산(刀山)에 이르러 화취(火聚, 화취란 불구덩이를 말함)에 들어가서 고행을 행할 때 천룡과 인간과 인간 아닌 비인(非人)들의 온(來)자들에게 모두 이익을 얻게 함이라 하였다. 관정주는 자재청정치 못한 장애를 끊음이니 곧 청정을 얻게 함이라. 선재가 사자당 왕녀(獅子幢王女)와 자행 동녀(慈行童女)를 친견함이라 왕이라는 것은 지혜가 자재함이요, 동녀라 한 것은 비(悲)를 따라 동사(同事)함을 표한 것이라.

꽃

## 죽이고 죽고, 먹고 먹히고

금시조(金翅鳥)는 한쪽 날개 길이가 330리나 된다고 하였는데, 붕새는 한쪽 날개의 길이가 3천 6백리나 되는 거대한 날개를 갖고 있다고 합니다. 붕새가 하늘을 날다가 비늘 하나를 떨어뜨리면 땅에 지진이 난다고 하는데 눈은 마치 호랑이와 같고, 부리는 독수리 부리처럼 날카로우며 그 부리의 길이만도 자그마치 180리나 되며, 날카롭기는 창의 끝과 같고, 발톱은 사지일구(四持一勾)라, 발톱의 길이만도 부리의 길이와 같으며, 발톱은 세 개가 달려 있어, 앉고, 나매 자유롭게 사용한다 하였습니다.

그러한 붕새가 하늘을 날면서 지상을 보니 기가 막히는 일이 땅 위에서 벌어지고 있는 것입니다. 작은 새는 큰 새에게 잡아 먹히고,

큰 짐승은 작은 동물을 잡아 먹는데, 어떤 것은 작은 것이 큰 것을 사냥하기도 하고, 죽고 죽이는 일을 쉴 사이 없이 하며, 사람이 먹는 것을 작은 동물이 뺏어 먹기도 하며, 사람은 안 뺏기려고 그들을 죽이고, 그러다 보니 뺏고 뺏는 일이 매일같이 반복되고 있었던 것입니다. 그래서 붕새는 제석천에 가서 제석천왕에게 말씀을 올리길 "저들을 어떻게 할까요?" 물으니 제석천왕은 "나도 어찌할 수가 없는 중생들이라." 하였다고 합니다.

중생들은 각기 자기 종족을 보존하기 위하여 투쟁을 하고, 끈질기게 그 목숨을 이어왔습니다. 아주 작디 작은 벌레 같은 미물도 큰 덩치의 동물이나 사람을 괴롭히기도 하지만, 큰 동물이 작은 것을 먹이로 알고 잡아 먹으며, 또 어떤 것들은 그 사는 곳이 각기 다르니, 이루 헤아릴 수가 없는 고통이 있었습니다.

붕새는 불을 가진 새입니다. 그 붕새가 입으로 불을 한 번 내뿜을 때 세상이 다 타버릴 만큼 위력이 큽니다. 붕새는 제석천왕에게 말하였습니다. "내가 저들을 모두 죽게 하겠습니다." 그러나 제석천왕은 "아니다. 아직은 그들에게 선근이 있느니라. 왜냐하면 그들 가운데 인간이 있는데, 그 인간들은 선근이 있어서 언젠가는 부처님이될 것이니라. 만약 그들이 더욱 악해지고 선근의 종자가 마르게 되면, 그 때 내가 너를 부를 것이니라." 하였답니다.

**호수 위에 비친 달은 물결따라 모양이 달라지고**

보름달이 휘영청 밝은데, 사위는 고요하고, 적적합니다. 호숫물은 잔잔하여 마치 명경과도 같은 그런 호수를 봅니다. 그런 호수 위에 둥근 달이 비칩니다. 달은 마치 한 폭의 그림 같기도 합니다. 호수 위에 달이 하나 생겼습니다. 약간의 파도가 생깁니다. 그럴 때마다 달은 이지러집니다. 그러다 바람이 그치면 달은 여전히 둥글게 보입니다. 또 약간의 바람이 스칩니다. 그럴 때마다 달은 또 이지러집니다. 그러다가 조금 센바람이 불어왔습니다. 이제는 달의 형체를 알아볼 수 없을 정도로 이지러지다가 사라졌습니다. 그러다가도 바람이 그치면 금방 달은 나타납니다. 그것은 마치 사람의 마음과도 같습니다. 번뇌가 찾아오면 그 번뇌로 인하여 밝은 마음이 이지러지고, 그 때마다 사람은 마음이 아프다고 합니다. 맑고 깨끗한 마음을 가지고 있다면 아픈 마음이 없을텐데, 우리들의 마음은 그렇지 못하다는 것입니다. 마치, 호숫가에 바람 잘 날 없듯이 그와 같이 우리들의 마음도 잘 날이 없습니다.

부처님은 말씀하셨습니다. "너의 마음 밖에 있는 달을 보지 말고, 네 마음 안에 있는 달을 보라."고, "그런 마음을 볼 것 같으면, 너희들은 곧 고통이 사라진다."고 하신 것입니다. 호수에 있는 달은 원래 있는 달이 아닙니다. 그것은 거짓달인 것입니다. 허공의 달이 서산으로 기울면, 호수 속에 있던 달도 사라지고 말 것입니다.

# 범행품(梵行品)

## 1. 정념 천자가 범행에 대하여 묻다

**경문** 이 때에 정념 천자(正念天子)가 법혜 보살에게 여쭈었다.
"불자여, 온 세계의 모든 보살들이 여래의 가르침을 의지하여 물든 옷을 입고 출가하였으면 어떻게 하여야 범행이 청정하게 되며, 어떻게 하여야 보살의 지위로부터 위없는 보리도에 이르오리까."

**합론** 범행이라는 말은 여기 말로 하면 정(淨)이니 이르되 정행으로써 중생을 이익케 한다는 말이다. 고로 세간에 있을 때 일체 행법을 행하여 중생을 교화하여 이롭게 할새 가히 얻을 게 없어서 곧 행하는 것마다 깨끗하지 못한 것이 하나도 없다 하였다. 이런 까닭으로 범행이라 하였느니라. 어떤 것이 정념이냐 하면 무념의 념을 이름일새 정념이 되는 것이다. 행을 따라 념이 없을새 이름이 정념이 되니라.

　범행은 무엇으로써 체(體)를 삼는가. 체가 간략히 삼(三)이 있으니 일(一)은 곧 '계(戒)'이니 계가 능히 비(非)를 방어(防禦)함일새 고로 범(梵)이라. 이(二)는 사등(四等: 사등이라 함은 일은 聖行이요, 이

는 梵行이요, 삼은 天行이요, 사는 嬰兒行이요, 오는 病行이다.)이라. 삼
(三)은 혜(慧)니 열반 오행(涅槃五行) 가운데 사무량심이라(사무량심
이라는 것은 慈悲喜捨).

## 2. 열 가지 관찰하는 법의 이름을 말하리라

**경문** 법혜 보살이 말하였다. "불자여, 보살 마하살은 범행을 닦을 때
에는 마땅히 열 가지 법으로 반연을 삼고 뜻을 내어 관찰하여야 하나
니 이른바 몸과 몸의 업과, 말과 말의 업과, 뜻과 뜻의 업과, 부처님과
교법과 스님과 계율이니라. 마땅히 관찰하기를 몸이 범행인가, 내지
계율이 범행인가 할 것이니라."

"불자여, 만일 몸의 업이 범행이라면, 범행은 곧 가는 것, 머무는
것, 앉는 것, 눕는 것, 왼쪽으로 돌아보는 것, 오른쪽으로 돌아보는
것, 꾸부리는 것, 펴는 것, 숙이는 것, 우러르는 것이니라."

"불자여, 만일 말의 업이 범행이라면, 범행은 곧 인사, 문안하고,
대강 말하고, 널리 말하고, 비유로 말하고, 바른 말하고, 칭찬하고, 헐
뜯고, 방편으로 말하고, 분명하게 말하고, 세속에 따라 말하고, 분명
하게 말하는 것이니라."

"불자여, 만일 뜻이 범행이라면, 범행은 곧 생각함이며, 추위이며,
더위이며, 주림이며, 목마름이며, 괴로움이며, 즐거움이며, 근심이며,
기쁨이니라."

"불자여, 만일 교법이 범행이라면, 적멸이 법인가, 열반이 적멸인
가, 생기지 않음이 법인가, 일어나지 않음이 법인가, 말할 수 없음이

법인가, 분별없음이 법인가, 모이지 않음이 법인가, 순종치 않음이 법인가, 얻을 바 없음이 법인가."

**합론**  천(天)은 곧 정(淨)이니 깨끗함이라는 것이다. 물은 바 사리가 물듦이 끊어진 자리이다. 범행은 천행(天行)을 의지하여 이룸을 얻는 까닭이라. 무념을 이루되 둘이 아님을 정(淨)이라 하느니라. 범행이라  하는 말은 열반경에 천행(天行)이라 하였다. 선(善)의 삼업으로 귀의 삼보하고 계를 받음과 따름을 얻을진대 어찌 관(觀)함을 다시 요구하리요. 자성게(自性偈)에 이르되, "지. 수. 화. 풍의 질량이 능히 부정(不淨)을 바꿔서 변하여 다시 깨끗하게 되느니라. 이 몸을 씻어도 향결(香潔)하게 못하리라. 종종히 부정물이 몸에 가득하여 유출해서 그치지 않음이니 하여금 루낭(漏囊 : 루낭이라 함은 샘이 있는 가죽 주머니와 같다는 것이다.)에 물건을 담음과 같다."고 하였다. 신업이란 몸(身)의 작용을 말함이다. 어(語)나 의(意)도 또한 그러하다.

## 3. 스님의 예류향을 찾아가면

**경문**  "불자여, 만일 스님이 범행이라면, 예류향(豫流向)이 스님인가. 예류과가 스님인가. 사다함향이 스님인가. 사다함과가 스님인가 . 아나함향이 스님인가. 아나함과가 스님인가. 아라한향이 스님인가 . 아라한과가 스님인가. 삼명이 스님인가. 육통이 스님인가."

**해설** 삼명은 부처님과 아라한이 얻은 세 가지 신통인데 이 세 가지가 다 밝아서 삼명(三明)이라 한다. 삼명은 숙명명(宿命明), 신통명(神通明), 누진명(漏盡明)이다. 육통이란 육신통을 말함이다. 육신통은 신족(神足), 천안(天眼), 천이(天耳), 타심(他心), 숙명(宿命), 누진통(漏盡通)을 말함이다.

**합론** 스님을 보는 관점에 열 가지가 있으니 앞의 여덟은 사람의 성품을 말함이요, 뒤의 둘은 덕에 나감을 말함이라. 소승경에 말하기를, 예류라 한 것은 처음 범부에서 뛰어나 성류(聖流)에 들어감을 예견하였다고 한다. 일래(一來)라는 것은 닦아야 할 미혹이 아직 남아 있음을 말한 것이다. 불환(不還)이라는 것은 욕계의 혹(惑)이 다하매 욕계에 다시 오지 않음을 말함이요, '아라한'이라는 것은 세 가지의 뜻이 있으니 하나는 이름이 살적(殺賊)이니 이미 일체 모든 번뇌를 끊은 연고며, 둘은 이름이 불생(不生)이니 삼계의 생함이 다한 연고이며, 셋은 이름이 응공이니 응당 인천(人天)의 대공양을 받아도 됨이라.

주   여기에서 향이라 하는 것은 성과(聖果)를 얻음이니 향기가 저절로 난다는 뜻이다. 이 사바세계의 모든 것은 다 향기가 있다.

## 4. 열 가지 법을 닦아감에 게으르지 말지니라

**경문** "다시 열 가지 법을 닦아야 하나니, 무엇이 열 가지인가. 이른바 옳은 곳 그른 곳을 아는 지혜며, 과거 현재 미래 세상의 업과 과보를 아는 지혜며, 모든 선정 해탈 삼매를 아는 지혜며, 근성(根性)이 왕성하고 하열함을 아는 지혜며, 갖가지 아는 지혜며, 갖가지 경계를 아는 지혜며, 온갖 것의 길을 아는 지혜며, 천안통이 걸림 없는 지혜며, 숙명통이 걸림 없는 지혜니 여래의 열 가지 힘을 낱낱이 한량없이 뜻이 있는 것을 마땅히 물어야 하느니라."

## 5. 설법을 항상 들으라

"또한 설법을 들은 뒤에는 크게 자비한 마음을 낼지니, 자비한 마음을 내면 중생을 관찰하여 버리지 아니하며, 모든 법을 생각하여 쉬지 않게 하며, 위없는 거룩한 일을 하고도 얻음을 바라지 아니하며, 경계가 모두 마치 환과 같음을 보는 것이니라. 만일 이와 같이 보살이 행함으로써 서로 응하면 모든 법에 두 가지(옳고 그름을 말함) 이해를 내지 아니하여 모든 부처님의 가피가 빨리 앞에 나타날 것이며, 발심할 때 아뇩다라삼먁삼보리를 얻을 것이며, 모두 지혜의 몸을 성취하되 다른 것을 말미암아 깨닫는 것이 아니니라."

### 왕자의 즐거움

어떤 왕이 근심이 생겼습니다. 나라가 태평성대를 이루는데, 왕자는 아무 즐거움이 없어 보입니다. 어느 날 왕은 태자를 불렀습니다.

"태자야, 무슨 근심이 있는가?"라고 묻자, 왕자는 말합니다. "저는 웬지 모르게 하나도 즐거움이 없습니다. 세상이 허무할 뿐입니다." 왕은 왕자가 근심에 쌓여 있는 것을 보고 무엇이든지 다 해줬지만 왕자는 하나도 기뻐하지 않습니다. 너무나 많은 일들을 다 할 수 있으니, 그는 즐거움이 없었던 것입니다.

중생들은 쉽게 얻어지면 다 실망하기 마련입니다. 어렵게 오를 수 있는 곳이 있어야 성취했다는 즐거움이 있습니다. 그러나 왕자에게는 이런 즐거움이 없었던 것입니다. 아무리 높은 지위나 고귀한 위치에 있더라도 그가 뛰어오를 수 있는 곳은 높은 곳이어야 합니다. 설사 그곳이 오를 수 없는 자리라고 하여도 그 곳을 뛰어오를 수 있을 때 그는 용기있는 사람인 것입니다.

왕은 방문(榜文)을 써붙였습니다. "누구라도 왕자를 기쁘게 할 수 있는 사람이 있으면, 짐은 그에게 상을 주리라."는 내용의 방문을 보고 한 사람이 나타났습니다. "제가 왕자를 기쁘게 할 수 있습니다." 왕은 그를 왕자에게 보냈습니다. 그 사람은 왕자를 만나자, 백지 위에 흰 물감으로 글을 쓴 뒤에 왕자에게 주면서 "왕자님, 제가 떠나고 나면 어두운 방에 들어가서 이 백지를 펴보세요." 그는 왕자의 방을 나왔습니다. 왕자는 그가 간 후에 어두운 방에 가서 그 백지를 펴 보았습니다. 거기에는 이렇게 쓰여져 있는 것입니다. "하루에 한 번씩 남에게 기쁜 일을 하십시오." 그때 왕자는 깨달았습니다. '아! 이것이다. 그래 남을 기쁘게 하는 것이야말로 곧 나의 기쁨이로구나.' 라고 깨달았다는 것입니다.

## 배수의 진(背水陣)을 쳐라

'배수의 진'이라 하는 것은 병법에서 사용하는 말입니다. 그러면 무엇이 배수의 진인가? 배수진은 등 뒤에 강을 두고 진을 친 것을 배수진이라 합니다. 이 싸움에서 지면 그대로 죽을 수밖에 없다는, 더 이상 물러날 곳이 없다'라는 뜻입니다. 우리들이 전장에서 물러설 출구를 만들어 놓고 싸운다면 그 싸움은 진 것이나 다르지 않습니다.

내가 가는 곳에 승리만 있다라고 하는 사람은 성공을 거둘 수 없습니다. '진군만이 이긴다'라고 하는 굳은 결의만이 그로 하여금 평상시보다 그 이상의 힘을 발휘하게 됩니다. 그것은 소아적인 사고가 아니라 적극적이고 대승적, 즉 대아적 사고가 '무한한 생명을 이끌어 냅니다.' 기도를 하든 공부를 하든 공장을 돌리든 어떤 일을 하더라도 승리를 쟁취하는 것입니다.

영어에서도 이런 격언이 있습니다. Burn your bridge behind you 즉 '네 뒤의 다리를 불살라라.'라는 뜻입니다. 그리고 보면 서양 사람들도 우리와 똑같은 사고를 갖고 있다는 사실을 알 수 있습니다. 싸우라! 그것만이 승리할 수 있는 길이다. 뒤로 물러선다는 것은 패배만이 있을 뿐이다. 이 때 '싸우라는 것은 남과 싸우라는 것이 아니라 자신과 싸우라는 것입니다.'

수영을 가르치는 수영선생님이 헤엄을 칠 줄 모르는 초보자를 데리고 강으로 나갔으나, 모래사장에서 수영을 가르친다고 가정하면, 그는 수영을 올바르게 배울 수 없습니다. 왜냐하면 수영을 배우는 사람이 물로 들어 가다가 도피처가 있기 때문에 두려움을 느껴 최선을 다하지 않기 때문입니다.

만약, 어떤 사람이 불타는 집에 있다고 합시다. 그 사람은 불타는 집에서 뛰쳐 나와야 살기 때문에 그가 갖고 있는 힘을 몇 배나 발휘하여야 합니다. 무한능력이 그 작은 몸에서 솟아 나와야만 그는 살수 있습니다. 평상시에는 아주 미미한 힘밖에 나지 아니하나 어려운 상황에 직면하게 되면 그 이상의 무한한 힘을 내는 것이 인간입니다. 이것을 무한능력이라 하지 않을까 합니다. 부처님은 우리 중생들이 모두 다같이 이러한 힘을 갖고 있는 것을 아시는 것입니다.

로마의 집정관인 시이저의 유명한 말이 있습니다. "I come I saw I conquered." "나는 왔노라. 나는 보았노라. 나는 정복했노라." 시이저는 저 루비콘 강을 건넌 것입니다. 다시 말해서 다시는 건너올 필요가 없는 강을 건넌 것입니다. 모든 사람들이 루비콘 강을 앞에 두고 주저하고 있을 때 시이저는 대담하게 그 루비콘 강을 건너는데 선봉이 되었던 것입니다.

전력을 다하는 사람만이 성공을 거둡니다. 자기 안에 있는 생명력을 믿는 사람, 이 사람은 무엇이든지 해낼 수가 있습니다. 그러나 자신 안에 있는 생명력을 미미한 것이라고 단정짓고 주저하는 사람 앞에는 좌절의 쓴잔이 기다리고 있습니다. 오직, 목적을 이루기 위해서 승리를 하는 그날까지 배수의 진을 치고, 한 가지에 골똘히, 그리고 열심히 노력하는 사람은 언젠가는 행복한 미소를 짓는 날이 찾아옵니다. 그런데 미혹한 사람은 아무리 이런 말을 해주고 또 해주어도 알아듣지 못하는 까닭으로 미망에서 헤어날 수가 없습니다.

불교를 배우는 것은 단지 기도를 위해서 하는 것이 아닙니다. 불교를 배우는 것은 나를 새롭게 만들고, 미래를 열어가는 그런 공부입니다. 사상이라는 것은 생각 사(思)자와 생각할 상(想)자입니다. 사상은 생각입니다. 어떤 생각을 갖고 있느냐가 곧 사상입니다. 우리들은 어떠한 생각을 가져야만 할까요. 부처님과 같은 생각을 갖는다면, 그는 부처님 생각을 갖고 사는 것입니다.

광명사상이라 하는 것도 부처님의 사상입니다. 그러나 부처님 사상 가운데에도 유독 '광명' 그러니까 '빛의 사상'이라는 믿음을, '빛'이 있다라는 것을 믿어야 되는 것입니다. 빛은 길입니다. '길'은 곧 '빛'이라는 것을 믿기 바랍니다. '빛'이 있는 곳에는 길이 보입니다. 길이 있어도 '빛'이 없으면 찾을 길이 없기 때문에 그는 낭떠러지에 떨어지고 말 것입니다. 부처님의 말씀은 길이요, 부처님의 마음은 '빛'입니다. 여러분들의 자신 속에 말씀과 빛을 담아 두십시오. 그것이 곧 내가 불교를 믿는 이유이며, 그것이 내가 불교를 따르는 이유입니다.

# 초발심공덕품(初發心功德品)

## 1. 제석천왕이 법혜 보살에게 여쭈었다

**경문** "불자여, 보살이 처음으로 보리심을 내면 그 공덕이 얼마나 되나이까?"

## 2. 이치가 깊어서 알기 어려움을 말하다

"불자여, 이치는 깊고 깊어서 말하기 어렵고 알기 어렵고 분별하기 어렵고 증득하기 어렵고 행하기 어렵고 생각하기 어렵고 헤아리기 어렵고 들어가기 어려우니라. 그러나 내가 마땅히 부처님의 위신력을 받자와 그대에게 말하리라."

## 3. 이승법(二乘法)으로 가르치는 비유

"불자여, 모든 부처님께서 처음 발심하실 때에 다만 온갖 즐길 것으로써 시방의 십 아승지 세계에 있는 중생들에게 공양하기를 백 겁 동안이나 나유타 겁 동안에 지나는 동안 보리심을 낸 것이 아니며, 다만 그렇게 많은 중생들을 제도하며 오계와 십선도를 닦게 하거나 사선정, 사무량심, 사무색정에 머물게 하거나 수다함과 · 사다함과 · 아나함과 · 아라한과 · 벽지불도를 얻게 하기 위하여 보리심을 낸 것이 아니고 여래의 종성이 끊이지 않게 하기 위한 연고이며, 일체 세계에 두루 가득하게 하기 위한 연고이며, 일체 중생을 제도하여 해탈하게 하기 위한 연고이며, 일체 세계 이루고 무너짐을 알게 하기 위한 연고이며, 일체 세계에 있는 중생이 때묻고 깨끗함을 알기 위한 연고이며, 일체 중생의 번뇌와 습기를 알기 위한 연고이며, 일체 중생이 여기서 죽고 저기서 남을 알기 위한 연고이며, 일체 중생의 마음과 행을 알기 위한 연고이며, 일체 중생의 삼세의 지혜를 알기 위한 연고이며, 일체 부처님의 평등함을 알기 위한 연고로 위없는 보리심을 내었느니라."

## 4. 세계가 이뤄지고 무너지다

"불자여, 가령 어떤 사람이 한생각 동안에 동방에 있는 아승지 세계가 이루어지고 무너지는 겁의 수효를 능히 알며, 생각마다 이와 같이 하여 아승지 겁이 다하도록 한다면, 이 모든 겁의 수효를 끝 간 데까지 능히 알 수가 없으리라."

"불자여, 이와 같이 시방의 아승지 세계가 이루어지고 무너지는 겁의 수효는 그 끝간 데는 알 수 있다 하더라도 보살이 아뇩다라삼먁삼보리심을 처음 낸 공덕과 선근은 끝을 알 수가 없느니라. 무슨 까닭인가? 보살이 다만 이러한 세계가 이뤄지고 무너지는 겁의 수가 한량없건만 일체 세계가 무너지고 이뤄지는 것을 알아서 남음이 없게 하기 위하여 아뇩다라삼먁삼보리심을 낸 것이니라."

"이른바 짧은 겁이 긴 겁과 평등하고, 긴 겁이 짧은 겁과 평등하며, 말할 수 없는 겁이 찰나와 평등하며, 일체 겁이 겁 아닌 데 들어가며, 겁 아닌 것이 일체 겁에 들어가는 것을 알기 위함이며, 찰나 간에 앞 세상, 뒷세상, 지금 세상이 이루어지고 무너지는 겁을 모두 알고자 아 뇩다라삼먁삼보리를 내는 것이니 이것이 이름하여 서원으로 장엄하 며 일체 겁을 분명히 아는 신통한 지혜라 하느니라."

**합론** 초발심에 삼종발심이 있으니 기신론(起信論)에 이르되 삼발심 (三發心)이라 하였으니 1은 신성취발심(信成就發心)이요, 2는 해행발 심(解行發心)이요, 3은 증발심(證發心)이다. 발심은 십주가 그 초(初) 요. 십행을 좇아서 회향심(廻向心)을 발하는 것이다. 우파니사타분이 란 근소(僅少)니 작고 작은 것을 말함이라. 혹은 사람의 터럭 가운데 백분지 일을 말하기도 한다.

사무량심이라 한 것은 유위(有爲) 가운데 자비희사(慈悲喜捨)니 교주사무색정(教住四無色定)이라 함은 무색계의 정(定)이니 삼계 가 운데 선업이니라. 십사번뇌(十使煩惱)가 있으니 십사번뇌라 함은 1 은 신견(身見)이요, 2는 변견(邊見)이요, 3은 견취(見取)요, 4는 계취 (戒取)요, 5는 사견(邪見)이요, 6은 탐(貪)이요, 7은 진(瞋)이요, 8은 치(癡)요, 9는 만(慢)이요, 10은 의(疑)니라. 이것은 모두 수행을 하 는 데 미혹케 함이라.

## 5. 덕의 원만함을 나타내다

**경문**

　　지혜의 밝은 광명 햇빛과 같고
　　모든 행 갖추기 보름달 같고
　　모든 공덕 바다 같이 가득해
　　때없고 걸림없어 허공과 같네.


　　옛날에 무량공덕 갖추어
　　모든 중생들에게 즐거움 주려고
　　오는 세상 끝나도록 원을 행하여
　　부지런히 닦아 익혀 중생을 구제하네.


　　한량없는 큰 원력 부사의하여
　　중생들로 하여금 청정케 하고
　　무상(無相)과 원력으로
　　서원력의 힘으로 밝게 비추네.


6. 공덕 끝없음을 나타내다


　　시방의 여러 세계 모든 부처님
　　초발심 다같이 찬탄하시네
　　이 마음 한량없이 장엄을 하여
　　저 언덕 이르러 부처님 이루리.

212

중생의 수효 같은 그러한 겁에
그 공덕 말하여도 다할 수 없고
여래의 크고 넓은 집에 머물며
삼계의 법으로도 비유 못하리.

## 7. 시방 부처님이 증명하시다

이 때에 사방으로 각각 열 부처님 세계의 티끌 수 세계 밖에 일만 부처님 세계의 부처님이 계시니 명호가 같아서 모두 부처님이라. 각각 법혜 보살 앞에 나투어 이렇게 말씀하시었다.

"잘하도다. 법혜여, 그대가 이 법을 능히 말하나니 시방에 각각 이런 부처님 세계의 티끌 수 같은 우리 부처들도 이 법을 말하며 일체 부처님도 모두 이와 같이 말하느니라."

## 8. 설법이 다함 없음을 말하였다

"이 사바세계의 사천하의 수미산 꼭대기에서 이런 법을 말하여 여러 중생들로 하여금 듣고 교화를 받게 하는 것같이 시방의 백천억 나유타 수없고 한량없고 끝없고 같을 이 없고 셀 수 없고 일컬을 수 없고 생각할 수 없고 요량할 수 없고 말할 수 없는 온 법계 허공계의 모든 세계 가운데서도 이 법을 말하여 지금 설하느니라."

## 9. 법을 말하는 이는 모두 법혜 보살임을 밝히다

"또한 이 법을 말하는 이는 모두 법혜 보살이라 말하나니, 다 부처님의 신통한 도력인 연고이며, 세존의 본래 서원인 연고이며, 부처님 법을 드러내 보이기 위한 연고이며, 지혜의 빛으로 두루 비추려는 연고이며, 실상의 이치를 천명하려는 연고이며, 모든 대중을 다 환하게 하려는 연고이며, 불법의 인연을 열어 보이려는 연고이며, 법계가 둘이 아님을 알게 하려는 연고로 이 법을 설하느니라."

**합론** 법을 말하는 이는 모두 법혜 보살이라 말함은 법장사(法藏師)가 말씀을 하시길, 뜻이 셋이 있으니, 하나는 발심을 한 연고로 법을 봄이 맑음이요, 둘은 묘과(妙果)를 알아서 소유(所由)를 징석(徵釋)함이라(징석이라 함은 일체의 징후와 미미한 것까지도 다 해석한다는 뜻이 숨어 있다는 것), 셋은 설법지혜(說法智慧)니 결정코 의심이 없음일새 비로소 법 설함을 성취함이라 한 연고이다. 세존의 본래 서원인 연고로 법을 설함은 석가모니불의 도화(度化)를 보이심이라. 징석소유중(徵釋所由中)에는 부처님의 성력(聖力)을 열어 보임이라 하였다.

## 10. 비유로써 헤아리다

**경문**

> 시방의 모든 국토 중생들에게
> 수없는 겁 동안 보시하여 편안케 하고
> 오계십선(五戒十善)을 권하여 가지게 하고
> 사무량심과 선정을 얻게 하느니라.

억만중생 교화하여 연각을 이루며
번뇌 없는 묘한 도를 얻게 하여도
그 공덕 보리심에 비교하면
산수나 그 어떤 것으로도 미칠 수 없으리.

❀

### 맑게 빛나는 마음

며칠 전에 한 친구가 공원에서 체조를 하는 것을 보았습니다. 그런데 멀리서도 나는 금방 그가 누구라는 것을 알았습니다. 얼굴도 알아보지 못하고, 말소리도 듣지 못했는데, 오직 그의 몸동작만을 보고, 그가 내 친구라는 것을 알았던 것입니다. 어떤 것이 그를 알게 하는 요인이 되었을까요? 평소에 알고 있던 그에 대한 나의 지식 때문입니다. 그가 행동을 할 때에 팔은 어떻게 움직이고, 목은 어떻게 움직인다는 것을 컴퓨터가 모든 데이터를 입력하고 출력하듯이, 그의 모든 동작을 자연스럽게 머리 속에 갖고 다녔던 것입니다.

어제는 우연히 길을 걷다가 멀리서 오는 사람을 보았습니다. 그 움직임이 눈에 익었습니다. 그는 내 친구였습니다. 그러나 그도 먼 발치에서 나를 알아보았습니다. 왜냐하면 그도 내가 길을 걸어갈 때의 습관이나 움직임을 머리 속에 저장하고 있었기 때문입니다. 내가 흔드는 팔의 각도는 어떻고, 걸음걸이는 어떻고, 주위를 두리번거리는 습관이 있는지, 손에는 항상 무엇을 들고 다니는 지를 알고 있던 것입니다. 어찌 보면 이런 모든 일이 아무런 의식없이 지나치는 것

같지만 그러한 모든 일련의 행동은 자동적으로 머리 속에 저장되어 필요할 때에 정확한 수치로 우리 앞에 나타나는 것입니다.

어느 날 오랜만에 만난 친구를 조금도 어색하지 않은 행동으로 그를 알아보는 것, 그의 눈은 다른 사람보다 조금 작게 생겼다거나 크게 생겼다거나, 입은 어떻게 생기고, 코는 어떻게 생기고, 입술은 어떻게 생겼는지를 자신도 모르게 다 기억을 해두었던 덕분에 그를 알아보고, 그를 반기는 것입니다.

사람은 동작과 그의 생김새 등으로 알아봅니다. 어떤 사람은 목소리만 듣고도 알고, 어떤 사람은 그의 체취만 맡아도 압니다. 사람은 그만의 독특한 향기를 갖고 있고 그런 음성이나 향기 또는 그 무엇을 탐지해낼 수 있는 기록을 저장하여 놓습니다. 그러기에 실수없이 그 사람의 목소리만 듣고 알아보고, 발자국 소리로 알아 듣고, 체취로 알아 보는 것입니다. 이런 것들은 모두가 뛰어난 기억장치들 덕분입니다.

누가 나입니까. 몸을 흔드는 그가 나입니까. 아니면 목소리가 나입니까. 아니면 얼굴이 나입니까. 과연 누가 나이며 누가 그일까요. 손 흔드는 것이 그라면 그의 몸과 목소리와 기타의 모든 것들은 누구입니까. 그 모두가 그입니까. 아니면 그의 한 가지의 모습이 그입니까. 목소리를 내는 그와 몸짓을 하는 그는 과연 동일할까요? 아니면 다를까요?

그는 지금 육신을 움직이고 있습니다. 그러나 그것이 진정한 당신일까요? 육신은 아무리 손을 흔들고 싶어도 마음이 지시를 하지 아니하면, 움직이지 않습니다. 만약 모든 육신이 움직인다면 죽은 시체도 손을 흔들어야 될 것입니다. 그는 지금 마음에게 명령을 내려 '손을 움직여야 한다'고 생각하면 손은 명령을 받아 손을 움직일 것입니다. 예컨대 아기들에게 "아가, 네 왼손을 움직여라." 하지만 아기는 어떤 것이 왼손인지 오른손인지 모릅니다. 그러므로 아기는 망설일 것이 틀림없습니다. 손이 스스로 움직일 수가 없다는 것입니다. 그러면 누가 움직이는 그대일까요. 그대는 분명히 밝아 있으나 밝아 있는 자를 보지 못하는 것뿐입니다. 그것이 미혹이라는 것입니다.

## 달은 어떻게 생겼길래

어떤 사람이 태어날 때부터 눈이 멀어 소경이 되었습니다. 그는 어느 날 친구와 산보를 하게 되었습니다. 시원한 가을바람이 살랑이고, 청천 하늘에는 달이 떴습니다.

"아! 달도 밝다."

친구가 이렇게 말했습니다. 그러자 친구인 소경이 말했습니다.

"달이 어떻게 생겼는데?"

"아! 달은 말이지, 달은 그게 마치 쟁반과 같이 생겼어."

소경은 쟁반을 알지 못하기 때문에 달을 이해하는 데 조금도 도움이 되지 않았습니다.

"쟁반은 또 뭐야? 그게 어떻게 생겼는데?"

"쟁반은 마치 세숫대야 같아. 세숫대야."

그러나 그는 세숫대야도 본 적이 없었습니다. 달이 세숫대야 같다고 하였는데 달이 왜 밝은 지는 의문이 풀리지 않았습니다.

"그런데 왜 달이 쟁반과 같고, 세숫대야 같으며, 밝다고 하지. 밝은 것이 뭐야?"

소경이 연속적으로 질문을 해댔습니다. 친구는 속이 탔습니다.

"아이고 속 터져, 해와 같은 것인데 해보다는 덜 밝은 것이야. 그리고 달은 밤에만 나와."

친구가 아무리 설명을 해도 소경은 이해를 하지 못했습니다.

그렇습니다. 말을 아무리 잘 해도 소경에게 달을 설명하기란 어려운 것입니다. 눈을 딱 뜨지 않고는 달의 진면목을 알 수가 없는 것입니다. 우리들은 모두 소경입니다. 달을 못 보니 소경이란 말입니다. 화엄경을 공부하는 것은 달을 보기 위함입니다. 눈을 뜨면 온 천지가 아름다운 세계로 장엄되어 있고, 눈을 뜨지 못하면 암흑 속을 걸어가는 사람과 같습니다.

# 명법품(明法品)

## 1. 정진혜 보살이 법혜 보살에게 법을 묻다

**경문** 그 때 정진혜 보살이 법혜 보살에게 물었다. "불자여, 보살 마하살이 온갖 지혜를 구하려는 마음을 처음 내고는 어떻게 한량없는 공덕을 성취하여 장엄하고 부처님이 거두어 주시므로 위없는 보리의 끝간 곳에 결정코 이를 것이니라."

(1) "모든 여래의 응정등각(應正等覺)께서 백천 아승지 겁 동안 보살의 행을 닦을 때에 모든 법장(法藏)을 수호하고 연설하여 보이며 여러 마군과 외도가 능히 방해하지 못하고 바른 법을 거두어 지니되 다함이 없음이니라."

(2) "또 저 보살 마하살들이 어떻게 수행해야 일체 무명과 어둠을 없애버리며, 마군을 쳐부수고 외도는 제어하고 번뇌는 영원히 씻어서 일체 선근을 다 성취하며, 모든 나쁜 길에서 벗어나며, 온갖 지혜의 길을 깨끗이 다스리며, 모든 보살의 지위와 바라밀다와 삼매와 여섯 신통과 네 가지 두렵지 않은 청정공덕을 성취하며, 모든 중생을 성숙시키기 위하여 그들이 태어난 국토를 따라 성숙시키며, 근성과 시기

를 따라 성숙시키며, 모든 중생으로 하여금 모든 경계를 원만하게 하
여 부처님 공덕으로 더불어 평등케 하겠나이까?"

(3) 정진혜 보살이 게송으로 답을 하시다
① 초발심 공덕
어떤 보살이 처음으로 발심한 이는
복덕과 지혜 모두 이루고
생사 떠난 자리에서 시간 뛰어나
두루 바른 보리법 모두 얻느니라.

② 수행해야 할 근본을 말하다
짓는 일 견고하여 헛되지 않고
온갖 공덕 이루어 벗어나지 않나니
수승한 이의 수행과 같이
청정한 도리를 얻느니라.

**합론** 정진혜(精進慧) 보살이 수승한 법을 법혜 보살에게 성취하는 도
리를 물은 것이다. 그 덕용(德用)을 여쭈다. 첫째는 정문(正問)이요,
둘째는 인덕(因德)을 물음이니 결인성과(結因成果: 결인성과란 뜻은 인
으로 맺어서 그 과를 얻는다 라는 뜻)이다. 사람은 무명(無明)을 인하여
매(昧)하여서 아는 바가 없고 또는 습기(習氣)로 살아간다. 선근을
어떻게 이룸이요, 어떻게 고통에서 출리(出離)하리요. 또 어떻게 삼
악과 팔난에서 떠나리요.

**해설**  세간법을 버리고 부처님의 법에 들어가면 부처님의 무한공덕을 얻는다 하였습니다. 부처님은 중생들의 그 근성을 아시는 까닭으로 일체 무한한 방편을 세워 놓으셨다고 하심입니다. 곧 방편은 우리들을 어렵게 하기 위하여 세워진 것이 아니라 보리도량에 들어가게 하기 위함입니다.

## 2. 보살의 지위에 머물다

**경문**  "불자여, 열 가지 법이 있어서 보살들로 하여금 모든 지위에 빨리 들어가게 함이니 무엇이 열인가. 하나는 복덕법과 지혜법을 원만함이요, 둘은 바라밀다의 도를 크게 장엄함이요, 셋은 지혜가 통달하여 다른 이의 말을 따르지 않음이요, 넷은 선지식을 항상 섬기고 여의지 않음이요, 다섯은 항상 정진하여 게으르지 않음이요, 여섯은 여래의 신통한 힘에 머무름이요, 일곱은 선근을 닦는 데 피로하다 하지 않음이요, 여덟은 공덕 쌓는 마음 밝은 대승법의 지혜를 장엄함이요, 아홉은 지위마다 마음이 거기에 머물지 않음이요, 열은 삼세 부처님과 선근과 방편으로 더불어 자체 성품이 같음이니라.

불자여, 열 가지 법이 보살들로 하여금 모든 지위에 빨리 들어가게 함이니라."

"불자여, 모든 보살이 생각하기를, 우리들이 빨리 모든 지위에 들어가야 한다 하나니, 무슨 까닭인가. 우리가 여러 지위에 머물면 이러한 크고 넓은 공덕을 성취할 것이요, 공덕을 구족히 하고 부처님의 지위에 들어갈 것이며, 부처님의 지위에 머물면 끝없는 불가사의한 불사를 이루느니라."

**합론** 부처님이 일체 중생을 평등히 보도(普度)하여 마음에 간택이 없을새니라. 이 이름이 무이상(無異想)이라. 부처님의 행주좌와에 항상 심심한 승정(勝定)을 여의지 않음이니 소위 무불정심(無不定心)이니라. 부처님이 일체를 다 비추어 볼새 바야흐로 모두 버리고 한 진리를 깨달아 부처님의 지위에 들어간다. 삼세제불의 법에 일체 지혜가 무상 만족하여 퇴전함이 없으면 소위 멸도를 이룬다.

## 3. 바라밀을 나타내다

**경문** "온갖 세간에 짓는 업을 일부러 나타내며, 중생을 교화함에 게으르지 아니하고, 그들의 즐거워함을 따라 몸을 나타내고, 모든 일에 처해 있으나 물들지 아니하고, 혹은 범부로 나타내고, 혹은 성인으로 나타내고, 혹은 생사를 나타내고, 온갖 것을 장엄하여 탐착하지 아니하고, 모든 갈래에 두루 들어가 중생을 제도하시니 이것이 곧 방편 바라밀을 깨끗하게 함이니라."

"깊은 마음에 들어갔으니 믿는 마음이 견고하여 힘을 갖추었으니 꺾이는 일이 없는 연고이며, 대비(大悲)의 힘을 갖추었으니 싫어함을 내지 않는 연고이며, 대자(大慈)의 힘을 갖추었으니 행함이 평등함을 얻었으며, 모두 지니는 힘을 갖추었으니 변재의 힘을 갖추었으며, 방편력(力)으로 온갖 것을 아는 연고이니라."

"불자여, 보살이 이와 같이 반야바라밀다를 청정하게 할 때와 모든 바라밀다를 버리지 아니할 때에 크게 장엄한 보살승 가운데에 머물러서 그 생각하는 바 일체 중생에게 법을 말하여 깨끗한 업을 증장하여 해탈을 얻게 하나니, 나쁜 갈래에 떨어진 이는 가르쳐서 발심케 하고, 팔난(八難)에 있는 이는 부지런히 정진케 하고, 탐욕이 많은 중생은 탐욕이 없는 법을 보여주고, 성을 잘내는 중생은 평등함을 행하게 하고, 삿된 소견에 빠진 중생은 연기법을 말하여 주고, 욕계의 중생에게는 탐욕과 성냄과 나쁘고 선하지 않은 법을 가르쳐 주느니라."

꧁

### 과학과 종교의 차이

연구실에서 과학자가 무엇인가에 몰두하고 있었습니다. 그는 지금까지 연구한 것을 토대로 계속적으로 또다른 실험을 하고 있었던 것입니다. 그는 장미꽃을 연구하는 과학자입니다. 그는 지금 장미꽃의 색깔에 있는 효소와 분자의 배열을 연구 중입니다. 그런데 흰장미였든지 붉은 장미였든지 간에 분자 배열은 같게 되었다는 것도 확인할 수 있었습니다. 그리고 또 그 과학자는 장미의 잎 속에 있는 녹색을 띠는 색소도 함께 연구 중입니다. 이러한 연구의 성과로 앞으로는 청장미, 흑장미 등 여러 가지의 장미꽃이 탄생될 것입니다.

또 어떤 과학자는 별을 연구하는 과학자도 있습니다. 그는 별의 자전주기와 또 어떤 별은 그 크기와 형태 또는 온도 등과 무엇이 같고 무엇이 틀린지를 연구하는 것이 그의 주된 과제입니다. 그래서 그는 천체망원경도 필요하고, 고성능 계산기가 필요하며, 고성능 컴퓨터도 필요합니다. 말하자면 지구와의 거리와 그 별이 갖고 있는 특성들을 캐내는 데 그 과학자는 온 정열을 다 쏟기 때문입니다.

이상 위에서 말한 바와 같이 두 가지 예를 들어보았습니다. 과학자는 이것이 왜라는 질문과 동시에 그것에 대한 분석입니다. 어떻게, 혹은 왜, 언제, 무엇 때문에 태어나고 죽는 지 알아내는 것이 과학자가 해야 할 과제입니다. 그래서 장미는 무엇무엇 때문에 흰 장미꽃이 핀다든지, 혹은 무엇무엇 때문에 붉은 장미가 핀다든지 하는 것을 캐내는 것 그것이 바로 과학입니다.

종교에서는 장미꽃이 핀 것을 학문으로 보지 않습니다. 더군다나 '왜 꽃이 피느냐' 라든지 '어떤 구조로 되었는가' 라든지에 관심은 있으나 그것은 학문의 분야입니다. 정신의 분야가 아니라는 것이지요. 정신은 '아! 장미가 어느 봄날 차가운 땅을 뚫고 나오더니 약간은 붉은 색을 띤 연초록 색의 잎이 나고, 얼마 있다가 꽃봉오리가 맺더니 꽃이 피는구나' 하면서 그 꽃에 감사를 드립니다.

이 꽃이 피기까지는 땅 속의 수분과 그리고 땅 속의 양분과 필요한 모든 물질을 그가 좋을 대로 성장하는 데 썼을 것이고, 가시를 만들어야 할 영양, 잎을 만들어야 할 영양, 먼저 만든 잎을 유지하며 키워가는 영양과 더 앞으로 키가 클 수 있는 영양과 이루 헤아릴 수 없는 복잡한 과정을 하나도 잘못됨이 없이 그것을 수행해 나가는 과정과 신비. 무엇이 있어서 그렇게 장미 나무가 자라며 꽃을 피우게 하는 것이냐? 하는 장엄한 생명을 신성시하는 태도를 종교라고 보면 될 것입니다. 작년에 했던 그대로 하나도 어김없이 똑같은 잎을 만들며 꽃을 만들어 내는 그의 실행능력은 상상을 초월합니다.

인간이 아무리 영리하고 모든 것을 다 알 것 같아도 실은 모두 모릅니다. 장미는 스스로 조절할 수 있는 능력까지 갖추고 있습니다. 완전히 자기화(自己化)시키는데, 천재성이 그 속에 숨어있는 것입니다. 그것은 뿌리가 담당하는 과정이 있고, 잎이 갖고 있는 능력은 또 다른 곳에서 노력을 할 것입니다. 녹색을 띠게 하는 색소 공장과 기타 여러 가지의 화학 공장이 바로 잎이라는 것을 알면 될 것입니다. 잎을 통하여 그 장미는 미래를 설계하고 그것에 따라서 여러 가지로 작동하는 것입니다. 물론 어디에선가는 그 모든 기능을 통제도 하며 기능도 발휘하는 지 밝혀진 바가 없습니다. 몸의 줄기인지 또는 뿌리인 지도 모릅니다.

장미나 어떤 식물이라도 다 그렇습니다. 그들이 갖고 있는 노하우를 그들 식물은 절대로 잃어 버리지 않고 있다는 사실입니다. 우리 인간만 위대한 줄 알지만 실은 그 작은 풀 한 포기도 다 마찬가지입니다. 그들도 우리 인간과 똑같은 위대성을 갖고 있습니다. 땅을 지키고 있는 것만이라도 생각하면 얼마나 고마운 존재인지를 모릅니다. 만약 식물도 동물처럼 움직여야 하겠다고 하고, 움직이는 식물이 되어 모두 좋은 곳을 차지하고 산다고 합시다. 정말로 그 때부터는 모두 죽는 일밖에 없습니다. 그러나 식물들은 어떠한 환경이라도 아무 불평없이 그들이 태어난 자리를 조금도 이동하지 않고 지켜 나갑니다. 땅의 황폐를 막아주고 기름진 땅을 만들어 주는 공덕이 있습니다, 그들은 참으로 이 땅에 찾아온 공덕주입니다.

　그러므로 하나의 식물을 찬탄하는 바는 바로 종교일 것입니다. 그 장미가 갖고 있는 위대성을 인간에게 일깨워 주는 일은 종교의 몫입니다. 종교인은 이 지구상에 있는 모든 존재가 그들이 원하는 대로 살 수 있도록 하여 주는 심성을 키워 주어 그들이 갖고 있는 위대성을 지켜 보고 그들을 위하여 기도하여 주는 것입니다.

　또 어떤 과학자가 새로운 별을 발견하고 그들과 우리들 사이에 얼만큼의 거리가 된다는 것을 금세 알아내기도 하는 것이 과학입니다. 그러나 '왜 그 별이 생겼는지, 그리고 왜 그 별은 그 곳에 생기지 않으면 안 되었는지, 그리고 왜 그 별은 그 크기로 있는 것인지, 왜 지금 생겼는가, 무엇으로 이루어졌을까.' 하는 의문은 아직 알 수 없는 부분들입니다. 그러나 과학이 아닌 종교는 그 별을 그러한 차원에서 보는 것이 아닙니다. 아무 것을 몰라도 괜찮습니다. 참으로 신비하지 아니한가? 그 옛날 옛적에 허공은 지구를 잉태하여 허공에 낳아 두었듯이 지금도 그렇게 수도 없이 그런 일을 계속하고 있다는 것이 신비할 뿐입니다.

　그대는 허공의 별을 세지 말라, 그것은 모두 헛수고이다. 왜냐하면 별은 지금도 수도 없이 만들어지고 사라지고 있기 때문입니다. 아무 것도 없는, 정말 아무 것도 없는 허공에서 그런 엄청난 일이 벌어지고 있다는 사실을 인간은 이제 깨달았다는 것입니다.

　그래서 종교인은 그 별들의 생성, 혹은 소멸되는 모든 것을 종교적으로 관찰하면, 그것은 위대한 부처님 속에서 이루어지고 있다는 것을 확인합니다. 어느 분이 또 부처님 속에서 이루어지고 있다고 하니까 부처님이 창조를 하셨느냐고 질문을 할지 모르겠습니다. 저는 부처님이 만들었다고 말하지 않았습니다. 그러나 그것 자체를 부처님이 창조하신 것으로 봐도 될 것입니다. 물론 부처님은 그런 말씀을 하지 않았습니다. 비록 창조라는 단어는 없어도 수도 없이 부처님의 속에서 이루어지고, 사라지고 있음을 말씀하시고 있는 것입니다.

오직 우주의 진리는 아는 사람만이 아는 것입니다. 우주는 부처님께서 말씀을 하시길, 인연법으로 생과 소멸을 거듭하고 있다고 합니다. 종교적으로나 과학적으로 봐도 그것은 우주 공간에서 일어나는 많은 일 가운데 하나일 뿐입니다. 모두 경외스러울 뿐입니다.

인간은 그 누구라도 흙 한 줌을 창조해 낼 수가 없습니다. 사람에게 있어서 반드시 업이 있듯이 물질에게도 모두 업과 같은 것이 있습니다. 그것은 그들이 갖고 있는 업, 그 업은 바로 나(我)라는 존재에 의하여 만들어진다는 것입니다. 제각기 갖고 있는 업의 소산인 것입니다. 그 업은 인연을 맺어 오게 됩니다. 이러한 업이 다른 날에는 저런 업을 안고 오며 때로는 업 자신이 다른 모양으로 변질되기도 하고, 하여간 알 수 없는 일을 그 업은 한번도 쉼이 없이 계속 그렇게 하고 있을 뿐입니다.

이것을 관찰하는 것은 종교의 몫입니다. 이런 것은 심오하기 때문에 청정한 정신을 소유한 자만이 사유(思惟)할 수 있는 것입니다. 아무런 욕심을 갖지 않고 오직 법계의 질서를 경외심으로 바라볼 뿐입니다.

# 승 야마천궁품(昇 夜摩天宮品)

## 1. 야마천궁의 아름다움

**합론** 일(一)은 이 품의 이름을 해석한 것이니 무슨 까닭인가 하면 이름이 야마천궁인 고로 법(法)을 표함을 밝힘이라. 하늘의 시간(時分天)으로 인하여 근본을 알아 행(行)을 대치(對治)할새 가히 일향(一向)으로 하지 못함을 표함이니 인천종(人天種)과 이승(二乘)과 삼승(三乘)과 일승종(一乘種)을 알아서 가히 무슨 선근으로써 접인(接因)함을 알새 고로 시분천(時分天)으로써 인하여 행할 바의 행(行)이 모름지기 그 시간의 앎을 표한 것이다. 수미산으로써 십주(十住)의 법문을 표함이라. 신을 좇아서 승진(昇進)하여 범부지(凡夫地) 여읨을 밝힌 연고라. 수미산이 팔만사천 유순이라 함은 가히 수족으로 올라갈 수 없음을 밝혔음이라.

유심(有心)의 생각으로 관행(觀行)으로써 반연에 의하여 미칠 바가 아니라. 당연히 만법에 의주함이 없어야 바야흐로 가히 오름(昇)을 밝힘이요, 십행(十行)의 자리에 야마천의 가운데 처함은, 허공을 의지해 처함은, 공을 의지해 머물음은 인간으로 더불어 연(連)하지 않음이 없음을 밝힘이라. 십행도 또한 그러하며 법공(法空)에 의해

행을 행함에 때를 알아서 속(俗)을 이익케 함이라. 고로 이 하늘에 처했음을 표함이라. 도솔천에서 십회향을 이룸은 그 처(處)가 욕계천의 가운데 있음을 밝힌 것이다.

　세속에 처해 있음에 중생을 이익케 함에 대비문에 처하여서 일체를 요익케 함을 밝혔다. 타화천(他化天)에 올라가서 십지법문(十地法門)을 설한 것이니 화락천을 지나온 것은 욕계천을 밝힘이라. 십지가 자재함일새 화락천에서 뛰어나 욕계의 정상에 올라 욕계의 진제(盡際)를 이룸을 표한 연고라. 보현 보살의 행원력을 행한 것은 무진 중생을 요익케 함이라.

## 2. 법회가 시방에서 두루함이라

**부처님은 지금 신통한 힘으로써 법을 연설하신다**
**경문** 그 때 여래의 위신력으로 시방 일체 세계 낱낱 사천하의 남섬부주와 수미산 꼭대기에서 모두 보니, 여래께서 대중들이 모인 가운데 계시는데 그 모든 보살이 부처님의 신통한 힘으로써 법을 연설하면서 제각기 생각하기를, 자기가 항상 부처님을 대하였다고 하지 않은 이가 없었다.

**세존께서는 보리수 하에 계시면서 야마천궁으로 향하시다**
　그 때 부처님께서 수미산 꼭대기를 떠나지 않으시고 야마천궁의 보배로 장엄한 궁전으로 향하시었다.

부처님을 청하여 궁전에 들게 하시다

그 때에 야마천왕이 사자좌를 차려 놓고 부처님 세존을 향하여 허리를 굽히고 합장하여 공경하고 존중하여 부처님께 여쭈었다.

"잘 오셨나이다. 세존이시여, 선서(善逝)시여, 여래 응정등각이시여, 바라옵건대 저희를 가엾게 여기사 이 궁전에 계시옵소서."

부처님께서 궁전에 오르시었다

부처님께서 청을 받으시고 보배궁전에 오르시니 모든 시방에서도 다 이와 같으셨다.

천왕이 부처님을 게송으로 찬탄하다

그 때 천왕은 지난 세상에 부처님 계신 곳에서 선근 심은 것을 생각하고 부처님의 위신력을 받들어 게송으로 말씀을 드리니,

여래를 부르는 소리가 시방에 퍼지니
여러 가지 길상 중에 가장 높으며
부처님의 마니전에 일찍 드시니
그러므로 그 곳이 가장 길상합니다.


여래께서는 세간의 등불이시니
여러 가지 길상 중에 가장 높으며
부처님께서 청정 궁전에 일찍 드시니
그러므로 이 곳이 가장 길상(吉祥)합니다.

희목여래(喜目如來) 보는 일 걸림이 없어
여러 가지 길상 가운데 가장 높으며
부처님의 장엄전에 오르오시니
그러므로 이 곳이 가장 길상합니다.

연등여래 세상 밝게 비추시어
여러 가지 길상 중에 가장 높으며
부처님 수승한 궁전 일찍 드시니
그러므로 이 곳이 가장 길상합니다.

**합론** 이치는 실로 삼세 제불이 모두 이와 같은 것이다. 부처님을 찬탄함이 열 부처님이어니, 위치가 점점 높은 까닭이다. 처음은 이름을 표하여 각각 덕을 찬탄함이요, 다음은 길상을 다 갖추어서 통하여 나타냄이라. 여래는 세간의 등불이 됨이라 해석하고 야광이 있어서 가히 등불을 대하는 자가 보중왕(寶中王)이 되나니 부처님의 지혜 광명으로 무명야(無明夜)를 밝힘일새 고로 이르되 보왕이니라.

시방 일체 보리도량의 보광명전을 여의지 않고 야마천에 오름을 밝힌 분(分: 분이라 함은 품 속의 낱낱 단을 맺음을 분이라 한다)이라. 시분천왕이 멀리 부처님께서 오심을 보고 좌(座)를 만들어 공경함을 밝힌 부분이라.

### 시방세계의 야마천왕들도 함께 찬탄하다

**경문** 이 세계의 야마천왕이 부처님의 신통한 힘을 받들어 옛날의 모든 부처님 공덕을 생각하고 찬탄하는 것처럼, 시방세계의 야마천왕들도 모두 그와 같아서 부처님의 공덕을 항상 찬탄하나라.

세존께서 궁전에 드시니 궁전이 넓어짐이라

그 때 세존께서 마니보배 장엄전에 드시고 보련화장 사자좌에서 결가부좌하시니, 그 전각이 넓어져서 하늘대중들이 있는 처소와 같았으며, 시방 세계들도 모두 그와 같았다.

☸

모순이 갖고 있는 비밀, '대포를 만들다가 텔레비전을 만들다'

세계1차대전이 터졌습니다. 유럽의 발칸 반도에서 전쟁은 발발했습니다. 오스트리아 제국이 세르비아를 치기 위하여 대규모 군대로 침입하고, 독일도 그 전쟁을 기화로 주변국들과 전쟁을 하게 되니, 일시에 유럽은 전화로 뒤덮이고 말았습니다. 프러시아와 여러 제국들의 참전으로 독일은 항복하고 말지만, 그 후 20년이 지난 후에 독일은 다시 세계2차대전을 일으키게 됩니다.

전쟁 중에 사용된 대포에 대해서 말하려고 하는 것입니다. 당시의 대포들은 명중률이 형편없었습니다. 그래서 연구하게 된 것이 '대포의 포탄이 어떻게 포물선을 그리면서 날아가는가' 라는 것이었습니다. 그 과정에서 생겨난 것이 렌즈를 이용한 사진기술입니다. 사진기로 대포알이 날아가는 모습을 찍어서 그것을 토대로 하여 사정거리며 명중률을 높이기 시작했습니다. 그리고 뒤이어 나온 것이 활동

사진기입니다.

그러니까 근대의 이러한 기기들은 모두가 다 세계대전 중에 생겨난 괴물들이라는 말씀입니다. 세계대전이 끝나고, 전쟁을 위하여 낳은 괴물들을 다른 각도에서 이용하기 시작했습니다. 사진기가 영화를 찍는 영사기를 낳고, 사진기와 영사기가 합쳐진 것이 바로 브라운관이라는 괴물을 또 만들어 내게 되면서, 텔레비전이 만들어지고, 이 텔레비전은 음성과 화면을 함께 전송시키게 되면서 복합전자시스템을 이루어 안방으로 찾아들어 하나의 문화를 만들게 되었습니다.

다시 말해서 그것은 모순이 아닐 수 없습니다. 살상의 무기를 만들기 위한 노력이 이제 다시 인간을 이롭게 하는 데에 쓰여진다는 사실, 누구나 그것을 처음 만들 때에 그렇게 쓰여질 줄은 몰랐을 것입니다. 그러므로 모든 기술은 여러 모로 다 쓸모가 있다는 것입니다.

세상에 버릴 것이라고는 하나도 없습니다. 날카로운 창을 피하기 위하여 아주 단단하고 가벼운 방패를 만들어야 했듯이, 우리 인류는 끊임없이 새로운 기술을 만들지 않으면 안 되었던 것입니다. 단단한 방패를 뚫으려면 더욱 날이 세고 뾰족한 창이 아니면 안 되었고, 창이 발달되면서 방패는 더욱 견고해지지 않으면 안 되었습니다. 이렇게 발전을 거듭하여 방패와 창은 서로를 견제하기 위하여 신기술을 발전시켜 왔던 것입니다. 그것이 모순이 갖는 또 다른 면의 얼굴입니다.

이 세상은 누구와도 함께할 수 있는 포용이 있어야 합니다. 창에 찔리지 않으려고 한다면, 그는 화살을 만나게 됩니다. 어떤 사람도 방패와 창은 갖고 있습니다.

## 야마천궁 게찬품(夜摩天宮 偈讚品)

### 1. 대중들이 모이다

**경문** 그 때에 시방에 각각 큰 보살들이 있었는데, 낱낱 보살이 제각기 부처님 세계의 티끌 수효처럼 많은 보살들과 함께 십만세계의 티끌수 국토 밖에 있는 세계로부터 와서 모였느니라. 보살들의 이름은 공덕림(功德林) 보살과, 혜림(慧林) 보살과, 무외림(無畏林) 보살과, 참괴림(懺愧林) 보살과, 정진림(精進林) 보살과, 역림(力林) 보살과, 행림(行林) 보살과, 각림(覺林) 보살과, 지림(智林) 보살들이었다. 이러한 보살들이 온 세계는 친혜(親慧)세계, 당혜(幢慧)세계, 보혜(寶慧)세계, 승혜(勝慧)세계, 등혜(燈慧)세계, 금강혜(金剛慧)세계, 안락혜(安樂慧)세계, 일혜(日慧)세계, 정혜(淨慧)세계, 범혜(梵慧)세계 등이었다.

### 2. 공덕림 보살의 찬탄

    부처님께서 큰 광명을 놓아
    시방에 두루 비추시니
    천상인간의 높은 스승 뵈옵기

길이 열리어 걸림이 없네.

부처님이 야마천궁에 앉으사
시방세계 가득하시니
이런 일은 매우 드물어
온 세상에서 희유한 일이라.

**합론** (1) 공덕림 보살은 저 십주위 가운데 처음 불지혜가(佛智慧家)에 난 고로 보살 이름이 법혜와 지혜 등이어니와 이 위는 혜(慧)로 좇아서 행(行)을 좇아 행을 닦음은 복지(福智) 이보(二報)가 넓고 많은 까닭으로 이름이 임(林)으로써 이름을 밝힘이라.

임(林)이란 광대의 뜻이 있으며 장엄의 뜻이며 몸의 가지와 꽃과 잎과 과실이 서로서로 키워준다는 뜻이니 행위 보살이 무성지혜(無性智慧)로써 만행지조(萬行枝條)를 장엄함이요, 대비로 잎을 삼아서 일체 중생을 섭화(攝化)하여 자타의 보리의 꽃과 과실로 하여금 다 개발케 함을 밝힌 연고이니 내와 못이 있으매 모든 새들이 찾아옴과 같음이라. 그런 까닭으로 십행공덕림 보살을 지목해서 수풀이라 하였다.

(2) 혜림(慧林) 보살이라 한 것은 지혜가 수풀 같다는 뜻이다. 이것은 요익 중생이니, 요익 중생이란 중생을 위하여 이익케 함이라. 십주위 가운데 법신으로써 계체(戒體)를 삼음이라. 십행 가운데에는 지혜로써 계체(戒體)를 삼음이라. 혜림 보살은 수행인이라. 생사(生死) 가운데 경동(輕動)치 않는 연고라 하였다.

(3) 승림(勝林) 보살이란 어김(違)이 없는 역행이라. 인욕바라밀을 주인으로 삼는다. 제행 가운데 인행이 가장 수위라. 인(忍)이 없으면 행(行)을 이루지 못함이라(장경 가운데에는 인욕이 제일도라 하였다. 유학에서는 인(人)이 아니면 인(忍)을 이루지 못하고 인(忍)치 아니하면 인(人)이 아니다). 고로 이름이 승림이라. 자비희사가 총섭함이라.

(4) 무외림(無畏林) 보살이란 정진을 행하여 생사에 하늘과 사람을 이롭게 해서 굽힘이 없는 요행(無屈撓行)을 주함이라.

(5) 참괴림(慙愧林) 보살은 무치난행(無痴難行)이라. 치(痴)는 앎이 병이 된다는 글자이다. 참괴림 보살은 항상 어리석음이 없는 마음으로 난행을 행한다는 뜻이다. 초발심 자경문에도 "어려운 일을 능히 실천하면 존중하기를 성인과 같이 함이라" 하였다.

(6) 정진림 보살은 선현행(善現行)이라. 반야바라밀을 주인으로 함이니 반야로써 모든 행을 나타냄이라. 중생을 이익케 함으로 이름이 정진림이라. 선재 동자가 이 위(位)에 가서 보안 장자를 만남은 처음에 신명을 구한 것이다.

(7) 역림(力林) 보살이란 무착행(無着行)이라. 방편바라밀을 주인으로 삼음이니, 방편으로 세속에 처하되 중생을 이익케 함을 행과 같이 하되 대비행을 이룸이 역림 보살이다.

(8) 행림(行林) 보살은 난득행(難得行)이라. 원력바라밀을 주인으로 삼음이니 난득을 능히 얻어서 이름이 행림이라. 제 팔지위가 지(智)가 대원을 따라서 대원력으로 중생의 뜻을 만족케 함이라.

(9) 각림(覺林) 보살은 이 선법행(善法行)이라. 이 보살은 역바라밀을 주인으로 삼음이니 선재의 위가 선지식이니 제 구(九)는 법사

236

위라. 법사위는 정결하고 자비하고 유연함을 밝힘일새, 우바이이니 여성임을 밝힌 것이라. 여성의 발심은 이미 염부제 미진겁을 지났으되 발심으로부터 옴을 마음에 일념도 오욕의 생각이 없으므로 정결자비유연(貞潔慈悲柔軟)이라.

(10) 지림(智林) 보살이란 진실, 지혜 행인 고로 지혜바라밀을 주인으로 삼음이라. 지혜를 얻어서 자재하매 사견을 섭(攝)하고 구십육종(九十六種) 외도에 나아가서 다 섭(攝)함이라.


수위 보살인 공덕림 보살과 십 보살들은 스스로 행함과 부처님의 신력으로 내집하여 진술함을 밝힘이라. 마땅히 십종 인과가 있으니 십주위 중엔 처음 불지혜가(佛智慧家)에 난 고로 보살 이름이 법혜, 지혜 등이라.

이 문(文)에서는 일체 중생을 섭화(攝化)하는 까닭으로 자타의 보리과(菩提果)로 하여금 개발(開發)케 함을 밝힌 연고이니 무리새들이 회귀함과 같이 사람이 행이 있으매 많은 사람들이 귀의하는 것이니라. 고로 십행 보살들을 지목해 임(林)이라 한 것은 이는 환희행에 단바라밀문(檀波羅蜜門)을 목적으로 함에 해당한다. 선재가 십행의 처음 선지식 이름이 선견이 되거든 임중(林中)에 있어 경행함이 또한 이와 같은지라.

3. 혜림 보살의 찬탄

**경문**

　　여래께서 세상에 나심은
　　세상을 어두운 곳에서 구출하시니
　　이러한 세상의 등불은
　　희유하여 보기 어렵도다.

4. 승림 보살의  찬탄

　　세간과 국토의 성품은
　　관찰하면 자비실상이라
　　만일 이것을 알면
　　일체 세간은 사랑을 말하리라.

5. 비유와 법을 말하다

　　마음은 화가와 같아서
　　모든 세간을 그려낸다.
　　오온이 마음따라 생기나니
　　모든 것을 이루지 못함이 없네.

❀

## 오직 진리를 위하여 생명을 바친다

어떤 사람이 옷을 한벌 샀습니다. 새옷이 좋아서 즐겨 입었습니다. 너무 좋다는 생각이 들어서, 그는 매일같이 그 옷만 입었습니다. 그렇게 자주 입으니 얼마 안 가서 옷이 떨어졌습니다. 그래도 그는 그 옷이 좋아서 그냥 입기로 하였습니다. 깁고 또 깁고, 이제는 누더기가 되었습니다. 그래도 그는 그 옷만을 입기로 하였습니다. 이제는 옷이 너무 낡아서 더 이상 못 입게 되었습니다. 그는 하는 수 없이 그 옷을 버리기로 하였습니다. 그렇게 애지중지하는 옷을 막상 버리려니 아까운 마음이 들기도 하련만, 그는 옷에 대하여 하나도 아깝거나 서운한 마음이 없었습니다. 이제는 백화점에서 사온 옷이 버린 옷에 비하여 비교도 안 될 정도로 너무 좋습니다. 가볍고 따뜻합니다.

누가 헌옷을 버리면서 아깝다고 하는 사람을 본 적이 있습니까? 아무도 헌옷을 아깝다고 하는 사람은 없습니다. 우리가 입고 있는 이 육신의 옷도 낡으면 헌옷을 버리듯이 다 버리는 것입니다.

이 세상에서 부처님처럼 사신 분도 없지만 불교만큼 위대한 진리를 가르친 종교도 없습니다. 나는 불교를 위하여 스님이 된 것이 아닙니다. 불교는 내가 없을 때에도 하나 어려움이 없었고, 내가 불교에 귀의하였다고 해서 불교가 월등히 좋아졌다거나 나빠지지도 않았습니다. 그러므로 불교는 내가 없어도 어려울 것이 없습니다.

음거부하무언도심장(陰居復何無言道深長), 그런데 저는 사실 음거

(陰居)하지 못하고 도심(都心)에 살며, 무언(無言)하지 못하고, 말을 해야 하니 도가 깊지 못하여 멀리 달아났다고 할 것입니다. 그러나 보현행원은 곧 불보살님의 가피를 모든 사람들에게 가르쳐 주는 진리입니다. 우리들의 몸은 진리를 담는 그릇입니다. 밥을 담는 그릇이 아닙니다. 꿀을 담아 놓아야 할 그릇에 오줌과 똥만 잔뜩 담아 가지고 있다고 하여 봅시다. 어떻게 되겠습니까?

참선을 하지 않아도 선(禪)은 그대로 있고 가만히 앉아 있지 않아도 도가 절로 요연(了然)합니다. '깨침'은 따로 존재하는 것이 아니라 있는 그대로입니다. 화두를 들지 않아도 천진불(天眞佛)의 그대로이며 법신의 자리에 있으니 그대로 구원겁 전에 깨쳐 있습니다.

## 삼생(三生)의 원수가 있으니

삼생의 원수는 누구인가? 삼생의 원수는 바로 자신 속에 있는 물욕입니다. 이 물욕이 자신을 이렇게 구렁텅이로 몰아 넣은 것입니다. 평생을 잘못 산 것은 모두가 이 물욕이 앞장서서 나를 형편없이 만들었다는 것입니다. 삼도의 고해를 헤매이게 만든 것도 사실 알고 보면 이 물욕이며, 사생 가운데 떨어져서 승침(昇沈)을 거듭한 것도 알고 보면 이 물욕입니다. 그러니 이 물욕만 없애버린다면 그야말로 천상천하에 제일 가는 장부가 됩니다. 진심(瞋心)이나 치심(痴心)도 마찬가지입니다. 욕심이 나를 망쳐 놓은 장본인인 것입니다. 허공계가 다하고 중생업이 다할 때까지 무한한 시간 가운데에 있으면서 업을 짓도록 만든 놈이 바로 이놈들, 바로 '탐·진·치' 삼독이란 말입니다.

내가 잘 알고 있는 어느 노보살님이 계십니다. 이 보살님은 참으로 신심이 남달랐습니다. 조석으로 예불하는 것은 말할 것도 없고 경전을 늘 머리맡에 두고 잠을 자곤 하십니다. 그런데 이 보살님은 사실 글을 읽을 줄 모릅니다. 어려서 한글 공부할 기회를 다 잃었기 때문입니다.

이 보살님은 6·25전쟁 때 남하하여 부산에서 사는데 그 땐 무엇 하나 먹을 것이 없어서 그야말로 난망하기가 이루 말할 수 없었을 때입니다. 그러다가 어느 날 죽으려고 마음을 먹고 태종대 자살바위 위에 올라서서 대해를 바라보니, 자신의 처지가 너무 처량하더랍니다. 하기야 나만 전쟁을 치른 것도 아니요, 나만 남하하여 사는 것도 아니라는 생각이 드니, 어찌하더라도 다시 한번 용기를 내어 살아보기로 하였습니다. 사실 그 낭떠러지가 그렇게 높고, 떨어지면 정말 죽을 것 같고, 아플 것 같아서 죽지 못했답니다.

보살님은 맥없이 다시 시내로 돌아와 시장에서 생선 장사를 해볼까 생각하여 보았지만, 돈 한푼 없으니 아무 생각이 나질 않았습니다. 그런데 마침 생각난 곳이 절이었습니다. 그 당시 동래 범어사는 부산에서 가장 유명한 유원지로 놀러가는 곳쯤으로 생각할 때입니다. 절에 가서 불공하고 가르침을 배운다고는 생각도 못할 때입니다. 그녀는 무작정 범어사로 올라갔습니다. 절에 가니 노스님이 대웅전 앞에 서 계시는데, 어찌나 거룩하시고 부처님 같던지 당장 노스님에게로 쫓아가서, 넙죽 절을 하고 나서, "스님, 제가 죽으려고 해 봤는데, 죽지는 못하고 도저히 살 방도가 없어서 이곳까지 왔습니다. 스님은 부디 저를 어여삐 여기시고 어디인가에 팔아 주십시오. 도저히 못살겠습니다."

그 때 스님은 가만히 보기만 하고 아무 말도 없었습니다. 하염없이 눈물이 흘러내려서 그 자리에 있을 수가 없어서 그냥 내려오려고 하는데, 스님이 불러서 말씀을 하시는 것입니다. "보살이 정말 잘 살고 싶은가?" "예." "그러면 기도를 하게. 만약, 내가 시키는 대로 기도를 하면 꼭 소원을 이룰 것이네." 하였답니다. 그 때 스님이 자비한 음성으로 말씀하시기를, "관세음 보살은 당신의 이름을 부르시면 좋아하시거든. 그러니까 항상, 관세음 보살이라고 불러주기만 하면 무엇이든지 잘 될 수 있도록 해주시네. 보살을 부자로 만들어 주실 것이야."

그 때부터 보살님은 하루도 빠지지 않고 관세음 보살만 불렀습니다. 노스님 말씀을 듣고 산을 내려가 관세음 보살을 부르며 자갈치 시장에서 어슬렁거리는데 노점상을 하는 웬 아줌마가 같이 장사를 하자고 하더랍니다. 해서 가진 돈이 한푼도 없다고 하자, 괜찮다고 하면서 그 아줌마가 자기 옆자리에 자리를 마련해 주어 갈치 두어 마리를 놓고 장사를 시작하였답니다. 그렇게 그 때부터 돈이 벌리기 시작하더니 너무 재미가 나서 시집도 갈 줄 모르고 돈 버는 데에만 정신을 쏟았답니다.

보살님은 글을 못 배워서 글씨를 모릅니다. 말 그대로 낫 놓고 기역자도 모릅니다. 그래서 보살님은 언제나 '나는 무식하지만 반드시 부처님께 봉사를 하기 위하여 학교를 지어야 하겠다' 고 소원한 것입니다. 그리고 그 보살님은 소원대로 학교를 지었습니다. 부산 해운대 재송동에 전문대학을 세운 것입니다. 부처님께 기도를 드린 공덕, 즉 관세음 보살만을 부르면서 일생을 사신 덕분에 재물도 많이 모으고 학교도 지을 수 있었던 것입니다. 삼생의 원수인 어리석다는 것은 글을 모르는 것이 어리석음이 아니라 글을 잘 알아도 지혜로운 일을 못하는 것을 두고 어리석다고 합니다. 그러나 글을 모른다고 하여도 지혜로운 일을 보살님처럼 얼마든지 할 수 있습니다.

# 십행품(十行品)

**합론** 같은 이름을 가진 공덕림불(功德林佛)이 공덕림 보살에게 가지(加時)하사 바르게 십행의 말씀을 밝힌 분이라. 이 가운데 네 가지 문(門)을 밝혔으니 1은 삼매요, 2는 같은 이름의 부처님을 밝혔음이요, 3은 모든 부처님의 정에 드심과 보살의 정에 드심을 밝혔음이요, 4는 같은 이름의 모든 부처님의 오심을 밝혔음이라. 삼매의 이름을 밝힌 것은 삼매란 침도(沈掉: 침이라는 것은 어디에 빠져 있다는 뜻이니 삼독과 번뇌에 빠졌다는 뜻이요, 掉란 흔들림을 말함이다.)를 여윔이니 정(定)의 다른 이름이라. 모든 부처님과 더불어 지혜해행(智慧解行)이 같은 연고이며 복덕 공덕이 같은 연고이니라.

## 1. 공덕림 보살이 삼매에 드시니

**경문** 이 때에 공덕림 보살이 부처님의 신력을 받들어 보살의 선(善) 삼매에 드셨다.

## 2. 부처님이 가피를 내리시다

이러한 삼매에 드시어 마치시니 시방으로 각각 만 불찰 미진수 밖을 지나서 만 불찰 미진수 부처님이 있으니 다 공덕림이라. 그 앞에 시현(示現)하사 공덕림 보살에게 말씀하시되, "착하도다. 불자야, 이는 시방에서 온 불찰 미진수의 같은 이름의 부처님이시니라. 한 가지 너에게 가피함이니 비로자나 여래의 옛날의 원력과 모든 보살의 선근으로 하여금 삼매에 들어서 법을 연설하게 함이니라.

이것은 불지혜를 증장케 함이니 법계에 침입(沈入)케 하는 연고이며, 중생계를 알아 깨닫게 함이며, 장애가 없게 함이며, 일체 지혜의 성품을 섭취(攝取)케 한 연고이며, 일체 모든 법을 깨닫게 한 연고이며, 일체 선근을 알게 하는 연고이며, 능히 일체법을 가져서 법답게 하기 위한 연고이니, 이른바 모든 보살의 열 가지 공덕을 일으킴이니라."

3. 설법의 가피

"선남자야 너는 마땅히 부처님의 큰 위신력을 받아서 이 법을 연설할지니라."

4. 뜻의 가피를 설하다

"이 때에 부처님께서 모든 공덕과 무애지혜를 열어주시니 어찌 쓴 연고이뇨. 그것은 모두가 부처님의 삼매의 법을 쓴 연고이니라."

## 5. 몸의 가피를 내리시다

그 때 여러 부처님께서 각각 오른손을 내밀어 공덕림 보살의 정수리를 만지시다.

## 6. 제 1 환희행(歡喜行) 보시바라밀을 닦다

### 보살은 모든 것을 다 베푼다

"불자들이여, 무엇을 보살 마하살의 환희행이라 하는가. 불자들이여, 이 보살이 큰 시주가 되어 가진 것을 모두 다 보시하는데 그 마음이 기쁜 연고로 아낌이 없음이며, 은혜를 바라지 않음이며, 이름을 구하지 않음이며, 이양을 탐하지도 않음이니라."

### 보시를 행하여라

"불자들이여, 보살 마하살이 이 행을 닦을 때에 모든 중생으로 하여금 환희하고 즐겁게 하려 함이니 이는 가난한 이가 있거든 원력으로 그곳에 태어나되 부귀하여 재물이 다함이 없으며, 가령 잠깐잠깐 동안에 가난한 이가 찾아와서 구함이 있거든 보살은 곧 보시하여 그로 하여금 환희하게 할지니라."

### 깨달음으로 회향하는 보시를 행하라

"불자여, 보살은 과거, 미래, 현재의 모든 중생의 몸을 받아서 난 이 몸이 멸진(滅盡)함을 보고 생각하되, '어리석고 지혜가 없어 생사

하는 속에서 수없는 몸을 받지만 내가 마땅히 부처님 배우신 것을 모두 배워서 온갖 지혜를 얻어 모든 중생을 위하여 그로 하여금 편안케 하리라' 하는 원력으로 이 보살은 환희하며 이 법을 연설하느니라."

### 더욱 수승한 행을 닦을 것을 생각하라

"불자들이여, 이 보살은 다시 이와 같이 생각하되 나는 마땅히 일체 여래를 따르며, 일체 세간의 행을 여의며, 일체 부처님의 법을 배우며, 위없는 평등법에 머물며, 모든 허물을 여의고 모든 분별을 끊고 모든 집착을 버리고, 마음은 항상 위없이 맑고 변함이 없고 모양이 없고 깊은 지혜에 머물러 가지나니 보살 마하살의 행이라 하느니라."

**합론** 어떤 것이 환희행인가 하면 단월(檀越)의 제도(制度)이니 대시주가 되어서 능히 은혜롭게 베푸는 것을 말함이라. 유가보살지(瑜伽菩薩地)에 보살의 육도(六度)가 각각 구문(九門)이 있으니 일(一)은 행의 존재체(存在體)요, 이(二)는 일체 의(義)이니 행을 갖춤을 말함이요, 삼(三)은 난행(難行 : 하기 어려운 일)이니 그 가운데에 따로 보임이요, 사(四)는 일체문(一切門)이니 실천의 차별을 이름이요, 오(五)는 선사(善士)니 요익(饒益 : 이롭게 함) 지음을 이름이요, 육(六)은 일체종(一切種)이니 성교(聖敎 : 부처님의 가르침)를 두루 포섭함을 이름이요, 칠(七)은 수구(遂求 : 좇아서 구함)니 모름지기 원하는 바를 따라서 얻음이요, 팔(八)은 이세락(二世樂 : 두 가지 세상의 즐거움이란 이 세상과 저 세상)을 줌이니 현재에 큰 이익을 지어서 미래의 크고 큰 이익을 얻게 함이요, 구(九)는 청정이니 수승(秀勝)히 상을 떠나서 바라밀을 얻음이요, 이제 이 글은 구(九)를 섭하니 일(一)은 십주를 다 표시함이요, 이(二)는 응하지 않을 바를 여읨이요, 삼(三)은 뜻의 기쁨을 빛내니라.

## 7. 제 2 요익행(饒益行) 지계(持戒) 바라밀을 닦다

**경문** "불자들이여, 어떤 것이 보살 마하살의 이익을 위한 행인가. '보살은 깨끗한 계율을 수호하여 가지며, 부처님을 찬탄하고 평등한 정법을 지키리라.' 하느니라."

## 8. 제 3 무위역행(無違逆行) 인욕바라밀을 닦다

"불자들이여, 어떤 것이 보살 마하살의 어기지 않는 행인가. 이 보살은 항상 인욕을 하는 법을 닦아서 겸손하고 공경하여 스스로 행하고 남을 해하지 아니하나니 간탐, 아첨, 질투, 속임을 끊고 항상 평화로운 곳에 머물게 하느니라."

## 9. 제 4 무굴요행(無屈撓行) 정진바라밀을 닦다

"불자들이여, 어떤 것이 굽히지 않는 붙들어 행함인가. 오직 일체 번뇌를 끊고 정진을 행하여 습기를 제거하고 정진을 행하고 오직 일체 중생의 마음으로 행함을 알기 위하여 정진을 행함이니라."

## 10. 제 5 무치난행(無癡難行) 선정(禪定)바라밀을 닦다

"불자들이여, 어떤 것이 보살 마하살의 어리석음과 번뇌를 여의는 행인가. 이 사람은 항상 바른 생각만을 하고 마음이 산란하지 않고 견고하여 동요하지 않고 청정하고 넓고 커서 미혹되지 않느니라. 이러한 보살은 온갖 지혜로 자재한 법을 듣느니라."

## 11. 제 6 선현행(善現行) 반야바라밀을 닦다

"불자들이여, 어떤 것이 보살마하살의 선현행인가. 이 보살은 몸으로 짓는 업이 청정하고, 말로 짓는 업이 청정하고, 뜻으로 짓는 업이 청정하여, 진리의 자리에서 몸과 말과 뜻의 업을 보이나니 세 가지 업이 모두 없는 것인 줄을 알며, 허망함이 없으므로 얽매임이 없으며, 무릇 나타내 보이는 것이 성품도 없고 의지함도 없느니라."

## 12. 제 7 무착행(無着行) 방편바라밀을 닦다

"불자들이여, 어떤 것이 보살 마하살의 집착 없는 행인가. 불자들이여, 이 보살은 집착이 없는 마음으로 생각마다 아승지 세계에 들어가서 아승지 세계를 깨끗이 장엄하되 모든 세계에 집착하지 않느니라. 보살이 집착 없으므로 보살이 보살의 수기를 받아 이렇게 생각하니, '범부가 우치하여 알지 못하고 보지 못하며, 신심이 없고 이해가 없고 총명하고 민첩함이 없으며, 어리석어 생사에 헤매면서 부처님

뵙기를 구하지 않고, 밝은 길을 구하지도 믿지도 않아서 험난한 길에 들어가며, 탐착하여 법이 공함을 알지 못함이라.' 만약 집착함을 버리고 대비심을 일으키면 무착행을 이루느니라."

## 13. 제 8 난득행(難得行) 원(願)바라밀

"불자들이여, 어떤 것이 보살 마하살의 얻기 어려운 행인가. 이 보살은 얻기 어려운 선근과 굴복하기 어려운 선근과 가장 수승한 선근과 깨뜨릴 수 없는 선근과 헤아릴 수 없는 선근과 자재한 선근과 큰 위덕이 있는 선근과 부처님 성품과 같은 선근을 성취하느니라."

## 14. 제 9 선법행(善法行) 역(力)바라밀을 닦다

"불자들이여, 어떤 것이 보살 마하살의 법을 잘 말하는 행인가. 이 사람은 하늘, 사람, 범천, 사문, 바라문, 건달바 등을 위하여 청량한 법의 연못이 되어 바른 법을 거두어서 부처님의 종성이 끊어지지 않게 함이라."

## 15. 제 10 진실행(眞實行) 지혜바라밀을 닦다

"불자들이여, 어떤 것이 보살 마하살의 진실한 행인가. 보살은 제일되는 진실하고 참된 말만을 성취하여 말한 대로 능히 행하고 행한 대로 능히 말하느니라."

"이 보살은 삼세의 부처님들의 진실한 말을 배우며, 삼세 부처님들의 종성에 들어가며, 삼세의 부처님들과 더불어 선근을 심어서 여래를 따라 배워서 지혜를 성취하였느니라."

**해설** 이상으로 십행의 지위를 배웠습니다. 원문은 이것보다 열 배나 많으나 여기에서는 시간 관계로 간략히 뽑았습니다. 그러나 조금도 본뜻에 어긋남이 없이 하였습니다. 합론소에, "이 십행은 바로 보살의 지위요, 무착(애착함이 없는 것), 무난(어려움이 없는 것), 무치(어리석음이 없는 것)를 몸에서 뽑아내어 진경계(塵境界 : 진경계라 함은 번뇌가 가득하여 근심과 걱정이 있고 티끌과 같은 세상을 말함)에 처해 있으되 물들지 않으므로 보살의 지위를 얻는다." 하였습니다.

경문에 얻기 어려움을 얻는다 라든가 무착행이야말로 보살의 지위며 참는 마음이 크므로, 뜻에 따라 성취한다 하였으니 이것은 큰 공덕입니다.

✿

### 작은 것을 살피면 큰 것이 보인다

지금으로부터 2년여 전에 있었던 일입니다. 그 날 나는 대불법회에서 법문을 마치고 쉬고 있었습니다. 그 때 서울서 왔다는 젊은 보살 한 분이 찾아왔습니다.

"어디에서 오시는 길이냐"고 묻자, 보살이 말했습니다. "저는 강화도에 살고 있습니다. 마음도 쉴겸 겸사겸사 조용한 산사를 찾으려고 하는데, 어젯밤 꿈 속에 부처님이 나타나 부산으로 내려가 보라고 하여 무작정 부산으로 내려와 범어사로 갔더니, 한 젊은 스님이 여기는 대중스님도 많고 기거할 방사도 없다고 하여 다른 절을 소개시켜 달라고 하니, 동명불원에 가면 방사가 있을지도 모른다고 하여 왔다."고 했습니다. 나는 잘 왔다고 하면서 동명불원에서 며칠 쉬어가라고 했습니다.

그런데 "스님, 저는 글을 쓸 줄도 읽을 줄도 모릅니다."라고 운을 뗀 보살은 지나온 과거지사를 말하기 시작했습니다. 보살은 두어 시간 족히 말을 하고 나서, "스님 저는 강화에서 남편과 함께 봉제 공장을 운영하고 있는데, 이제는 종업원들도 보기 민망하고, 글을 배웠으면 합니다. 스님, 저에게 글을 가르쳐 주십시오." 내가 물었습니다. "글을 모르면서 그 동안 어떻게 돈을 계산하고 지불했느냐?"고 하였더니, 그 보살이 대답하기를, "스님, 그런 것은 하나도 걱정이 안 됩니다. 그날그날 돈을 번 것을 다 기억하거든요." 하면서 빙그레 웃었습니다.

나는 신기한 생각이 들어 "정말로 한글을 모르며, 1. 2. 3. 4…도 모르냐?"고 하였더니 숫자는 다 안다는 것이었습니다. 하지만 한 번도 글씨를 써보지는 못했다는 것입니다. 그런데 옆에서 누가 말을 해주면 숫자를 모두 기억한다고 했습니다. 이 보살님의 얘기를 들어보면 모든 계산을 머리로 다 기억하고 있다는 것을 알 수 있었습니다.

실제로 이 보살이 말하기를, "스님, 저는 그동안 있었던 일이나 또는 전화번호부나 직원들이 말한 세세한 것까지도 일단 들었다 하면 기억해 내고, 거의 모두를 알아 맞춥니다. 그런데도 종업원 여덟명을 데리고 봉제 공장을 운영하려니, 글을 모르는 불편함으로부터 오는 그 어떤 압박감이 견딜 수가 없습니다. 또 직원들이나 남편이 자신이 글을 모르는 무식한 여자라고 조롱할 것 같은 두려움이 있습니다." "결혼한 지가 얼마나 되었는데요?" "8년 되었어요." "그동안 한 번도 들키지 않았어요?" "남편은 저를 천재로 알아요. 전화번호나 기타 어떤 것도 묻기만 하면 대답을 하니까요."

여기에서 말하고자 하는 것은 그 보살의 머리입니다. 어떻게 그와 같이 기억력과 총기가 그렇게 좋은가라는 것입니다. 선천적인 것도 있겠지만 그것은 순전히 글을 모르는 데에서 시작된 머리 운동의 하나입니다. 자신을 숨기기 위하여 무엇이든지 외우려고 하는 노력과 그로 인하여 그 분야에 무한한 발전을 가지고 온 것입니다.

그 보살에게 묻자, "한글을 배우는 것은 식은 죽 먹기로 쉬운 일인데, 왜 아직 안 배웠느냐?"고 묻자, 보살이 말했습니다. "처녀 때는 일하느라고 글을 배우지 못했고, 결혼을 하고 나니 창피해서 글을 배우지 못했습니다."

이 분은 어릴 때엔 오지의 벽촌에서 살았기에 너무 가난하여 못 배웠고, 결혼을 하고 나니 남편이 글을 모르는 무식한 여자라고 할까봐 무슨 말을 물어보면 등에서 식은 땀이 난 것도 여러 번이라고 했습니다. 그것이 발단이 되어 그 보살이 생각해낸 것이, '내가 이러이러한 숫자는 절대로 잊어 버리지 말아야지, 그래야 남편이 내가 글을 모른다는 것을 모를 것이 아닌가'라는 것이었습니다. 그 후 그 보살은 무엇이든지 머리 속에 집어 넣으려고 하였고, 그것이 한 번도 틀린 적이 없었답니다. 그래서 남편이 부인을 천재라고 말하며,

사람들에게도 자랑한답니다.

보살이 다시 "스님, 저를 이곳 동명불원에서 사흘만 있게 하여 주시고, 글을 가르쳐 주십시오."라고 졸라댔고, 그 보살은 이곳 불원에 사흘간 있으면서 한글의 맞춤법과 글의 구조를 완벽하게 깨우치고 강화로 떠났습니다. 그 후 그 보살에게서 전화가 왔는데 스님 덕분에 글을 읽게 되어 어찌나 즐거운지 모른다고 하면서, 지금은 신문도 읽을 줄 안다고 했습니다.

그러고 보면 사실 인간은 무한한 능력이 있습니다. 하려고 하는 마음만 먹으면 무엇이든지 다 할 수 있다는 것입니다. 스스로 자신이 안 된다고 하면서 믿지 않는 것이 병이라면 병입니다. 마음 먹은 것을 절대 절명의 절박한 심정으로 한번 해보십시오. 믿지 않기 때문에 안 되는 것이지, 안 되는 것은 이 세상에 하나도 없습니다.

그런데 저에게는 조금 아쉬운 마음이 들었습니다. 왜냐하면 그 보살이 글을 배우지 않고 암기할 수 있는 능력을 더욱 더 확대해 나간다면 그 분야로 또 다른 어떤 위대한 발견이 있었을 것으로 생각했기 때문에 한편으로는 아쉽다는 생각이 들었던 것입니다.

눈으로 못 보면 귀로 듣는다

부산 기장에 태어날 때부터 앞을 못 보는 아이가 있었습니다. 그러나 그는 눈으로 보지 못하는 대신 귀로 듣는 것은 무한한 능력이 있었습니다. 예컨대 카세트 테이프를 귀에 대고 흔들어 보고, 이 테이프는 누구 노래가 든 테이프라고 알아 맞히는 것입니다. 어떤 테이프를 가지고 물어 봐도 한 번 흔들어 보고 들어본 노래 테이프는 흔들어 보면 금세 알아 맞힌다고 하니, 얼마나 기막힌 능력입니까.

우리 인간들은 모두가 이와 같은 능력을 처음부터 가지고 태어났습니다. 그런데도 '나는 못한다' 라든가 또는 눈으로 보고 귀로 듣는 것에 너무 의존한다거나 한쪽 방향으로만 생각을 하니 모든 기능이 점차로 소멸하여 가는 것입니다.

간단한 예로 입맛입니다. 간사하다고 할 정도로 입맛은 시시각각으로 변합니다. 전에는 잘 먹던 것들도 언제부터인지 그 맛을 잃고 다른 것을 찾게 됩니다. 입맛뿐만 아니라 눈맛도 마찬가지이며 귀맛도 같습니다. 듣고도 감각이 무뎌졌다고나 할까, 하여간 우리의 기능은 날로 퇴화하여 가는 것만은 확실합니다. 물론 그와 비례하여 다른 기능은 늘어나겠지만, 어떠한 다른 기능은 쇠퇴하여 간다는 것입니다. 이와 같이 우리들은 어떠한 능력을 배양하기 위해서는 어느 한 분야로 열심히 노력하면 반드시 이루어 진다는 것입니다.

눈을 감고도 앞의 세계, 또는 글을 읽을 수 있는 능력이 모든 사람에게 갖추어져 있습니다. 오늘 시간을 내시어 하루에 1시간씩 1개월만 노력하여 보십시오. 반드시 그렇게 될 것입니다

# 십무진장품(十無盡藏品)

**경문** 그때 공덕림 보살이 다시 여러 보살들에게 말하였다.

"불자들이여, 보살 마하살에게 열 가지 장(藏)이 있으니 과거와 미래와 현재의 모든 부처님이 이미 말씀하시었고 장차 말씀하실 것이며 지금 또 말씀하시느니라."

## 1. 공덕림 보살이 믿음의 장(藏)을 설하다

"불자들이여, 무엇이 보살 마하살의 신장(信藏)인가. 이 모든 보살은 법이 공함을 믿으며, 모든 법이 무상함을 믿으며, 모든 원이 상이 없음을 믿으며, 모든 법이 지음 없음을 믿으며, 모든 법이 분별 없음을 믿으며, 모든 법이 의지함 없음을 믿으며, 모든 법이 헤아릴 수 없음을 믿으며, 모든 법이 위 없음을 믿으며, 모든 법이 초월하기 어려움을 믿으며, 모든 법이 남(生)이 없음을 믿느니라."

## 2. 믿음의 힘을 밝히다

"보살은 이와 같이 순수하여 깨끗한 믿음을 내고는 온갖 부처님의 법이 불가사의함을 듣고도 마음이 약하지 아니하며 모든 부처님이 불가사의하다는 것을 듣고 겁약한 마음을 일으키지 아니한다. 무슨 까닭인가. 보살은 모든 부처님의 처소에서 한결같이 굳은 신심을 내어 부처님의 지혜가 그지없고 다함이 없음을 아느니라."

## 3. 계율의 장(藏)을 열다

"불자여, 무엇이 보살 마하살이 계율의 장을 여는 것인가. 이 보살이 널리 이익하게 하는 계와 받아들이지 않는 계와 머물지 않는 계와 후회함이 없는 계와 어기고 다툼이 없는 계와 번거롭게 하지 않는 계와 더러움이 없게 하는 계와 탐심이 없는 계와 헐고 범함이 없는 계를 성취하느니라."

## 4. 부끄러워하는 마음의 참장(慚藏)을 설하다

"저 보살이 마음에 스스로 생각하되, '내가 끝없는 옛적부터 모든 중생으로 더불어 다생으로 부모도 되고 형제 자매와 남녀가 되어서 탐내고 성내고 어리석음과 교만함과 아첨과 온갖 번뇌를 갖춘 연고로 서로 번거롭고 서로서로 업신여기고, 빼앗아서 간음하고, 살생하여 온갖 악을 다 짓고, 중생들은 이와 같이 온갖 번뇌로 여러 가지 악을 지어서 각각 서로서로 공경하지 않으며, 존중하지도 아니하며, 순종하지도 아니하며, 겸손하지도 아니하며, 서로서로 아끼지도 아니하며, 서로 죽이고 죽어 원수가 된다' 하느니라."

**합론, 경해, 소**  장(藏)은 출생과 온적(蘊積)의 뜻이니 이르되 장내(藏內)가 그 근본 몸이 법계에 가득함이요, 고로 섭덕(攝德)과 출용(出用)이 낱낱 무진이다. 십무진장 후에 십회향이 있을 것이다.

**해설**  보살은 회향에 있어서 십종 무진장을 얻는다고 하였습니다. 이른바 부처님을 보는 것이니 일모공(一毛孔) 가운데 아승지 제불이 출현함을 보리라 하였고, 신(信)은 능히 불신탁(不信濁 : 믿지 아니해서 생기는 오류)을 제어함으로써 업이 되고, 계는 파계함을 방차(防遮 :방차란 막아서 차단하고 그치게 함)함으로써 업이 되고, 참(慚)은 무참(無慚)을 대치(對治)하여 악행(惡行)을 그치게 함으로써 업이 된다고 하였습니다.

참회로 장엄을 하면 계행(戒行)이 빛나게 되나니 허물을 여읜다 하였고, 허물을 여의니 또 여기에 공덕림 보살이 나옵니다. 공덕이 왜 공덕인가 하면 십신(十信)을 얻고 십주(十住)를 얻고 이제 십무진장(十無盡藏)을 얻어서 무한공덕의 문에 들어감을 표함이라 합니다.

## 5. 부끄러워[愧藏]하니 수행이 이루어진다

**경문**  "불자여, 무엇이 보살 마하살의 괴장인가. 어머니 뱃속에 들어가서 태어나며, 청정하지 못한 무상한 몸을 받아 필경에는 머리는 희고 얼굴이 쭈그러지게 되나니 지혜 있는 이가 이것을 보고는 다만 이것은 업으로 생기는 몸인 줄을 삼세의 부처님은 다 아시나니, 보살은 스스로 부끄러워하여 옛적부터 오욕락 가운데 갖가지로 탐하여 만족할 줄 모르며 그로 인해서 탐하고 성내고 어리석은 온갖 번뇌를 증장하였으니 내가 이제 다시는 행하지 아니하리라.”

## 6. 법문을 듣고 간직(聞藏)하여 업을 끊다

“불자여, 어떤 것이 보살 마하살의 문장(聞藏)인가. 세간법과 출세간법과 유위법과 무위법을 다 아느니라.”

(1) “어떤 것이 세간법인가. 이른바, 색·수·상·행·식(色·受·想·行·識)이니라.”
(2) “어떤 것이 출세간법인가. 이른바 계·정·혜(戒·定·慧)와 해탈(解脫)과 해탈지견(解脫知見)이니라.”
(3) “어떤 것이 유위법인가. 이른바 욕계(欲界)와 색계(色界)와 무색계(無色界)와 중생계(衆生界)니라.”

## 7. 베푸는 장[施藏]이니 아끼지 말고 베풀어야 한다

“불자여, 무엇을 보살의 최후 보시라 하는가. 불자들이여, 모든 보살은 귀가 없거나 코가 없거나 혀가 없거나 손이 없고 발이 없는 중생들이 찾아와서 ‘불자여, 저는 박복하여 불구자가 되었으니 바라옵건대 인자하신 이여, 좋은 방편으로 갖고 있는 것을 우리에게 보시하소서.’ 하거든 보살은 듣고는 곧 보시하여 주며, ‘몸은 원래 연약하고 무상한 것이어늘 무엇이라고 내가 연연하랴’ 하고는 몸과 마음에 애착을 갖지 않고 보시하여 청정한 지혜의 몸을 얻게 하리라. 이것이 최후의 보시라 하느니라.”

**해설** 소위 색·수·상·행·식(色·受·想·行·識)이라는 오온(五蘊 : 다섯 가지 쌓임으로 이 몸을 이루고 있는 것을 말함이다.)으로 이루어져 있는 몸은 바로 세간(世間)으로, 이 세간의 일체의 것을 말함이니 우리 인간의 몸은 생·노·병·사 하는 물질로서 유한의 세간에서 살 수밖에 없다는 것을 말합니다.

색(色)이란 바로 물질을 말합니다. 물질은 생겨난 고로 반드시 언젠가는 없어지게 되어 있습니다. 즉 유한의 물질입니다. 그러한 유한의 물질이 무엇인가를 받아서 작용한다는 것입니다. 다시 설명을 더하면 수(受)와 상(想)과 행(行)은 식(識)이라는 마음의 작용을 말하는 것이요, 색(色)은 이와 같은 마음 작용으로 생겨난 몸입니다. 그러므로 이 몸은 다시 식이라는 마음 작용에 의하여 수·상·행이라는 활동을 하게 되는 것입니다.

## 8. 지혜(慧藏)를 일으키니 지혜가 그 안에 있고

**경문** “불자들이여, 어떤 것을 보살 마하살의 지혜로운 장이라 하는가. 보살은 사실대로 알고, 보살은 이 몸의 허망함을 알며, 이 몸이 쌓임을 알며, 이 몸이 멸(滅)함을 아는 연고이니라.”

## 9. 염장(念藏)을 설하다

**미진수와 같은 일을 다 기억하다**

　"불자들이여, 어떤 것을 보살 마하살의 기억하는 장(念藏)이라 하는가. 이 보살은 어리석음을 여의고 구족하게 기억하나니 지난 세상의 일생은 한량없고, 끝없고, 같을 이 없고, 헤일 수 없고, 말할 수 없으며, 말할 수 없이 말할 수 없는 겁 동안 모든 것을 다 기억하느니라."

**기억의 장에 머무는 이익을 밝히다**

　"불자들이여, 이 기억에 머문 때는 일체 세간이 요란하지 못하고, 온갖 외도의 의논이 변동하지 못하고, 지난 세상의 선근이 다 청정하여지고, 여러 세상법에 물들지 않고, 마군과 외도가 파괴하지 못하고, 부처님의 대중이 모인 가운데 들어가서 장애가 없고 모두 친근하니 제 8 기억하는 장이라 하느니라."

## 10. 지장(持藏)을 설하다

　"불자들이여, 어떤 것을 보살 마하살의 지니는 장이라 하는가. 불자들이여, 이 지니는 장은 그지없고 가득히 차기 어렵고, 밑까지 이르기 어렵고, 친근하기 어렵고, 다함이 없고, 큰 위력을 갖추고, 부처님의 경계이며, 부처님만이 능히 아시나니, 이것을 보살 마하살이 지니는 장(持藏)이라 하느니라."

## 11. 변장(辯藏)을 설하다

### 부처님 경전과 똑같이 법을 말하다

"불자들이여, 어떤 것이 보살 마하살의 말하는 장이라 하는가. 보살은 깊은 지혜가 있어서 실상을 분명히 알고, 중생에게 법을 말함에 모든 부처님의 경전과 어기지 않나니, 한 품의 법을 말하고 말할 수 없는 품의 법을 말하며, 겁의 수효 다할 수 있더라도 다할 수 없는 겁 동안 설법하나니 한 글자 한 구절의 이치는 다할 수 없는 것이니라."

### 무진장을 성취하였으므로 이 장을 성취하다

"무슨 까닭인가. 불자들이여, 무진장을 성취하였으므로 이 장을 성취하였으며, 법을 말할 적에 미묘한 음성을 내어 시방의 일체 세계에 충만하며, 그들의 성품을 따라 기쁘게 하며, 모든 번뇌의 얽매임을 멸하고, 일체의 음성과 말과 문자와 변재에 들어가서 중생들로 하여금 부처님의 종성이 끊어지지 않게 하기 위함이며, 깨끗한 마음을 계속 얻게 하며, 또한 법의 광명으로 법을 연설하여 다함이 없으면서도 고달픈 생각을 내지 아니하나니 이 보살은 법계에 가득한 그지없는 몸을 성취한 까닭이니라."

❀

### 바다에 떨어진 달

어느 날 한 어린 아들이 아버지에게 여쭈었습니다.

아들: 아버지 달은 왜 서쪽으로 떨어지나요?

아버지: 그 쪽에 바다가 있기 때문이란다.

아들: 왜 바다에 떨어져야 하나요?

아버지: 바다는 크기 때문이란다.

아들: 그러면 바다에 떨어져 죽으면 내일 뜨는 달은 오늘 달이 아닌가요?

아버지: 그렇단다, 오늘 달이 아니란다.

아들은 어느날 홀연히 서쪽으로 향했습니다. 그는 여러 날을 걸어서 서쪽 바다에 다다랐습니다. 그런데 호수보다 열 배는 크다던 바다가 너무 커서 그는 벌렸던 입을 다물지 못했습니다.

'아니 바다가 저렇게 큰가. 호수보다 열 배는 크다고 하였는데, 백 배는 크잖아, 아니, 백 배가 뭐야, 천 배는 크겠다.'

아들은 달을 지켜보기로 하였습니다. 달이 동으로부터 솟아 올라 중천에 떠있습니다. 달빛과 바다의 어우러진 모습이 한폭의 그림과도 같았습니다. '아! 바다가 저렇게 크다니 참으로 아름답구나!'

그는 이윽고 달이 새벽녘에 서쪽으로 서쪽으로 향하더니 바다 저 너머로 빠져들듯이 떨어지는 것을 보았습니다.

사람들은 모두 자기가 생각한 대로 말을 합니다. 그 이상이 될 수도 없고, 그 이하가 될 수도 없습니다. 그러므로 사람들이 말을 하는 것을 보면, 그 사람의 넓이와 크기를 알아볼 수가 있습니다. 큰 그릇이 되는가, 못 되는가 하는 것은 오직 자신의 생각의 크기에 달려 있다는 것입니다.

불교는 모든 사람들에게 새로운 사유의 바다로 안내합니다. 한량 없고, 말할 수 없고, 생각할 수 없고, 분별할 수 없는, 그런 세계를 부처님은 말씀하시고 계십니다. 그런 세계가 어디에 있는가? 그런 세계는 바로 천상의 세계요, 부처님의 세계입니다. 이런 세계를 터득하는 것은 정안(正眼)이어야 합니다. 즉 바른 눈이 아니면 얻지 못한다는 것입니다. 인간에게는 무한 능력이 있다고 하였습니다. 그 무한 능력이라는 것은 어디에서 나오는 것이 아니라 바로 내 안에 있다는 사실입니다. 내 스스로가 확신하는 믿음이 없이는 그러한 능력을 발휘하지 못합니다.

글을 모르는 사람은 무엇이든지 아주 잘 외웁니다. 그리하지 않고는 남 앞에 나서지 못하기 때문이기도 하지만 눈으로 보고 아는 것을 기억으로 대치하지 않으면 안 되기 때문이기도 합니다. 사람들이 글을 못 읽을 것 같으면 아무 것도 못할 것 같지만 글을 몰라도 말을 다 하는 것과 같습니다. 글을 모르는 사람도 어떠한 말도 아무 불편 없이 하고 사는 것과 같습니다. 고차원적인 학문을 이야기하는 것이 아니라 오직 능력을 말하고자 하는 것입니다.

문답

"호리유차하면 천지현격이니라." 하고 선사가 납자에게 일렀습니다.

납자: 되풀이하여 호리유차하면 천지현격합니다.

선사: 만약 후추를 통째로 그냥 삼키면 어찌 되는가?

납자: 만약 선사라면 어떻게 답을 하시겠습니까?

선사: 호리유차하면 천지현격이니라.

선사가 말했습니다.

이 때에 납자는 홀연히 깨닫고, 선사에게 예배하고 나갔습니다.

어느 날 선사와 납자가 다시 만났습니다.

선사가 문안을 여쭙는 납자에게 말했습니다.

"병자동자래구화(丙子童子來求火)니라."

납자는 앞이 깜깜하여 물었습니다.

"그게 무슨 소리입니까?"

"여기에서 현칙이 대오하였느니라."

납자: 하늘도 덮지 못하고 땅도 덮지 못한다고 하였는데 선사님의 견해는 어떻습니까?

선사: 그것은 그렇다.

납자는 모르는 소리라서 다시 설명을 하여 줄 것을 요청하였다.

선사: 도라고 하는 것은 금후 네 자신이 스스로 터득해야 할 문제이니라.

그 후 어느 날 다시 납자가 선사를 찾았습니다.

납자: 선사에게 묻기를, 선사님! 시간, 공간을 초월해 가는 것은 무엇입니까?

선사: 불설(不說)

납자는 알아듣지를 못하고 왜 설해 주지 않느냐고 다그쳐 물었지만 선사는 조용히 타이르기를, "존재와 비존재는 여기에서 적용이 안 된다."라고 답하였습니다. 만약 나에게 그것을 묻는다면 나도 똑같이 '불설' 할 것입니다. 왜 그럴까요? 그것은 이 세상의 말씀 중에서 가장 뛰어난 답이라. 그보다 더 자상하게 진리를 말할 수는 없습니다. 그러므로 여러분들에게 아무리 제가 부처님의 존재를 말하고 또 말한다고 하여도 그것은 마치 밥을 보는 것과 같습니다. 밥은 먹어야 배가 부르지 보기만 하면 배는 더 고파지는 것과 같습니다.

어느 날 또 이 납자는 선사를 찾아갔습니다. 이번에는 단단히 벼르고 갔습니다. 좀 혼내 주려고 하였던 것입니다.

납자: 선사님, 선사님은 죽으면 어디로 가십니까?

선사: 내가 갈 곳으로 가니라.

납자도 이제 뒤로 물러서지 않기로 단단히 마음 먹은 터라 즉시 다시 물었습니다.

납자: 그곳이 어딥니까?

선사: 제불이 다 아시느니라.

납자: 저에게 자세히 말씀을 해주시지요.

선사: 감았던 눈을 뜨면 다 보이느니라.

선사는 말을 마치고 선방으로 가셨습니다.

# 승 도솔천궁품(昇 兜率天宮品)

**합론** 제 오(五)회 도솔천궁에 십회향법문을 설하였으니 승천(昇天)의 일이다. 여기 이름으로 하면 낙지족천(樂知足天) 또는 지족천(知足天)이라고도 한다.

앞의 십주(十住)·십행(十行)을 통하여 출세(出世)를 밝혔음이요, 이미 여래의 지혜를 이루었으며, 이 하늘〔도솔천〕에서는 도를 깨달은 이들이 여래의 대비로 세상 사람들을 위하여 출생케 함을 밝혀서 세간과 출세간의 불이(不二)를 회융(會融)하는 법문을 밝힐새니라.

이 위(位)는 생사에 회입(廻入)하여 자비를 이룸이요, 십지에 들어가서는 대비를 키워 다시 하여금 깊게 함이라.

## 1. 시방세계에서 열리는 법회

**경문** 저 때에 부처님의 위신력으로 시방 일체 세계의 낱낱 사천하 염부제에서 다 여래께서 보리수 아래 앉으셨거든 각각 보살이 부처님의 신력(神力)을 받들어 법을 연설하고 항상 부처님을 만나게 됨이라.

## 2. 부처님의 처소를 장엄하다

그 때 도솔천왕은 부처님께서 멀리서 오심을 보고 궁전에 마니장 사자좌를 놓으셨도다. 그 사자좌는 천상의 여러 가지 보배로 이루어졌도다. 향기가 널리 풍기며 백만 억의 보배일산으로 여러 하늘들이 받들고 사면으로 행렬을 이루었다.

## 3. 광명의 장엄을 하다

백만억 광명장엄에서 가지가지 광명을 놓아서 백만억 광명이 서로 서로 비추고 찬란한 연화장은 꽃이 백만억으로 피었다.

## 4. 보살의 지위에 나아가서 이익을 나타내는 장엄

백만억 초발심주 보살은 온갖 지혜의 마음을 증장하며, 치지주(治地住) 보살은 마음을 깨끗이 하여 환희하며, 수행주(修行住) 보살은 앎이 깨끗하고 청정하며, 생귀주(生貴住) 보살은 즐거움에 머물며, 방편구족주 보살은 대승의 실행을 일으키며, 정심주(正心住) 보살은 모든 보살의 도를 닦으며, 불퇴주(不退住) 보살은 퇴전치 않는 지위를 닦으며, 동진주(童眞住) 보살은 일체 보살의 삼매광명을 얻으며, 법왕자주(法王子住) 보살은 부사의한 부처님의 경계에 들었으며, 관정주(灌頂住) 보살은 한량없는 여래의 십력을 나타내었다.

**해설** 부처님이 도솔천으로 향하시는 것은 그곳에 미륵 보살이 있기 때문이라고 하시었습니다. 도솔천은 인도말로 Tuṣita-deva(투시타 데바)라 하는데 욕계 육천(六天)의 넷째 하늘입니다. 묘족(妙足) 지족(知足) 희족(喜足)이라고도 하는 도솔천에는 외원(外院)과 내원(內院)의 양원이 있습니다. 외원은 하늘천중왕들이 사는 욕락처이고, 내원은 미륵 보살의 정토(淨土)입니다.

이 도솔천의 아래로는 사천왕천과 도리천, 야마천이 있으며 이들의 하늘나라 사람들은 욕락에 잠겨 있으며, 위로는 타화자재천과 화락천이 있는데 그 하늘은 마음이 들떠있다고 합니다. 그러나 이 하늘은 차분한 정처이며, 일생보처(一生補處 : 일생보처란 그곳에서 다음에 부처가 되기 위하여 기다린다는 것이다. 사바세계에 오시는 모든 부처님은 이곳을 거쳐서 성불하고 사바세계에 오신다고 합니다.)로 있다가 성불한다고 합니다.

## 5. 여러 대중이 부처님의 수승한 공덕을 보다

### 법신 가운데 지음이 차별 없는 공덕
**경문** 부처님은 온갖 지혜의 광명으로 빛을 놓아서 지난 세상의 온갖 선근을 나타내게 하시었다. 또한 모든 중생들로 하여금 큰 마음을 내게 하며, 온갖 중생들로 하여금 보현 보살의 금강삼매의 깨뜨릴 수 없는 지혜에 머물게 하며, 세상의 일로는 이루 찬탄할 것이 아니며, 모든 이들로 하여금 부처님이 법계에 충만하여 중생들을 널리 제도함을 보이시며, 초발심한 때로부터 법으로 보시하여 청정케 하며, 부처님은 색신을 나타내는 일이 참으로 부사의하였다.

일체 외도를 항복하다

갖가지 글과 구절의 뜻을 잘 연설하며, 끝없는 지혜바다에 능히 깊이 들어가, 한량없는 공덕과 지혜의 장을 내었다.

세간에 있으되 세간에 물들지 않는다

부처님은 항상 광명으로 두루 비춰 본래 원력을 따라 항상 나타나고 없어지지 않나니 법계에 항상 머무르시며, 출세(出世)의 법에 머무르며 세상법에 물들지 않음이라.

🪷

반야(般 若)

반야라는 것은 이성이나 지성을 떠난 자리에 있는 것을 뜻합니다.

바다! 육지! 배!

육지는 바다를 안고 있음이며, 바다는 육지를 품고 있습니다. 그런데 거기에 배가 하나 떠있다고 합시다. 그러면 배는 무엇인가?

가령 바다는 '이성'이라 하고, 육지는 '지성'이라 합시다. 그리고 배는 번뇌입니다. 지혜는 어디에 있는 것일까? 그 지혜는 배를 타고 있는 사람일 것입니다. 그러니까 지혜는 바로 번뇌의 배를 타고, 이성의 바다에 노니는 것입니다.

어떤 사람이 묻기를, "만약 산하대지가 어디에서 온 것입니까?"

한다면 아마도 그것은 대답할 수 없는 성질의 것입니다. 그렇다면 "너는 어디에서 온 것이더냐?" "너는 산하대지에 포함되지 않는다는 말인가." 그렇습니다. 산하대지가 어디에서 온 것이 아닙니다. 산하대지는 온 곳이 없습니다. 그렇기 때문에 너도 온 곳이 없는 것입니다. 조계일적수(曹溪一滴水)란, 바로 온 곳이 없는 곳에 전하는 바의 것입니다.

반야의 지혜라는 것도 몸 밖의 것이요, 그렇다고 몸 안에 존재하지 않는 것도 아닙니다. 만약 누가 와서 '지혜'가 무엇이냐고 묻는다면 나는 이렇게 답할 것입니다. "10월이 되니, 단풍이 아름답구나."

# 십회향품(十廻向品)

## 1. 금강당 보살이 삼매에 들다

**경문** 그 때 금강당 보살이 부처님의 신력(神力)을 받들어 보살지광(菩薩智光) 삼매에 들어갔다.

## 2. 부처님이 가피를 내리시다

### 미진수의 금강당 부처님이 계시다

이 삼매에 든 뒤에 시방으로 각각 십만 티끌 수 세계를 지나서 십만세계에 티끌 수 같은 부처님이 계시니, 명호는 다 같이 금강당불(金剛幢佛)이시다.

### 금강당 보살을 찬탄하다

미진수의 금강당 부처님이 모두 그 앞에 나타나서 함께 칭찬하였다.

"잘하는 일이다. 선남자여, 그대가 능히 이 보살지광 삼매에 들었도다. 이것은 시방으로 각각 십만세계의 티끌수 부처님이 신통력으로 그대에게 가피를 내리는 것이며, 또한 비로자나 부처님의 지난 옛 서원과 힘과 위신의 힘이며, 또 그 때의 지혜가 청정한 연고이며, 모든 보살의 선근이 뛰어난 연고로 하여금 이 삼매에 들어서 법을 연설하게 하고자 함이니라."

### 뜻의 가피를 내리시다

그 때 부처님이 금강당 보살에게 한량없는 지혜를 주고, 걸림없는 변재를 주고, 글귀와 뜻을 분별하는 좋은 방편을 주고, 걸림없는 광명을 주고, 여래의 평등한 몸을 주고, 깨끗한 음성을 주고, 잘 관찰하게 하는 삼매를 주고, 지혜를 주고, 성취하는 공교한 방편을 주었으니, 이것은 삼매에 들어간 선근이기 때문이니라.

### 3. 구호일체중생이중생상회향(救護一切衆生離衆生相廻向)

### 보살은 한량없는 선근을 닦는다

"불자들이여, 무엇을 보살 마하살의 일체 중생을 구호하면서 중생이라는 상을 여의는 회향이라 하는가."

"불자들이여, 이 보살 마하살이 단(檀)바라밀을 행하고, 시(施)바라밀을 행하고, 시라바라밀을 청정히 하고, 찬제바라밀을 닦고, 선나바라밀다에 들어가고, 반야바라밀다에 머무르며, 대자대비 대희대사(大喜大捨)로 이러한 무량선근을 닦으며, 선근을 닦을 때 이러한 생각을 하느니라.

이 선근으로 일체 중생을 두루 이익케 하여 모두 청정하여지이다.

필경에는 지옥 · 아귀 · 축생 · 염라왕 등의 한량없는 고통길을 길이 여의게 하여지이다.' 하느니라."

**해설** 앞에 합론을 공부하기 전에 몇 가지 생각해 볼 것이 있습니다. 화엄경의 모든 구성이 그렇지만 이 십회향품은 화엄경 42권부터 53권까지나 된다는 것입니다. 무려 열한 권이나 되는 분량이니 엄청 많은 것을 여기 법문에서 다 언급할 수는 없는 노릇입니다. 십지품도 마찬가지입니다. 십회향품과 십지품은 그만큼 우리 중생에게 있어서 꼭 필요한 말씀들이라는 것으로 생각됩니다.

이 십회향품 속에 또 약 400여 단 또는 분(分)이 있습니다. 아마도 이와 같이 경전이 완벽하게 구성되어 있는 부분도 없을 것입니다. 그러므로 이 십회향품 하나로도 한 달은 족히 강설해야 할 것입니다. 그러나 여기에서 간략히 회향의 의미 정도라도 공부하고 넘어간다는 것을 만족으로 삼아야 될 것입니다. 아직도 이 화엄경을 공부하는 시간들이 남아있기 때문입니다.

**합론** 십회향품 가운데에는 세속에서 각기 출세하려는 마음이 많아서 대비행이 열등함이요, 십주에서 초발심자가 모든 부처님의 지혜와 십행문 가운데에서는 출세(出世)의 행문을 가져서 세속에 있으나 중생을 이익케 함일새 고로 이름이 회향이라. 진(眞)을 돌이켜 속(俗)에 들게 함이니 중생을 이롭게 할새 고로 이름이 회향이라.

여러 가지 향을 모아 가루로 만들어서 하나의 환으로 만들어서 편훈〔熏〕을 이룸과 같아서 십회향도 이와 같아 계 · 정 · 혜 · 해탈 · 해탈지견의 오분법신의 향으로써 대자와 대비와 모든 바라밀과 사섭(四攝)과 사무량심(四無量心)과, 열반과 생사와 모든 티끌과 같은 문(門)을 화합하여 일개 법계의 참 향을 이룸이라.

도솔천궁은 모든 삼계에서 이 천계가 수승함을 표함이니 어찌 쓴 연고인가. 세간의 삼세제불이 다 이 천계에 계시사 보리심을 장양(長養)해 가득 채워 이루어 세간을 교화함이 되는 연고이며, 위쪽에 화락천(化樂天)과 타화천(他化天)은 방일을 즐기는 연고이며, 또 위쪽의 천계의 색계(色界)와 무색계(無色界)는 이 조용히 즐기는 마음이 많고, 이하(以下)에 야마천(夜摩天)과 도리천(忉利天)은 즐거움에 착한 곳이라.

천이 지족이 아닌 연고이며, 사천왕천(四天王天)은 변방에 있어서〔四面이라 되어 있음〕정위(正位)가 아닌 연고이니라. 그런 고로 이 하늘이 욕계천에 처(處)하여 상하로 중앙에 있는 연고이며, 또 이 하늘은 세 가지 복덕(福德) 닦음을 요(要)한 사람이 나는 곳이라〔一은 修施니 보시를 말함이며, 二는 持戒니 계율을 가짐이요, 三은 修定이니 선정을 닦음이라〕.

아래세계는 도리천과 야마천이 있고, 위로는 화락천과 타화천이 있고 그 중간에 도솔천이 있어서 고로 십회향을 설하사, 지혜와 자비를 갖고 평등케 하여 가운데 있는 연고로 십회향을 설함이라. 십회향으로써 십바라밀을 행함이니, 많고 적음과 같고 다름의 문을 화(和)함을 표한 연고이니 십종회향으로써 무진을 표한 연고이니라.

**보살은 선근을 닦아서 일체 중생에게 회향한다**

**경문** "보살 마하살이 선근을 심을 적에, 자신의 선근으로 이렇게 회향하느니라. 내가 마땅히 일체 중생의 집이 되리니 모든 괴로운 일을 면케 하기 위함이며, 일체 중생의 구호가 되리니 모든 번뇌에서 해탈케 하려는 연고이며, 일체 중생의 귀의할 곳과, 공포를 여읨과, 지혜를 얻게 함과, 안락처와 일체 중생의 등불이 되리니 무명과 암흑을 깨뜨리는 연고이니라."

부처님을 태양에 비유하다

"마치 태양이 세간에 나타날 적에 소경이 그 태양을 못 본다고 해서 태양은 숨어버리지 아니하며, 건달바 성이나 아수라의 손이나 연기 구름 따위가 가린다고 하고, 또 시절이 변천한다고 하여도 태양은 숨거나 나타나지 않는 것이 아니니라."

중생의 고통을 대신 받겠다는 회향

"불자들이여, 보살 마하살이 모든 중생들이 나쁜 업을 짓고 중대한 고통을 받으며, 부처님을 보지도 못하고 듣지도 못하고 스님네를 보지도 못하고 알지도 못함을 보고는, 생각하기를 '내가 저 나쁜 갈래(지옥, 아귀, 축생, 아수라)의 중생들을 대신하여 갖가지 괴로움을 받으며 그들을 해탈케 하리라' 하느니라.

보살이 이렇게 생각을 하되 '일체 중생이 나고 죽고 늙고 병들고 하는 여러 가지 고통 중에서 업을 따라 헤매고 삿된 소견에 지혜가 없어 선한 법을 잃어 버렸으니 내가 마땅히 구호하여 벗어나게 하리라.' 하느니라."

금강당 보살의 게송을 듣다
　　용맹하게 정진하여 힘을 갖추고
　　지혜가 총명하여 뜻을 청정케 하여
　　수많은 중생을 널리 건지니
　　참을성 있는 마음 이루어 가지리.

　　자기 한 몸 쾌락을 구하지 않고
　　일심으로 여러 중생 구호하려고
　　이렇게 대비심을 일으키시고
　　걸림없는 지위에 빨리 드시네.

　　옛날에 모든 중생 건지시려고
　　한량없는 겁 동안 지옥에 있어
　　조금도 싫어하는 마음 생각이 없어
　　용맹한 마음으로 널리 갚으리.

## 4. 불괴회향(不壞廻向)

회향하여야 할 선근 종자
　“불자들이여, 무엇을 보살 마하살의 깨뜨릴 수 없는 회향이라 하는가.
　불자들이여, 이 보살 마하살이 과거 현재 미래의 여러 부처님 계신데에서 깨뜨릴 수 없는 신심을 얻나니 모든 부처님을 받들어 섬기는 연고이며, 지혜를 구하는 초발심자가 깨뜨릴 수 없는 신심을 얻게 하나니 모든 보살의 선근을 서원하여 닦으면서 고달픈 줄을 모르는 연고이니라."

#### 부처님을 공경함도 다 중생을 위해서이다

"불자들이여, 보살 마하살은 공양거리로 말할 수 없는 겁 동안에 깨끗한 마음으로 모든 부처님께 존중하고 공경하고 공양하되 퇴전하지도 아니하고 쉬지도 아니하며 낱낱 여래께서 열반하신 후 사리를 모시고 신심으로 탑을 쌓아 공경하며, 이는 일체 중생으로 하여금 깨끗한 신심을 내게 하기 위한 연고이니라. 일체 중생의 고통을 여의게 하기 위한 연고이며, 부처님의 탑을 쌓아 장엄하려는 연고이며, 모든 부처님의 법에 머물러 지니게 하려는 연고이니라. 이렇게 성도하신 여러 부처님과 부처님이 열반하신 뒤에 사리에 공양하나니 그 모든 공양하는 일은 오랜 겁 동안에 말하여도 다 말하지 못하느니라."

### 5. 등일체불회향(等一切佛廻向)

#### 경계의 좋고 나쁨에 마음이 변하지 않는다

"불자들이여, 무엇을 보살 마하살의 모든 부처님과 평등한 회향이라 하는가. 불자들이여, 이 보살 마하살이 과거 미래 현재의 여러 부처님 세존의 회향하는 도를 따라 배우나니, 이렇게 회향하는 도를 배울 적에 모든 색진(色塵)이나 촉진(觸塵)이 아름답거나 추악함을 보더라도 사랑하고 미워하는 마음을 내지 아니하며, 기쁘고 즐거워 근심이 없고 항상 몸이 청량하여지느니라."

보살은 작은 일에도 큰 서원을 세운다

"불자들이여, 보살은 축생에까지 한 술의 밥과 한 톨의 곡식을 주더라도 다 이러한 서원을 세우되, '마땅히 이들로 하여금 축생의 갈래를 버리고 이익하고 안락하여 마침내는 해탈케 하되, 고통바다를 영원히 건너며, 괴로움을 영원히 멸하여 괴로운 곳을 저들은 모두가 다 여의게 하여지이다' 하나니, 보살도 이와 같이 온전한 마음을 일체 중생에게 두고, 저러한 선근이 수승하여 온갖 지혜에 회향하느니라."

**합론** 보살은 회향심을 내되 무소작법(無所作法)에 들어가서 소작(所作)을 성취하는 연고로 걸림이 없는 것이다. 모든 것은 일체 법이 다 마음에 따라서 일어나는 연고로 깨달으면 업이 환(幻)과 같음을 알아 분별하지 아니하고 보살의 회향을 일으킴이라. 보섭일체법(普攝一切法)을 성취한 까닭으로 중생을 구호하되 피로하거나 싫어하는 마음을 내지 않고 구호한다고 한다.

**해설** 중생의 고통을 대신 받겠다는 것이야말로 가장 큰 서원이 아니겠는가 하는 생각을 하여 봅니다. 그런데 사실 남의 고통을 대신 받으려는 사람이 있을까요? 과연 내가 남의 고통을 대신 받겠다는 의지가 있을까를 생각해 보았습니다. 완전히 고통을 대신 감수한다기보다 고통은 나눈다고 합니다. 고통은 나누면 고통이 감소하고 사랑은 나누면 나눌수록 기쁨이 배가한다는 말이 생각납니다. 그러므로 부처님이 말씀하신 것은 바로 이러한 가르침입니다.

십회향품 속에서 많은 것을 느꼈습니다. 어떻게 보면 시시콜콜한 것까지 회향하여야 한다는 부처님의 말씀은 그 의미하는 바가 큽니다. 화엄경의 제 42권부터 53권까지 무려 11권에 걸쳐 중점적으로 말씀을 하셨다는 것이 무엇을 의미하는지를 알아야 합니다. 아마도 부처님과 보살 마하살이 우리 중생들에게 제일로 하고 싶으셨던 말씀이 아닐까 하는 생각을 해 봅니다.

불교는 학문으로 이루어지는 것이 아닙니다. 다만 학문은 불교를 돕는 역할에 지나지 않습니다. 불교는 마음이라고 합니다. 그 영성(靈性)을 일컫는 말이지요. 그러므로 화엄경은 눈으로 읽는 것이 아니라 마음과 가슴으로 읽습니다. 불교는 느낌으로 아는 것이 아니라, 자체에 뛰어드는 것입니다. 좋은 일은 입으로 하는 것이 아니라 몸으로 행동합니다. 행동을 일으키지 못하는 믿음은 있을 수가 없으며 믿음이 없는 행동은 쉽게 실망을 낳습니다.

자, 멀리 바라봅시다. 그리고 부처님의 무한 가피를 생각하여 봅시다. 나에게서 느끼는 따뜻한 체온이 곧 불보살님의 가피의 지극히 일부분이라는 것도 느끼면서 멀리 바라보면 머리에 떠오르는 것이 있을 것입니다. 나는 무엇을 할 것인가를 늘 생각하여봄이 어떠할까요.

※

### 인생의 태어남

한 남녀가 성장하여 결혼을 합니다. 그런데 이와 같은 일들은 이 지구에 인류가 태어나서 지금까지 쉴새없이 이어져 왔습니다. 그것은 부처님의 자비의 도화에서 이뤄지는 것입니다. 부처님의 자비도화는 남녀의 결혼뿐만 아니라 그 결합을 통하여 한 생명을 잉태케 하기 위한 것입니다. 그러면 단순히 한 생명을 잉태하기 위하여 그와 같은 일을 한다고 본다면 그것도 부족한 면이 너무 많습니다. 왜냐하면 이 세상은 그렇지 않은 일들이 더 많기 때문입니다. 이렇게 하여 태어난 생명들은 제각기 그가 맡은 역할들이 있을 것입니다. 만약 어떤 사람이 자신의 역할을 모른다면 그것은 자신의 삶을 잘못 산 것일 겁니다. 자, 어떤 사람이 어느 날 가난하고 어두운 세상에, 온 민족이 핍박을 받고, 국민은 우매하며, 나라 경제는 온데 간데 없을 때 타민족이 민족을 유린하고, 국권을 빼앗긴 다음에 끼니를 걱정해야 하는 가난한 집에서 태어났습니다. 이미 위로는 여러 형제들이 이미 세상에 먼저 와 있었고, 그의 어머니는 그가 이 세상에 못나오도록 하기 위하여 간장을 두 사발이나 먹고 기절을 한다든가, 또는 높은 곳에서 아래로 떨어진다든가 별 수단을 다 해보았으나 그는 세상에 태어나게 되었습니다.

학교에서 공부를 할 때 너무 배가 고파서, 그러나 사실 벤또(도시락)가 없어서 점심 때면 으레 논두렁 양지 바른 곳에서 햇빛을 쬐고 허기진 배를 움켜 잡으면서 공부를 한 그런 학생이 자랐습니다. 그는 그 후 사범학교를 나와서 선생님이 됩니다. 사범학교에서는 무엇을 가르칠 수가 없었습니다. 우선 적성이 맞지도 않았지만  도대체 우리들의 자손에게 무엇을 가르친다는 것이 너무 작아 보였습니다.

그래서 그는 만주로 떠나 나라를 뺏아간 그 나라 군관학교에 들어갑니다. 쪼그마하고, 얼굴은 새까맣고 그러나 눈빛은 맑은 학생! 그 후 그는 해방을 맞고 이제는 나라의 군인이 됩니다. 그 후 그는 여러 난관을 만납니다. 좌익을 하고, 그것은  어쩔 수 없는 시대의 상황이 그렇게 그를 만들었는데, 그는 감옥으로 보내지고, 다시 출소를 하게 되며, 다시 군 속으로 복무하다가 전쟁을 맞아서는 다시 군인이 되어 전쟁의 포화 속에 목숨을 맡깁니다.

그런데 미국에서 공부를 하고, 일본에서 공부를 하고, 소련에서 공부를 하고, 독일에서 공부를 한 사람들이 해방을 맞이하여 고국으로 모두 돌아왔습니다. 그들은 당시에 나라는 가난해도 학교 다닐 때 배가 고파서 논두렁에 벌렁 누워 파란 하늘을 보지는 않았습니다. 그리고 그들은 유학을 갔기 때문에 나라의 곤경을 몸으로 체험하지도 못했습니다. 또 어떤 사람들은 전쟁이 일어났을 때 어디론가 피신을 하면서 개인의 안전을 먼저 생각하였으나 한 군인은 그렇게 하지 않았습니다.

즉 한 사람이 보살이 되기 위하여는 무한한 역경을 그에게 안겨준다는 것입니다. 그야말로 그는 수줍음이 많아서 맞선을 볼 때 소주를 마시고 갈 정도로 순수한 사람이었으나, 생명을 걸고 혁명을 일으켜 정권을 잡았습니다. 온갖 반대가 있었습니다. 그러나 그는 민족의 긍지를 심어 주었고, 힘과 꿈을 주었던 것입니다. '경제 제일주의'는 모든 것을 희생시켰습니다. 민주주의니 예술이니 문화니 하는, 조금은 사치스럽다고 하는 것을 모두 뒤로 미루고 경제만 생각하여 오늘의 이 나라를 부강하게 만드는 역할을 하였습니다. 미국에서 공부를 한 사람들, 전쟁 때 어디에 있다가 나타난 사람들은 그를 욕하지만 마음으로는 그를 인정합니다.

그리고 그는 꼭 죽어야 할 때 죽게 됩니다. 그것도 자신이 키워준 부하의 손에 권총을 맞고 쓰러집니다. 그는 총을 맞고도 의식이 있지만 어떠한 동작도 하지 않습니다. 그 자리에서 "나는 괜찮아." 이 말은 그가 남긴 최후의 말이 되었습니다. 보살은 어떠한 경우를 만나도 항상 의연합니다. 가난을 구제한 보살의 역할이 끝났던 것입니다.

### 보살의 회향과 돌아갈 곳

보살은 자신이 어디를 가는지를 압니다. 그러나 중생은 자신이 어디를 가는지를 모릅니다. 누구라도 이 세상에 태어나서는 그의 역할이 있습니다. 설사 그가 많은 것을 배우지 못했어도 그가 할 역할이 있습니다. 보살의 역할은 학문에 있지 않습니다. 정신적 건강에 있습니다. 새로운 시도를 하는 실험적 정신을 가진 사람만이 가질 수 있는 절대적인 소유물이 바로 성공입니다.

화엄경 십회향 가운데에 '선근만을 회향하라'는 부분이 있습니다. "보살은 처음 보리심을 내면서 중생들을 거두어 닦은 선근을 모두 회향하나니 중생들로 하여금 번뇌의 바다에서 불법을 닦으며, 인자한 마음을 갖고, 힘이 광대하여 이들로 하여금 선근을 내게 하며, 청정의 낙을 얻게 하느니라. 보살 마하살은 이와 같이 선근을 모으고 장차에도 모아서 모든 선근을 회향하는 것이니라.”라고 하였습니다.

## 6. 지일체처회향(至一切處廻向)

**보살은 선근을 닦을 때 일체에 이르기를 소원한다**
**경문** “불자들이여, 무엇이 보살 마하살의 온갖 곳에 이르는 회향인가.
불자들이여, 이 보살 마하살이 모든 선근을 닦을 때 이런 생각을 하니
‘원컨대 이 선근 공덕의 힘으로 온갖 곳에 이르게 하여지이다. 이르지
못하는 데가 없어서 온갖 물건에 이르고, 온갖 세간에 이르고, 온갖 중
생에 이르고, 온갖 국토에 이르고, 온갖 법에 이르고, 온갖 허공에 이
르고, 온갖 삼세에 이르고, 온갖 하염없는 법에 이르고, 온갖 말과 음
성에 이르는 것처럼, 선근도 그와 같아서, 모든 여래가 계신 부처님 도
량에 이르러 부처님께 공양하되 과거의 부처님들은 소원을 만족하고,
미래의 부처님은 장엄을 만족하고, 현재의 부처님과 국토와 도량에 모
인 대중이 일체의 법계에 가득하옵거든 모든 선근을 회향한 까닭으로
그지없는 세계에 충만하여지이다.’ 하느니라.”

**합론, 소** 보살이 회향함에는 이상(離相)회향이 제일이요, 광대한 의
지가 있어야 비로소 그 회향이 보리(깨달음)에 돌아가느니라. 보살
마하살의 수처소(隨處所)에는 선근 회향으로 광현(廣顯)한다 하였으
니 ‘광현이란 널리 그 공덕을 닦음이 이름을 말함이다.’ 한 고로 모
든 사람의 그 표(標)가 된다는 뜻이다. 보시에 삼륜(三輪)이 있으니
이것을 일러 삼시희(三時喜)라. 삼륜이 공적함을 비추어 일시행(一施

行)에 팔만사천 가지의 공덕을 이룸이라. 법문을 잡을 때 이치가 맞음이 있어야 함과 산설(散說)할 때 행상(行相이란 여러 가지의 불교의 교리적 논리를 전개하기 위한 논리)이 무량하니라. 법계대무량법문의 연기이며, 보현무애대자재의 행이다. 일전(一錢)으로 시주함이 일체에 다 그러하며, 일미진처(一微塵處)에 곧 일체 중생에게 베풂도 법계에 두루함이 다 그러하다. 일 찰나 가운데 이 행이 돈넘에 성취함이니 전후제(前後際)가 또한 그러하다.

### 부처님께 회향하다

**경문** "불자들이여, 보살 마하살이 그가 심은 바 모든 선근을 다하여 여러 가지로 부처님께 공양하기를 서원할 것이니 부처님 형상이나 부처님의 탑에도 그러하니라."

### 중생에게 회향하다

"원컨대 일체 중생이 다 청정하여지고, 일체 중생이 다 뛰어나서 십력(十力)의 지위에 다 머물며, 온갖 법에 걸림이 없는 법명(法明)을 얻으며, 일체 중생의 선근이 구족하여 조복하여지며, 마음이 한량없는 허공계와 같으며, 일체 국토에 들어가서 선법을 베풀며, 부처님을 항상 뵈옵고, 법계에 두루 들어가서 부처님의 신통한 힘을 이루며, 여래의 온갖 지혜를 이루어지이다."

## 7. 무진공덕장회향(無盡功德藏廻向)

보살은 열 가지 선근이 있다

"불자들이여, 무엇을 보살 마하살의 공덕장 회향이라 하는가. 불자들이여, 이 보살 마하살의 온갖 업의 중대한 장애를 참회하고 일으킨 선근과, 삼세의 일체 부처님께 예경하고 일으킨 선근과, 모든 부처님께 권하여 법문 말씀하시기를 청하여 일으킨 선근과, 모든 부처님들이 처음 발심한 때로부터 보살행을 닦고 정각을 이루시어 내지 열반에 드심을 보고 열반에 드신 뒤에는 바른 법이 세상에 머물러 있으시길 바라는 선근이니라."

**해설** 보살 마하살이란 큰보살이라는 뜻이며, 큰보살이란 그 원력이 크고 그 행함이 크다는 뜻입니다. 누구라도 그 원력이 크고 실천함이 크면 모든 사람이 그 사람을 보고 대인이라고 합니다. 실천이 아무리 좋더라도 그 원력이 큰 원력이 아니면 대행을 일으킬 수가 없습니다. 사람마다 실천하는 보살행이 모두 다릅니다. 어떤 사람은 공부를 잘하여 그 학덕을 쌓아서 학문의 공을 세우는 것은 학문의 실천력입니다. 또 어떤 사람은 의사가 되어 몸이 아픈 사람을 많이 구호하여 주면 의사의 큰 공덕입니다. 그것도 실천의 하나입니다.

합론소에 보면, "보살 마하살이 이와 같이 보시를 하면 이런 사람에게는 일체 제불이 그 앞에 시현(示現)하신다" 하였습니다. 그러므로 우리들이 보살 마하살 행을 행한다는 것은 곧 일체 중생을 위하는 보살업입니다. 중생사가 곧 불사입니다.

이와 같이 세계를 장엄을 하다

**경문** "이와 같이 한량없고 수없는 장엄으로 온 법계 허공계에 가득한 온갖 세계를 장엄하였으니 시방의 갖가지 업으로 태어났으며, 부처님은 아시는 바이며, 부처님께서 말씀하시는 세계이었느니라."

### 과거세의 부처님이 장엄한 세계

"지난 세상의 끝없는 겁에 모든 세계가 일체 여래의 행하시던 곳과 같나니, 이른바 한량없고 수가 없는 부처님의 세계종(世界種)이 부처님의 지혜로 아시는 바이며, 보살의 아는 바이며, 마음으로 받아들이는 것으로 장엄한 부처님 세계니라.

청정한 업과 행으로 흘러나오고 이끌어온 것이며, 중생에 응하여 일어난 것이며, 여래의 신력으로 나타낸 것이며, 부처님의 출세간 깨끗한 업으로 이룬 것이며, 보현 보살의 행으로 일으킨 것이니, 모든 부처님이 이 가운데에서 성도하시고 갖가지 자재한 신력을 나타내시었느니라."

### 미래세의 부처님이 장엄할 세계

"오는 세월이 끝날 때까지 여래(如來)·응공(應供)·정등각(正等覺)께서 법계에 가득하게 머무시면서 장차 부처님이 되실 것이며, 마땅히 일체 청정하게 장엄한 공덕불토를 얻을 것이니, 온 법계 허공계에 두루하여, 끝없고 경계가 없고 끊이지 않고 다함이 없는 것이며, 다 여래의 지혜로 생기고 한량없는 묘한 보배로 장엄한 것이니, 이른바 온갖 꽃으로 장엄하고, 온갖 옷으로 장엄하고, 온갖 공덕장(功德藏)으로 장엄하고, 온갖 부처님의 힘으로 장엄하고, 온갖 부처님의 국토로 장엄한 것이며, 여래의 도웁하신 바요, 지난 세상에 함께 수행하던 부사의한 청정대중이 그 가운데 있으며, 오는 세상에 정각을 이루실 모든 부처님의 성취하시는 바이니, 중생의 눈으로는 볼 수 없고 보살의 깨끗한 눈으로만 능히 보는 것이니라."

### 현재세계의 부처님께서 장엄한 세계

"현재에 계신 모든 부처님 세존도 모두 이와 같이 세계를 장엄하시니, 한량없는 형상과 한량없는 광명이 모두 공덕으로 이루어진 것이며, 한량없는 향, 한량없는 보배, 한량없는 나무, 수없는 장엄, 수없는 궁전과 아승지 강으로 장엄하고, 아승지 구름과 비로 장엄하고, 아승지 음악으로 미묘한 소리를 연주하는 것이니라."

### 세계 속에 있는 부처님 땅

"이와 같이 한량없고 수없는 장엄거리로 온 법계, 허공계에 가득한 온갖 세계를 장엄하였으니, 시방의 한량없는 갖가지 업으로 일어났으며, 부처님의 아시는 바이며, 부처님이 말씀하시는 세계들이었고, 그 가운데 있는 모든 부처님 국토들은 이른바 장엄한 부처님 국토, 청정한 부처님 국토, 평등한 부처님 국토, 아름다운 부처님 국토, 안락한 부처님 국토, 깨뜨릴 수 없는 부처님 국토, 다함이 없는 부처님 국토, 한량이 없는 부처님 국토, 비유할 수 없는 부처님 국토들이었느니라."

### 모든 부처님의 국토를 보살이 선근으로 회향하다

"과거·미래·현재의 모든 부처님의 국토에 있는 장엄을 보살마하살이 자기의 선근으로 발심하여 회향하되 '원컨대 삼세의 모든 부처님 국토의 갖가지 장엄을 모두 구족하여지이다' 하느니라."

보살이 선근으로 회향함을 생각하다

"항상 불사를 지어 부처님의 보리와 청정한 광명을 얻으며, 법계의 지혜를 갖추며, 신통력을 나타내시어 한 몸이 모든 법계에 충만하며, 큰 지혜를 얻고 온갖 지혜로 행하는 경계에 들어가서 한량없고 끝이 없는 법계의 구절과 뜻을 잘 분별하며, 온갖 세계에 조금도 집착이 없으면서도 모든 부처님의 국토에 널리 나타나며, 마음은 허공과 같아서 의지할 데가 없으면서도 일체 법계를 능히 분별하며, 부사의한 깊은 삼매에 잘 들어가고 나오며, 일체지에 나아가 여러 부처님 국토에 머물며, 부처님들의 힘을 얻어 아승지 법문을 연설하매 두려움이 없느니라.

'원컨대 이러한 큰 보살들이 그 국토를 장엄하고 가득히 널려서 편안히 있으면서 닦아 익히고 지극히 닦아 익히며, 순정하고 지극히 순정하여 화평하고 고요하되, 한 세계의 한 지방에 이렇게 수없고, 한량없고, 끝없고, 짝이 없고, 셀 수 없고, 일컬을 수 없고, 생각할 수 없고, 요량할 수 없고, 말할 수 없고, 말할 수 없이 말할 수 없는 큰보살들이 두루 충만하며, 한 지방에서와 같이 모든 지방에도 역시 그러하며, 한 세계와 같이 온 허공과 법계에 가득한 일체 세계에도 다 이와 같아지이다' 하느니라."

방편으로 회향하다

"불자들이여, 보살 마하살이 모든 선근으로써 일체 부처님의 세계에 방편으로 회향하며, 일체 보살에게 방편으로 회향하며, 일체 여래에게 방편으로 회향하며, 일체 부처님의 보리(菩提)에 방편으로 회향하며, 일체 넓고 큰 서원에 방편으로 회향하며, 일체 뛰어나는 요긴한 길에 방편으로 회향하며, 방편으로 회향하여 일체 중생계를 깨끗이 하며, 방편으로 회향하여 일체 세계에서 부처님들이 세상에 출현하심을 항상 보며, 방편으로 회향하여 여래의 수명이 한량없음을 항상 보며, 방편으로 회향하여 부처님들이 법계에 가득하여 걸림없고 물러가지 않는 법바퀴 굴림을 항상 보느니라."

이익을 이루다

"불자들이여, 보살 마하살이 선근으로써 이렇게 회향할 적에, 모든 부처님의 국토에 두루 들어가므로 일체 부처님의 세계가 다 청정하며, 온갖 중생계에 두루 이르므로 일체 보살이 다 청정하며, 모든 부처님의 국토에 부처님께서 출현하시기를 원하므로 일체 법계의 일체 부처님의 국토에 여래의 몸이 초연(超然)하게 출현하느니라."

실제(實際)에 회향하다

"불자들이여, 보살 마하살이 이러한 비길 데 없는 회향으로 일체지에 나아가면 마음이 광대하기가 허공과 같이 한량이 없어 부사의한 데 들어가며, 모든 업과 과보가 모두 적멸한 줄을 알며, 마음이 항상 평등하고 끝없어서 일체 법계에 두루 들어가느니라."

망(妄)을 떠나다

"불자들이여, 보살 마하살이 이렇게 회향할 적에 '나'와 '내 것'을 분별하지 아니하며, 부처님과 부처님 법을 분별하지 아니하며, 세계와 세계의 장엄을 분별하지 아니하며, 중생과 중생 조복함을 분별하지 아니하며, 업과 업의 과보를 분별하지 아니하며, 생각과 생각으로 일으키는 것에 집착하지 아니하며, 인(因)을 깨뜨리지 않고 과(果)도 깨뜨리지 않으며, 일(事)을 취하지 않고 법(法)도 취하지 않으며, 생사가 분별이 있다고 말하지 않고 열반이 항상 고요하다고 말하지 않으며, 여래가 부처님 경계를 증득하였다 말하지 않나니, 조그만 법도 법과 더불어 함께 머물지 않기 때문이니라."

중생에게 회향하다

"불자들이여, 보살 마하살이 이렇게 회향할 때에 모든 선근을 중생에게 보시하되, 결정코 성숙시키고 평등하게 교화하며, 모양이 없고 연(緣)이 없고 헤아릴 수 없고 허망하지 아니하며 온갖 분별과 집착을 여의었느니라."

회향으로 덕을 이루다

"보살 마하살이 이렇게 회향하고는 무진(無盡)한 선근을 얻나니, 이른바 삼세의 일체 부처님을 생각하므로 무진한 선근을 얻고, 일체 보살을 생각하므로 무진한 선근을 얻고, 부처님의 세계를 청정히 하므로 무진한 선근을 얻고, 일체 중생계를 깨끗이 하므로 무진한 선근을 얻고, 법계에 깊이 들어가므로 무진한 선근을 얻고, 무량한 마음을 닦아 허공계와 평등하므로 무진한 선근을 얻고, 모든 부처님의 경계를 깊이 이해하므로 무진한 선근을 얻고, 보살의 업을 부지런히 닦으므로 무진한 선근을 얻고, 삼세를 분명하게 통달하므로 무진한 선근을 얻느니라.”

### 복과 지혜가 다함이 없는 덕

"불자들이여, 이 보살 마하살이 잠깐잠깐마다 말할 수 없이 말할 수 없는 십력(十力)의 지위를 얻으며, 일체 복덕을 구족하고 청정한 선근을 성취하여 일체 중생의 복밭이 되며, 이 보살 마하살이 뜻대로 되는 마니공덕장을 성취하니, 필요한 대로 모든 즐거운 것을 얻게 되는 연고이며, 다니는 곳마다 모든 국토를 깨끗이 장엄하며, 가는 곳마다 말할 수 없이 말할 수 없는 중생으로 하여금 청정하게 하니 복덕을 거두어 여러 행을 닦는 연고이니라.”

### 복과 지혜가 뛰어난 덕

"불자들이여, 보살마하살이 보살심으로 회향할 때에 모든 보살의 행을 닦아서 복덕이 뛰어나고 몸매가 뛰어나며, 위엄과 광명이 세간에서 뛰어나서 마군과 마군의 졸개들이 마주 대하지 못하며, 선근을 구족하고 대원을 성취하였으며, 마음이 더욱 넓어 온갖 지혜가 평등하며, 한생각 동안에 모든 부처님 지혜에 머물러 허공처럼 끝간 데 없이 이르느니라.”

### 금강당 보살이 게송으로 송하다

세 가지 세상에 계시는 부처님
국토를 장엄하여 세간에 가득하사
그러한 모든 공덕을 다 갖추시니
정토에 회향함이라.

어떤 불자는 마음의 원력을 따라
여래의 법으로 화(化)해서 태어났음이라
일체의 공덕으로 마음을 장엄하니
여러 부처님이 함께 두루하시네.

## 8. 수순견고 일체선근공양(隨順堅固一切善根供養)

### 평등하게 보시하다

"보살 마하살은 복밭이 먼 곳에서 왔거나 가까운 곳에서 왔거나 어질거나 어리석거나 아름답거나 추하거나 남자이거나 여자이거나 사람이거나 사람이 아니거나 평등하게 베풀어 주어 모두 만족하게 하느니라."

### 부처님께 보시하다

"불자들이여, 보살 마하살이 보배수레들을 보시할 적에는 이런 선근으로 보시할지니 이것은, '일체 중생이 가장 높은 복밭에 공양할 줄을 알고 부처님께 보시하면 한량없는 과보를 깊이 믿어지이다. 일체 중생이 항상 부처님의 복밭에서 만나지이다. 일체 중생이 광대한 몸을 얻고 빨리 날아다니며 마음대로 가되 마침내 게으르지 말지어다. 일체 중생이 부처님을 믿어 자재한 위신력을 얻고, 한 찰나 동안에도 신통변화를 얻고, 일체 중생이 안락한 행을 닦아서 모두 보살도를 얻어지이다.' 하느니라."

몸을 버려서 죽음을 대신하는 보시

"불자들이여, 보살 마하살은 어떤 옥에 갇힌 죄수가 다섯 군데 결박을 당하고 옥졸에게 끌려나가 사형장에 나아가서 죽음을 당하게 되거든 남섬부주의 모든 즐거움을 버리고 친척과 자매형제를 이별하고 스스로 몸을 버려 대신 사형을 받으려 하기를 마치 아일다 보살과 수승행 보살과 다른 큰보살이 고통받는 중생의 고통을 대신 받듯이 하느니라."

**해설** 제목만을 적으면, 이 외에도 정수리를 보시하다. 눈을 보시하다. 귀와 코를 보시하다. 치아와 혀를 보시하다. 머리를 보시하다. 수족을 보시하다. 몸을 부수어 보시하다. 골수와 살을 보시하다. 창자와 콩팥과 간을 보시하다. 팔다리의 뼈를 보시하다. 몸의 피부를 보시하다. 손가락과 발가락을 보시하다. 살이 붙어있는 손톱을 보시하다. 불구덩이에 몸을 던져 보시하다. 법을 위하여 고통을 받는 보시를 하다. 법을 위하여 왕자와 처를 보시하다.

왕이 되어 살생을 금지하는 보시를 하다. 잔인한 일을 자비로써 구제하는 보시를 하다. 부처님이 세간에 출현하심을 찬탄하는 보시를 하다. 정사를 짓기 위하여 큰 땅을 보시하다. 하인을 보시하다.

몸을 버려 겸손함을 나타내는 보시를 하다. 법을 듣고 기뻐하여 몸을 던져 공양하는 보시를 하다. 몸으로 일체 중생에게 보시를 하다. 몸으로써 일체 부처님을 시봉하는 보시를 하다. 국토와 왕위를 보시하다. 나라의 도성을 보시하다. 내궁의 권속들을 보시하다. 사랑하는 처자들을 보시하다. 집과 살림도구를 보시하다.

동산과 숲을 보시하다. 정사를 지어 보시하다. 생활에 필요한 모든 것을 보시하다. 선근 회향을 모두 맺다. 환희하는 마음으로 선지식에 보시하다. 보시하고 기뻐하는 마음을 내다. 모든 선근은 중생의 이익과 행복을 위해 보시하다. 선근 이익을 밝히다. 선근을 회향하여 집착을 떠나다. 집착하지 않으므로 속박에서 벗어나다. 온갖 법을 바르게 관찰한다. 회향이라는 이름을 밝히다. 회향하여 머무는 곳을 밝히다. 회향하는 것이 일체 법을 통달하는 것이다. 회향의 지위를 밝히다.


의지할 바 몸을 나투시다

**경문**

보살은 몸을 나투어 국왕이 되리니
세간의 지위에선 짝할 이 없고
복덕과 광명이 나사
중생을 두루 위해 이익을 얻네.


귀족 중에 태어나 왕이 되시고
바른 법 의지해 법륜 굴리시니

성품은 온화하고 인자하시어
시방 중생 우러러 항상 따르네.

법을 듣기 위해 몸을 바치고
이 몸을 바쳐서 시중을 들고
중생을 구제하기 위함이리니
최상지혜 구하여 물러나지 않네.

## 9. 등수순일체중생회향(等隨順一切衆生廻向)

### 일체 선근을 쌓다

"불자들이여, 무엇을 보살 마하살의 일체 중생을 평등하게 따라주는 회향이라 하는가. 불자들이여, 이 보살 마하살이 가는 곳마다 일체 선근을 쌓아 모으나니, 모든 보시를 부지런히 닦는 선근, 훌륭한 뜻을 세워 끝까지 계율을 지키는 선근, 일체 어려움을 참는 선근, 정진하는 마음에서 물러나지 않는 선근, 지혜로 잘 관찰하는 선근, 보살업을 부지런히 닦는 선근, 일체 세간을 덮는 선근을 닦느니라."

### 회향할 선근

보살이 지으시는 모든 공덕이
미묘하고 광대하고 깊고 맑거늘
한생각 동안에도 닦아 행하여
끝없는 저 경계까지 회향하리라.

## 10. 진여상회향(眞如相廻向)

선근의 회향의 덕은 진여의 일체 음성을 두루 포섭함과 같다

"진여의 일체 세간의 음성을 두루 포섭하듯이 선근의 회향도 그와 같아서 온갖 차별한 음성과 신통과 지혜를 얻고서 갖가지 말을 두루 내게 되느니라. 진여가 일체법에서 구하는 것이 없듯이 선근의 회향도 그와 같아서 중생들로 하여금 보현의 수레를 타고 벗어나되 일체 법에 탐하는 생각이 없느니라. 진여를 어떠한 법으로도 파괴하거나 문란케 하여 조금도 깨닫는 성품이 없게 할 수 없듯이 선근의 회향도 그와 같으니라."

이익 이룸을 밝히다

"불자들이여, 보살 마하살이 이렇게 회향할 때면 일체 세계가 평등 세계가 되나니 온갖 세계를 깨끗하게 장엄한 연고이며, 일체 중생이 평등하게 되나니 걸림없는 법의 수레를 굴린 연고이며, 일체 보살이 평등하게 되나니 일체 지혜를 내어 서원을 세운 연고이며, 일체 부처 님이 체성이 둘이 아님을 밝힌 연고이니라."

## 11. 무착무박해탈회향(無着無縛解脫廻向)

보현(普賢)의 삼업(三業)과 정진을 나타내다

"불자들이여, 여러 선근으로 이렇게 회향하나니, 이른바 집착이 없 고 속박이 없고 해탈한 마음으로써 보현의 몸으로 짓는 업을 성취하

느니라. 집착이 없고 속박이 없이 해탈한 마음으로써 보현의 말로 짓는 업을 청정하게 함이니라. 또한 보현의 뜻으로써 짓는 업을 원만하게 함이니라. 또한 보현의 광대한 정진을 일으키느니라."

법을 아는 미세한 지혜

"보살은 집착이 없고 해탈한 마음으로 보현의 행을 닦아서 퇴전치 아니하면 일체 법에 매우 견고한 지혜를 얻나니, 이른바 깊고 깊은 매우 미세한 지혜와 광대한 법에, 매우 미세한 지혜와 갖가지 법에, 매우 미세한 지혜와 장엄한 법에, 매우 미세한 지혜와 일체 한량없는 법에, 매우 미세한 법을 알아 불법의 방편에 들어감이 걸림이 없느니라."

금강당 보살의 게송

　　수행한 여러 가지 얻은 공덕을
　　자기나 다른 이만 위하지 않고
　　언제나 가장 높은 신심으로써
　　중생에 이익 주려 회향합니다.

　　잠깐도 교만한 생각 내지 아니하고
　　못난 생각도 내지 않으며
　　여래의 몸과 말로 하시는 일을
　　제가 이제 모두 다 닦으오리다.

가지가지 수행해온 여러 선근은
중생에게 이익 주기 위한 것이니
깊은 마음 광대한 깨달음 있어
높은 어른 공덕에 회향합니다.

## 12. 등법계무량회향(等法界無量廻向)

법사의 지위에 올라 법보시를 하다

　"불자들이여, 무엇을 보살 마하살의 법계와 동등한 무량한 회향이라 하는가.

　불자들이여, 이 보살 마하살이 때 없는 비단으로 법사의 지위에 있어 법보시를 널리 행하나니, 큰 자비심을 내어 중생들을 보리심으로 편안케 하며, 항상 그들의 이익을 위하여 쉬지 아니하며, 보리심으로 선근을 기르며, 중생들을 지도하는 스승이 되어 중생에게 온갖 지혜로 길을 인도하며, 법장(法藏)의 해〔日〕가 되어 선근의 광명으로 일체를 비추며, 중생들을 마음을 평등히 알아서 여러 가지 선행을 닦아 쉬지 아니하며, 중생들을 지도하는 스승이 되어 모든 선근의 공덕과 행을 닦게 하며, 중생들에게 깨뜨릴 수 없는 굳건한 선지식이 되어 원력이 자라서 성취하게 하느니라."

부처님을 친견하고 수행하기를 발원하다

　"불자들이여, 이러한 선근으로 회향하면서 '원컨대 광대하고 걸림이 없는 경계를 닦아서 성취하고 증장케 하여지이다. 원컨대 부처님의 바른 교법에서 내지 한 구절이나 한 게송만이라도 듣고 받아 지녀서 연설할 수 있게 하여지이다. 원컨대 법계가 평등하고 한량없고 그지없는 일체 세계에 과거 · 현재 · 미래에 계시는 모든 부처님을 생각케 하며 생각하고는 보살행을 닦게 하여지이다.' 하고 하느니라."

보리에 회향하다

"불자들이여, 보살 마하살이 다시 선근으로 일체 중생을 위하여 이렇게 회향하면서 갖가지 청정하고 묘한 몸을 얻기를 원하나니 이른바 광명의 몸, 물들지 않는 몸, 청정한 몸, 티끌을 여읜 몸, 티끌을 아주 여읜 몸, 때를 여읜 몸, 사랑스런 몸, 장애가 없는 몸이니라.

일체 세계의 업의 영상을 나타내며, 일체 세간에 말하는 영상을 나타내며, 밝은 거울과 같이 갖가지 빛과 영상을 자연히 나타내며, 중생에게 큰 보리행을 내며, 중생에게 깊고 묘한 법을 보이며, 중생에게 갖가지 공덕을 보이며, 중생에게 수행하는 도를 보이며, 중생에게 성취하는 행을 보이며, 중생에게 한 세계에서 일체 세계에 부처님이 자재로이 출현하심을 보이며, 중생에게 모든 신통과 변화를 보이며, 중생에게 일체 보살의 부사의한 해탈과 위력을 보이며, 중생에게 보현보살의 행과 원을 성취하는 지혜의 성품을 보이느니라. 보살 마하살은 이렇게 미묘하고 깨끗한 몸으로써 방편으로 중생들을 포섭하여 모두 청정한 공덕과 온갖 지혜의 몸을 성취케 하느니라."

～

### 밝게 빛나고 있는 마음

(1) 불지(佛智)가 변만법계한 고로 나의 마음도 한결같이 부처님의 지혜의 힘으로 함께 빛나고 있음을 봅니다. 마치, 보석함을 여는 것과도 같은 이치입니다. 보석함을 열기 전까지는 일반적인 함과 다름이 없지만 보석함을 여는 순간 눈부시게 빛나는 찬란한 보석을 보게 됩니다. 우리들의 마음도 그와 같아서 열기 이전에는 나도 다른 사람과 별 차이가 없습니다. 그러나 내 안에 들어 있는 보석함을 열기만 한다면 내 자신 속에 들어 있는 엄청난 빛에 놀랄 것입니다.

사실 보석함 자체가 빛나고 있습니다. 그것을 광명이라 합니다. 누구나가 다 갖고 있는 등불입니다. 우리들은 흔히 말하기를 자성광명(自性光明)이라 합니다. 1000와트의 밝은 전깃불도 두꺼운 담요로 덮어 놓으면 불빛은 밖으로 나올 수가 없습니다. 그러나 밝은 전등불은 그 담요 안에 있습니다. 또 어떤 사람이 보석을 찾기 위하여 장롱을 열었는데 보석이 보이질 않는 것입니다. 보석이 어디에 있는가를 아는 사람은 바로 보석함을 열 것입니다. 그러나 보석을 어디에 두었는지 모르는 사람은 보석함을 보고도 보석을 찾고 있는 것과 같습니다.

불교에서 등불이라고 하는 데에는 여러 가지의 비유가 있습니다. 첫째는 법의 등불이라 하여 부처님의 '법'을 등불에 비유하였고, 진리의 등불이라 하여 진리를 등불에 비유한 것은 동양과 서양이 같습니다. 마음의 등불이라 하여 마음을 등불에 비유하였습니다. 이와 같이 등불은 밝은 것에 대한 우리들의 비유로 등불이 갖고 있는 빛의 가치를 말하고자 합니다. 그러한 빛은 바로 인간이라고 하는 지혜를 등불로 다시 표현하고 있습니다.

그런데 진정한 등불은 자신 안에 있는 지혜가 바로 진정한 등불일 것입니다. 그래서 지혜를 광명이라고 합니다. 불교에서는 늘 쓰는 언어입니다. 지혜는 바로 내 안에 있는 광명입니다. 그러므로 내 안에는 밝게 빛나는 빛이 지금도 빛나고 있습니다. 다시 찾아야 할 빛도 알아야 할 앎도 지식도 필요없습니다. 그대로가 바로 빛이요, 등불이며, 비로자나 법신 부처님의 몸 안입니다.

(2) 시험은 인생에 있어서 가장 중요한 역할을 하고 있다 해도 과언이 아닙니다. 이 세계에서 시험이 없는 나라는 없습니다. 시험의 종류도 천차만별입니다. 국가에서 치르는 시험과 공공기관에서 치르는 시험과 회사에서 치르는 시험과 단체에서 치르는 시험과 개인이 치르는 시험 등 이루 말할 수 없을 만큼 수많은 시험들을 치르고 있습니다.

그러한 시험 중에서 국가에서 치르는 시험이 제일 많습니다. 그 가운데 어떤 시험을 다 치더라도 대입시험만큼 우리들의 마음을 졸이게 하는 것도 없을 것입니다. 아마도 그것은 우리 나라의 교육제도에서 파생된 학력 제일주의의 소산일 것입니다. 능력 제일주의가 아니라 학력을 우선 평가하는 사회에서는 그럴 수밖에 없습니다. 학력 제일주의 사회에서는 관료주의가 팽배하고, 능력 제일주의 사회에서는 개인주의가 팽배합니다. 어찌 되었든 간에 우리들의 사회는 조금은 생각을 해보아야 하고, 조금은 조정도 필요하다는 생각이 듭니다.

그리고 우리 나라는 중·고등학교를 평준화시켰기에 뛰어난 영재를 찾아내어 발굴하지 못하고, 학력부실평준화를 통하여 나라의 교육 경쟁력을 떨어뜨리고 있습니다. 고교 평준화는 뻔한 논리였습니다. 소위 과외를 못하게 하면서 학교 공부를 더욱 더 열심히 하게 하기 위하여서라고 합니다만 그렇다고 과외가 없어진 것은 아닙니다. 오히려 과외는 은밀한 곳에서 더 많이 하고 있습니다.

오늘은 대입시험날입니다. 인생의 열두 대문 가운데에 그들이 이제 다섯 번째의 대문을 열고 있습니다. 앞으로도 수많은 문을 열어가야 합니다. 우리들은 그들이 문을 열고 들어갈 수 있도록 도와주고 인생의 길을 안내하여야 합니다.

# 십지품(十地品)

**합론**  무슨 까닭으로 십지품이 되었는가? 여래의 보광명지(如來普光明智)로 인하여 지체(地體)를 성취함을 밝힌 연고라. 저 경에 이 같은 보살이 이미 여래 보광명지를 밝았다 함은 곧 대원경지(大圓鏡智)를 설한 바 사지(四智: 1.成所作智 2.妙觀察智 3.平等性智 4.大圓鏡智)와 일체 종(種) 일체 지(智)의 차별이 이로써 지체가 될새 모든 보살이 십주, 십행, 십회향에 오르나 이 몸을 여의지 않음이요, 닦는 힘이 충족치 못함일새 다시 십바라밀로써 십중으로 진수하여 닦은 힘이 원만하여 이름이 십지가 되며, 또 일 바라밀 가운데에 스스로 십법을 구족함이 이름이 십지가 되며, 십십(十十)의 가운데 백을 갖추어서 백이 십에 옮기지 않는 연고로 이름이 십지가 되며, 내지 십백(十百)과 십천(十千)과 십만(十萬)과 십십만(十十萬)과 십억(十億)과 이에 불가설(不可說)에 이르기까지 십수(十數)가 일다(一多)의 무진에 다 포함함일새 고로 이르되 십지라.

또 십주, 십행, 십회향을 지나가기까지 도리어 십신(十信)의 가운데 열의 지혜를 가져서 십지의 '몸'을 이루나니 십지불(十智佛)은 '부동지불(不動智佛)로서 근본'이 되고 부동지불은 보광명지(智)로서 근본이 되고, 보광명지는 '무의주지(無依住智)로서 근본'이 되고 무의주지는 '일체 중생으로 근본'이 됨이라. 선재가 미륵 보살을 보매 미륵 보살이 또한 선재로 하여금 도리어 초선지식인 문수사리를 보게 함이 그 의(義)이다. 항상 초신(初信)을 여의지 않고 불과를 성취함이라.

## 서분 (序分)

## 1. 설법할 수 있는 인연을 갖추다

### 설법 장소와 때

**경문** 이 때 세존께서 타화자재천왕궁의 마니보장전에서 큰보살 대중과 함께하시었다. 그 때 그 보살들은 아뇩다라삼막삼보리에서 물러가지 않는 이들이니, 다 다른 세계로부터 왔음이라.

### 함께한 대중들의 덕을 찬탄하다

모든 보살의 지혜로 머무는 경계에 머물고, 모든 여래의 지혜로 들어간 곳에 들어가서 부지런히 수행하여 쉬지 아니하며, 한 가지 신통을 잘 나타내며, 하는 일은 모든 중생을 구제하고 조복하여 때를 놓치지 않고 모든 보살의 소원을 성취하기 위하여 모든 세간의 법과 모든 세계의 행을 부지런히 닦아서 쉬지 아니하였다.

### 모인 대중 보살들의 이름이다

그 이름은 금강장(金剛藏) 보살, 보장(寶藏) 보살, 연화장(蓮華藏)

보살, 덕장(德藏) 보살, 연화덕장(蓮華德藏) 보살, 일장(日藏) 보살, 소리야장(蘇利耶藏) 보살, 무구월장(無垢月藏) 보살, 어일체국토보현장엄(於一切國土普賢莊嚴) 보살, 비로자나지장(毘盧遮那智藏) 보살, 묘덕장(妙德藏) 보살, 전단덕장(栴檀德藏) 보살, 화덕장(華德藏) 보살, 구소마덕장(俱蘇摩德藏) 보살, 우바라덕장(優鉢羅德藏) 보살, 천덕장(天德藏) 보살, 복덕장(福德藏) 보살, 무애청정지덕장(無碍淸淨智德藏) 보살, 공덕장(功德藏) 보살, 나라연덕장(那羅延德藏) 보살, 무구장(無垢藏) 보살, 이구장(離垢藏) 보살, 종종변재장엄장(種種辯才莊嚴藏) 보살, 대광명망장(大光明網藏) 보살, 금장엄대공덕장엄왕장(金莊嚴大功德莊嚴王藏) 보살, 일체상장엄정덕(一切相莊嚴淨德) 보살, 금강염덕상장엄장(金剛焰德相莊嚴藏) 보살, 광명염장(光明焰藏) 보살, 성수왕광조장(星宿王光照藏) 보살, 허공무애지장(虛空無碍智藏) 보살, 묘음무애장(妙音無碍藏) 보살, 다라니공덕일체중생원장(陀羅尼功德一切衆生願藏) 보살, 해장엄장(海莊嚴藏) 보살, 수미덕장(須彌德藏) 보살, 정일체공덕장(淨一切功德藏) 보살, 여래장(如來藏) 보살, 불덕장(佛德藏) 보살, 해탈월(解脫月) 보살 등이었다.

이러한 수없고 한량없고 끝없고 같을 이 없고 셀 수 없고 일컬을 수 없고 생각할 수 없고 요량할 수 없고 말할 수 없는 보살 마하살 대중 가운데 금강장 보살이 수장이 되었다.

## 삼매에 들다

그 때 금강장 보살이 부처님의 신력을 받들어 보살 대지혜 광명 삼매에 들었다.

### 가피를 내리시어 부처님이 출현하시다

　이와 같이 삼매에 들어 갔을 때 시방으로 각각 십억 세계의 티끌수 같은 세계 밖의 각각 십억 세계의 티끌수 부처님이 계시니 그들 이름은 다 금강장인데 앞에 나타나 말씀하셨다.

　"잘하는 일이다. 금강장 보살이여, 능히 이 보살 대지혜 광명 삼매에 들었도다. 선남자여, 이것은 시방에 계시는 각각 십억의 세계의 티끌수 부처님들이 그대에게 가피를 내리시려는 것이니 비로자나 여래 응공 정등정각 본래 원력이요, 위신력이며, 또한 그대의 수승한 지혜의 힘인 연고이니라."

## 2. 십지(十地)의 강요(綱要)를 말하다

　금강장 보살은 삼매에 일어나서 일체 보살 대중에게 말하였다.

　"불자들이여, 모든 보살의 원은 광대하기가 법계와 같고 허공과 같아서 오는 세상이 끝날 때까지 이르며, 모든 부처님의 세계에 두루하여서 일체 중생을 구호하며, 일체 부처님이 호념(護念)하게 되어 부처님의 지혜인 지(地)에 들어가느니라. 불자들이여, 어떤 것을 보살 마하살의 지혜의 지(地)라 하는가. 불자들이여, 보살 마하살의 지(地)가 열 가지가 있으니 과거 현재 미래의 부처님이 이미 말씀하셨고 현재에 말씀하시며 미래에도 말씀하시고 나도 그와 같이 말하노라. 무엇을 열 가지라 하는가. 하나는 환희지(歡喜地)요, 둘은 이구지(離垢地)며, 셋은 발광지(發光地)요, 넷은 염혜지(焰慧地)요, 다섯은 난승지(難勝地)요, 여섯은 현전지(現前地)요, 일곱은 원행지(遠行地)요, 여덟은 부동지(不動地)요, 아홉은 선혜지(善慧地)요, 열은 법운지(法雲地)니라."

## 정종분(正宗分)

### 1. 환희지(歡喜地)를 설하시다

#### 중생에게 선근을 깊이 심다

"모든 불자들이여, 어떤 중생이 선근이 깊고, 모든 행을 잘 닦고, 도 닦기를 잘하고, 여러 부처님께 공양하고, 청정한 법을 쌓고, 선지식이 거두어 주심이 되고, 깊은 마음을 청정하게 하여 큰 뜻을 세우고 큰 지혜를 내면 자비가 앞에 나타나느니라."

#### 환희지에 머물고 발원하는 십대(十大) 서원(誓願)을 세우다

① 모든 부처님께 공양하기를 서원한다

"불자들이여, 이 환희지에 머물러서는 이러한 큰 원과 용맹과 이러한 큰 작용을 능히 성취하니 부처님께 공경하고 공양하여 남음이 없게 할 것이니라."

②일체 불법을 수호(守護)할 것을 서원하다

"또 큰 서원을 세우기를, '일체 부처님의 법륜을 받아지이다. 일체

부처님의 보리를 거두어지이다. 일체 부처님의 교법을 수호하여지이
다. 일체 부처님의 법을 지니어지이다' 하나니, 오는 세상 세월이 끝
나도록 모든 겁 동안에 쉬지 않아야 되느니라."

③ 부처님께 상수제자가 되기를 서원하다

"또 큰 서원을 세우기를, '일체 세계에 부처님이 세상에 나실 적에
도솔천궁에서 모태에 들고 탄생하고 출가하고 성도하고 설법하고 열
반에 드시는 것을 내가 다 나아가서 공양하며 제자가 되어 바른 법을
받아 항상 설법하여지이다' 하고 서원할지니라."

④ 교화하여 중생의 마음을 증장시키기를 서원하다

"또 큰 서원을 갖기를, 일체 보살의 행이 넓고 크고 한량없고 깨지
지 않으며, 여러 바라밀을 거두어서 여러 지(地)를 깨끗이 하여 총상
(總相) 별상(別相) 동상(同相) 이상(異相) 성상(成相) 괴상(壞相) 등 온갖
보살의 상을 말하여 일체 중생을 가르쳐서 행하고 증장시키느니라."

⑤ 일체 중생을 성숙시키느니라

"또 원을 세우기를, '일체 중생들이 태란습화(胎, 卵, 濕, 化)에서 태
어나 삼계에서 얽매이고 육도(六道)에 윤회하는 것을 교화하여 편안
케 머물러지이다' 하는 원을 세울지니라."

⑥ 일체 세계를 받들어 섬길 것을 서원하다

"또 큰 서원을 세우기를, '일체 세계가 넓고 크고 한량이 없고, 들어

가고 다니는 것이 제석천의 그물처럼 차별하며 시방에 한량없이 모든 지혜로 분명히 알아 보아지이다' 하나니, 광대하기가 법계와 같고 허공과 같아 오는 세월이 끝나도록 모든 겁 동안에 쉬지 아니하느니라."

⑦ 일체 국토가 청정하기를 서원하다
"또 서원하기를, '일체 국토가 모두 청정하고 모두 광명으로 장엄하여 일체 번뇌를 여의고 청정한 국토를 성취하며 부처님의 경계에 들어가지이다' 하고 서원할지니라."

⑧ 일체 보살과 함께하기를 서원하다
"또 큰서원을 세우기를, '일체 보살과 더불어 뜻과 행이 같으며, 원수와 미운 이가 없이 선근을 모으며, 일체 보살이 평등하게 한가지를 반연하고 여래의 경계와 위력과 지혜와 여러 회중에 몸을 나투어 보살의 행을 닦아지이다' 하나니라."

⑨ 작은 수행이라도 큰 이익 있기를 서원하다
"또 큰 서원을 세우기를, '물러나지 않는 법의 수레를 타고 보살의 행을 행하되, 몸과 말과 뜻으로 짓는 업이 헛되지 아니하며, 부처님 법에 결정한 마음을 내고, 소리만 내도 지혜를 얻고, 깨끗한 신심을 내어 영원히 번뇌를 끊어 여의주와 같은 몸을 얻어 일체 보살의 행을 얻어지이다' 하나니, 광대하기 법계와 같고 허공과 같아 쉬지 아니하느니라."

⑩ 정각(正覺) 이루기를 서원하다

"또 큰 서원을 세우되, '일체 세계에 아뇩다라삼막삼보리를 이루어서 나는 곳마다 출가하고, 도량에 나아가 정각을 이루고, 법륜을 굴리고 열반에 드는 일을 나타내며, 부처님 경계를 얻어 생각생각마다 일체 중생의 마음을 따라 성불함을 보여서 적멸을 얻어 신족통에 자재하며, 일체세계에 충만하여지이다' 하나니 광대하기 법계와 같고 허공과 같아 오는 세월이 끝나도록 모든 겁 동안에 쉬지 아니하느니라.

불자여, 보살이 환희지에 머물러 이렇게 큰 서원과 용맹과 이렇게 큰 작용을 나타내어 열 가지 원이 백만 아승지 큰 원을 만족하느니라."

## 2. 이구지(離垢地)를 설하다

### 초지 법문을 찬탄하다

보살들이 묘한 초지의
훌륭한 법문을 듣고
마음이 깨끗해져서
함께 환희하니라.

### 이구지에 머무는 마음

"불자들이여, 이구지(離垢地)에 머물면 성품이 저절로 일체 살생을 멀리 여의어서 칼이나 막대기를 두지 않고, 원한을 품지 않고, 부끄럽고 수줍음이 있어서 용서함이 구족하며, 이익되고 사랑하는 마음을 내야 하나니 짐짓 거친 마음을 내어서 그들을 죽일까 보냐.”

　“성품이 훔치지 않나니 보살이 자신의 재산에 만족함을 알고, 다른
이에게 인자하고 사랑하여 침노하지 않고, 풀 한 포기라도 다른 사람
의 것은 허락을 얻지 않고는 쓰지 말아야 하거늘, 하물며 다른 사람의
물건이리요.”

출가의 열매

　“이 보살은 만일 집을 버리고 불법 가운데서 부지런히 정진하려면
문득 집과 처자와 다섯 가지 욕락을 버리며, 이미 출가를 하였으면 부
지런히 정진하여 잠깐 사이에 삼매를 얻고 천 부처님을 보고 부처님
의 신통을 알고 내지 천 가지 몸을 나타내고 천 보살을 나타내어 권속
을 삼느니라.”

## 3. 발광지(發光地)

제 2지 법문을 찬탄하다

　　불자들이 이 지(地)를 들으니
　　생각도 말도 못할 경계
　　공경과 기쁜 마음 모두 내어서
　　허공에 꽃을 흩어 공양하더라.

제 3지 법문을 청하다

　　천상 인간 공양을 받으실 분이여,

제 3지의 법문을 설하소서
교법과 지혜업을 여시어
그 경계 꼭같이 보여지이다.

발광지에서 수행하는 사선(四禪)과 사공(四空)

① 사선(四禪)

"불자여, 이 보살이 발광지에 머물렀을 때 욕심과 악한 일과 착하지 못한 법을 여의고 기쁘고 즐거움을 내어 초선에 머무느니라. 한마음을 깨끗이[內淨一心] 하여서는 깨달음도 없고 관찰함도 없으면[無常無察] 선정으로 기쁘고 즐거움을 내어[定生喜樂] 제 2선천에 머무느니라. 기쁨을 여의고, 버리고 생각이 있고 바로 아는 데 머물러[住捨有念正知] 몸으로 즐거움을 받으면[身受樂], 여러 성인이 말하는 바 능히 버리고 생각이 있어 즐거움을 받아서[諸聖所說捨有念受樂] 제 3선에 머무느니라. 즐거움을 먼저 끊어 고통을 없애고 기쁨과 고통이 멸하였으므로 괴롭지도 않고 즐겁지도 않아 버리는 생각이 청정하여서[捨念淸淨] 제 4선에 머무느니라.

모든 물질이란 생각을 초월하고[超一切色想] 상대가 있다는 생각을 멸하여[滅有對想], 갖가지 생각을 생각하지 않으면[不念種種想] 공에 들어가 허공이 끝없는 곳에 머무느니라[住虛空無念處]. 일체 허공이 끝없는 곳을 초월하면 끝없는 식(識)에 들어가 식이 끝없는 곳에 머무느니라[住識無邊處]."

② 사공(四空)

"일체 식이 끝없는 곳을 초월하면 아주 작은 곳에도 들어가서 머무느니라〔住無所有處〕. 일체 아무 것도 없는 곳을 초월하면 생각이 있지도 않고 생각이 없지도 않은 곳에 머무느니라〔住非有想非無想處〕."

보살은 원력으로 수생(受生)한다

"이 보살이 선정과 삼매에서 마음대로 들고나면서 그 힘을 따라 태어나는 것이 아니고 보리(깨달음)의 부분을 만족할 수 있는 곳을 따라서 마음과 원력으로 그 가운데 나느니라."

게송으로 그 뜻을 거듭 설하다

　　청정하고 밝고 맑은 마음과
　　싫어하고 탐심 없고 해치지 않고
　　견고하고 용맹하고 넓고 큰 마음으로
　　지혜로운 이가 3지에 들어간다.

중생을 애민이 여기는 마음

　　번뇌에 덮이어서 눈이 멀었고
　　마음이 용렬하여 불법 잃으며
　　생사를 따르느라 열반 두렵나니
　　내가 저를 구하려고 항상 정진하네.

## 4. 염혜지(焰慧地)를 설하다

제 3지 법문을 공양 찬탄하다

이렇게 광대하고 즐거운 행과
묘하고 수승한 법 불자가 듣고
수많은 천녀들이 모두 즐거워
아름다운 음성으로 찬탄하오니

### 제 4지 법문을 청하다

바라건대 총명한 이는 다음 지(地)의
결정한 뜻 빠짐없이 연설하시어
천상 인간 중생에게 이익 주소서
불자들이 듣기를 원하옵니다.

### 팔정도(八正道)

"보살은 바른 수행을 하되 싫어함을 의지하고, 떠남을 의지하고, 멸함을 의지하고, 버리는 데로 회향하느니라. 바른 이해(正見), 바르게 생각함(正思惟), 바른 말(正語), 바른 업(正業), 바른 생명(正命), 바른 정진(正精進), 바른 생각(正念), 바른 정정(正定)을 하되 싫어함을 의지하고 떠남을 의지하며 버리는 데로 회향하느니라."

### 수야마천왕이 되다

"보살이 이 지위에 머물러서는 흔히 수야마천왕이 되며, 방편으로 중생들이 몸이라는 소견을 없애어 바른 소견에 머물게 하며, 보시하고 좋은 말을 하고 이로운 행을 하고 스님네를 생각함이 떠나지 아니하며, 내지 갖가지 지혜와 구족하려는 생각을 떠나지 아니하느니라.

보살이 잠깐 동안에 억 삼매에 들어가서 억 부처님을 보고 내지 일억 가지 몸을 나타내어 일억 보살로 권속을 삼으니라."

게송으로 그 뜻을 거듭 설하다

　　염혜지에 처음 올라 세력이 늘어
　　여래 가문 태어나 퇴전치 않고
　　삼보를 믿는 마음 안 무너져
　　나지 않는 법을 보아 정각에 드네.

염혜지에 오른 공덕

　　이 보살이 인간에서 가장 수승해
　　나유타 부처님 공양하오며
　　바른 법문 듣고서 출가를 하여
　　해할 수 없는 일 참 금(眞金)이로다.

❧

기쁨의 땅에 도착하다

　1. 어느 날 범선을 타고 가던 많은 사람들이 환호성을 질렀습니다. "아! 섬이 보인다. 저기 섬이 보인다!" 사람들은 소리를 지릅니다. 오랜 항해를 하여 모두 지쳤습니다. 그 가운데에는 오랜 바다 여행으로 신체적으로도 지치고, 정신적으로도 고통이 이만저만이 아니었습니다. 그러나 모두가 눈빛은 맑게 빛났습니다. 왜냐하면 그들은 이제까지 열 가지

믿어지지 않는 아주 귀중한 보배를 얻었기 때문입니다. 그 보배란 무엇인가? 그것은 믿음이었습니다. 열 가지로 구분되어 있는 믿음이었단 말입니다. (十信)

2. 환호성과 함께 또 놀란 것은 우리들이 지금까지 지치지도 않고, 열심히 살아 온 것을 축하해야 할 것입니다. 한 사람도 낙오자가 생기지 않았고 또 사람들이 너무나 말을 잘 들어 주어서 선장은 많은 손님들에게 고마워해야 할 것입니다. 건강하여 병원의 신세도 지지 않고 말입니다. 그들은 오직 살아야 한다는 신념으로 오늘에 이르렀습니다. 열심히 노를 저은 덕택으로 여기까지 온 것입니다. (十行)

3. 점점 가까워 보이는 섬이 이제는 거의 또렷이 보입니다. 산도 있고, 마을도 있고, 빌딩도 있고, 숲이 보이는 것으로 보아 많은 사람들이 이미 와서 살고 있다는 것을 알 수가 있습니다. 저 높은 빌딩은 어떤 것은 100층이나 되고, 어떤 것은 200층이나 되고, 어떤 것은 300층이나 되고, 어떤 빌딩은 동그란 모양을 하고, 어떤 것은 네모져 보이고, 어떤 것은 세모지기도 하고, 어떤 것은 세모와 네모꼴을 하고 있고, 어떤 것은 온통 유리로 되어 있고, 뻔쩍뻔쩍 하는 것이 마치 어느 천계의 도시에 온 것 같습니다.

그 나라 사람들은 '무엇을 하면서 살까?' 무척이나 궁금해지기도 하였습니다. 멀리 여러 척의 범선이 보이는 것으로 보아 많은 사람들이 이곳을 왕래하고 있음을 깨닫습니다. 선장은 연신 망원경을 보면서 잠시도 눈을 그곳에서 떼지 못합니다. 왜냐하면 이제 그곳에 도착하면 또 할 일들이 있기 때문입니다. 그것은 전적으로 선장이 해야 할 일입니다. 그러나 다른 선원들이나 손님들도 해야 할 일이 있습니다. 각각의 사람들을 그들의 방으로 보내야 합니다. 이제까지 일도 많이 했지만 너무 놀았습니다. 이제는 짐을 챙기면서 여유도 부리고 잠시 쉬었다가 내릴 준비를 해야 하니 각기 자신의 방으로 돌아갔습니다. (十住)

4. 모든 사람들은 마음이 너무 좋다는 생각을 갖습니다. 이제는 쓸 만한 것들을 모아서 이웃에게 주고 싶습니다. 내게 꼭 필요로 하는 것은 다른 사람에게도 좋은 것입니다. 내가 갖고 있는 모든 것을 아까워하지 않고 모두에게 고루 나누어 주었습니다. 그리고 섬에 도착하여 그곳의 사람들에게 모든 것들을 나누어 주기로 하였습니다. 이제 서로서로 자기가 가진 것 중에서 제일로 아끼는 것들을 주니 화기애애합니다. 멀리 보이는 유토피아 섬들을 바라보면서 그들은 범선 안에서 좋아라 합니다. (十廻向)

5. 믿음의 땅! 아름다운 국토! 정토에 도착하였습니다. 그 곳의 사람들이 마중을 나왔습니다. 그런데 놀랍습니다. 모두가 얼굴에 환한 미소가 가득합니다. 환영한다는 플래카드와 함께 그들은 따뜻한 차와 온갖 음식들을 갖고 와서 먹기를 권합니다. 뿐만 아니라 숙소며 기타 필요한 물건들을 서로 주려고 합니다. 길 옆엔 꽃들로 가득합니다. 장미꽃, 백합꽃 이름 모를 꽃들이 줄을 서 있습니다. 가만히 살펴 보니 저 멀리 궁전이 있습니다. 무슨 궁전인가 하고 물으니 그곳은 부처님이 계신다고 합니다. 그리고 우리들을 마중 나온 사람들은 모두가 선한 보살들이라

는 것입니다.

선장이 물었습니다. "보살님, 이곳이 어디입니까?" 사람들이 말하길 "이곳은 환희지, 기쁨이 가득한 세계입니다."라는 것이었습니다. 그러니까 십지 가운데 제일로 기쁨을 얻는 환희지라는 것입니다. 그리고 여기보다 더 좋은 땅들의 세계가 있는데, 그 곳을 다녀 보면 정말로 좋은 경험이 될 것이라고 합니다. 발광지가 있는데 그 곳은 지혜가 가득한 보살들이 있으며, 그런 고로 몸에서 빛이 난다는 것입니다. 몸에서 나는 빛이 얼마나 아름답던지 사람들이 서로를 바라보는 순간 황홀하여 서로를 안아 준다고 합니다. 물론 환희지보다도 더 좋은 땅이라는 것입니다.

그 다음은 때를 여읜 이들이 사는 땅, 이구지라는 세계라는 것입니다. 이 이구지의 보살들은 일체의 악을 모르는 사람들만이 모여 사는 것입니다. 뿐만 아니라 이 단계를 거친 보살들이 사는 곳은 지혜가 충만한 곳입니다. 사람들을 보기만 하여도 그들은 어떤 사람들인지를 금방 알아 볼 수가 있습니다. 지혜가 불꽃처럼 피어나서 모르는 것이 없을 정도입니다. 그들은 모두 부처님도 인정을 하셨습니다. (十地)

## 5. 난승지(難勝地) 를 설하다.

**찬탄하면서 법을 청하다**
**경문**
　① 보살이 찬탄합니다
　**보살들이 모여 4지의 수행을 듣고**

환희에 가득하여 마음이 맑습니다.

공중에서는 꽃비가 내립니다.

거룩하시다! 대사(大士)시여, 금강장 보살이여!

② 천왕이 찬탄합니다

자재천왕은 하늘 대중과 함께

법을 듣고 기뻐하면서

가지가지 광명구름을 하늘에 펼치었다.

여래시여! 빛꽃이시여!

난승지(難勝地)에 들어가는 길

그 때 금강장 보살이 해탈월 보살에게 말하였다.

"불자여, 보살 마하살이 제 4지에서 행한 것은 이미 원만케 하고 5지에 들어가려면 평등하고 청정한 마음으로 들어가야 하느니라."

"불자여, 이 보살 마하살이 이런 지혜로 관찰하며 닦는 선근은 일체 중생을 위하여 쓰며, 일체 중생을 이익케 하며, 일체 중생들로 하여금 청정함을 얻게 하며, 모두 조복하며, 일체 중생들로 하여금 열반의 경계를 얻게 함이니라."

제 5지에서 도솔천왕(兜率天王)이 되다

"보살이 이 땅에 들어와서는 도솔천왕이 되며, 중생들에게 하는 일마다 자재하게 되어 외도들을 삿된 소견에서 조복받고, 중생들로 하여금 행복을 얻게 하고, 항상 삼보를 생각하고, 온갖 지혜를 구족하게 갖추어서 살게 됨이라 하느니라. 이 보살이 잠깐 동안에 삼매에 들어 천억 삼매에 들고 천억 부처님을 뵙고 천억 부처님의 가피를 알고, 천억의 몸을 나타내며 천억의 보살로 권속을 삼으니라."

## 6. 현전지(現前地)를 설하다

찬탄하고 법을 설하다
　① 천왕의 찬탄
　자재천의 천왕과 여러 권속들
　환희한 마음으로 천계에 있어
　보배 구름 일으켜 공양을 하고
　훌륭하시어라, 법문이여.

　② 천녀의 찬탄
　한량없는 하늘의 천녀가
　아름다운 노래로 부처님 찬탄하시니
　그 음성 속에 이런 말을 내어
　부처님 말씀으로 번뇌병 덜어지이다.

십이인연의 상속(相續)을 관하다
　"불자여, 이 보살 마하살이 이렇게 관하느니라. 제일 가는 이치는 열두 가지 인연이니, 무명(無明)이라 하고, 지어 놓은 업과를 행(行)이라 하고, 행을 의지한 첫 마음을 식(識)이라 하고, 식으로 내는 4온(색,

수, 상, 행)을 명색(名色)이라 하고, 이름과 물질이 증장하여 6처(處)가 되고, 근(根)과 경계(境界)와 식(識)이 화합한 것을 촉(觸)이라 하고, 촉과 함께 받아들이는 것을 수(受)라 하고, 받아들이는 데 물드는 것을 애(愛)라 하고, 사랑이 증장하는 것을 취함(取)이라 하고, 취함으로 일으킨 유루업(有漏業)을 유(有)라 하고, 업으로 부터 온(蘊)을 일으키는 것을 낳음[生]이라 하고, 온이 성숙함을 늙음[老]이라 하며 온(蘊)이 무너짐을 죽음[死]이라 함을 관하느니라."

## 삼계가 오직 한마음이다

### ① 마음의 작용

"불자여, 이 보살 마하살이 또 이렇게 생각하느니라. 삼계에 있는 것이 오직 한마음인데 여래가 이것을 분별하여 12가지라 하였으니 다 한마음을 의지하여 이렇게 세운 것이니라. 무슨 까닭인가. 이를 따라 생기는 탐욕이 마음과 함께 나나니 마음은 이 식(識)이요, 일은 이 행(行)이라. 미혹함이 무명이며, 무명과 마음으로 함께 일어나는 것이 이 세계의 물질이니라."

### ② 생멸의 속박

"또 무명이 행(行)의 인연이 된다 함은 얽매여 속박됨을 나타내는 것이요, 무명이 멸하면 행이 없어진다 함은 얽매여 속박됨이 사라지는 것이니 다른 것들도 다 그러하니라."

## 제6지에서 선화 천왕이 된다

"보살 마하살이 이 땅에 머물러서는 선화천왕이 되며, 하는 일이 모두 자재하며, 성문으로서는 굴복시킬 수 없으며, 중생들로 하여금 교만을 없애고 연기(緣起)에 깊이 들어가게 하며, 이익된 행을 하나니 이렇게 모든 짓는 업이 부처님 생각을 떠나지 아니하며, 내지 갖가지 지혜와 온갖 지혜의 지혜를 구족하려는 생각을 떠나지 않느니라."

게송으로 그 뜻을 거듭 설하다
　그 때 금강장 보살이 이 뜻을 다시 펴려고 게송으로 말하였다.

　인연법 관찰하니 참 이치가 비고
　거짓이름 화합한 작용을 깨뜨리지 않으며,
　짓는 이도 받는 이도 생각도 없어
　모든 행이 구름처럼 일어나도다.

　참 이치 모르는 것 이름이 무명이요,
　생각으로 지은 업은 어리석음의 과보요,
　식(識)이 생겨 함께 난 것 이름과 물질이라.
　이와 같이 필경은 고통 덩어리리니

　마음으로 삼계가 생긴 것이고,
　열두 가지 인연도 그런 것이며,
　나고 죽음 또한 마음으로 짓는 것이니
　마음이 다하면 생사(生死) 끊어지리.

## 7. 원행지(遠行地)를 설하다

① 하늘 대중이 찬탄하다
이 때 하늘무리 환희한 마음
광명 놓아 부처님의 몸에 비추고
가지가지 묘음(妙音) 두루 내어서
청정한 분이시여, 설하시옵소서.

② 법을 청하다
수없는 천상사람 하늘 여인들
가지가지 공양하며 찬탄하고는
고요하게 보살을 우러러 보며
바라건대 법을 설하소서.

### 제 7지에 들어가는 열 가지 방편 지혜

이 때 금강장 보살이 해탈월 보살에게 말하였다.

"불자여, 보살 마하살이 제 6지의 수행을 구족하고, 제 7원행지에 들어가려면 열 가지 방편 지혜를 닦으며, 스승한 원력을 일으켜야 하느니라. 이른바 중생을 버리지 아니하며, 부처님께 공양하며, 복과 덕을 닦으며, 삼계를 장엄하느니라."

### 제 7지 보살의 청정한 업

"불자여, 이 보살은 7지에 머물러서는 깊고 깨끗한 마음으로 몸의 업을 성취하고, 뜻의 업을 성취하고, 여래께서 꾸짖으신 것은 모두 여의었고, 이 보살이 삼천대천세계에서 크게 밝은 스승이 되나니 여래와 제 8지 이상의 보살을 제외하고는 다른 보살의 깊은 마음과 묘행(妙行)으로는 동등할 리 없으며, 모든 선정과 삼매와 삼마발 죄와 신통과 해탈이 모두 그 앞에 나타나거니와 그러나 그것은 닦아서 이루어진 것이고, 제 8지와 같이 과보로 얻은 것이 아니니라. 이 땅에 있는 보살들은 생각 생각마다 구족하게 닦아서 방편과 지혜가 더욱 더 원만하느니라."

자재천왕이 된다

"보살이 이 땅에 머물러서는 자재천왕이 되며, 중생들에게 증득한 법을 말하여 깨달음에 들어가게 하며, 짓는 업이 부처님 생각함을 떠나지 아니하며, 온갖 지혜를 구족하려는 생각이 떠나지 아니함이니라."

8. 부동지(不動地)를 설하다

① 천왕이 공양하고 천중이 찬탄하다
이 때에 천왕들과 하늘 대중이
이 좋은 행을 듣고 기뻐서
자비하신 부처님과 한량없는 이
거룩한 보살들께 공양합니다.

② 천녀가 음악으로 공양을 올리다

천녀들이 같은 때 하늘악기로
가지가지 음성을 두루 내어서
부처님과 불자들에 공양하면서
묘법계 계시어 설법하시네.

### ③ 방편을 닦아 익히다

그 때 금강장 보살이 해탈월 보살에게 말하였다.

"불자여, 보살 마하살이 제 7지에서 방편 지혜를 잘 닦아서 모든 도를 깨끗이 하며, 원력으로 붙들어 유지하시고, 여래의 힘으로 가피하시고, 자신의 선근으로 유지하므로 복과 지혜를 성취하며, 대자대비로 중생을 버리지 않고 한량없는 도에 들게 하느니라."

### ④ 무생법인을 얻다

"일체 법에 들어가니 본래 나는 일도 없고, 일어남도 없고, 모양도 없고, 이룸도 없고, 무너짐도 없고, 평등하여 분별이 없는 지혜로 들어 갈 곳이니라. 이것을 이름하여 무생법인(無生法忍)이라 하느니라."

### ⑤ 모든 국토가 다 청정하다

"불자여, 보살이 제 8지에 머물러서는 큰 방편과 공용이 없는 지혜 무공용각혜(無功用覺慧)로써 행할 경계를 관찰함이라. 이 업이 모임으로써 이루어지고, 업이 다함으로써 무너지며, 얼마 동안 이루어지고, 얼마 동안 무너지며, 이루어지고 머무는 것을 다 사실대로 아시느니라. 또 지수화풍의 작은 모양과 큰 모양과 한량없는 모양과 차

별한 모양을 알며, 작은 티끌의 미세한 모양과 차별한 모양과 한량없
이 차별한 모양을 알며, 또 욕계·색계·무색계 이루어짐과 무너짐
을 알고, 욕계·색계·무색계의 작은 모양과 큰 모양의 차별을 다
아느니라."

### 9. 선혜지(善慧地)를 설하다

① 여래의 신통
일체를 알고 보는 부처님께서
몸으로 큰 광명을 놓으시니
한량없는 저 국토 밝게 비추어
중생들로 하여금 평안을 얻게 하시네.

② 천왕의 공양
대자재 천왕들과 자재천왕이
같은 마음 한량없이 기뻐하면서
제각기 여러 가지 공양거리로
깊고 깊은 공덕바다 공양합니다.

선혜의 땅에 들어가는 열 가지 방편
　이 때 금강장 보살이 해탈월 보살에게 말하였다.
　"불자여, 보살 마하살이 이렇게 한량없이 지혜로 생각하며 관찰하
고 다시 더 적멸한 해탈을 구하며, 또 여래의 지혜를 닦으며, 여래의

비밀한 법에 들어감이며, 광대한 신통을 갖추며, 차별한 세계에 들어
가며, 부사의한 큰 지혜의 성품을 관찰하며, 다라니와 삼매의 문을 깨
끗이 하며, 법을 닦아 부처님 법륜을 굴리며, 보살의 9선혜지에 들어
가느니라."

선혜지의 공덕을 말하다

"불자여, 이 보살이 제 9지에 머물러서는 밤낮으로 부지런히 정진
을 하였으며 다른 생각이 없었고, 부처님을 친근히 하여 깊은 해탈에
들어가서 항상 삼매에 있으면서 여러 부처님을 뵙고 잠깐도 떠나지
않았느니라."

설법이 성취되다, 법사가 성취되다

"또 법에 걸림없는 지혜로써 일체 여래의 말씀과 힘과 두려울 것
없음과 함께하지 않는 부처님법과 대자비와 변재와 방편과 법륜을 굴
리는 온갖 지혜의 지혜를 따라 증득함을 알고, 뜻에 걸림없는 지혜로
써 여래께서 일체 중생의 마음과 차별한 음성을 알고, 말에 걸림없는
지혜로써 여래의 음성으로 말하고, 중생의 믿음과 이해를 따라서 청
정한 행을 원만하게 하느니라."

이 천계에서는 대범천왕이 되다

"불자여, 보살 마하살이 이 지(地)에 머물러서는 흔히 이천(二天)세
계의 대범천왕이 되며, 잘 통치를 하여 자유롭게 이익케 하고, 모든
성문과 연각과 보살들을 위하여 바라밀행을 연설하느니라."

## 10. 법운지를 설하다

① 자재천왕의 공양
자재천의 임금과 하늘무리들
한량없는 수억의 사람들
하늘 옷을 부처님께 공양하며
백만억 꽃들이 휘날리네.

② 천녀의 공양
하늘의 천녀들 한량없어라
기쁘게 공양하지 않는 이 없네
몸매가 단정하기 한량이 없어
크고 큰 법계에 한량이 없네.

### 삼매에 들다

"불자들이여, 보살 마하살이 이러한 지혜로 직책을 받는 지위에 들어가서는 곧 보살의 때를 여의는 삼매를 얻으며, 법계의 차별한 삼매와 도량을 장엄하는 삼매와 온갖 꽃으로 장식을 한 삼매와 해인삼매와 모든 법의 성품을 보는 삼매와 일체 중생의 마음과 행동을 아는 삼매와 모든 부처님이 앞에 나타나는 삼매에 들어가니 아승지 삼매가 다 그 앞에 나타나느니라."

### 십지위(十地位)의 모든 것을 갖추어 있다

"이 삼매가 앞에 나타날 때에 큰 보배 연꽃이 홀연히 나타나 그 꽃이 넓고 커서 백만 삼천대천세계와 같으며, 여러 가지 묘한 보배로 사이사이 장엄하였으니, 일체 세간의 경계를 초월하여 불세간의 착한 뿌리로 생겼으며, 한량없는 광명이 있고, 여러 보배로 연밥이 되고, 보배그물로 덮였으니, 열 삼천대천세계의 티끌처럼 많은 연꽃으로 권속이 있느니라."

열 가지의 광명을 보이다

"불자여, 이 보살이 큰 연꽃자리에 앉았을 적에, 두 발바닥으로 백만 아승지 광명을 놓으니 시방의 여러 큰 지옥에 비치어 지옥 중생들의 고통을 멸하며, 두 무릎으로 백만 아승지 광명을 놓으니 시방의 여러 축생 갈래에 비치어 축생들의 고통을 멸하며, 배꼽에서 백만 아승지 광명을 놓으니 시방의 염라왕 세계에 비치어 중생들의 고통을 멸하며, 좌우의 옆구리로 백만 아승지 광명을 놓으니 시방의 모든 인간에게 비치어 중생들의 고통을 멸하며, 두 손바닥으로 백만 아승지 광명을 놓으니 시방의 모든 천상과 아수라들의 궁전에 비치며, 두 어깨로 백만 아승지 광명을 놓으니 시방의 모든 성문들에게 비치며, 목덜미로 백만 아승지 광명을 놓으니 시방의 벽지불들의 몸에 비치었느니라.

얼굴로 백만 아승지 광명을 놓으니 시방의 처음으로 발심한 보살과 내지 9지 보살의 몸에 비치며, 두 눈썹 사이로 백만 아승지 광명을 놓으니 시방에서 직책을 받은 보살들께 비치어 마군의 궁전들을 나타나지 못하게 하였느니라. 정수리로 백만 아승지 삼천대천세계 티끌 수 같은 광명을 놓으니 시방 일체 세계에 있는 모든 부처님의 도량에 모인 대중에게 비치어 오른쪽으로 열 바퀴를 돌고는 허공에 머물러서 광명그물이 되었으니 이름이 '치성한 광명'이라. 여러 가지 공양 거리를 내어 부처님께 공양하니, 다른 보살들이 처음 발심한 때부터 9지에 이르기까지에 하던 공양으로 이 공양에 비하면 백분의 일에도 미치지 못하며, 내지 산수와 비유로도 미칠 수 없느니라. 그 광명그물이 시방의 모든 부처님의 대중들이 모인 데 두루하여 여러 가지 묘한 향과 꽃과 꽃타래와 의복과 당기와 번기와 보배일산과 여러 가지 마니 따위의 장엄거리를 비내려 공양하니, 모두 출세간한 착한 뿌리로부터 난 것이므로 모든 세간의 경계를 초월하였으며, 만일 중생들이 이런 것을 보고 알면 아뇩다라삼먁삼보리에서 물러나지 아니하느니라.

불자여, 이 큰 광명이 이렇게 공양하는 일을 마치고는 다시 시방의 모든 세계에 있는 모든 부처님의 도량마다 모인 대중들을 열 바퀴를 돌았고, 그리고는 여러 여래의 발바닥으로 들어갔느니라.

그 때 여러 부처님과 보살들이 아무 세계의 아무 보살 마하살이 이런 광대한 행을 능히 행하고 직책을 받는 지위에 이른 줄을 알았으며, 불자여, 이 때에 시방에 있던 한량없고 그지없는 보살과 제 9지의 보살들까지 모두 와서 둘러싸고 공경하고 공양하며 한결같은 마음으로 관찰하였으며, 한창 관찰할 적에 그 보살들이 각각 십천 삼매를 얻었느니라.

이러한 때에 시방에 있는 직책을 받은 보살들이, 모두 가슴에 있는 금강으로 장엄한 공덕 모양에서 큰 광명을 놓으니 그 이름은 '마군과 원수를 파괴함'이라, 백만 아승지 광명으로 권속을 삼고 시방을 두루 비추어 한량없는 신통변화를 나타내고, 이런 일을 마치고는 이 보살 마하살들의 가슴에 있는 금강으로 장엄한 공덕 모양으로 들어갔으며, 그 광명이 들어간 후에는 이 보살들의 지혜가 세력을 더하여 백천 곱절로 지났느니라."

### 지위를 얻다

"그 때 시방의 모든 부처님이 청정한 광명을 놓으시니 그 이름이 온갖 지혜와 신통이 더함이라. 무수한 광명으로 일체 세계를 비추어서 여래의 광대한 자재함을 나타내며, 한량없는 백천억 나유타 보살들을 깨우치고, 갖가지 장엄을 나타내었느니라."

### 총결하다

"불자들이여, 이것을 이름하여 보살이 큰 지혜의 직책을 받았다 하며, 보살이 이 지혜로 한량없는 백천만억 나유타 되는 행하기 어려운 행을 행하며, 법운지에 머문다 이름하느니라."

### 삼세 여래의 법장(法藏)을 일념에 다 알다

해탈월 보살이 말하였다.

"불자여, 이 지(地)의 보살이 한 찰나 동안에 몇 여래의 처소에서 큰 법의 광명과 큰 법의 비침과 큰 법의 비를 능히 견디고 받고 거두고 유지하나이까?"

금강장 보살이 말하였다.

"불자여, 산수로는 알 수 없나니, 내가 그대를 위하여 비유로써 말하리라. 불자여, 비유컨대 시방에 각각 열 배의 말할 수 없는 백천억 나유타 부처님 세계의 티끌 수 세계가 있고, 그 세계들 가운데 있는 낱낱 중생이 모두 듣고 지니는 다라니를 얻고 부처님의 시자(侍者)가 되어 성문 대중 중에 많이 듣기로 제일인 것이, 금강연화상(金剛蓮華上) 부처님의 대승(大勝) 비구와 같지마는, 한 중생이 받은 법을 다른 이는 다시 받지 않는다 하면, 불자여, 그대는 어떻게 생각하는가? 이 여러 중생들의 받은 법이 한량이 있겠는가, 한량이 없겠는가?"

해탈월 보살이 말하였다.

"그 수효가 매우 많아서 한량없고 그지없겠나이다."

금강장 보살이 말하였다.

"불자여, 내가 그대에게 말하여 알게 하리라. 불자여, 이 법운지 보살이 한 부처님 계신 데서 한 찰나 동안에 견디고 받고 거두고 유지한 큰 법의 광명과 큰 법의 비침과 큰 법의 비인 삼세의 부처님 법장을, 앞에 말한 그러한 세계의 일체 중생이 듣고 지닌 법으로는 백분의 하나에도 미치지 못하며, 내지 비유로도 미칠 수 없느니라.

한 부처님 계신 데서와 같이, 시방에는 앞에 말한 바와 같은 그렇게 많은 세계의 티끌 수 부처님보다 더 지나가서 한량없고 그지없는 부처님이 계시거든, 그 낱낱 여래의 처소에 있는 법의 광명과 법의 비침과 법의 비인 삼세의 부처님 법장을 모두 다 능히 견디고 능히 받고 능히 거두고 능히 유지하나니, 그러므로 이 지(地)의 이름을 법운지라 하느니라."

마혜수라 천왕이 되다

"불자들이여, 보살이 이 지위에 머물러서는 마혜수라 천왕이 되어 법이 자재하며, 중생들에게 성문이나 독각이나 모든 보살의 바라밀다를 주며, 법계 가운데 좋은 말을 하고, 이익한 행을 하고, 부처님 생각을 떠나지 않음이라. 이른바 수행과 장엄함을 믿고, 광명과 여러 근과 신통변화와 음성과 행하는 곳을 내지 백천억 나유타 겁에도 능히 헤아려 알지 못하리라."

**해설**  난승지의 땅에 들어오기까지 제 4의 땅에서 깨달음을 성취한 보살들이 이곳까지 왔습니다. 십신과 십행과 십주와 십회향의 길고 긴 여행을 하면서 수행을 하였습니다. 그 보살들은 금강장 보살들과 억의 보살들과 억의 수로 삼매에 드시어 중생을 관찰하시는 부처님이 금강 삼매에 드셨다고 하였습니다. 왜냐하면 우리들을 구제하기 위하여 그와 같은 삼매에 드신 것입니다. 오랜 여행, 즉 수행이라는 길을 걸어 왔습니다. 손가락, 발가락까지 보시하고 허파, 심장 등 온갖 장기를 다 주고 나중에는 몸까지 주는 등의 보시를 통하여 버릴 수 있는 것은 모두 다 버렸습니다. 그리고 꼭 필요한 분들에게 다 주었습니다.

모두 주고 나니 환희의 땅을 보게 되고 그 땅에서 보살들을 만나고 지혜가 가득한 사람들, 그리고 아름다움을 간직한 사람들을 만나게 됩니다. 그들에게서는 또 광명이 납니다. 이런 곳에 처음으로 찾아 온 것은 참으로 다행입니다. 다행이라고 할 수밖에 없습니다. 이제는 누구도 이길 수 없는 그런 땅에 도착하였습니다. 뿐만이 아닙니다. 모든 것이 앞에 나타나는 믿어지지 않는 일들이 내 앞에서 일어납니다. 이제는 원행을 할 수 있는 힘을 갖고 있습니다. 언제라도 범선을 타고 여러 나라들을 갈 수 있습니다. 부동의 땅에 도착하여서는 또 아름다운 세계를 발견하는 것입니다. 착하고 착한 사람들 그리고 지혜를 갖고 있고 힘도 있습니다. 오직 진리의 세계는 모든 것이 충족되어 있는 땅입니다.

부처님은 말씀하십니다. "하고싶은 것이 무엇이냐? 내가 다 들어주리라" 하시는 땅, 불국의 세계입니다.

❧

### 외계의 대상들〔等外界對象〕

아뢰야식(Alaya)에 있어서 아뢰야는 '자리잡다' 또는 '정착하다, 감추다, 숨기다, 저장하다, 기록하다' 등의 의미를 담고 있습니다. 아뢰야식이란 원래 a-li로부터 나온 파생어로 용기(容器) 또 장(藏)이라는 의미가 있습니다.

예컨대 히말라야 마운틴 하면 'Himalaya'라는 산이름은 우리말로 번역을 하면 him은 눈설(雪)자이니 alaya는 장(藏)이 되므로 설장산(雪藏山)이 되는 것이다. 다시 말해서 히말라야 산은 '눈이 쌓인산'이라는 뜻입니다. 아뢰야식은 '마음이 쌓인 곳'이라는 말이 된다는 뜻이지요. 경험을 토대로 한 인식이 업(業)이 된다는 것입니다. 그런데 이와 같은 인식이 '아뢰야식'을 인식할 수가 있느냐, 또는 없는 것이냐는 것은 여기에서 말하기가 적절치 못합니다. 다만 "아뢰야식이 있어서 모든 식을 장식해 놓고 있다는 것만은 사실이다"라고 말들을 합니다.

세존께서는 유식이십론에서 '참나'는 인식대상을 구비해야 한다고 하였고, 그 조건을 명확히 하였습니다. 12인연에서 무명, 행, 식(識)이라는 이 장식이 나옵니다. 십지의 제 6의 현전지(現前地)에 12인연법을 상속함을 관찰한 부분이 나옵니다. 제 1의제를 알지 못하므로 무명이라 한다 하였습니다. 여기에서 나오는 무명은 '왜'라는 질문을 할 수가 있습니다. 본래가 자성청정한 자리였다면 왜 '무명'이라는 것이 나느냐 이것입니다. 다시 말해서 제일의제(第一義諦)를 깨닫지 못해서 그렇다 하면, '본래 청정한데, 또는 본래 깨달아 있는 상태인데'라는 계속되는 질문이 나올 것입니다. 그렇다면 '무명'은 어디에서 온 것일까? 왜 본각(本覺)인데 무명이 생겼을까? 하는 질문이 계속해서 남아 있을 것입니다. 어떤 사람이 어떻게 답하든 상관없이.

# 십정품(十定品)

**합론** 이 품은 부처님께서 스스로 열 가지 선정으로 이름하시고, 보현 보살이 열 가지 선정의 그 '씀(用)'을 설하고 부처님의 근본 지혜로 그 '몸(體)'을 밝혔음이라. 보현 보살의 차별의 지혜는 '작용'인 연고이니 일체를 베푸는 것이 근본지(根本智)의 대삼매를 떠나지 않고 은혜를 주심을 밝혔음이라. 이런 까닭으로 근본 지혜의 자리에 돌아와서 보광명 가운데에 계시사 적멸의 덕용(德用)을 설하심이라. 부처님이 이 정품을 설하시고자 함일새 마갈제국에서 처음으로 성불하시고 아란야 보리도량에서 계시사 보광명전에서 앉으사 한 찰나 간에 들어서 49년간 중생교화하시는 가운데 하늘로부터 좇아 하강함이 모두 한 찰나 간에 이루어 졌다고 하셨다.

## 1. 서분(序分)

세존이 보광명전에서 정각을 이루시다
**경문** 그 때 세존이 마갈제국(摩竭提國) 고요한 법(아란야 법)의 보리도량에서 비로소 바른 깨달음을 이루시고, 보광명전에서 여러 부처님의 찰나 경계의 삼매에 드시었다. 온갖 지혜의 힘을 갖추신 여래의 몸을 나타내시니 마땅하게 태어나서 시기를 놓치지 않고 항상 한 가지 모양에 머무시니 이른바 모양 없는 상(相)이시었다.

**해설**  모를 일입니다. 세존은 마갈타국 보리수하에서 견명성오도 하시었다고 하였는데 보광명전에서 비로소 깨달았다는 뜻은 무엇일까? 바로 보광명전이 보리수하 금강보좌입니다. 일체 중생을 구제하시기 위하여 일체의 모습을 새로이 보이시는 이치입니다.

## 해탈을 얻은 보살 대중과 함께하다

**경문**  그 이름은 금강혜 보살, 무등혜 보살, 의어혜(義語慧) 보살, 최승혜(最勝慧) 보살, 상사(常捨) 보살, 나가(那伽) 보살, 성취(成就) 보살, 조순혜(調順慧) 보살, 대력(大力) 보살, 난사(難思) 보살, 무애(無礙) 보살, 증상혜(增上慧) 보살, 보공혜(普供慧) 보살, 여리혜(如理慧) 보살, 선교(善巧) 보살, 법자재(法自在) 보살, 법혜(法慧) 보살, 적정혜(寂靜慧) 보살, 허공혜(虛空慧) 보살, 일상혜(一相慧) 보살, 선혜(善慧) 보살, 여환(如幻) 보살, 광대(廣大) 보살, 세력(勢力) 보살, 세간(世間) 보살, 불지혜(佛地慧) 보살, 진실(眞實) 보살, 존승혜(尊勝慧) 보살, 지광혜(智光慧) 보살, 무변혜(無邊慧) 보살 등이었다.

**합론**  해탈을 얻은 보살 대중은 대개 혜(慧)자 보살이라. 무변혜(無邊慧) 보살에 이르기까지 30의 보살이 있어 한 가지로 다 혜(慧)라. 이는 십지의 도를 마치매 칠각행화(七覺行化)로써 생사에 처하여 일체 중생을 깨닫게 하기 위한 연고니, 이는 보현행문(普賢行門)을 이루고

자 함이라.

## 2. 보안 보살이 법을 청하다

**경문** 그 때 보안 보살 마하살이 부처님의 신력을 받잡고 자리에서 일어나서 오른 어깨를 드러내고 무릎을 땅에 대고 합장하고 여쭈었다. "세존이시여, 제가 여래, 응공, 정등각께 여쭈오니 어여삐 여기시여 허락하여 주소서."

부처님께서 말씀하시었다.

"보안 보살이여, 내가 마땅히 그대에게 말하리라. 착하도다. 보안이여, 그대가 과거와 미래와 현재의 보살들을 이익케 하려고 이런 이치를 묻는 것이로다."

### 보현 보살을 찾아도 찾지 못하다

그 보살들이 보현 보살에게 존중하는 마음을 내고 사모하여 뵈옵고자 하여 모인 대중을 두루 관찰하였으나 뵈올 수도 없고 앉은 자리도 볼 수 없으니, 이것은 여래의 위신력으로 그러한 것이며, 역시 보현 보살의 신통이 자유자재하므로 그렇게 되는 것이다.

그 때 보안 보살이 부처님께 여쭈었다.

"세존이시여, 보현 보살이 지금 어디 있나이까?"

"보안이여, 보현 보살은 지금 이 도량에 모인 대중 가운데서 나에게 가까이 있으면서 조금도 이동하지 않았느니라."

이 때 보안 보살과 여러 보살들이 다시금 도량에 모인 이들을 살펴

보면서 두루 찾다가 부처님께 여쭈었다.

"세존이시여, 저희들은 지금도 보현 보살이나 그의 앉은 자리마저도 보지 못하나이다."

부처님께서 말씀하시었다.

"그러하니라. 선남자여, 그대들이 보현 보살을 보지 못함은 이런 까닭이니라. 선남자여, 보현 보살의 머문 데가 매우 깊어서 말할 수 없는 연고니라. 보현 보살은 그지없는 지혜문을 얻고 사자의 위엄 떨치는 삼매에 들었으며, 위없이 자유로운 작용을 얻어 청정하여 걸림 없는 경계에 들어갔으며, 여래의 열 가지 힘을 내어 법계장(藏)으로 몸을 삼았으며, 일체 여래가 함께 수호하여 잠깐 동안에 세 세상 부처님들의 차별없는 지혜를 증득하였으니, 그러므로 그대들이 보지 못하느니라."

삼매의 힘으로 찾아도 찾지 못하다

이 때 보안 보살이 여래께서 보현 보살의 청정한 공덕에 대해 말씀하심을 듣고 십천 아승지 삼매를 얻고, 삼매의 힘으로 두루 살펴보고 앙모하며 보현 보살을 보려 하였으나 보지 못하였고, 다른 보살들도 모두 보지 못하였다.

그 때 보안 보살이 삼매에서 일어나 부처님께 여쭈었다.

"세존이시여, 제가 십천 아승지 삼매에 들어서 보현 보살을 보려 하였으나 보지 못하였으며, 그의 몸이나 몸으로 짓는 업이나, 말이나 말로 짓는 업이나, 뜻이나 뜻으로 짓는 업을 보지 못하오며, 그의 자리와 있는 데도 보지 못하겠나이다."

부처님께서 말씀하셨다.

"그러하니라. 그러하니라. 선남자여, 이것은 다 보현 보살이 헤아릴 수 없는 해탈에 머문 힘이니라. 보안이여, 어떻게 생각하는가. 어떤 사람이 요술하는 글자 가운데 있는 가지가 요술 모양의 있는 데를 말할 수 있겠느냐?"

"말할 수 없나이다."

"보안이여, 요술 가운데 있는 요술의 모양도 말할 수 없거든, 하물며 보현 보살의 비밀한 몸의 경지와 비밀한 말의 경지와 비밀한 뜻의 경지에 어떻게 들어갈 수 있으며 볼 수 있겠느냐.

무슨 까닭인가 하면, 보현 보살의 깊은 경계는 헤아릴 수 없으며, 요량이 없고 요량을 뛰어났으니, 요지를 들어 말하면, 보현 보살은 금강 같은 지혜로 법계에 두루 들어갔으며, 모든 세계에 갈 데도 없고 머물 데도 없으며, 일체 중생의 몸이 몸 아닌 줄을 알며, 갈 것도 없고 올 것도 없고 아주 끊어짐도 없고 차별도 없으며, 자유자재한 신통이 의지함도 지음도 없으며, 옮겨지지도 아니하나 법계의 끝까지 이르느니라.

선남자여, 어떤 이가 보현 보살을 보거나 받들어 섬기거나 이름을 듣거나 생각하거나 기억하거나 믿고 이해하거나 부지런히 관찰하거나 향하여 나아가거나 찾아다니거나 서원을 내어 계속하고 끊어지지 아니하면 모두 이익을 얻게 되고 헛되이 지나가지 아니하리라."

이 때 보안과 여러 보살들이 보현 보살에게 앙모하는 마음으로 뵈옵기를 원하여 '나무 일체 제불' '나무 보현 보살' 하면서 세 번 일컫고 땅에 엎드려 절하였다.

드디어 보현 보살이 나타나다

　그 때 보현 보살이 해탈과 신통의 힘으로 마땅하게 형상의 몸을 나타내어 모든 보살들로 하여금 보현 보살이 여래와 가깝게 이 보살 대중 가운데서 연꽃자리에 앉았음을 보게 하며, 또 다른 모든 세계의 여러 부처님 계신 데서 차례차례 계속하여 오는 것을 보게 하며, 또 저 부처님들 계신 데서 다른 여러 보살의 행을 연설하며, 온갖 지혜의 지혜를 열어보이며, 모든 보살의 신통을 밝히며, 모든 보살의 위엄과 공덕을 분별하며, 세 세상의 모든 부처님을 나타냄을 보게 하였다.

　이 때에 보안 보살과 모든 보살들이 이러한 신통변화를 보고 기뻐 뛰놀며 크게 환희하여 보현 보살에게 엎드려 절하고 존중하게 생각하여 시방의 모든 부처님을 뵈옵는 듯이 하였다.

　이 때에 부처님의 큰 위신의 힘과 보살들의 믿고 이해하는 힘과 보현 보살의 본래의 서원한 힘으로써 십천 가지 구름이 저절로 내리니 곧 갖가지 꽃구름 · 갖가지 화만구름 · 갖가지 향구름 · 갖가지 가루향구름 · 갖가지 일산구름 · 갖가지 옷구름 · 갖가지 장엄거리구름 · 갖가지 보배구름 · 갖가지 사르는 향구름 · 갖가지 비단구름들이다.

　말할 수 없는 세계가 여섯 가지로 진동하며 하늘 음악을 연주하니 그 소리가 말할 수 없는 세계에 멀리 들리고, 큰 광명을 놓으니 그 광명이 말할 수 없는 세계에 두루 비치며, 세 나쁜 길이 모두 없어져서 말할 수 없는 세계가 모두 깨끗하여지며, 말할 수 없는 보살로 하여금 보현의 행에 들게 하고, 말할 수 없는 보살이 보현의 행을 이루고, 말할 수 없는 보살이 보현의 행과 원을 원만케 하여 아뇩다라삼먁삼보리를 이루게 하였다.

그 때 보안 보살이 부처님께 여쭈었다.

"세존이시여, 보현 보살은 큰 위엄과 덕망에 머무른 이며, 같을 이 없는 데 머무른 이며, 지나갈 이 없는 데 머무른 이며, 물러나지 않는 데 머무른 이며, 평등한 데 머무른 이며, 무너지지 않는 데 머무른 이며, 모든 차별한 법에 머무른 이며, 모든 차별이 없는 법에 머무른 이며, 일체 중생이 공교한 마음으로 머물러 있는 데 머무른 이며, 일체 법에 자유로운 해탈과 삼매에 머무른 이니이다."

부처님께서 말씀하셨다.

"그러하니라. 보안이여, 그대의 말과 같이 보현 보살은 아승지 청정한 공덕이 있으니, 이른바 같을 이 없이 장엄한 공덕과, 한량없는 보배공덕과, 헤아릴 수 없는 바다공덕과, 한량없는 상호공덕과, 그지없는 구름공덕과, 가이없고 칭찬할 수 없는 공덕과, 다함없는 법의 공덕과, 말할 수 없는 공덕과, 모든 부처님의 공덕과 칭찬으로 다할 수 없는 공덕이니라."

## 3. 지광명장 대삼매

"불자여, 어떤 것을 지혜 광명의 삼매라 하는가. 불자여, 저 보살 마하살이 이 삼매에 머물면 오는 세상에 세계 모든 겁에 나시는 부처님을 알며, 이미 말하였거니와 또는 말하지 아니하였거나 가지가지 이름이 각각 같지 않음이니라."

"저 부처님들이 원만한 행을 닦고, 원만한 서원을 내고, 원만한 지혜에 들어가고, 원만한 장엄을 갖추고, 원만한 공덕을 갖추고, 원만한 법을 깨닫고, 원만한 결과를 얻고, 원만한 몸매를 구족하고, 원만한 깨달음을 이룰 것이니라."

4. 시간의 분한의 경계

"보살 마하살이 잠깐 동안에 한 겁에 들어가며, 백겁, 천겁, 백천겁, 백천만억 나유타 겁에 들어가며, 염부제 티끌 수 겁에 들어가며, 사천하 티끌 수 겁에 들어가며, 소천 세계 티끌 수 겁에 들어가며, 중천세계 티끌 수 겁에 들어가며, 대천세계 티끌 수 겁에 들어가며, 백천억 나유타 부처님 세계 티끌 수 겁에 들어가느니라."

5. 평등을 비유를 들어 밝히다

"불자여, 마치 해가 뜨면 세간에 있는 마을, 도시, 궁전, 가옥, 산, 못, 새, 짐승, 나무, 숲, 꽃 등이 가지가지 물건을 눈있는 사람은 모두 보느니라. 불자여, 햇빛은 평등하여 분별이 없건만 눈으로 하여금 가지각색의 모양을 보게 하듯이 이 삼매도 그와 같아서 성품이 평등하여 분별이 없지마는 보살들로 하여금 말할 수 없는 백천억 나유타 차별한 형상을 알게 함이니라."

6. 중생들에게 열 가지 부처님 일을 하게 하시다

"불자들이여, 보살은 열 가지 부처님의 일을 하게 하시나니, 첫째는 음성으로 부처님 일을 하나니 중생을 성숙시키려 함이요, 둘째는 형상으로 부처님 일을 하나니 중생을 조화하고 굴복시키려 함이요, 셋째는 기억으로 부처님 일을 하나니 중생을 청정하게 함이요, 넷째는 세계를 진동함으로써 중생들이 나쁜 마음에서 떠나게 함이요, 다섯째는 방편으로 깨닫게 함으로써 부처님의 일을 하게 함이요, 여섯째는 꿈에 모습을 나타냄으로써 부처님 일을 하게 하나니 항상 바르게 생각하게 함이요, 일곱째는 큰 광명을 놓음으로써 부처님의 일을 하게 함이니 여러 중생을 거두어 주기 위함이요, 여덟째는 보살행업(菩薩行業)을 닦는 것으로 부처님 일을 하나니 중생으로 하여금 훌륭한 소원을 성취하게 하기 위함이요, 아홉째는 바른 깨달음 이룸으로 부처님 일을 하나니 중생들로 하여금 요술 같은 법을 알게 함이요, 열째는 묘법(妙法)을 굴리어 부처님 일을 하나니 시기를 놓치지 않게 함이며, 열반에 듦을 보이는 것으로 부처님 일을 하게 하느니라."

## 성공의 비결 7가지 습관

첫째, 업과라는 것이 있습니다. 업과(業果)란, "인과로 얻는 것으로서 전생에 지은 것을 금생에 받는다."라고 보면 됩니다. 그래서 조사스님들도 말씀하시길, "네가 전생사(前生事)를 알고 싶으냐, 그러면 금생사(今生事)를 보거라." 하였습니다.

전생에 만약 내가 지혜를 닦는 데 노력을 많이 기울였다면 그 사람은 금생에 태어날 때 지혜를 안고 태어나게 되어있다고 보는 것입니다. 또 전생에 내가 사람들에게 덕을 많이 베풀었다면, 그 사람은 금생에 많은 사람들로 하여금 존경을 받는 사람이 됩니다. 그러나 존경을 받는다고 하여서 존경받는 위치에 있는 것은 아닙니다.

또 전생에 보시를 많이 했다면 금생에 태어날 때 복있는 집에서 태어나게 됩니다. 복있는 집에서 태어나는 것도 그 집과는 많은 인연이 있어야 합니다. 부모를 맺을 만큼의 중대한 인연이 있어야 합니다. 금생에 아무리 많은 재물을 얻으려고 하여도 그것이 이루어지지 않는 이유는 전생에 남에게 베푸는 것을 소홀히 했다는 증거입니다.

금생에 내가 많이 아프면서 살고 있다면, 이 사람은 전생에 살생이나 남을 많이 헐뜯었다는 것을 말해 줍니다. 신체적으로 금생에 문제를 안고 태어났다면 전생에 남의 몸에 상처를 입혔다는 것입니다. 이 외에도 수많은 일들이 나에게서 일어납니다. 이러한 것들은 수백 가지는 되지 않나 생각됩니다. 모두가 그것은 태어날 때부터 이루어지고 있고, 그것은 모두가 업과로 나타나는 현상일 뿐입니다.

인생이라는 것은 태어나면서부터 목숨이 다할 때까지라면 생명이라는 것은 영원한 것입니다. 태어나고 죽고는 관계없습니다. 영원겁 전에서부터 시작하여 영원겁으로 이어지는 것이 생명입니다. 그 가운데 업과의 이런 모습, 저런 모습이 나타날 뿐입니다. 마치 호수에 달이 비친다면 달 모습 그대로 비추는 것과 같다 할 것입니다.

### 목표에 대한 세심한 프로그램을 만든다

그러면 "어떻게 하면 그런 업과를 받지 않고 좋은 업과를 얻을 수 있는가"라는 것입니다. 그것은 제일 먼저 생각을 바꿔야 한다는 것입니다. 불교의 가르침에서 한생각을 바꾸라는 말을 많이 합니다. 마음을 바꾸라는 말을 듣고, 우리들은 마음을 어떻게 바꿔야 할 지를 모릅니다. 예컨대 마음을 바꾸는 것은 좋은 쪽으로 바꾸라는 것입니다. 원력을 세우는 자는 성공합니다. 원력이라는 것은 근원적으로 내가 발한 소원의 힘을 말합니다. 힘은 바로 원력의 소산입니다. 아무 생각 없이 사는 사람들은 맥이 빠진 사람이라 하지 않습니까? 그러므로 이런 사람은 긴장감이 없이 삽니다. 그런 사람한테서 힘을 얻는다는 것은 있을 수 없습니다.

**오늘은 좋은 일이 일어날 것이라는 생각을 갖는다**

　잠에서 깨어나, 바로 어제 세웠던 원력을 생각합니다. 그리고 '관세음보살'을 빠른 속도로 입 속에서 100번 정도 되풀이합니다. 아침에 일어날 때마다 '나는 즐겁다! 나는 즐겁다!' 라는 말을 마음 속으로 세 번 이상 합니다. 실제로 즐겁다는 느낌을 받을 때까지 해야 합니다. 그런데 어떤 사람은 '즐겁지도 않은데, 어떻게 즐겁다'라고 하는가라고 할 것입니다. 그러나 내가 이 세상에 태어난 것이 고맙게 생각되면 그는 즐거울 것입니다. 즐겁다는 마음을 갖게 되면 반드시 그 날은 즐거운 일이 일어나게 되어 있습니다. 아무리 어려운 일이 있다손 치더라도 그 반대의 일이 일어 납니다. 이런 것들은 이미 심령학자들이 실험을 하고 데이터로 나온 것입니다.

　그러므로 나의 바이오 리듬을 만드는 것입니다. 설사 내가 오늘은 좋은 일이 일어나지 않았어도 그것은 상관하지 말아야 합니다. 전에 제가 어떤 사람이 매일같이 '울고 싶어'라는 노래를 부르는 것을 보고 나는 그 사람에게 반드시 울고 싶은 일이 일어날 것이라고 생각하였는데, 정말 그런 일이 일어났습니다. 마음은 모든 형상을 만들어냅니다.

## 생체리듬의 자기 입력

자신만의 생체리듬의 시간을 만들어야 합니다. 생체리듬이라는 것은 말 그대로 생체리듬을 말합니다. 잠을 자는데 어떤 사람은 밤 10시에 잠이 드는 사람이 있고, 어떤 사람은 11시에 잠자리에 드는 사람이 있는데, 10시나 혹은 11시, 12시, 새벽 1시 그러다가도 어느 날은 초저녁 일찍 잠자리에 드는 것은 생체리듬을 파손시켜 정상적인 컨디션을 유지 못한다고 합니다. 식사도 마찬가지입니다. 식사량의 문제와 식사시간입니다. 즉 다시 말해서 시간표를 만들어야 합니다. 그것이 그 사람의 신체리듬(육체리듬)을 만들어 갑니다. 무엇이든지 똑같은 '자기 식'의 어떤 리듬을 만들어가면 됩니다.

## 감정을 억제한다, 또는 감정을 만든다

사람을 흔히 감정의 동물이라고 합니다. 사람은 누구나 감정을 갖고 있는데 어떤 사람은 늘 화가 난 모습을 하고 있다든지 또는 초조한 모습을 한다든지 항상 스트레스에 쌓여 있다면, 이 사람은 자기 감정을 조절 못하는 바보입니다. 이와 같이 자기 감정을 감당하지 못하는 사람은 무엇 하나 되는 것이 없습니다. 그러므로 감정을 관리해야 한다는 것입니다. 마치 고객을 관리하듯 자기 감정도 관리를 하는 것입니다. 모든 것은 표정이 있는 법인데 자신의 표정이 엉망이 되었을 때를 상상해 보세요. 있던 복도 다 도망갑니다.

　이럴 때는 항상 '내가 지금 무슨 말을 하나?' '말하는 나의 모습은 어떨까?' '잠자는 나의 모습은 어떨까?' '걷는 나의 모습은 어떨까?' '남과 대화하는 나의 진짜 모습은 어떨까?' 이런 것들을 정직하게 평가를 내려 자신이 교정하는 것입니다. 그것은 아주 중요합니다. 성공의 반을 이룬다고 하였습니다.

## 변하지 않으면 성공도 없다

### (1) 생각의 변화

　내가 갖고 있는 생각이 변해야 합니다. 기존의 생각으로는 나를 변화시킬 수 없습니다. 그것이 거꾸로 생각을 하든지 바른 생각을 하든지 간에 나의 생각은 변화를 일으켜야 합니다. 그러면 '왜 생각의 변화가 있어야 하느냐?' 우리들은 항상 기존의 생각에서 탈피하지 못하고 있으며, 주변을 맴돌고 있기 때문에 앞으로 나아갈 조짐이 보이지 않기 때문입니다.

### (2) 행동의 변화

　생각뿐만 아니라 행동도 바뀌어야 합니다. 생각을 함에 따라 행동이 바뀌어야 합니다. 하지만 그렇다고 지금까지 생활하던 패턴이 있는데, 그것 전체를 하루 아침에 바꾸라는 것은 불가능한 일입니다. 그러나 일상적인 생활에서 오는 간단한 것, 예컨대 언어의 습관을 바꾼다든지, 잠자는 시간을 바꾼다든지, 노는 것을 바꾼다든지, 일하는 방식을 바꾼다든지, 그러니까 기존의 가지고 있던 틀을 완전히 새롭게 바꾸는 것을 말합니다.

## 항상 기록하며 정리하라

### (1) 기록하라

우리들은 지금까지 기록하지 않는 습관을 익혀 왔습니다. 기록하는 습관은 그 사람을 도약의 단계로 불러 냅니다. 만약 기록하지 않으면 언젠가는 다 잊어버리게 되어 있습니다. 이 세상은 기록이 있었기에 발전해 왔다는 사실을 알아야 합니다. 과학자나 박사들 또는 개인적으로 성공을 거둔 많은 사람들이 모두 기록의 천재들입니다. 그들은 항상 기록합니다. 유럽이나 미국을 여행을 하다 보면, 그 나라 사람들은 앉기만 하면 기록하는 모습을 자주 목격합니다. 그런데 한국인들은 잘 기록하지 않는다는 말을 자주 듣습니다. 기록하는 사람과 기록을 하지 않는 사람과의 차이가 오늘날 선·후진국을 갈라 놓았습니다.

### (2) 기록한 것을 보관하라

또한 기록을 하였으면 보관을 하여야 합니다. 설사, 그것이 아무리 부끄러운 것이라 할지라도 그것은 나의 일기와 같은 것이기에 꼭 보관해야 할 필요가 있습니다. 왜냐하면 그 기록은 곧 나의 뒷면이기 때문입니다. 앞모습이 기록하는 나라면, 기록되어 있는 것은 나의 뒷모습입니다. 그 뒷모습은 내가 실패한 이유를 완벽하게 가르쳐 줄 수 있는 둘도 없는 스승입니다. 인간은 똑같은 실패를 원하지 않기 때문에 새로운 모색을 강구합니다.

(3) 생각할 때는 다른 사람의 글을 읽거나 그대로 생각하지 말라

내가 자유인이 되어야 합니다. 만약 내가 자유인이 되지 못하고 다른 사람의 노예가 되려면 다른 사람의 생각을 복사하십시오. 그러나 내가 나일 수 있도록 하기 위해서는 절대로 다른 이의 책을 복사하는 따위의 일은 금물입니다. 그 일은 다른 사람의 생각과 나의 생각이 하나가 될 수 없는 것과 같습니다. 그러므로 나의 완전한 생각이 될 수 있을 때까지 다른 이의 책을 읽거나 또는 말을 듣고, 그것을 따르면 아니 됩니다. 만약에 그것에 이끌려 간다면 그것은 이미 나의 생각이 아닙니다. 나의 마음이 아니라는 것입니다. 나의 마음을 개발한다는 그것은 나의 발전의 원동력이기 때문에 이끌려 가서는 아니 됩니다. 항상, 나의 독창적인 멋이 있을 때 그 사람은 발전하게 되어 있습니다.

(4) 다른 사람의 글을 읽고도 아이디어를 창출하라

위에서는 다른 사람을 따라가지 말라는 말씀을 드렸고, 지금은 다른 사람이 생각하는 마음과 눈으로 세상을 보는 것입니다. 내가 보았을 때의 세상과, 다른 이의 눈으로 보는 세상의 차이가 있습니다. 다른 사람이 보고서도 발견 못하는 그런 부분을 생각하라는 것입니다. 그런 사람은 항상 머릿속에 아주 훌륭한 발명가와도 같이 머리 회전이 빠릅니다. 그리고 그 사람은 남의 것을 남의 것이라 생각하지 않습니다. 모방은 창조로 가는 지름길입니다.

(5) 너무 앞서가면 그것은 실패이다

사람들은 가끔 앞서가는 것은 성공이라고 생각합니다. 그러나 너무 앞서가는 것도 실패입니다. 승리자는 다른 사람보다 많이 앞서가는 것이 아니라 단지 한 발짝만을 앞서갑니다. 예컨대 어떤 사람이 냉장고를 필요로 하여 냉장고를 구입한다고 칩시다. 냉장고를 사려고 하는 사람은 그 사람이 갖고 있는 여유가 겨우 200리터의 냉장고를 살 수 있는데 300이나 500리터의 냉장고를 만들어 낸다면 그 회사는 그날로 문 닫는 것입니다. 먼 훗날은 300리터나 500리터가 필요할 것입니다. 그러나 지금은 경제가 따라가지 못하니 큰 냉장고를 만들 필요가 없습니다. 인생살이도 모두 마찬가지라는 것을 깨달아야 합니다. 사실은 이 한 발짝 앞서가기란 여간 힘든 일이 아니기 때문입니다.

### (6) 공덕을 쌓으라

공덕이라는 말은 여러 가지의 의미가 있습니다. 공(功)은 일에 대한 열성입니다. 열정이라고도 할 수 있습니다. 내가 무엇에 대하여 가치를 삼고 있는가를 생각한다면 이 '공(功)'을 이해할 것입니다. 여기에서 언급하는 것은 학문을 말하는 것이 아닙니다. 사상과 이치를 말할 뿐입니다. 이 세상의 모든 일이 이치를 벗어나는 일이 없다는 것을 말합니다. 덕은 무엇일까요. 그것은 공을 들이면 덕이 쌓인다는 것입니다.

모든 것에 공을 들여야 합니다. 말에 공을 들이고, 행동에 공을 들이는 것은 다 덕을 이룹니다. 공덕은 인(因 : 종자가 됨)이 되어 싹이 트고 나무로 자라게 됩니다. 이것은 보이지 않는 세계에서 보이는 세계로의 발전입니다. "하나의 생각이 일어나고 그 일어남과 마음의 작용으로 물질이 생겨난다"고 화엄경 십지품 가운데 말씀을 하셨습니다.

# 십통품(十通品)

**합론** 장차 이 품을 해석함에 두 문(門)을 분별함이니 하나는 품이 두 가지 길을 분별함이요, 둘은 글을 쫓아 해석함이라. 전품에서는 십 정품을 내어 해석함일새 지금은 정(定)으로써 그 '씀(用)'을 해석함 이라. 여기에서는 십종 신통이 있음을 밝힘이라.

이(二)는 수문석의(隨文釋義)라는 것은 곧 정(定)에 십종신통(十種 神通)이 있음을 밝혔음이라. 십통(十通)이란 아래에 갖춘 글과 같느 니라. 경문에 보현 보살이 중생의 마음 잘 아는 것은 십종신통 가운 데 처음 타심통의 대용(大用)을 밝힘이라. 염마왕이란 비방어(比方 語)로 말하면 차지(遮止)이니 이르되, 죄인을 차지(遮止) 즉 막고 계 도하여 고(苦)를 여의게 함이라.

## 1. 선지타심지신통(善知他心智神通)

### 갖가지 중생의 마음을 알다
**경문** 그 때 보현 보살이 여러 보살에게 말씀하시었다.

"불자들이여, 무엇이 열인가. 불자여, 보살 마하살이 남을 잘 아 는 신통으로 삼천대천세계에 있는 중생의 마음의 차별을 아나니 이

른바 착한 마음 · 나쁜 마음 · 좁은 마음 · 큰 마음 · 작은 마음 · 생
사 따르는 마음 · 생사 등지는 마음 · 성문의 마음 · 독각의 마음 ·
보살의 마음 · 성문의 수행하는 마음 · 독각의 수행하는 마음 · 보
살의 수행하는 마음 · 하늘의 마음 · 용의 마음 · 야차의 마음 · 건
달바의 마음 · 아수라의 마음 · 가루라의 마음 · 긴나라의 마음 · 마
후라가의 마음 · 사람의 마음 · 사람 아닌 이의 마음 · 지옥 마음 ·
축생의 마음 · 염마왕 있는 데의 마음 · 아귀의 마음 · 팔난중생의
마음 등 이와 같이 한량없이 차별한 모든 중생의 마음을 다 분별하
여 아느니라."

**합론, 소** 금초(今初)에 십(十)을 말한 것은 1은 타심(他心)이요, 2는
천안(天眼)이요, 3은 과거의 숙주(宿住)를 앎이요, 4는 미래제겁을
다 앎이요, 5는 무애청정한 천이(天耳)요, 6은 체성(體性)도 없고
동작도 없이 일체 불찰(一切佛刹)에 주(住)함이요, 7은 잘 일체 언
사(一切言辭)를 분별함이요, 8은 무수색신(無數色身)이요, 9는 일체
법지(一切法智)요, 10은 일체 법장진삼매(一切法藏盡三昧)에 들어감
이라. 이것을 다 신통이라 말한 것은 다 큰 지혜로써 그 몸을 삼은
연고라.

　여기에서 육신통을 열었으니 천안과 천이와 신족과 누진(漏盡)에
각각 둘씩을 나누었으니 천안은 현재와 미래를 봄으로써 2와 4요,
신족은 업용과 색신을 갖고 6과 8을 나누어 갖고, 누진은 혜와 정
(定)을 잡아서 9와 10을 이루나니 고로 1과 3은 나누지 아닐새
고로 6이　10이 됨이라. 이제 일승십통(一乘十通)은 지혜〔智〕와 씀

〔用〕이 중중(重重)함이 마치 법계에 두루 펼쳐짐이 제망(帝網)과 같아서 염(念)과 겁(劫)이 원융한 까닭으로 십통(十通)을 열었음이라.

### 무애천안지신통(無碍天眼智神通)

**경문** "불자여, 보살 마하살이 걸림없이 청정한 눈으로 한량없이 많은 중생들이 여기서 죽고 저기서 나는 일과 좋은 길 나쁜 길과 복 받고 죄 받음과 아름답고 추하고 더럽고 깨끗한 여러 종류의 한량없는 중생을 보느니라.

업에 따라 받는 괴로움과 즐거움을 따르고, 마음을 따르고, 분별을 따르고, 소견을 따르고, 말을 따르고, 원인을 따르고, 업을 따르고, 일어남을 따라서 모두 보아 잘못이 없나니, 이것을 보살 마하살의 신통이라 하느니라."

### 2. 지진미래제겁지신통(知盡未來際劫智神通)
(신통으로 미래 겁 중생 일을 다 알다)

"불자들이여, 보살 마하살이 오는 세월이 끝날 때까지 아는 지혜의 신통으로 말할 수 없이 말할 수 없는 신통으로 티끌 수의 겁을 알며, 낱낱 겁마다 중생들이 죽어서 다시 태어나던 일과 생사가 차례차례 거듭되며 짓는 업과 받는 과보가 착하고 착하지 못하며, 벗어나고 벗어나지 못하며, 착한 뿌리가 번뇌와 함께 있고, 죄를 짓고 받는 일들을 다 아시느니라."

356

## 3. 먼 곳의 부처님도 그 이름을 들으면 곧 그 곳에 나투신다

"불자여, 보살 마하살이 지음이 없는 신통과, 평등한 신통과, 광대
한 신통과, 한량없는 신통과, 의지함이 없는 신통과, 생각대로 되는
신통과, 물러가지 않는 신통과, 끊이지 않는 신통과, 뜻대로 나아가는
신통에 머무르면 이 보살은 먼 세계에 있는 부처님의 이름을 듣나니
이 사람은 자기의 몸이 그 부처님 세계에 있음을 보게 되느니라."

## 4. 법계에 들어가서 교화를 받다

"불자들이여, 보살 마하살이 이러한 빛 없는 법계에 들어가 이런
여러 가지 형상을 나타내시어 교화받을 이로 보게 하시고, 교화받을
이로 생각하게 하고, 교화받을 이로 법을 굴리어 이의 때(時)를 다르
게 함이니라. 부처님은 교화받을 이를 위하여 신통을 일으키고, 교화
받을 이를 위하여 갖가지 자유로움을 일으키고, 교화받을 이를 위하
여 갖가지 일을 베푸나니 이것이 보살 마하살의 부지런히 닦아 무수
한 육신의 성취하는 지혜의 신통을 여시는 것이니라."

## 5. 보살은 법을 설하여 모든 이의 이익을 도모하느니라

"불자들이여, 이 보살이 세속의 이치를 취하지도 아니하고, 제일
가는 뜻에 머물지도 아니하고, 모든 법을 분별하지도 아니하고, 글을
세우지도 아니하고, 고요한 성품을 따라 서원을 버리지 아니하고, 이

치를 보고 법을 알며, 항상 법구름을 펴서 중생을 이익케 함이니라."

"또 참모양은 말할 수 없지만 방편과 다함 없는 변재로 법을 설하여, 법에 대한 말과 말의 변재가 여법하여 대자대비가 나타나 청정하여져서 일체 글자를 여의고, 글자를 여읜 가운데에 글자를 내어서 법과 뜻에 따라 어기지 아니하고, 모든 법의 반연으로 일어나는 것을 말하느니라. 비록 법을 설하지만 집착하지 아니하고, 여러 법을 설하여 변재가 다함이 없고, 분별하고 열어보여 지도하고, 의심을 끊어 모두 청정케 하고, 비록 중생을 거두어 주나 진실을 버리지 아니하며, 걸림 없는 법을 항상 연설하여 항상 묘한 음성으로 법비를 내려서 때를 잃지 않게 하나니 이것이 법을 아는 지혜이니라."

## 6. 보살이 머무는 시간이 자재하며, 위의와 작용이 걸림이 없다

"모든 불자들이여, 이 삼매에 머물 때에는 마음이 좋아함을 따라서 한 겁을 머물기도 하고, 백겁을 머물기도 하고, 천겁, 억겁, 백천억겁을 머물기도 하고, 나유타 억겁을 머물기도 하며, 수없는 나유타 억겁을 머물기도 하고, 내지 말할 수 없는 겁을 머물기도 하느니라."

"또 불자들이여, 이 온갖 법이 사라져 없어지는 삼매에 들어가서 겁을 지나면서 머물더라도, 몸이 흩어지지 않고 변하지도 달라지지도 아니하며, 사라지지도 아니하고, 무너지지도 아니하며 다하지도 아니함이니라."

"또 불자들이여, 비록 있는 것이나 없는 것에 모두 하는 일이 없건만 보살은 일을 이루나니, 이른바 일체 중생을 항상 떠나지 아니하고,

교화하고 조복시키는 일을 잃지 아니하며, 그들로 하여금 일체 부처
님 법을 증장하여 보살의 행업이 원만케 하며 일체 중생에게 이익케
하기 위하여 신통과 변화가 쉬지 아니하나니 마치 그림자가 형상을
따르며 모양을 만들지만 삼매에는 고요하여 변동하지 아니하느니라.
이것이 보살 마하살이 삼매에 들어가는 신통이니라."

**해설** 경전 속에 중생이 법계에 들어가서 교화를 받는다는 말씀이 나
옵니다. 우리가 사는 중생세계에는 구제를 받을 수 없는 상황이 된
다 하더라도 만약 우리들이 저 부처님의 세계에 들어가면 구제를 받
는다고 되어 있습니다. 그 가운데 우리들이 극락세계를 생각해 볼
수 있습니다. 불교에서는 사후의 세계를 말합니다. 만약 누구라도
'나무 아미타불' 하고 염불(念佛:부처님을 생각함)을 하면 부처님세계
에 간다는 것입니다. 그렇게 하여 부처님 세계에 가서는 부처님을
뵙고 제도를 받는다고 되어 있습니다. 그 말씀이 이 화엄경 십통품
에 있습니다.

　이와 같이 중생을 구제하는 데에는 보살이 한몫을 합니다. 보살은
중생에게 길을 안내하는 안내 역할을 하는 것입니다. 보살은 모든
중생을 구제한다는 목적 앞에 모든 것을 감수하면서까지 일을 도모
한다고 합니다. 항상 선근을 내고 모든 사람들을 위하여 그들을 불
법의 세계로 인도하는 사람은 모두가 다 보살입니다. 우리들은 보살
입니다. 우리들도 보살이 되어 봅시다. 우리들이 우리들의 세계를
위하여 보살의 세계를 만듭시다. 그것은 우리들에게 불사를 맡기신
부처님의 역사를 만드는 일입니다.

망모소(亡母疎)

대자대비하신 부처님이시여!

부처님께서 마혜수라 천왕궁 사자좌에 앉으사, 백호 광명을 놓으시고, 법륜을 굴리시니 이것은 중생을 제도하시는 방편이 교묘하신 것입니다. 이곳 동명불원 금강도량에서 무량한 노사나 본신이신 비로자나 부처님 본원으로 원력을 세우고, 백천삼매로 항상 법계를 비추시는 석가모니불의 불가사의한 묘광으로 오늘까지 화엄경 100일 법문을 널리 열고 있습니다. 법문은 가뭄에 내리는 단비와 같사오며, 미륜 중생을 저 무량광명이 빛나는 천계로부터 부처님의 원력으로 수도 없이 왕래하고 자재합니다. 이제 저희들이 올리옵는 이 천도재는 영가를 위한 온 가족들의 하염없는 기도입니다.

그러므로 저희들이 밝은 정성을 다하여 신령스런 부처님을 우러러 비옵나니, 尹英善 영가께옵서 무량한 부처님의 가피를 입사와 극락세계에 이르게 하여 주소서. 지금 방금 가신 영혼은 최항원 불자의 어머니이옵니다. 그 덕은 선량하시고, 몸은 곧고 조촐하셨습니다. 젖은 자리는 당신이 하시고, 마른 자리는 자식들에게 돌려주시었습니다. 또 먹을 것이 귀하였을 때는 맛이 있으면 자식들을 생각하여 드시지 못하시었고, 병이 날까 두려워 잠도 편히 들지 못하였습니다. 어찌 자식들이 뼈를 갈고 살을 에인들 구로의 덕을 감당하겠습니까. 자손들이 이곳 동명불원 큰법당에서 어머니를 위하여 49재를 올리오나 뼈를 가루로 만들고 피를 뽑아 먹을 삼아서 쓴들 망극한 은혜를 어찌 다 쓸 수 있겠습니까. 바다에 이는 작은 물결만 보아도 가슴이 덜컹하고, 소나무 곁을 스치는 바람소리를 들어도 서러움을 참을 수가 없을 것입니다. 하늘을 우러러 부르짖어도 미칠 수 없고, 땅을 치며 어머니를 부른들 어찌 좇을 수 있사오리까. 이제 다시 어머니를 보고 싶다고 하여도 다시는 영영 보지 못한다는 생각을 하고 그들은 가슴이 미어지고 또 미어질 듯할 것입니다. 어머니를 생각할 때마다 효도 못한 것이 끝내 한스럽기만 할 것이고, 생각컨대 불효가 이렇게 큰 줄을 몰랐을 것입니다. 이제 효도코자 하오나 이미 어머니가 없으니 어찌 하오리까. 이제 자손들이 7 · 7재를 맞아 삼가 수륙의 훌륭한 자리를 베풀고, 여러 스님네를 모시고, 여러 불자님들도 모시고, 묘한 법을 설하게 되었습니다. 전단향을 피우고, 어음(御音)을 들리어 강산이 다 울리게 하였습니다. 또 룸비니 합창단의 고운 노래가 영선 영가를 즐겁게 하고 구천의 제령도 모두 즐겁게 하였습니다. 법당에 밝게 단 등촉은 법계를 밝히었고, 여러 연등이 각각 다르게 빛나니 극락의 찬란한 빛인가 하옵니다. 이제 영선 영가께서 조주의 차를 드시고, 사바의 번민은 모두 두고 가소서! 원하옵나니 돌아가신 영선 영가와 조상님네께서는 모두 고해를 건너서 즐거운 나라의 구품(九品) 연대(蓮臺)에 오르시고, 일승의 큰 법문을 들으시어 친히 아미타 부처님의 수기(手記)를 받으시옵소서!

다음에 영가의 자손들이 모두 마음을 모아서 자리를 받들고 재를 올리어 만덕으로 장엄을 하며, 복의 무량함을 빌 것입니다. 그리고 남은 물결이 미치는 곳에 모두의 원력으로 살 것입니다.

영선 영가시여! 부디 편안히 극락에 오르소서!

# 십인품(十忍品)

**합론** 이 품에서는 간략히 삼문(三門)을 나누리니 일(一)은 품의 명목(名目)을 해석함이요, 이(二)는 품의 뜻을 해석함이요, 삼(三)은 글을 따라 해석함입니다.

　통불과후(通佛果後)에 중생을 이롭게 해서 행(行)을 성취하는 방편일새 수행(隨行)의 인(忍)으로써 행을 의지해 이름을 세워 밝힘이니 만일 권교(權敎) 보살로서 할진대는 십지 전엔 복인(伏忍)이 되고 지상(地上)에서 도(道)를 보아서 순무생인(順無生忍)에 들어가서 십주초심(十住初心)을 통하여 모든 부처님의 지혜광명의 문을 얻을새 이른바 부처님의 불지혜광명의 집에 남이요, 총히 일법(一法) 수행을 지을새 이름이 장양(長養)하여 습관을 이루게 하니 초지(初地)는 지전(地前)에 십주, 십행, 십회향의 대원원만발심(大願圓滿發心)을 의지하여 늘 생사에 처해 중생을 수호하는 뜻을 일으킴일새 이런 까닭으로 순인(順忍)이라 하고 팔지(八地)에 이르러서 비로소 무생인(無生忍)이라 이름하느니라.

　· 신화엄경 합론. 권 제72, 통권 14, 102, 103p

## 1. 수승함을 찬탄하고 이름을 열거하다

**경문** 그 때 보현 보살이 여러 보살에게 말하였다.

"불자여, 보살 마하살에게 열 가지의 인(忍)이 있으니 만일 이 인을 얻으면 곧 일체 보살이 걸림없는 인에 이르러 온갖 불법에 장애가 없고 다함이 없느니라."

## 2. 무생법인(無生法忍: 맑고 깨끗한 지혜의 바다)

"불자여, 어떤 것을 보살 마하살의 생사 없는 지혜의 인(忍)이라 하는가.

불자여, 이 보살 마하살이 조그만 법이 나는 것도 보지 않고 조그만 법이 사라지는 것도 보지 않음이라. 무슨 까닭인가. 나지 않으면 사라지지 않고, 사라짐이 없으면 다함이 없고, 다함이 없으면 때를 여의고, 때를 여의면 차별이 없고, 차별이 없으면 처소가 없고, 처소가 없으면 고요하고 지을 것이 없으며, 소원이 없으면 머물 것이 없고, 머물 것이 없으면 가고 옴이 없음이니 이것을 보살의 생사 없는 지혜의 인(忍)이라 하느니라."

## 3. 여몽인(如夢忍: 세상은 마치 꿈과 같다)

"불자여, 어떤 것을 보살 마하살의 꿈과 같은 인(忍)이라 하는가. 불자여, 보살 마하살이 일체 세간의 여읨도 아니며, 욕심세계도 아니며,

형상세계도 아니고 무형세계도 아니며, 나는 것도 아니며 없어지는 것도 아니며, 물든 것도 아니며 깨끗한 것도 아니지만 나타내 보임이 있느니라. 꿈이 생각으로 분별하게 함과 같으며 꿈을 깨었을 때와 같은 까닭이니 이것이 보살 마하살의 꿈 같은 인(忍)이니라."

## 4. 여화인(如化忍: 일체가 허깨비와 같다)

"불자여, 어떤 것을 보살 마하살의 허깨비와 같은 인(忍)이라 하는가. 불자여, 이 보살 마하살은 온갖 세간의 모두가 허깨비 같음을 아나니 이른바 일체 중생의 뜻으로 짓는 업이 허깨비며, 감각하는 생각으로 생긴 것이며, 세간의 행이 허깨비니 분별로 생긴 것이며, 모든 괴로움과 즐거움이 뒤바뀐 것이니 허망한 고집으로 생긴 것이며, 일체 세간의 진실치 아니한 법이니 말로 나타난 것이며, 일체 번뇌가 허깨비니 생각으로 나타난 것이니라."

**해설** 무엇을 꿈과 같은 인(忍)이라 하고 무엇을 허깨비 같은 인(忍)이라 하는가. '인' 이라 하는 것은 법인(法忍)이니 진리의 인증(忍證)이라 무엇을 인정한다는 뜻입니다. "마치 온 세상은 일체가 있는 것 같지만 실은 허망한 존재라는 것, 이 세계가 욕심의 세계도 꿈과 같은 세계도 아니라는 것, 그러므로 보살이라면 조금이라도 깨달음이 있는 자라면 이 세계가 꿈의 세계요, 허깨비와 같은 줄을 알라, 그리하면 잘 살 수가 있다" 는 것입니다.

## 5. 인(忍)을 성취하면 공덕이 된다

**경문** "보살 마하살이 이 인을 성취하면 옴이 없는 몸을 얻나니 가는 일이 없는 까닭이며, 남이 없는 몸을 얻나니 사라짐이 없는 까닭이며, 동하지 않는 몸을 얻나니 깨뜨릴 수 없는 까닭이며, 실제 아닌 몸을 얻나니 허망을 여읜 까닭이며, 한 모양의 몸을 얻나니 모양이 없는 까닭이며, 차별없는 몸을 얻나니 이 세상을 평등하게 보는 까닭이며, 허공처럼 끝이 없는 몸을 얻나니 복덕과 광명이 그지 없는 까닭이며, 끊임없고 다함없는 법의 성품이 평등한 변재의 몸을 얻나니 모든 법의 모양이 오직 한 모양이어서, 성품이 없으므로 성품을 삼아 허공과 같음을 아는 까닭이며, 모든 세계에 한량 없는 부처님 세계를 나타내는 몸을 얻나니 허공처럼 그지 없는 까닭이며, 일체 세간의 세계에서 유지하는 힘의 몸을 얻나니 지혜의 힘이 허공과 같은 까닭이라. 불자여, 이것이 보살 마하살의 인(忍)이라 하느니라."

## 6. 게송으로 그 뜻을 거듭 펴다

이 때에 보현 보살 마하살이 그 뜻을 다시 펴려고 게송으로 말하였다.

세간의 어떤 사람은
부처님 보배광명을 알고
찾을 수 있다고 하여

즐거운 마음을 내네.

큰 복을 받는 사람은
황금 항아리를 얻는 것처럼
몸을 꾸미는 데 필요한
장엄을 하듯이

보살도 그러하여
깊은 법에 들어가
생각하고 지혜를 늘려서
수순하는 법을 닦나니

제각기 다른 여러 가지 밥이
시방에서 오는 것이 아니고
그들의 닦은 업으로
저절로 그릇에 담기나니

보살들도 그와 같아서
온갖 법을 살피건대
인연으로 생기는 것이니
나지 않으매 사라지지 않으리.

※

## 탐미주의와 심미주의

인간은 오관으로 느끼는 아름다움에 항상 매료되곤 합니다. 오관으로 가장 민감할 때가 바로 젊은 시절입니다. 모든 사람들이 색채의 현란함, 율동의 현란함, 선율의 현란함, 감촉의 현란함에 들떠서 그것을 탐하게 됩니다. 19세기 영국의 탐미주의 작가 오스카 와일드는 그야말로 탐미의 제일가는 작가로 칩니다. 그의 작품은 대단히 선정적이고 탐미적이며, 현란하기까지 합니다. 한때는 그의 소설이 제일가는 탐미소설이라고 누구라도 찬양을 하였습니다. 현란함과 탐정소설 같은 흥미와 미를 바라보는 것이 기괴, 요염, 선정, 아름다움, 빼어남 이런 것들입니다.

예전에 일본 작가가 쓴 금각사(金閣寺)라는 소설을 읽은 적이 있는데 이 소설은 조금 다릅니다. 이 소설은 탐미가 아니라 심미주의 작품입니다. 앞의 작가가 쓴 글이 탐미라면 뒤의 작가는 심미입니다. 나는 요즘 나이 때문인지는 몰라도 현란함에는 흥미가 없습니다. 현란함에 금세 싫증이 나게 되거든요. 그림이든 글씨든 수석이든 아름다움을 추구하는 것들에서 오는 현란한 색채라든지, 음률의 세계에 빠진다든지 하는 것에는 감탄하지 않습니다. 요즘 젊은이들이 즐기는 노래나 팝송 등은 전혀 무엇이 무엇인지를 모릅니다. 그러나 아이들은 그것이 제일이라고 하지 않습니까.

노랫말도 무슨 말인지 나는 통역을 해줘도 모를 소리를 합니다. 다분히 감각적이고, 투쟁적이며, 흥미적이고, 오락적입니다. 그러면서도 파괴적인 언어들로 구성되어 있습니다. 아이들은 그것이 좋다고 합니다. 그러나 그들도 금방 싫증을 느낄 것입니다. 너무 현란하기 때문입니다. 그러기 때문에 요즘 노래는 오래 못 가는 것입니다. 글도 마찬가지입니다. 문체가 아름다운 것은 현란하지 않고, 고결하며, 너무 빼어나지 않으면서도 품격을 갖춘 것이어서 언제 읽어도 좋다는 생각이 듭니다.

기괴하며 현란한, 오관을 자극하는 그런 것은 생명이 없습니다. 겉의 모양입니다. 속이 비어 있습니다. 겉이 현란한 공작은 속의 살이 검으며 소리 또한 볼품이 없습니다. 꾀꼬리는 겉은 수더분한 모양을 하고 있지만 그 소리는 천하에 으뜸가는 아름다움을 갖고 있습니다. 소위 자연미라 하는 것은 자연의 색깔로 치장한 그윽한 맛이 있습니다. 그러므로 언제나 사랑을 받습니다.

사람에게서도 그러한 것을 느낍니다. 요즘 유행처럼 번지는 많은 댄스가수들에게 아름다움이란 찾을 길이 없습니다. 그것이 나만의 생각인지는 모르나, 미국의 유명한 가수인 마이클 잭슨도 마찬가지입니다. 현란한 무대와 조명, 여자 옷인지 남자 옷인지를 분간할 수가 없고, 기괴한 말과 행동은 호기심을 유발하는 것뿐이라는 생각을 하게 됩니다. 내용이 없는 것 같습니다. '내용이 없다' 라는 것은 '생명력이 없다' 라는 것입니다.


광명무한

광명이라 하여 지금 말씀드리는 것은 눈으로 보이는 그런 빛을 말함이 아닙니다. 물질적 광선은 무한하지 않습니다. 만약 저 활활 타는 해도 어느날 그 불기운이 떨어지면 단박에 꺼져 이 세계는 암흑의 세계가 됩니다. 광명이라는 것은 지혜의 광명을 말합니다. 지혜는 번뇌라고 하는 어둠을 깨뜨리는 광명입니다.

나는 지금까지 한도 없이 광명을 말하였습니다. 모든 번뇌를 지워버리는 무한한 빛은 무량광명이라고 합니다. 이 무량한 광명이 어디에서 올까요? 그것은 바로 지혜에서 옵니다. 부처님의 빛을 단순히 에텔파동빛이나 아니면 전자파와 같은 빛으로 보는 차원이 아닙니다. 그것은 바로 아미타 부처님을 무량광여래(無量光如來)라 하는 데에서 알 수가 있습니다. 즉 '내가 빛을 발하지 못하는 것은 무엇 때문인가?' 그것은 바로 미망이라고 하는 번뇌 때문입니다.

## 생명무한

불교에서 아미타 여래불을 무량수불이라고 부릅니다. 무량수불은 모든 부처님의 존재를 부르는 말이기도 합니다. 무량수불이란 그 생명이 무한이라는 것입니다. 생명무한, 생명은 무한한 것입니다. 설사 내가 생멸을 하는 육신을 갖고 있다손 치더라도 그것은 육신뿐입니다. 육신을 떠나 있을 생명, 진정한 의미의 생명은 육신이 아니라 곧 무한생명입니다. 여기에서 저는 '마음'이라는 말을 굳이 피하려고 합니다. 하도 많이 마음이라는 말을 썼기 때문에 그 마음도 이제는 하나의 움직이지 않는 명사로 굳어졌습니다. 마음도 아닌 '생명'이 내 안에 있습니다. 그는 모든 것을 알고 있으나 홀로 빛날 뿐 말하지 않습니다. 석가모니 부처님께서 이르시기를, "나는 본래 구원겁 전에 이미 홀로 깨달아 밝아 있었느니라." 여기에서 '깨달았다'

는 말의 의미를 알아야 합니다. 왜냐하면 본래 밝아 있었는데 또 다시 '깨달았다' 한다면 그것은 오해의 소지가 있을 수가 있습니다. 중생들이 모르니 그와 같은 표현을 빌린 것에 불과합니다.

본래 깨달아 있는 '생명' 그는 분명 홀로 빛나는 별과 같은 존재입니다. 그는 절대 마음이 아닙니다. 중생에 있어서 마음은 항상 변덕스럽고, 욕심쟁이며, 어둡고, 미혹하고, 사랑분별함이 부족하고, 지혜를 갖추지 못한 것이 마음입니다. 그러나 마음은 나의 안에 존재하는 '생명' 그는 마치 햇빛처럼 스스로 빛을 발하고 있습니다. 그것을 일러 '생명무한' 또는 '무한광명' 이라 하는 것입니다.

## 자애무한(慈愛無限)

열반경에는 법애(法愛)라는 말씀이 나옵니다. 『대비바사론(大毘婆沙論)』에 이르기를, 사랑에는 두 가지가 있다고 설명하고 있습니다. 그 첫째는 때가 묻은 사랑으로 사랑을 더럽히는 것으로 탐애가 있습니다. 탐애는 탐욕이라 하였습니다. 물질만 구하는 것이 탐욕이 아니라 사랑을 구하는 것도 탐욕이라고 하였습니다. 또 하나는 때가 묻지 않은 사랑으로 자비(慈悲)라는 말을 씁니다. 또 일러 말하길 '믿음' 이라 하였습니다. 즉 사랑으로써 탐내지 않는 것을 '믿음' 이라고 본 것입니다.

'법애' 는 곧 부처님을 말할 수가 있습니다. 그러니까 부처님 같은 사랑을 말합니다. 이것을 다른 말로 한다면 그것은 '대자대비' 입니다. 그러므로 부처님의 자비는 무한이라고 하는 것입니다.

그러면 '사랑이라는 것은 무엇을 의미할까?' 를 생각한다면 그것은 타인과 자신과의 '일체'를 의미합니다. 둘이 아니라 하나가 된다는 것입니다. 타인과 자신이 둘인 듯이 보이지만 실은 하나라는 관점에서 본다면 그 사랑이라는 체(體)가 원래 하나라는 것을 알 수 있습니다. 그러므로 "자비는 사랑이요, 사랑은 자비이다. 자비는 부처님이시니 부처님은 생명이다" 이것입니다. 다시 말하면 생명은 사랑이라는 체(體)에 존재하므로 실상신(實相身)인 나는 생명으로 존재한다는 것입니다. '사랑[慈悲]은 생명이라는 다른 말로도 표현할 수 있습니다.' 라는 것입니다.

'생명의 집, 무엇이 생명의 집인가?' 이 몸이 바로 생명의 집입니다. 사랑의 집이며 생명의 집이고 대자대비의 집입니다. 그러므로 그 자체가 지혜를 먹음은 '광명신(光明身)'입니다. '생명실상(生命實相)'이라는 말씀은 '광명실상'이라는 말하고도 같다고 할 수가 있습니다. 그러므로 이 몸을 '광명신'이라 하고 '실상신'이라 할 수 있는 것입니다. 실로 욕심을 떠난 사랑은 바로 생명을 얻는 대자비로 화현합니다. 관세음 보살은 욕심을 떠난 보살이므로 대자대비를 성취한 분입니다. 만약 누구라도 욕심을 떠난 보살이 있다면, 그분은 바로 관세음보살과 같은 자비를 얻은 것입니다.

# 아승지품(阿僧祇品)

**합론** 이 품을 간략히 네 가지 문을 세우려 하니 일(一)은 품의 뜻을 해석함이요, 이(二)는 능히 질문한 주체를 해석함이요, 삼(三)은 설법의 주(主)를 해석함이요, 사(四)는 문(文)을 따라 그 뜻을 해석함이라. 일체 제불의 베푼 바 인과교행방편(因果敎行方便)으로 과(果)와 행(行)이 서로 자양(滋養)하여 시종(始終)이 끊어짐이 아니니라.

저 인왕경(仁王經)에 일념(一念) 가운데 90찰나가 있거늘 일 찰나(一刹那) 가운데 900생멸을 갖고 있다 하였다. 삼세 부처님의 불과(佛果)와 보현 보살의 방편의 행이 총히 때가 옮기지 않는 고로 다만 찰나로 안립(安立)할새 다시 장단(長短)이 없은지라.

이로부터 여래불현품까지 불과 가운데 삼업이 광대자재한 행문(行門)을 밝힘이니 또 이와 같은 아승지 일품(一品)은 여래의 심업(心業)이 광대하고 자재함을 밝힘이요, 이(二)는 여래수량품의 여래의 명(命)이 광대자재함을 밝힘이요, 삼(三)은 보살주처품(菩薩住處品)은 여래의 행이 중생을 섭(攝)함이 광대하여 상주(常住) 자재(自在)함을 밝힘이요, 사(四)는 불부사의법품(佛不思議法品)은 부처님의 삼업신덕(三業身德)이 광대자재함을 탄(歎)함을 밝힘이요, 오(五)는 여래십신상해품(如來十身相海品)은 부처님의 신업(身業)의 장엄이 광대무

변함을 밝힘이라. 육(六)은 여래수호광명공덕품(如來隨好光明功德品)은 부처님의 삼업이 따르는 바 법신의 감응(感應)한 바 공덕이 광대자재함을 밝힘이니, 영락경(瓔絡經)에 의하건대 저 삼선천에 부처님의 삼매를 설함이 백만억 송이 있으나 곧 이는 이 보현행품이 그 대략(大略)이다. 제 칠회(七會)에 해당하나니 합당히 불화삼매(佛華三昧)라. 칠(七)은 보현행품은 부처님의 삼업의 과행(果行)이 변주(遍周)하여 광대자재함을 밝힘이라.

여래출현품은 부처님의 깨달은 행이 두루하지 못한 곳이 없어서 일체 세간에 때를 맞춰서 나투지 못함이 없느니라. 고로 광대자재함을 밝힘이라. 부처님의 덕과 행의 삼업공용이 장엄하며 광대자재함을 찬탄함을 쓴 연고로 이 품이 옴이라.

## 1. 심왕 보살이 부처님께 아승지를 여쭈다

**경문** "세존이시여, 여러 부처님께서 아승지이고, 한량이 없고, 그지없고, 같을 이 없고, 일컬을 수 없고, 생각할 수 없고, 헤아릴 수 없고, 말할 수 없고, 말할 수 없이 말할 수 없음을 연설하시나이다. 세존이시여, 어떤 것이 아승지라 하오며, 내지 말할 수 없다 하시나이까."

## 2. 부처님께서 찬탄하고 말씀하시다

부처님께서 심왕 보살에게 말씀하시었다.

"선남자여, 착하도다. 그대가 지금 여러 세간 사람들로 하여금 내가 아는 수량의 뜻을 알게 하기 위하여 여래, 응공, 정등각에게 묻는 구나. 선남자여, 자세히 듣고 잘 생각하여라."

## 3. 능히 헤아릴 수 있는 숫자의 넓고 많음을 밝히리라

부처님께서 말씀하시되,

"선남자여, 일백 락차가 한 구지요, 구지 곱 구지가 한 아유타요, 아유타곱 아유타가 한 나유타요, 나유타 곱 나유타가 한 빈바라요, 빈바라 곱 빈바라가 한 긍갈라요, 긍갈라 곱 긍갈라가 한 아가라요. 아가라 곱 아가라가 한 최승(最勝)이요, 최승 곱 최승이 한 마바라요, 마바라 곱 마바라가 한 아바라요, 아바라 곱 아바라가 한 다바라요, 다바라 곱 다바라가 한 계분(界分)이요, 계분 곱 계분이 한 보마요, 보마 곱 보마가 한 네마요, 네마 곱 네마가 한 아바검이요, 아바검 곱 아바검이 한 미가바요, 미가바 곱 미가바가 한 비라가요, 비라가 곱 비라가가 한 비가바요, 비가바 곱 비가바가 한 승갈라마요, 승갈라마 곱 승갈라마가 한 비살라요, 비살라 곱 비살라가 한 비섬바요, 비섬바 곱 비섬바가 한 비성가요, 비성가 곱 비성가가 한 비소타요, 비소타 곱 비소타가 한 비바하니라. 또 말할 수 없이 말할 수 없는 것이 말할 수 없이 말할 수 없는 제곱이니라."

**해설** 여기에 재미있는 수식이 계속하여 나옵니다. 무슨 무슨 '곱' 뭐뭐 하여서 이렇게 나오는데 재미있는 말씀입니다. 말하자면 부처님 당시에 이미 곱셈이 나왔다는 뜻입니다. 곱셈도 무지무지한 곱셈

374

인 셈입니다. 아마도 지금의 인공위성을 띄우는 컴퓨터라도 이 수를 세라면 다운될 것입니다.

여기에서 '아승지품' 이니 아승지라는 말은 어디쯤 나타날까요. 아승지라는 말은 80번째에 나옵니다. 살펴보면, 청련화 청련화(靑蓮華 靑蓮華) 위 일발두마(爲 一鉢頭摩)요, 발두마 발두마(鉢頭摩 鉢頭摩) 위 일승지(爲 一僧祇)요, 승지 승지(僧祇僧祇) 위 일취(爲一趣)요, 취 취 위 일지(趣, 趣 爲一至)요, 지 지(至, 至) 위 아승지***〔爲 阿僧祇 80번째임〕요, 아승지 아승지 위 아승지전(爲 阿僧祇轉)이요, 아승지전 아승지전 위일무량(爲一無量)이요 이렇게 나옵니다. 백 번째는 일불가설불가설전(一不可說不可說轉)입니다. 경전에 자주 등장하는 불가설 불가설(不可說 不可說)은 아흔일곱번째 있으며, 한 번 불가설(一不可說)은 아흔 여섯번째입니다. 고로 불 난사의(佛 難思義)라 합니다.

아승지라는 수로 봐서 아승지는 언어로는 도저히 헤아릴 수 없는 수의 세계이며 그런 까닭으로 아승지라는 세월은 정말로 지구가 한 백 조쯤 생겨났다가 없어지는 그런 시간대를 말하는 것 같습니다. 어쩌면 그의 곱에 곱이 될 지도 모릅니다.

락차(洛叉)는 범어로 Laksa로 1락차는 100분지 1이 된다고 하였습니다. 그리고 1락차는 십만이라 하고 또는 1억이라고도 합니다. 여기에서 1락차를 1이라고 하여도 80번째의 수가 됩니다. 그것도 모두 곱을 한 곱수이니 그 수는 말 그대로 불가설입니다. - 가설(假說): 100락차는 1구지/ 1락차는 100,000이므로 100,000 곱 100은 10,000,000 그러므로 1구지는 천만/ 구지 곱 구지는 10,000,000 곱 10,000,000입니다.

## 5. 보현의 공덕 이루 헤아릴 수 없네

이 때 부처님께서 심왕 보살에게 게송으로 말씀하시다
**경문**

> 말할 수 없이 말할 수 없는 것이
> 말 못할 온갖 곳에 가득 찼으니
> 말할 수 없는 온갖 겁 가운데서
> 말할 수 없이 말 다할 수 없음이로다.

> 말로 다할 수 없는 모든 부처님 세계
> 다 부수어 티끌 만들어도
> 한 티끌 가운데 세계 말할 수 없으니
> 하나처럼 다 그러하니라.

> 이 말할 수 없는 모든 세계를
> 찰나간에 부수어도 말할 수 없거든
> 찰나 찰나간에 부수고 부수어도 또 그러해
> 다 말 못하니 겁은 그러하니라.

> 이러한 티끌로써 겁을 세는데
> 한 티끌에 십만의 불가설이어든
> 그렇게 많은 겁 동안 칭찬을 해도
> 보현의 공덕 이루 말 못하네.

의보(依報) 가운데 정보(正報)가 설법함을 나타내다

> 광명 속에 있는 부처 말할 수 없고
> 부처님 설한 법문 말할 수 없고
> 법문 속에 묘한 법문 말할 수 없고
> 게송 듣고 생긴 지혜 말할 수 없네.
>
> 말할 수 없이 지혜로운 생각 가운데
> 분명한 참된 이치 말할 수 없고
> 오는 세상 나타나실 여러 부처님
> 법문 연설 끝없음을 말할 수 없네.
>
> 모든 부처님 법문 말할 수 없고
> 가지가지 청정함도 말할 수 없고
> 미묘한 음성으로 설법함 말할 수 없고
> 미묘한 불법 전함도 말할 수 없네.
>
> 여러 국토 다니심을 말할 수 없고
> 중생을 보살핌도 말할 수 없고
> 중생을 청정게 함도 말할 수 없고
> 중생을 조복함도 말할 수 없네.
> 부처님 갖고 있는 신통을 말할 수 없고
> 갖고 있는 경계도 말할 수 없고
> 갖고 있는 힘도 말할 수 없고

세간에 머무심도 말할 수 없네.

몸의 업 청정함도 말할 수 없고
말하는 업 청정함도 말할 수 없고
마음의 업 청정함도 말할 수 없고
믿는 지혜 청정함도 말할 수 없네.

훌륭하고 묘한 행을 말할 수 없고
한량없는 큰 서원을 말할 수 없고
청정한 큰 서원을 말할 수 없고
보리의 성취함도 말할 수 없네.

한량없는 몸과 국토가 행을 일으키는 곳
한 터럭 끝에 작고 큰 세계
물들고 깨끗하고 크고 작은 세계
말할 수 없는 세계 여러 세계
낱낱 분명히 분별하리라.

한 세계 부수어 만든 티끌들
그 티끌 한량없고 말할 수 없어
이러한 티끌 수 끝없는 세계
모두 한 티끌 끝에 모이었도다.

들어갈 때 겁의 수효 말할 수 없고
받을 때 겁의 수효 말할 수 없어
여기서 줄을 지어 머물 적에
일체 모든 겁들이 말할 수 없네.

🪷

### 부처님도 공양을 나누시었다

어느 날 부처님이 길을 걸으셨습니다. 이 때 길을 걷던 한 행렬이 있었는데, 그들 중에 부처님을 알아본 사람이 있었습니다. 그들 중 한 사람이 부처님 앞에 나와서 다음과 같이 말하였습니다.

"부처님이시여, 대단히 죄송합니다. 저는 요즘 장사가 잘 안 되어 부처님께 올릴 공양이 없습니다. 부디 용서하십시오."

부처님께서 말씀하셨습니다.

"괜찮소, 선비야말로 마음씨가 고우니, 나는 이미 공양을 받은 것과 같습니다. 조금도 염려하지 마십시오."

마침 부처님은 탁발을 하고 돌아오시던 길이었습니다.

"내가 그대에게 공양을 나누어 드리리다. 보아하니 그대는 지금 배가 많이 고픈 것 같습니다."

부처님은 그 사람에게 공양을 나누어 주었습니다. 함께 길을 걷던 부처님 제자들도 그들 일행에게 공양을 나누어 주었습니다.

### 톨스토이의 미안함

어느 날 대철학자 톨스토이가 길을 가고 있었습니다. 그는 무엇인가를 골똘히 생각하면서 길을 걸었습니다. 그런데 그의 앞에 거지가 나타났습니다.

"선생님! 저에게 적선을 하십시오."

톨스토이는 호주머니를 뒤졌습니다. 그런데 새옷을 갈아 입고 오느라고 미처 주머니에 돈을 넣어둔 것이 없었습니다. 톨스토이는 다음과 같이 말했습니다.

"형제여, 내가 지금 주머니에 가진 것이 한푼도 없군요. 다음에 주겠소."

그 때 이 거지는 환하게 웃는 얼굴로,

"선생님 괜찮습니다. 저는 오늘 크나 큰 것을 얻었습니다."

그 때 톨스토이는 생각했습니다. '나는 준 것이 아무 것도 없는데.'

거지가 다시 이렇게 말하는 것이었습니다.

"저는 오늘 행복하게도 '형제'라는 말을 들었습니다. 선생님한테서 형제라는 말을 들으니 오늘은 아침을 먹지 않아도 되겠습니다."

그러면서 그 거지는 다음과 같은 말을 하는 것이었습니다.

"당신은 아마도 저 훌륭한 톨스토이 같군요!"

이 때 톨스토이가 물었습니다.

"톨스토이가 그렇게도 훌륭합니까?"

거지는 톨스토이의 물음에,

"저는 한 번도 만나 본 적은 없지만 그분은 아주 훌륭한 분이라는 말을 들었습니다."

라고 말하였답니다. 훌륭한 사람이라는 것은 저 하층인들에게서 들어야 합니다. 지배계층은 항상 사람 위에 군림하려는 자들입니다. 그러므로 그들은 항상 사람들을 깔보려는 습관이 있습니다. 그러한 사람을 깔보는 습관은 곧 자신을 망치고 또는 사회를 병들게 하는 요인이 됩니다. 이 거지는 형제라는 말을 톨스토이한테 듣고 그렇게 기뻐하였던 것입니다. 우리들도 지위가 높은 사람들에게서 칭찬을 들으면 좋아합니다. 말 한마디가 이처럼 굶주린 배를 잊을 정도로 기분 좋게 만드는 것입니다.

### 꿈이 있는 사람은 행복하다

　어느날 보니 어떤 집에 불이 났습니다. 집과 가재 도구는 모두 불에 날려 갔습니다. 잿더미 위에 앉은 것입니다. 이웃 사람들이 찾아와서 그들을 위로하였습니다.

　"참으로 안 되었습니다. 이렇게 불이 나다니 모든 것을 잃었군요."

　그러자 집주인은 웃으면서 이렇게 대답하였습니다.

　"괜찮습니다. 모든 것이 다 타버렸어도 그래도 우리 가족과 행복은 남아 있습니다."

　가난한 사람들은 항상 돈 때문에 걱정이 많지만 그들은 미래를 그리는 꿈이 있습니다. 행복은 미래를 그리는 사람들에게 있습니다. 우리 가게에 얼마나 많은 손님이 왔었느냐가 문제가 아니라, 우리집에 찾아온 손님을 얼마만큼 단골로 만들었는가를 생각해 봐야 합니다. 단골은 그냥 단골이 되는 것이 아니라 친절을 베풀어야 단골이 됩니다. 개인적으로 작은 가게에서부터 큰 회사에 이르도록 모두가 이와 같이 친절을 베풀어야 합니다. 인간이 사는 사회는 인간이 좌

우합니다. 나의 꿈을 이웃에게 전해줄 수 있는 사람은 정말로 행복
을 아는 사람입니다.

# 보살주처품(菩薩住處品)

**합론, 소** 대집경(大集經) 가운데 부처님이 장차 열반에 드실새 모든 보살을 위촉하여 대천(大千)을 분위(分衛)할새 이 땅은 독룡이 많아서 해가 되고 사람이 많이 대승을 사랑하는 까닭으로 묘길상 보살로 여기에 처해서 화현하여 그 보살행을 하게 하였다. 화현한 보살은 이르지 못하는 곳이 없으며, 항상 중생을 위하여 변재로 설법하나니 그는 부처님의 가피라. 고로 보살이 주할 처소라 하였다. 문수반니원경(文殊般泥洹經)에 "만일 다만 이 이름을 듣는 자는 12억겁 생사의 죄를 제하고 만일 예배하는 자는 늘 불가에 나고, 만일 이름을 1일이나 7일 동안을 부르면 문수가 반드시 강림하거니와 만일 숙세의 업장이 있으면 꿈 가운데에는 반드시 볼 것이니, 형상을 볼 것 같으면 이 사람은 위(位)가 성과(聖果)에 들어서 응화함이 넓어서 그 이름이 모든 곳에 이른다" 하였다.

**소(疎)** 육(六)은 금강산(金剛山)이니 이르되 동해(東海) 근동(近東)에 산이 있으니 이름이 금강이 되는 연고로 비록 전체가 금은 아니나 상하 사주(四周)와 내지 산간유수(山間流水)의 모래 가운데 금이 있을새 멀리 보면 이것은 산이 전체가 금이 있음일새라. 또 해동인(海

東人)이 자고로 서로 전하기를 금강의 북산에 성인이 자주 출현함이라. 진본(晉本)엔 이곳은 제 9에 해당하니 제 열장엄굴로 더불어 바다 가운데에 있는 금강이요. 하나의 이름은 담무갈(曇無竭)이라. 일만이천 보살이 있다고 하였다.

**경문** 저 때에 심왕 보살 마하살이 모인 가운데 모든 보살에게 말씀하시되, "불자야, 동방에 처소가 있으니 이름이 선인산(仙人山)이라. 이로부터 모든 보살 대중이 그 가운데 주(住)하거니와 현재에 보살이 있으니 이름이 금강승(金剛勝)이라. 그 권속인 제보살 300인으로 더불어 함께하여 그 가운데서 법을 연설하느니라."

1. 그 때 심왕 보살 마하살이 대중 가운데 여러 보살에게 말을 하였다

"불자여, 동방에 선인산(善人山)이 있으니 옛적부터 보살들이 거기 있었으며 지금은 금강승 보살이 그의 권속 삼백 보살과 함께 그 가운데에 있으면서 법을 설하느니라.

남방에는 승봉산(勝峰山)이 있으니 옛적부터 보살들이 그의 권속 오백 보살과 함께 그 가운데에 있으면서 법을 연설하였느니라. 사방엔 금강염산이 있으니 옛적부터 여러 보살들이 거기에 있었으며, 지금은 정진무애행(精進無碍行) 보살이 그의 권속 삼백 보살과 함께 그 가운데에 함께 있으면서 법을 연설하느니라. 북방에는 향적산이 있으니 옛적부터 보살들이 그의 권속 삼천 보살과 함께 그 가운데에 있으면서 법을 연설하였느니라. 동북방에 청량산이 있으니 옛적부터 보

살들이 거기에 있으며 지금은 문수사리 보살이 그의 권속 일만 보살과 함께 그 가운데 있으면서 법을 연설하느니라. 바다 가운데에 금강산이 있으니 옛적부터 보살들이 거기 있으며 지금은 법기(法起) 보살이 그의 권속 일천이백과 함께 있는 가운데 법을 연설하느니라."

## 2. 성과 읍의 열두 곳을 밝히다

"비사리 남쪽에 한 처소가 있으니 이름이 선주근본(善住根本)인데 옛적부터 보살들이 거기 있었느니라.

마도라 성에 한 처소가 있으니 이름이 만족굴인데 옛적부터 보살들이 거기 있었느니라.

구나진 성에 한 처소가 있으니 이름이 법 자리(法座)인데 옛적부터 보살들이 거기에 있었느니라.

깨끗한 성에 한 처소가 있으니 이름이 목진린다 굴인데 옛적부터 보살들이 거기 있었느니라.

마란다 국에 한 처소가 있으니 이름이 무애인데 용왕이 세운 것으로 옛적부터 보살들이 거기 있었느니라.

소륵국에 한 처소가 있으니 이름이 우두산인데 옛적부터 보살들이 거기에 있었느니라.

감보자국에 한 처소가 있으니 이름이 인자함을 냄인데 옛적부터 보살들이 거기 있었느니라.

진단국에 한 처소가 있으니 이름이 나라연 굴인데 옛적부터 보살들이 거기에 있었느니라.

가섭미라 국에 한 처소가 있었으니  이름이 차제(次第)인데 옛적부터 보살들이 거기에 있었느니라.

증장환희(增長歡喜) 성에 한 처소가 있으니  이름이 존자굴인데 보살들이 거기에 있었느니라.

암부리마 국에 한 처소가 있으니 이름이 억장광명인데 옛적부터 보살들이 거기 있었느니라.

건달라 국에 한 처소가 있으니 이름이 점파라 굴인데 옛적부터 보살들이 거기 있었느니라.”

죄란 무엇인가

불교에서는 죄를 어떻게 바라볼까요. 죄는 무명(無明)으로 인하여 미혹(迷惑)하여진 마음이 미혹(迷惑)을 따라 짓는 것이 죄라 하였습니다.

죄라는 글자는 그물(網, 罔 同) 밑에 아닐 비(非)한 글자입니다. 죄자(罪字)는 또 그물 망자(字)이기도 합니다. 그러므로 옛날에는 그물이라고 쓰기도 하고, 이 죄자도 썼던 것 같습니다. 죄수를 포망(抱網)한다고도 합니다. 죄망(罪網)은 곧 그물을 나타낸 것으로서 어부들이 고기를 잡아서 싸가지고 오는 모양에서 생각한 것으로 생각됩니다. ‘죄인을 포망하듯이’ 라는 말에서도 나타납니다.

이러한 죄를 보는 눈이 사람에 따라선 각기 다르겠지만, 하여튼 죄란 무엇을 싼 그물 같은 것이라는 말입니다. 죄는 그러니까 나를 싸고 있는 허물입니다. 허물은 겉표면을 말함이니 그 허물을 벗고 나면 죄는 없어지는 것입니다. 원래 청정한 자성은 병들지 않습니다. 사실 업이란 것도 알고 보면 다 이 보자기처럼 생긴 허물(그물)이 나를 감싸고 있는 것입니다. 단지, 그물만 벗겨 내면 되는데, 그 일을 하지 못하고 있는 것입니다. 그 일을 누가 할까요? 그것은 자신 이외에는 아무도 할 사람이 없습니다.

어떤 종교에서는 자신들의 신이 이 세상을 만들었다고 합니다. 뿐만 아니라 사람도 만들고, 식물도 만들고, 무엇이든지 다 만들었다고 합니다. 그런데 의문점이 있습니다. 왜 좀 더 잘 만들지 못하고 이렇게 불완전한 상태로 만들었느냐는 것이지요. 자신을 닮게 만들려면 그 심성까지도 그렇게 만들어야 하는데 말입니다. 혹시 만든 이가 그 정도의 기술밖에 없는 것은 아닌가 하고 생각해 보기도 하지만 실로는 창조주가 만든 것이 아닙니다.

부처님이 말씀하시기를, '이 세상은 인연의 소산'이라고 했습니다. 업의 소산으로 만들어지지 아니하면 안 되는 그런 세상이란 말입니다. 예컨대 자동차를 만들 수 있는 기술자에게 비행기를 만들라고 하면 그가 과연 만들 수 있을까요. 아무리 잘 만든다 해도 그는 자동차밖에는 못 만듭니다. 부처님은 이 세상이 돌아가는 일체의 운행의 이치를 아시고, 그것을 우리들에게 가르칩니다. 신이 있어서 사람을 만들기까지 한다면 이왕이면 모든 것을 다 해줄 것이지 왜 만들기만 했느냐는 것입니다. 그리고 아주 오랜 옛날 그러니까 수백만 년 전 인간은 참으로 볼품이 없었습니다. 다른 동물과 별로 차이가 나지 않는 그런 상태였을 텐데도 신이 그 정도밖에 못 만든다면 그 신은 차라리 없어지는 것이 낫습니다.

부처님은 "네가 바로 마치 백만장자와 같다, 네게 이미 다 갖추어져 있다."고 하시었습니다. 네가 스스로 밥을 떠먹을 줄 알아야 한다는 것입니다. 밥까지 먹여 준다면 그것은 병든 환자와 같습니다. 지금의 사람은 병든 환자입니다. 죄라는 그물에 씌여 앞을 보지 못하는 병든 환자입니다. 나에게서 만약 스스로 그 그물을 벗어던질 수 있다면 그는 포망에서 벗어나 병을 치유합니다. 죄라는 것은 마치 저 표피와 같아서 벗어 던질 수만 있다면 무엇이든지 볼 수가 있습니다. 죄라는 포위망을 뚫어야 합니다. 그러면 그에게서 병은 사라집니다.

종교는 절이나 교회에 가서 기도를 하는 것이 종교가 아닙니다. 종교는 내가 몰랐던 사실을 깨닫고 지금까지 생활했던 것을 새롭게 바꾸자는 의지가 숨어 있는 것이 종교입니다. 그런데 사람들은 절에 왔다가 돌아가서는 완전히 다른 생활을 하고 삽니다. 내가 바로 실상생명을 안고 사는 존재라는 것을 잊어 버리고 살고 있으니, 나를 볼 수가 없는 것입니다. 밝은 얼굴을 잃지 않고 살면 이웃까지 좋아합니다.

## 보살은 누구인가?

(1) 나는 광명신이요, 나는 생명신이다. 고로 생명이 아닌 그 어떤 것도 나는 물리친다. 그리고 나는 광명신인 고로 어둠이라는 자체가 없음을 안다. 그러므로 광명이 아닌 그 어떤 것도 다 물리친다.

(2) 나는 관세음이요, 보현의 마음이다. 그러므로 나는 언제나 관

세음 보살처럼 자비스럽고, 보현 보살처럼 실천하는 실천자이다.

(3) 나는 부처님의 자손이요, 나는 광음천에서 왔다.

이상과 같이 나를 새롭게 인식하지 않으면 안 됩니다. 그렇게 하지 않으면 나를 발견할 수가 없습니다. 나는 원래 광음천에서 자재한 몸이었습니다. 그러나 그곳에서 자신을 모르고 살았기 때문에 오늘 날 이곳 지구의 한 귀퉁이로 떨어져서 살게 된 것입니다.

나를 알면 모든 것이 즐거울 수가 있습니다. 나를 모르고 산다면 그것은 마치 암흑과도 같은 것입니다. 유쾌하게 살 수 있는 길이 있는데도 잘못 살고 있는 것입니다.

만나는 사람마다 웃음을 보냅시다. 웃음은 미래의 나를 만드는 것입니다. 그러나 슬픔은 마치 전염병과 같아서 남에게 전염되며, 나의 악심도 마치 전염병과 같아서 남에게 전염됩니다. 남에게 전염될 뿐만 아니라 그 병균은 나의 가정을 파괴하기도 합니다. 그러한 위력이 있는 것처럼 나의 웃음은 나의 가정을 행복하게 만듭니다.

나에게 행복을 몰고 오는 공덕녀(功德女)가 있는 것처럼 나에게 불행을 안겨주는 흑암녀(黑暗女)도 있습니다. 그러나 공덕녀가 동생이라는 흑암녀를 떼어놓고 다닐 수 없듯이 공덕과 흑암은 항상 내 곁에 있습니다. 성심(誠心)은 공덕녀이고, 악심(惡心)은 흑암녀 입니다. 악심을 버리면 공덕이 남게 되고, 성심을 버리면 흑암이 남습니다. 내일은 어두운 것이 아니라 밝은 태양이 떠오르는 아침입니다. 오늘이 만약 어려웠던 하루라면, 내일은 쉬운 하루도 될 수가 있습니다. 그것이 이 세상의 조화입니다.

# 불부사의법품(佛不思議法品)

**합론** 방편삼매로 현(現)함이니 식(識)이 멸하고 정(情)이 매(昧)하매 정지(正智)가 앞에 나타남이 이름을 부사의(不思議)가 됨이라. 설법주(說法主)가 이름이 청련화장(靑蓮華藏)인 것은 앞의 보살은 법을 얻어서 인(忍)을 이루고 심(心) 자재함을 얻을새 이름이 심왕(心王)이요, 근본지(根本智)가 원명하여 청정하여 때가 없음을 밝힘일새 청련화이니 근본 지혜가 원만하고 능히 차별 지혜를 이룸이니 이름이 장(藏)인 연고라. 청련화장(靑蓮華藏) 보살이 연화장(蓮華藏) 보살에게 고하사 이 부사의한 여래의 국토와 몸과 안·이·비 등의 부사의한 지(智) 자재법을 설한 까닭이라.

## 1. 세존이 가피를 내리시다

**경문** 그 때 세존께서 보살들이 생각함을 아시고, 곧 신통력으로 가피하여 가지며 지혜로 거두어 주며, 광명으로 비추어 위엄으로 가득하게 하시며, 청련화장 보살로 하여금 부처님의 처소로 인도하여 두려움을 없게 하며, 부처님의 법계에 들어가서 부처님의 위엄과 공덕을 얻게 하며, 신통을 얻어 자유자재케 하며, 부처님의 본신을 얻게 하

며, 모든 부처님의 그 근본의 차례를 알게 하며, 말할 수 없는 부처님
의 법의 세계에 머물게 하시니라.

## 2. 본원(本願)을 답하다

### 원(願)에 의지하여 팔상(八相)을 나타내다

"모든 부처님의 그지없는 뜻이 있어 걸림없이 평등한 법신에 머물
며, 모든 부처님이 그지없고 걸림없는 해탈이 있어 다함이 없는 큰 신
통의 힘을 나타내며, 모든 부처님의 그지없이 청정한 세계가 있어서
중생이 좋아함을 따라서 여러 가지 세계를 나타내며, 한량없는 장엄
을 구족하여 그지없는 보살의 행과 원이 있어서 원만한 지혜를 얻고
부처님 법을 통달하였느니라."

### 원(願)이 때를 잃지 않음을 밝히시다

"불자여, 부처님 세존은 열 가지 때를 놓치지 아니함이니, 모든 부
처님이 다 옳게 깨달음을 이루는 데에 때를 놓치지 아니하며, 모든 부
처님이 인연 있는 이를 성숙하게 하는 데에 때를 놓치지 아니하며, 모
든 부처님이 중생의 마음을 따라 신통한 힘을 보이는 데 때를 놓치지
아니하며, 모든 부처님이 중생의 지혜를 따라 몸을 나타내는 데 때를
놓치지 않는 등 이와 같이 부처님은 때를 놓치지 아니함이라."

### 출현하시는 모습을 밝히시다

"불자여, 부처님 세존은 알기 어려운 광대한 법이 있나니 무엇인

가. 부처님은 온갖 마군들을 모두 깨뜨려 멸하느니라. 모든 부처님이 온갖 외도들을 모두 항복받느니라. 모든 부처님은 여러 세계를 다니시면서 중생들을 교화하시느니라. 모든 부처님이 둘이 아닌 몸으로서 갖가지 몸을 나타내어 세계에 가득하니라. 모든 부처님이 청정한 음성으로 변재를 내어 끊임없이 법을 말하거든 듣고 믿으면 반드시 얻음이 있느니라."

## 3. 불신을 보이시다

부처님은 허물없이 청정하다

"불자여, 부처님 세존은 열 가지 큰 공덕이 있어 허물없이 청정하니 이른바 모든 부처님이 큰 위엄과 공덕을 구족하여 허물없이 청정하니라. 모든 부처님이 삼 세계의 여래의 가문에 태어나서 문벌이 훌륭하여 허물없이 청정하니라. 모든 부처님이 오는 세월이 끝나도록 마음이 머무는 데가 없어 청정하며 과거와 미래에 복덕이 끝이 없이 법계에 평등하여 허물없이 청정하니라. 모든 부처님은 그지없는 시방 세계에 두루하여 있으면서 때를 따라 일체 중생을 구제하시고자 허물없이 청정한 몸을 보이시니라. 모든 부처님은 네 가지 두려움 없어(四無畏心) 여러 공포를 떠났으므로 여럿이 모인 가운데 큰 사자후로써 온갖 법을 분명하게 설법하여 허물없이 청정하니라. 모든 중생이 이름만 들어도 한량없는 복을 얻는 일이 지금 부처님의 공덕과 다름이 없느니라."

일체 세계와 일체 시간에 불사(佛事)를 짓다

　"불자여, 부처님 세존은 온갖 세계와 온갖 시간에 부처님 일(佛事)
이 있으니 만일 중생이 전심으로 생각하면 그 앞에 나타남이요, 중생
의 마음이 순조롭지 못하면 그에게 법을 말함이요, 중생이 깨끗한 믿
음을 내면 한량없는 착한 뿌리를 얻게 함이요, 큰 자비로 항상 중생을
버리지 않음이요, 항상 여래는 쉬지 않고 법계에 편안히 머물러 두루
관찰함이니라."

음성으로 보이시다

　"불자여, 부처님 세존은 한량없는 법문을 연설하고 있음이니 한량
없는 중생 세계의 문을 연설함이며, 모든 부처님이 중생의 업과 과보
의 문을 설법하며, 모든 부처님이 중생을 위하여 교화하는 문을 설법
하며, 모든 부처님이 한량없는 보살행의 문을 설법하며, 모든 부처님
이 온갖 세계가 이룩되고 무너짐을 설법하며, 모든 부처님이 온갖 세
계의 여러 겁 동안 차례로 나타나는 문을 설법하며, 모든 부처님이 온
갖 부처님의 지혜의 문을 연설하느니라."

그들을 교화시키다

　"불자여, 부처님이 중생을 교화하되 시기를 놓치지 않고 중생의 소
원을 따라 설법하여 모두 조복시키니 이것은 부처님의 자재한 법이니
라. 부처님이 온 허공에 가득하여 갖가지로 장엄한 세계들을 여섯 가
지로 진동케 하는데 세계를 들어 올리고 아래로 내리고 크게 하고 작
게 하고 하나로 합하고 각각 흩어지게 하고 그러나 그 가운데에 있는

중생들은 느끼지도 못하고 알지도 못하며 의심도 없으니 이것이 부처님의 자재이니라."

### 왕궁에 탄생하다

"불자여, 모든 부처님의 온갖 업이 이미 청정하였고 지혜가 이미 깨끗하여졌으나 나는 법으로 아득한 이들을 인도하여 깨닫게 하여 여러 가지 착한 일을 행하게 하거나 여러 가지 일을 행하게 하여 중생을 위하여 왕궁에 탄생함을 보이셨느니라."

### 버리고 출가하다

"불자여, 부처님이 갖가지로 장엄한 궁전에 있을 때에 두루 살펴보고는 싫은 생각을 내어 모두 버리고 출가하시니 중생들로 하여금 세상법이 모두 허망한 것이어서 무상하게 무너지는 것임을 보이는 한편 싫은 마음을 내어서 물들지 않게 하며, 세간의 탐욕과 사랑과 번뇌를 아주 끊어 버리고 청정한 행을 닦아 중생을 이익케 하기 위함이니라."

### 정각을 이루시다

"불자여, 부처님은 한량없는 법을 이미 보았으며, 보리수 아래에서 가장 바른 깨달음을 이루어 여러 마군을 항복받고 위엄과 공덕이 특별하며, 그 몸이 일체 세계에 가득하여 신통한 힘으로 하시는 일이 그지없고 다함이 없으며, 행하는 일이 자재하며, 모든 공덕을 닦아 이미 원만하였느니라."

### 법을 전하시다

"불자여, 부처님이 물러나지 않는 법륜을 굴리니 보살들을 퇴전치 않게 하는 연고이며, 모든 것을 중생이 깨닫게 하기 위한 연고이며, 법장의 문을 열어서 어둡고 막힌 것을 없애는 연고이며, 중생들의 마음을 따라 불사를 지음에 이를 따라 차별함을 좇아서 헤아려 구제함이니 이것이 광대한 불사이니라."

### 장소와 모습과 시간에 따라 불사를 지음이라

"불자여, 부처님이 아란야에 있어 불사를 짓고, 고요한 곳에 불사를 짓고, 한가한 곳에 불사를 짓고, 들떠있는 중생을 구제하기 위하여 불사를 짓고, 부처님이 머무는 곳에 불사를 짓고, 사람이 모인 곳에 불사를 짓고, 몸을 숨겨서 불사를 짓고, 혹은 깊은 지혜에 머물러서 불사를 짓고, 몸과 행에 머물러서 중생들의 마음과 좋아함과 지혜를 따라서 방편으로 교화하기 위하여 불사를 짓느니라."

"어떤 때는 법을 말하고, 어떤 때는 불사를 짓는 보살이 되며, 어떤 때는 부처님을 말하고, 어떤 때는 부처님의 법을 말하여 불사를 짓고, 혹은 여러 보살들이 온갖 행과 원으로 행과 원을 말하여 불사를 짓고, 혹 어떤 보살은 한낮을 머물며 불사를 짓고, 어떤 보살은 하루 머물고, 한 달 머물고, 일 년 머물고, 내지 한 겁을 머물면서 불사를 짓나니 이것이 광대한 불사이니라."

**해설**  모든 부처님은 도솔천으로부터 좇아서 신(身)을 모태(母胎)에 강림하여 나투시니 이것은 불교적으로 말하여 광명신(光明身)이라 합니다. 불전에서는 구경삼매로 수생(受生)하는 법이 환(幻)과 같으며, 화(化)하는 것과 같으며, 그림자와 같고 허공과 같으며, 화염(火焰)과 같아서 즐거움을 따라서 출생한다고 하였습니다. 그러나 부처님의 무량무애한 자비로 그가 태어나는 곳마다 화현으로 부처님의 몸을 나투시니 그 같은 일은 바로 보현의 원력이기도 합니다.

### 인도가 낳은 물리학자 찬드라 보스

인도의 벵골 주의 캘커타 북쪽 캘커타 대학 근처 찬드라 가도에 있는 'Indian Temple of Science' 라고 하는 건물 앞에 이러한 명문이 쓰여져 있습니다.

"인도의 명예와 세계 평화를 위해 이 사원을 신의 발 아래 바친다."

이 말은 지금까지 지구상에서 아무도 이룩해 내지 못한 식물의 생장하는 모습과 약 1억 배나 되게 확대해 볼 수 있는 기계들을 만들어낸 위대한 물리학자이며 생리학자, 심리학자인 찬드라 보스가 사원을 지은 뒤에 쓴 글입니다.

찬드라 보스는 1850년에 벵골에서 태어났는데, 그의 아버지는 영국의 식민지 학교에 찬드라 보스를 보내지 않고, 파다살라(우리 나라 서당과 같은 곳)에 네 살 때부터 보내 공부를 시켰습니다. 찬드라의 아버지는 의협심이 강하고 또 사람을 잘 신뢰하였습니다. 그래서 그의 아버지는 무장 강도단을 하다가 감옥 생활을 마치고 개과천선한

한 청년을 자기집 머슴으로 두었습니다. 그리고 찬드라는 그 청년의 등에 업혀서 학교를 다녔는데, 찬드라는 그 사람에게서 의협심과 무궁무진한 전투이야기, 모험적인 이야기를 들으면서 자랐습니다.

찬드라는 후에 이렇게 술회하였습니다.

"그 어떤 유모라 할지라도 이 무법자의 우두머리만큼 친절한 사람은 없었다."

그는 시골에 살면서 소작인들과 나누는 대화 그리고 밭에서 자라나는 작물들을 보면서 그들이 갖고 있는 무궁한 삶을 발견하게 됩니다. 찬드라는 성 사비에르 대학을 졸업하고 영국으로 건너가서 크리스 대학에서 강의를 하였으며, 그곳에서 대기 중에 아늘콘이 있다는 것을 발견하기도 하였습니다.

그 후, 그는 식물뿐만이 아니라 각종 기계들을 연구한 사람이기도 한데, 새로운 기계들을 만들어 내기도 하고, 기계들도 오래 쓰면 피로하여 진다는 것을 알아낸 최초의 사람이기도 합니다. '전자방전발전파장'이라는 새로운 기계를 만들어낸 그는 인도의 시성(詩聖) 타고르와는 동년배이면서 절친한 친구이기도 하였습니다.

## 무생물도 생명이 있다

그는 "생명이 살아 있는 생명체와 생명이 없는 유기체 간의 사이는 없다."라는 유명한 말을 남긴 사람입니다. 즉 금속도 일을 너무 시키면, 피로를 느낀다는 것입니다. 그래서 동물의 조직에 있어서의 분자반응 곡선 연구와 같은 방법에 의한 금속들의 곡선을 그렸는데, 놀랍게도 같은 반응을 보였다는 것입니다. 또한 그는 생물들의 성장

과정이나 어떤 나뭇잎을 1억 배로 확대하여 보니까 그들의 잎 속은 엄청난 조직으로 되었을 뿐만이 아니라 알 수 없는 힘이 그 속에 있다는 것을 발견하기도 하였습니다. 식물도 마취시키면 마취도 되고, 신선한 바람을 쐬면 다시 깨어난다는 사실을 알아냈습니다. 그는 거대한 소나무를 마취하는 방법을 써서 그 나무를 옮겨 심기도 하였습니다. 사람과 똑같이 마취를 한다는 것입니다. 금속도 마찬가지로 생명이 있어서 그를 자극하면 곡선을 그리는데 생물과 조금도 차이가 없었다는 것을 알아낸 사람입니다. 다시 말해서 생물과 무생물간의 생명체의 한계가 없다는 것을 말해줍니다.

**한 생각은 천지를 바꿀 수 있는 원자폭탄보다도 더 강한 힘이 있다**

사람이 진실로 사랑하는 사람 앞에 그가 염원을 하면 즉각적으로 그 사람은 아무 말 없이도 반응을 한다는 것입니다. 이것은 너무도 보편적인 이야기입니다. 식물이 이렇게 반응을 했다면, 어떻게 생각하십니까. 사람과 사람 사이에 일어난 일이라면 그렇다 치고, 사람이 식물을 앞에 두고 사랑을 표시하면, 바로 식물이 반응을 하여 그래프 곡선을 그리면서 반응을 한다고 합니다.

만약, 인간이 이 세상을 살면서 참으로 선한 마음으로 남을 위한 어떠한 위대하고도 남이 도저히 상상할 수 없는 업적 같은 것을 했다고 치면 어떤 반응이 일어나겠습니까. 어떤 집단이나, 아니면 시민 전체가 반응한다는 것도 찬드라 보스의 실험의 업적입니다. 그러한 큰 사랑을 가진(찬드라는 진정 농촌을 사랑하였기 때문에 그 시골의 밭작물에서 애틋한 애정 같은 것을 느꼈다고 합니다.) 이 사람은 뛰어난 영혼의 소유자라는 것입니다.

　이렇게 보면 이 세상의 모든 것은 과연 부처님의 부사의한 힘이라고 볼 수밖에 없습니다. 모든 것은 부처님이 우리들에게 주신 선물입니다. 한량없는 위대하고도 남음이 없는 그러한 선물입니다. 우리가 사는 이 세계가 바로 불세계라고 보면, "어디에든지 부처님 몸 아닌 곳이 없다"라고 하신 부처님 말씀을 참작하면, 바로 부처님이 "마음과 부처와 중생이 차별없다"는 화엄경의 말씀이 더욱 고귀하게 느껴집니다. 하나의 식물이 이렇게 위대하게 살아 있는 생명으로 그들도 우리들처럼 반응한다는 것, 그리고 아무렇게 생각하였던 쇳조각도 그런 똑같은 반응을 일으킨다는 사실과, 많은 생각을 하고 사는 사람들과 조금도 하나의 차이도 없이 똑같은 반응을 한다는 것은 놀라운 발견입니다.

제3부

화엄의 바다

# 여래십신상해품(如來十身相海品)

**합론** 장차 이 품을 간략히 해석하면 삼문(三門)이 있으니 일(一)은 품(品)이 온 뜻을 밝힘이요, 이(二)는 능히 설법주(說法主)를 밝힘이요, 삼(三)은 문(文)을 따라서 뜻을 해석함이라. 일(一)은 품의 뜻을 해석한다는 것은 전품은 부처님이 부사의제(際)에 들어서 두루하여서 광대 무한히 요익 중생함을 설하였음이요, 이 품은 삼업이지(三業二智)로 부사의지(智) 가운데 보신(報身)에 들음을 잡은 연고로 이 품을 밝힘이라. 이(二)는 능설법주(能說法主)를 해석한다는 것은 이 모양의 바다가 행을 말미암아서 보(報)가 이룸이라. 보현이 이 행(行)이니 도리어 행(行)자로 하여금 과(果)를 자설(自說)케 함이라. 삼(三)은 글을 따라 해석한다는 것은 이 일품경에 99(九十九)단을 나누었음이라.

## 1. 여래의 서른두 가지 상호(相好)

**경문** 그 때 보현 보살 마하살이 여러 보살 마하살에게 말하였다.

"불자여, 이제 여래께서 가지신 몸의 바다를 말하리라. 여래 정수리에 보배로 장엄한 서른두 가지 대인상(大人相)이 있느니라. 그 가운데에 거룩한 모습이 있으니 이름이 모든 방위에 비치는 한량없는 큰 광명그물을 두루 놓음이라. 빛이 거룩하여 온 세계에 두루 광명신을 나투시니 이것이  하나이니라.

다음에는 거룩한 모습이 있으니 이름이 부처님 눈의 광명이라. 금 빛을 내는 것이 미간 백호상을 놓은 광명과 같이 일체 세계를 비추니 이것이 둘이니라. 불자여, 여래의 정수리에 이러한 서른두 가지 거룩한 모습이 있어 훌륭하게 장엄을 하였느니라."

2. 미간에 있는 한 가지 상이 있으니,
불자여 이름이 미간 백호광명상이니라

"눈에 한 가지 상이 있으니, 이름이 거룩한 불안(佛眼)이라 자유자 재하여 두루 보는 장애가 없는 눈이니라. 코에 한 가지 상이 있으니 이름이 온갖 신통한 지혜구름이라. 혀에 네 가지 상이 있으니 이름이 음성과 영상을 나타내는 구름이라. 여래가 빙긋이 웃으실 때는 일체 온갖 보배마니로 장엄을 하느니라. 광대하고 미묘한 음성을 내는 것 이며, 여래께서는 보배 광명으로 빛깔과 모양이 원만하여 미간에 놓 는 광명처럼 온갖 세계를 비추니라. 여래는 혀끝에 보배광명구름이 있으니 여의 보배 광명으로 장엄하였느니라. 여래의 혀끝은 또 한량 없는 부처와 보살이 있어 묘한 음성으로 여러 가지로 열어 보임에 모 든 보살이 앞에서 듣느니라.

여래의 위 잇몸에 한 가지 상호가 있으니 인다라 보배와 같으니라. 여래께서는 좌우 이빨에 네 가지 상호가 있으니 부처님의 보배마니

구름으로 되어 있으며 만자 구름이 있느니라. 치아에 한 가지 상이 있으며, 입술에도 한 가지 상이 있으며, 목에도 한 가지 상이 있으며, 어깨에는 다섯 가지 상이 있으며, 가슴에는 열한 가지 상이 있으며, 손에는 열세 가지 상이 있으며, 가려진 곳에 한 가지 상이 있으며, 볼기에는 두 가지 상이 있으며, 다리에 다섯 가지 상이 있으며, 발에는 열세 가지 상이 있느니라. 불자여, 비로자나 여래께서는 연화장 세계에 티끌 수 같은 거룩한 모습이 있으니 낱낱 몸에 여러 보배 묘한 모양으로 장엄하였느니라."

**합론** 어떤 까닭으로 수호광명품이 되었는가. 전품에서 이미 십신상해가 십연화장세계 미진수 상해로 그 몸을 장엄함이 있음을 밝힐새 이 품은 그 불신상 가운데에 상을 따르되 공덕을 잡음이니 대인의 상을 이루고 수행법신의 이지로써 광명을 이룬 고로 행(行)을 따라서 번뇌를 깨뜨리는 묘리 지혜가 광명을 이룸을 밝힘이니라.

 보현행은 모든 부처님의 행(行)이 됨을 밝힌 연고로 수호광명은 법신 근본지가 성품이 없어 행을 따라서 무체무상(無體無相)한 공덕으로써 광명이 되어서 능히 크게 물질을 이롭게 함일새 도리어 형체도 없음과 체성 없는 빛으로써 인연 있음을 비춤이니 형체 없는 하늘의 북(鼓)이 음성으로 설법하여, 하여금 해탈케 함과 같음을 밝힌 연고로 이 품이 나왔음이라.

# 여래수호광명공덕품(如來隨好光明功德品)

## 1. 수승한 과(果)를 표한다

**경문** "그 때 세존께서 보수(寶手) 보살에게 말씀하시었다. 불자여, 여래·응공·정등각께서 잘 생긴 모습을 따라 이름이 원만왕이요, 잘 생긴 모습에서 큰 광명이 나오니 이름이 치성(熾盛)이라. 칠백만 아승지 광명으로 되었느니라."

## 2. 인(因)을 들어서 나타내다

"불자여, 내가 보살을 보았을 때에 도솔천궁에서 큰 광명을 놓으니 이름이 광명당왕이라. 열 부처 세계의 티끌 수 세계를 비추었느니라. 그 세계의 지옥 중생으로서 광명을 받은 이는 고통을 쉬고 청정을 얻었으며, 목숨을 마치고는 도솔천에 태어났느니라. 여러 천자들아, 네가 마음을 방일하지 않고 여래 계신 데에서 착한 뿌리를 심어 선지식을 친근하였으므로 비로자나의 위신력으로 저기서 목숨을 마치고, 이 하늘에 태어났느니라."

"불자여, 보살의 발 아래 천복(千福)의 법륜을 굴림을 이름이 광명 보조왕(光明普照王)이요, 여기에 잘 생긴 모습이 있으니 이름이 원만 왕이라. 항상 마흔 가지의 광명을 놓으며 그 가운데 광명의 이름이 청정공덕이니라. 능히 억 나유타 부처님 세계의 티끌 수 세계에 비추며 갖가지 업을 따라 모두 성취케 하며 아비지옥에서 극심한 고통을 받는 중생이 광명을 만나면 모두 목숨을 마치고 나면 도솔천에 태어나느니라."

## 3. 향기로써 이익을 얻게 하심이라

"무진향기구름이 한량없는 부처님 세계의 티끌 수 세계에 널리 비내리니, 어떤 중생이 몸에 그 향기를 쏘이기만 하면 그 몸이 쾌락을 얻음이 마치 사선천(四禪天)에 들어간 비구처럼 모든 업장이 다 소멸되고, 향기를 맡을 것 같으면 일체 중생이 한량없는 번뇌를 씻고 자유자재한 청정한 뿌리를 성취하느니라."

❧

만물을 바라보다

"만물의 형상인 몸〔身〕은 밖으로는 산하대지에 두루 퍼지고, 태허(太虛)라 하는 공(空)은 오묘하여 현묘진심(玄妙眞心) 가운데 한 점 사물의 모습(物相)이라."

(양명학)

406

인간의 목숨을 빼앗는다는 것은 아주 쉬운 일입니다. 만약 이 곳에 한 방울의 독약만 있다면 그걸로 충분합니다. 또 아무리 정신이 고상하고, 훌륭하며, 지위가 높다고 하거나, 극악무도하며, 포악하고, 날쌔며, 힘이 천하에서 그를 당할 자가 없다고 하여도, 독약 한 방울이면, 타들어가는 볏짚같이 사라지고 마는 것입니다. 그러나 독약은 그렇게 사람을 죽이고도 아무런 표정이 없습니다. 아니, 아예 관심을 기울이지도 않을 뿐더러, 내가 죽였다는 생각조차 없다는 것입니다.

**사리를 판단할 줄 알면 지혜가 나온다**

대지에 찬바람이 불어와 만상을 얼어 붙이노라면 사람이나 동물이나 새나 미물까지도 추위를 탑니다. 먹구름이 몰려와 메마른 대지에 비를 뿌리노라면 사람이나 동물이나 초목들이 모두가 비를 맞습니다. 눈이 오거나, 바람이 불거나 이 이치는 변하지 않습니다. 사람이 지성을 갖춘 신사이든, 냉철한 이성을 가진 사람이든 아무런 관계가 없습니다. 자연은 그 어떠한 것에도 평등합니다.

이 곳에 두 사람이 있습니다. 한 사람은 미쳤고, 한 사람은 정신이 멀쩡합니다. 만약, 그 두 사람이 동시에 돌을 군중 속으로 던졌다고 합시다. 그렇다면 던진 돌이 떨어지면서, '아! 이 사람은 남자이니까, 아! 이 사람은 여자이니까, 이 사람은 악인이니까, 이 사람은 선인이니까.' 가리면서 떨어지지 않습니다. 그렇다고 그곳에 한 위대한 성인이 있어서 그 돌이 그를 피해서 떨어지는 법도 없습니다.

미친 사람이 돌을 던지거나, 미치지 않은 사람이 돌을 던지거나 던져진 돌은 어딘가에는 떨어진다는 것입니다. 돌은 무심합니다. 잘 나거나 못나거나 관심도 없습니다. 비가 내리는 것도 그렇고, 눈도 또한 그러합니다. 그냥 비이기에 내리고, 눈이기 때문에 내리는 것입니다.

인간은 이와 같이 이 세상에서 일어나는 일들을 잘 살펴야 합니다. 인간이 이 세상에서 가장 강한 것 같지만, 사실은 아주 약하디 약한 목숨인 것입니다. 찰떡을 먹다가 목이 막혀 질식사할 수도 있고, 유독가스를 잠시라도 맡기만 하면 질식사할 수 있습니다. 잠을 자다가 숨 한 번 쉬지 못하면 이 세상을 떠나야 하고, 길을 걷다가 불의의 봉변을 당하는 수도 있습니다. 이 세상에서 죽고 죽는 일이란 것이 너무 많아서 이루 다 열거할 수도 없습니다.

# 보현행품(普賢行品)

**합론** 처음 보리도량으로부터 좇아서 여래는 이 불과(佛果)요, 저 십보현 보살(普賢菩薩)과 아울러 보살과 신천(神天) 등 대중은 이 부처님의 보현행인 연고이며, 제2회 보광명전으로부터 좇아서 부동지불(不動智佛)과 무애지불(無碍智佛) 등 십지여래를 설해서 십신심(十信心)을 이룸은 능히 자신의 마음이 부동지불이라.

이제 여래가 미간백호광명을 놓아서 문수의 이마[頂]에 물을 뿌리시고, 입으로는 광명을 놓아서 보현의 입을 통하여 법신의 묘한 지혜를 갖춘 문수사리와 한 가지 보현 보살로 하여금 여래 출현의 있는 바 경계를 문답하여 바야흐로 보현행해(普賢行海)와 부처님 닦아 감의 시종원만(始終圓滿)을 밝히게 함이니, 부촉하여 이 법을 유통함이 또한 출현품 내에 있는지라. 이세간품(離世間品)은 부처님이 불과를 이룬 후 항상 행하신 도(道)이니라.

## 1. 중생의 근기를 따라서 여래의 경계를 설하다

**경문** 그 때에 보현 보살이 다시 보살 대중에게 말하였다.

"불자여, 지난 옛적에 말한 것은 중생의 근기에 마땅함을 따라 여래 경계의 일부분을 말한 것이다. 왜냐하면 세존께서는 중생들이 지혜가 없어 나쁜 짓을 하고, 몸에 국집하고, 뒤바뀌게 하고, 의혹하고, 삿된 소견으로 분별을 잘못 내어서 결박하고, 생사의 흐름을 따르고, 여래의 진리를 멀리하는 연고로 세존께서 이 세상에 나시었느니라."

## 2. 보살에게 성내는 일보다 더 큰 허물은 없다

"만약 보살에게 성내는 마음을 일으키면 백만 가지 장애가 생기느니라. 불자여, 나는 어떤 법의 허물이라도 보살이 다른 보살에게 성내는 마음을 일으키는 것보다 더 큰 것을 보지 못하였노라. 왜냐하면 불자여, 만약 보살이 다른 보살에게 성내는 마음을 일으키면 백만의 장애가 되는 문을 이루게 되는 연고이니라.

무엇을 백만의 장애라 하는가. 이른바 진리를 보지 못하는 장애, 바른 법을 듣지 못하는 장애, 부정한 세계에 태어나는 장애, 나쁜 길에 태어나는 장애, 어려운 가정에 태어나는 장애, 병이 많은 장애, 우둔한 길에 태어나는 장애, 비방을 받는 장애, 바른 생각을 잃는 장애, 안·이·비·설·신·의(眼耳鼻舌身意)의 장애, 악지식(惡知識: 악지식이란 나쁜 사람)을 만나는 장애, 용렬한 이를 가까이 하는 장애, 큰 스승을 믿지 않는 장애, 보살을 잃어 버리는 장애, 바른 소견 없는 사람과 함께하는 장애, 외도의 집에 나는 장애, 마의 경계에 머무는 장애, 부처님의 바른 가르침을 멀리하는 장애, 선지식을 알아보지 못하는 장애 등이니라.

또 착한 뿌리를 가로 막는 장애, 착하지 못한 법이 느는 장애, 못난 곳을 얻게 되는 장애, 나쁜 귀신 중에 나는 장애, 마음이 항상 걱정이 많은 장애, 불법을 만나지 못하는 장애, 불법에 전념하지 못하는 장애, 보살행을 닦지 못하는 장애, 보살의 큰 서원을 내지 못하는 장애, 온갖 지혜를 내지 못하는 장애, 보살행에 게으른 장애, 모든 업을 깨끗이 다스리지 못하는 장애, 큰 복을 거두어 들이지 못하는 장애, 지혜의 힘이 날카롭지 못한 장애, 지혜로 하는 말을 비방하는 장애, 여러 마의 경계에 있기를 좋아하는 장애, 부처님의 길을 닦지 않는 장애, 보살의 서원을 결정적으로 내지 못하는 장애, 보살과 함께 있기를 싫어하는 장애, 성품이 의심이 많은 장애, 마음이 항상 어리석은 장애, 보살이 평등한 보시를 행하지 못하는 탓으로 버리지 못함을 일으키는 장애, 여래의 계율을 지니지 못하는 탓으로 계율을 파하는 장애, 인욕하지 못하는 장애, 어리석고 시끄럽고 성내는 장애, 보살이 게으르므로 정진을 일으키지 못하는 장애, 반야바라밀을 닦지 못하여 어리석음을 내는 장애, 옳고 그름을 알지 못하는 장애, 보살의 지혜를 얻지 못하는 장애, 보살이 법에서 분명히 알지 못하는 장애이니라.

불자여, 만일 보살이 모든 보살에게 한번 성내는 마음을 일으키면 이러한 백만 가지 장애가 되는 문을 이루게 되나니 무슨 연고인가. 불자여, 나는 어떤 허물보다도 보살이 다른 보살에게 성내는 마음을 일으키는 것보다 더 큰 것을 보지 못하였느니라."

## 3. 장애를 다스리는 심묘한 법(甚深微妙法)

"그러므로 알라. 보살 마하살이 모든 보살의 행을 빨리 만족하여 법을 부지런히 닦아야 하나니, 마음에 일체 중생을 버리지 않음이니라. 마음에 일체 불법을 비방하지 않음이니라. 중생 교화함에 고달프다는 생각을 여의고 일체 세계에 머물되 집착이 없음이니라.

상서를 나타내어 증명하다

그 때 부처님께서 신통한 힘인 연고며, 그러한 연고로 시방으로 각각 말할 수 없는 백천억 나유타 세계의 티끌 수 세계가 여러 가지로 진동하며, 여러 천계를 지나가는 온갖 꽃구름, 향구름, 마니보배와 일체 장엄거리를 비내리며, 여러 가지 풍류구름을 나타내며, 모든 보살 구름을 나타내며, 여래의 음성이 법계에 가득하며, 말할 수 없이 세계를 장엄하며, 말할 수 없이 보리를 증장시키며, 말할 수 없이 광명을 밝게 비추어 나타내며, 말할 수 없는 신통한 힘으로 법을 말하는 구름을 비내리었다. 이 세계에서 보리수 하에서 석가모니불이 등정각을 이루시고 법을 연설하신 것처럼 일체 세계에서도 모두 이와 같이 하였다.

4. 보현 보살이 게송으로 설하시다

그 때 보현 보살 마하살이 부처님의 신통한 힘으로 시방과 온 법계를 관찰하며 보살의 행을 열어 보이시려 함이니, 여래의 경계를 열어 보이기 위한 것이며, 모든 세계의 겁의 수효를 말하려 함이며, 부처님이 때를 맞추어서 나타냄을 밝히려 함이며, 여래께서는 중생을 근기를 따라 나타나서 그들로 하여금 공양케 하려 함을 말하려 함이며, 여래께서 세상에 나타나심은 공덕이 헛되지 아니함을 밝히려 함이며, 이미 심은 선근의 과보를 얻음을 밝히려 함이며, 위덕 있는 보살이 일체 중생을 위하여 형상을 나타내고 일체 중생을 구호함이며, 그들을 깨닫게 하는 것을 밝히려 함이니라.

과거 보살의 행을 말해 주고자 하다
　　지나간 옛 세상의 모든 보살은
　　가장 나은 사람 중의 법사자(法使者)들이니
　　그네들이 닦아서 행하던 일을
　　내 이제 차례차례 말하려 함이려니.

　　설법하는 여러 법사자(法使者)들
　　닦는 행이 차례차례 원만하여서
　　부처님의 평등한 위없는 법과
　　온갖 지혜 경계를 얻으시니라.

　　내가 보니 지난 여러 세상에
　　수많은 사람들 중 여러 법사자(法使者)들
　　큰 광명 그물을 놓아 중생 건지사
　　시방의 모든 세계 두루 비추나니.

삼세 불 보살의 행을 말하고자 한다
　　현겁이라 이름하는 한 겁 동안에
　　천 부처님 세상에 나타나시니
　　부처님들 가지신 넓은 눈을 가졌고
　　내가 이제 차례로 말하리라.


　　하나의 현겁에 나투신 것처럼
　　한량없는 겁에서도 그러하나니
　　저러한 오는 세상 부처님 행을
　　내 이제 분명 분별하니라.


시간을 말하다
　　크고 작은 일체 나라 세계들
　　한량없이 끝도 없음이니
　　여러 세계가 한 세계이고
　　한 세계는 여러 세계이니라.


변화하여 만들어진 것이니라
　　세간과 법계는 변화로 되고
　　국토도 중생도 변화로 되고
　　진리라는 세계도 변화로 되고
　　모든 것은 끝까지 변화로 되네.

온갖 것이 다 변화하니
세계도 변화하고 중생도 변화하고
세월도 변화하고 절복(折伏)도 변화하니
변화한 저 언덕에 이르리.

몸이 아닌 데서 몸을 나타내다
세간에 가지가지 수없는 몸을
온갖 것을 다 분명히 알고
이러하게 몸이란 법 모두 알아
부처의 청정한 몸을 얻게 되나니.

여러 중생 몸들이 한량없거늘
낱낱이 그를 위해 몸을 나투니
부처님 몸 청정하여서
지혜있는 사람들 모두 보리라.

**자신의 왕국을 건설하라**

　부처님의 말씀 중에 "만약 내가 열반에 들거든 누구라도 법을 의지할 것이요, 다른 것에 의지하지 말라. 자신을 등불로 삼을 것이요, 사마외도를 따르지 말라." 하였습니다. 감정에 빠지고 사로잡혀서 격정에 지배 당하면 그 사람은 이성을 잃게 되고, 이성을 잃으면 그는 본성을 잃게 되어 생각의 마비를 일으키어 불구자가 됩니다. 마음의 불구자가 되면 일을 그르치게 됩니다. 그러므로 차분히 생각하여 최선을 다하여 선택하는 것이 곧 자신의 왕국을 건설하는 초석이 됩니다.

자신의 왕국은 어디에 있을까요? 그것은 깨달음에 있습니다. 곧 깨달음이란 나를 아는 일입니다. 나는 과연 이 공부를 해낼 수 있는가, 나는 과연 이 짐을 질 수가 있는가, 나는 오늘처럼 모든 것에 대하여 자신감을 갖고 살 수 있는가 등등 많습니다. 노예가 되어서는 성공을 거두지 못합니다. 노예가 성공하였다는 말을 들어 본 적이 없습니다. 노예는 노예일 뿐입니다. 오욕의 노예도 노예입니다. 사랑에도 노예가 있습니다. 권력에도 노예가 있습니다.

노예가 되지 않는 방법은 단 하나뿐입니다. 그것은 내가 노예를 지배하는 것입니다. 모든 것에 자유스러워져야 합니다. 속박이 되면 곤란합니다. 속박을 당한 사람은 그 속박에서 뛰쳐 나와야 삽니다. 속박을 시키는 사람도 그 자체가 속박입니다. 그러므로 속박하는 사람도 속박을 당하게 되어 있습니다. 감정에 사로잡히는 사람은 참으로 교양있는 사람이 못 됩니다. 사리를 잃습니다. 분별도 잃습니다. 그러므로 정신을 고양(高揚)하고 매사에 신중한 사람은 그의 왕국을 건설할 수가 있습니다. 그에게는 실패라는 말조차 어색한 단어입니다. 자신의 잘못을 발견하고 그것을 고쳐 가며 스스로의 인격을 한 차원 높이 올려 놓아야 합니다.

그는 왕국을 건설하는 데 아무런 어려움이 없습니다. 숭고한 마음과 고상한 품격을 유지하면서 이 세상을 살아가는 사람은 천재입니

다. 한순간에도 자신을 흐트러뜨리지 않고 몸을 가꾸고, 걸음걸이,
말하는 태도, 몸짓 하나하나까지 모두 그 사람의 품격입니다. 잘못
은 감추려고 해서 품위가 얻어지는 것이 아닙니다. 교묘히 감추려고
하면 그것은 금방 들통이 납니다. 그러므로 항상 전도된 마음을 참
회하여, 항상 자신을 살펴볼 때 그 사람은 그의 왕국을 건설할 수가
있는 것입니다. 그 사람은 관음 보살이 살피고, 보현 보살이 힘을 주
며, 부처님이 광명을 놓아 줍니다.

### 성공하는 것은 자기를 관리하는 것이다

말은 창조자입니다. 말에는 말할 수 없는 힘이 말할 수 없이 많이
숨겨져 있습니다. 말은 창조와 파괴의 양면성을 감추고 있습니다.
무서운 파괴자인 동시에 창조자이기도 한 것입니다. 말에는 입으로
하는 말이 있고, 표정으로 하는 말이 있고, 몸짓으로 하는 말이 있습
니다. 말에는 고요하게 하는 말과 천둥소리와도 같은 말이 있습니
다. 마치 벼락을 치듯 하는 말에 큰 뜻이 담겨 있는가 하면, 조용하
기가 호수와 같아도 그 말에 무한한 힘이 있을 수 있습니다. 흐르는
강물처럼 하는 말, 파도 치는 바다와 같은 말, 폭포와 같은 말, 흐르
는 여울과 같은 말, 어느 때는 마치 고요하기가 호수와 같더니 어느
순간에 마치 폭포와 같기도 하고, 한 줄기 도도히 흐르는 강물 같은
말이 있습니다.

사람의 몸짓도 마찬가지입니다. 어떤 사람은 깡충거리기가 마치
토끼와 같기도 하고, 어떤 사람은 황소 같은 모습인가 하면, 마치 공
작같이 우아하기도 하고, 어떤 사람은 고양이처럼 조용한가 하면,

어떤 사람은 닭처럼 부산합니다. 또 어떤 사람은 사자처럼 위엄이 있는가 하면, 어떤 사람은 호랑이처럼 날쌔고, 어떤 사람은 꾀가 여우와 같은 사람이 있습니다.

나도 모르게 표현되는 수만 가지의 몸의 언어와 말의 언어와 표정의 언어를 잘 관리할 수 있는 사람은 자신의 왕국을 건설할 수가 있습니다. 행위로 나타내는 몸짓은 자신의 언어입니다. 내가 쓰고 있는 몸의 언어는 다른 사람은 언제든 읽을 준비가 되어 있습니다. 사람은 사람 속에서 모든 것을 얻어냅니다. 사람이 사람 속에 살면서 사람을 모르면 그 사람은 실패를 100% 한 것이나 다름이 없습니다. 화엄경에 "네가 바로 보현이 되어야 한다"는 부처님의 말씀을 생각하여 보면 알 수가 있습니다. 사람은 다른 사람의 작은 신음소리도 그것이 무슨 뜻인지를 압니다. 아! 그가 아프구나, 아! 그가 괴롭구나 하고 알아차립니다.

나는 어떻게 살아야 되는지를 깨닫는 것은 인생의 전부를 깨달은 것이나 다름없습니다. 나의 안·이·비·설·신·의로 나타내는 언어는 그 파장이 어마어마합니다. 일체 세간에서 일어나는 일들이 모두 여기에 있습니다. 물건에도 나의 언어를 넣어 주어야 합니다. 정성이라는 언어입니다. 내 마음이 순일하고 무잡하며 정성이 있으면 나의 몸의 언어와 표정의 언어는 고상하게 바뀌어 갑니다.

사회는 곧 나의 수행처입니다. 모든 것이 그 속에 다 들어 있습니다. 일체의 공덕과 복덕과 사상과 깨우침도 그 속에 들어 있습니다. 아무리 말을 잘하고 변재의 천녀라도 그의 깨달음이 없다면 그것은 토끼뿔과 같이 허망한 그림자이며, 아무리 천변만어(千辯萬語)로 사람을 사로잡을 언어를 쓰고, 그럴싸한 말로 현혹시킨다고 하여도 지혜있는 사람 앞에서는 모두 속이 보이며, 일체의 시늉과 몸짓으로 자신을 말하려 하나 진실이 없으면 사람은 멀리 달아납니다. 달아난 사람이 다시 오게 하자면 전보다 더 많은 시간과 노력이 필요합니다.

## 승부를 걸지 않는 사람은 무서운 사람이다

승부를 걸지 않는 사람 가운데에는 둘이 있습니다. 하나는 실력이 아예 없어서 처음부터 승부라는 단어조차 모르는 사람입니다. 이 사람은 무능하고, 게으르고, 남 탓하고, 일을 싫어하고, 남에게 떠맡기고, 책임감 없고, 실천력 없으며, 놀면서 많은 것을 요구하고, 심지어 남의 것을 빼앗고, 남을 업신여기고, 군림하기 좋아하고, 죄의식이 없고, 반성할 줄 모르고, 항상 곁눈질 하고, 기회만 엿보는 사람, 조그마한 자비조차 없는 사람은 무능한 사람입니다.

이런 사람은 천금을 주어도 소유하지 못하며, 관리하지 못하며, 기회를 만들지도 못하며, 베풀 줄도 몰라서 항상 조금 베풀고는 과분한 것을 요구하며, 미래를 몰라 어리석기가 은산철벽(銀山鐵壁)입니다. 이런 사람은 무능한 사람입니다.

그러나 승부를 걸지 않고 승부를 좋아하지도 않으면서 항상 준비하는 사람은 지혜 있는 사람이며, 항상 자신에게 책임을 돌리고 일을 먼저 하며, 값어치 없는 일에는 아예 말을 하지 아니하며, 다른 사람과 충돌하지 않으며, 먼저와 나중을 알며, 이치를 분별하며, 일용품에 좋고 나쁨을 가리지 않으며, 항상 자신을 낮추되 자랑하지 않으며, 남을 존중하는 마음이 가슴에 가득하지는 않더라도 남을 업신여기지 않으며, 항상 무슨 일인가를 열심히 하는 사람, 연구하고 발표하고, 옳고 그름을 판단할 줄 아는 사람, 자신은 냉정하게 비판하고 남은 너그럽게 볼 수 있는 이 사람은 무서운 사람입니다.

# 여래출현품(如來出現品)

**합론** 장차 이 품을 해석함에 간략히 네 문이 있으니 일(一)은 품의 명목(名目)을 해석함이요, 이(二)는 품의 온 뜻을 해석함이요, 삼(三)은 여래가 방광(放光)하사 문수와 보현에게 말미암은 바를 해석함이요, 사(四)는 문(文)을 따라 뜻을 해석함이라. 어떻게 이름이 여래출현품인가. 제2회 보광명전으로부터 십심(十心)을 설할 때 부동지불(不動智佛)로서 처음 믿음을 삼고, 다음은 무애지불(無碍智佛) 등 십신 가운데 나아가 닦음이 되고, 또 일지중(一智中)에 열 가지 지혜를 갖춤을 밝힌 고로 행을 따라 이름을 세워서 차별의 지혜를 따라 대비심을 이루고 이름이 여래출현품(如來出現品)이 됨이라.

전에 이미 초회보리도량(初會菩提道場) 가운데 출현하사 비로소 정각한 것은 이 비로자나 부처님의 출현이요, 지혜와 자비가 원만하여 출현함을 밝힘을 밝힘일새 고로 출현품이다. 선재 동자가 유덕동자(有德童子)와 유덕 동녀(有德童女)를 봄은 지혜와 자비가 원만함을 표한 연고라.

**소** 문(文)에 이르되 본원력으로써 불신의 몸을 나투시니 하여금 대신변(大神變)을 보게 한다. 능한 바를 따르고 세력을 따라서 보리수

하에서 가지가지 몸을 나투어 정각을 이루니라 하다.

## 1. 세존이 광명을 놓아 가피를 내리시다

부처님의 미간에서 백호광명(白毫光明)을 놓으시다

**경문** 그 때 세존께서 미간에서 백호광명을 놓으사 이름이 여래출현이요, 한량없는 백천억 나유타 아승지 광명으로 권속이 되었고, 그 광명이 시방 온 법계와 모든 세계를 두루 비추며, 여래의 한량없는 자유자재함을 나타내고 수없는 보살 대중을 깨우치며, 일체 시방의 세계를 진동시키며, 모든 나쁜 길을 없애 버리고 모든 마군의 궁전을 진동시키며, 여래께서 보리좌에 앉으사 바른 깨달음을 이루는 일과 모든 도량에 모인 대중을 나타내시며, 이런 일을 하고는 보살대중으로 와서 다시 여래성기묘덕 보살(如來性起妙德菩薩)의 정수리로 들어갔음이라.

여래가 출현하심을 말하다

이 때 여래성기묘덕 보살이 보현 보살에게 물었다.

"불자여, 부처님께서 나타내 보이시는 광대한 신통변화가 여러 보살들에게 기쁨을 내게 하며, 불가사의하여 세상이 알 수 없사오니 이것이 어떠한 상서이옵니까?"

이 때 보현 보살이 답하였다.

"불자여, 내가 지난 옛적에 여래 · 응공 · 정등각을 뵈오니 이렇게 광대한 신통변화를 보이시고는 여래께서 출현하는 법문을 말씀하시었음이라. 지금 그러한 현상을 보이시니 마땅히 그 법을 말씀하시리라 여기노라."

게송으로 거듭 법을 청하다

이 때 성기묘덕 보살이 이 뜻을 거듭 펴고자 보현 보살을 향해서 게송으로 말하였다.

거룩하고 걸림없는 크신 지혜여
그지없는 평등함을 깨달았으니
한량없는 부처님의 공덕을 말씀하소서
불자들은 듣고서 기뻐하리라.

바라건대 인연이나 비유로
묘한 법과 맞는 뜻을 연설하소서
중생들이 듣고서는 큰 마음 얻어
의심은 끊고 지혜는 맑아 허공 같으리.

## 2. 보현 보살이 설법하시다

여래께서 출현하시는 일을 설하다

그 때 보현 보살이 여래성기묘덕 보살과 여러 보살 대중에게 말하였다.

"불자여, 이것은 헤아릴 수 없나니, 이른바 여래 · 응공 · 정등각께서 한량없는 법으로 출현하셨느니라.

왜냐하면 한 가지 일이나 한 가지 인연으로 출현하신 것이 아니라 한량없는 백천 아승지 일로써 성취하셨느니라. 이른바 과거에 한량없이 일체 중생을 거두어 주려는 보리심으로 이루는 연고이며, 과거에 한량없이 일체 중생을 구호하려는 대자대비로 이루는 연고이며, 과거에 한량없이 많은 부처님께 공양하고 중생을 교화함으로써 이루는 연고이며, 과거에 한량없이 청정 공덕장을 이루는 연고이며, 과거에 한량없이 통달한 법과 이치로 이루는 연고이니라. 불자여, 이와 같이 한량없는 아승지 법문이 원만하여서 여래를 이루느니라."

삼천대천 세계는 한량없는 인연으로 이루어지느니라

"불자여, 삼천대천 세계가 한 인연이나 한 사실로 이루어지는 것이 아니고 한량없는 인연과 사실로써 이루어지나니, 이른바 큰 구름을 이루어 큰 비를 내리거든 네 가지 풍륜(風輪)이 서로 계속하여 의지가 되느니라. 네 가지란 무엇인가. 하나는 능히 지님이니 큰 물을 지니는 까닭이요, 둘은 능히 소멸함이니 큰 물을 소멸함이요, 셋은 건설함이니 모든 처소를 건설함이요, 넷은 장엄함이니 장엄함을 보임이며, 모두 다가 교묘한 까닭이니라.

이런 중생들이 함께 짓는 업(共業)이 보살들의 착한 뿌리로 일으키는 것이되 그 가운데 일체 중생으로 하여금 각각 마땅한 대로 받아서 쓰게 됨이니라.

불자여, 이러한 한량없는 인연으로 삼천 대천 세계를 이루거니와 법의 성품이 이와 같아서 내는 이도 없고 짓는 이도 없지만은 그러나

저 세계가 성취되느니라. 여래의 출현함도 다 그와 같아서 한 인연이
나 한 사실로 성취하는 것이 아니니라. 한량없는 인연과 한량없는 사
실로 이루어지느니라."

삼천대천 세계가 이루어질 때 큰 구름에서 비를 퍼붓는다

"또 불자여, 삼천대천 세계가 이루어지려 할 때에 구름에서 퍼붓는
비를 억수장마라 하나니, 온갖 처소에서 받을 수도 지닐 수도 없거니
와 오직 대천 세계가 이루어지려는 때는 제외되느니라.

불자여, 여래·응공·정등각께서 그와 같이 법구름을 일으키어 큰
법비를 내리는 것을 이름하여 여래의 출현을 성취한다 하느니라. 일
체 이승(二乘)의 마음으로는 받을 수도 없고 지닐 수도 없거니와 오직
대보살들의 마음으로 서로 지니는 힘은 제외될 것이니라.

또 불자여, 큰 구름에서 큰 비를 내리는 것을 대천 세계의 일체 중
생들은 그 수효를 아는 이가 없으며, 그 수효를 계산하려면 어려울 뿐
이거니와 오직 대천 세계의 주인인 마혜수라 천왕은 과거에 닦은 선
근으로 내지 한 방울까지라도 모두 아느니라.

불자여, 여래·응공·정등각께서도 법비를 내리는 것을 일체 중생
과 성문 독각은 알지 못하는 것이며, 헤아리고자 하면 마음이 어지러
워지려니와 오직 일체 세간의 주인인 보살 마하살은 제외할 것이니,
과거에 닦은 깨달은 지혜의 힘으로 내지 한 글자 한 구절이라도 중생
의 마음에 들어가 분명히 알지 못할 것이 없느니라.

불자여, 이것이 여래·응공·정등각께서 출현하는 넷째 모양이니
보살 마하살은 마땅히 이렇게 알아야 하느니라."

큰 구름에서 큰 비를 내릴 때 능히 소멸한다 하니라

　"또 불자여, 큰 구름이 큰 비를 내릴 적에 큰 구름비가 있어서 이름을 능멸(能滅)이라 하나니 능히 화재(火災)를 멸하며 큰 비구름이 있어서 이름이 능히 일으킴이라 하나니 큰 물을 일으키며, 큰 구름비가 있어 이름을 능히 멈춤이라 하나니 큰 물을 멈추며, 큰 구름비가 있어 이름을 능히 이룸이라 하나니 온갖 마니 보배를 이룸이며, 큰 구름비가 있어 이름을 능히 분별함이라 하니 삼천대천 세계를 분별함이니라.

　불자여, 여래도 이와 같아서 법비를 내리어 능멸(能滅)이라 하나니 일체 중생의 견혹(見惑)을 멸하게 하고 일체 중생이 능히 이룸을 얻게 하느니라. 불자여, 이것이 여래·응공·정등각께서 다섯째 모양이니 보살 마하살은 마땅히 이렇게 알아야 하느니라."

큰 구름에서 큰 비를 내릴 때 장소에 따라 다르니라

　"또 불자여, 큰 구름에서 한결같은 한맛을 내나니 비를 내려도 그 비 내릴 데를 따라서 한량없이 차별하나니 여래의 출현함도 그와 같아서 크게 불쌍히 여기는 한결같은 맛의 법비를 내리어 한량없이 차별하니라. 불자여, 이것이 여래·응공·정등각께서 출현하는 여섯째 모양이니 보살 마하살은 마땅히 이렇게 알아야 하느니라."

세계가 이루어질 때 큰 물이 가득 차니라

　"또 불자여, 세계가 처음 이루어질 때 큰 물이 생겨 삼천대천 세계에 가득 채우고 큰 연화가 나나니 여래출현공덕장엄(如來出現功德莊

嚴)이니라. 시방 세계를 비추거든 그 때 마혜수라 정거천(淨居天)들이 이것을 보고 이 세계에 부처님이 나실 것을 결정코 아시느니라. 또 불자여, 그 때 그 가운데에 바람이 일어나니 이름은 매우 깨끗한 청풍(淸風)이라.

또 바람이 일어나니 이름이 깨끗한 빛 장엄으로 욕심 세계의 하늘 궁전을 이루느니라. 또 바람이 일어나니 철위산(鐵圍山), 작은 철위산, 금강산을 이루느니라. 또 바람이 일어나니 바다가 이루어짐이라. 또 바람이 일어나니 물은 분별이 없지만은 바람이 같지 않음으로 차별을 이루느니라."

**허공을 의지하여 풍륜(風輪)이 있고 수륜(水輪)이 있느니라**

"또 불자여, 마치 허공을 의지하여 네 가지 바람을 일으키어 물〔水〕을 지니게 함과 같으니라. 무엇을 네 가지라 하는가. 하나는 편안히 머묾이요, 둘은 항상 머묾이요, 셋은 끝까지 이름〔至〕이요, 넷은 견고함이라. 물은 땅덩어리를 붙들어 흩어지지 않게 하느니라. 그러므로 땅은 물을 의지하고, 물은 바람에 의지하고, 바람은 허공에 의지하고, 허공은 의지한 데가 없으나, 비록 의지한 데가 없어도 삼천대천 세계로 하여금 머물게 하느니라."

**게송으로 여래 출현하는 법을 거듭 설하시다**

그 때 보현 보살 마하살이 이 뜻을 다시 펴시고자 게송으로 말하였다.

시방 국토 부수어 만든 티끌은
계산으로 수효를 알 수 있지만
여래의 한 털 끝에 있는 공덕은
천만 겁 동안 말하여도 말할 수 없네.

어떤 사람 자 들고 허공 세는데
다른 이는 따라가며 허공 세어도
허공은 끝난 데를 찾을 길 없어
여래의 저 경계도 그와 같으니.

맨 처음 이 세계에 큰 구름 비를 퍼부어
네 가지 바다에 큰 바람 일으키듯이
중생의 선근과 보살의 힘으로
사바 세계 생겨서 머물게 되느니라.

여래의 몸을 밝히니라

"불자여, 보살 마하살이 마땅히 어떻게 여래 · 응공 · 정등각의 몸을 보아야 하는가. 보살은 마땅히 한량없는 곳에서 여래의 몸을 보아야 하나니 왜냐하면 보살 마하살은 한 법이나 한 몸이나 한 중생에게서 여래를 볼 것이 아니라 모든 곳에 두루하여 여래를 보아야 하느니라."

✿

**세계가 만들어 질 때 폭풍이 몰아쳤다**

　우리가 사는 이 세계는 언제쯤 어떤 연유로 만들어 졌을까? 그것은 비단 나뿐만 아니라 모든 사람들의 관심입니다. 그리고 왜 만들어 졌을까? 하는 문제도 똑같습니다. 그리고 언제쯤 어떤 힘에 의하여 소멸되어 갈까? 하는 문제는 우주과학을 연구하는 사람만의 관심이 아닙니다. 우주의 신비로움은 모든 것이 비밀로 싸여져 있는 보따리와 같습니다.

　어느날 어떤 사람이 길을 가다가 길 위에 있는 보따리를 발견하게 됩니다. 그리고 그들은 이 보따리에 무엇이 들어 있을까? 하고 많은 생각을 하였습니다. 만약 이 보따리를 끄르는 순간 어떤 불미스러운 일이 일어나지 아니할까? 두려운 눈으로 바라보았습니다. 그들은 의논을 하였습니다. 이 보따리에 무엇이 들어 있는가? 그러나 그들은 아무도 입을 떼지 못합니다.

　어떤 사람은 이 보따리 안에 틀림없이 나쁜 귀신이 들어 있어서 여는 순간 모두는 죽게 될 것이라고 합니다. 또 다른 사람은 다른 의견을 내놓았습니다. 아마도 이 보자기 안에는 틀림없이 귀한 보배가 들어 있을 것이라고 합니다. 또 다른 의견을 내놓은 사람도 있습니다. "아니야, 그 보따리 속에는 말 못할 사연이 있을 것이야."라고 하면서 제각기 의견을 내놓았습니다. 그러나 정확한 의견은 없습니다. 언제쯤 이 길 위에 놓여졌는 지를 아는 사람도 없습니다.

　그런 가운데 한 사람이 말을 합니다. "이 보자기는 보아 하니 많

이 낡은 것으로 보아 아마도 십년은 되었을 것이다." 또 다른 사람
은, "아니야, 내가 보기에는 십년은 더 되어 보인다."고 하였습니다.
이렇게 이 보따리의 연수를 갖고 수도 없이 설전을 하였습니다. 많
은 다른 의견도 나왔으나 대략 십년 정도로 생각하였습니다. 그들은
우선 이 보따리 안에 무엇이 들어 있는 지는 나중에 알아보기로 하
고 십년으로 못 박았습니다. 그리고 공표를 하였습니다. "우리들이
어느 날 주운 보따리는 십년이 되었습니다."라고 하였습니다. 그래
서 사람들은 주운 보따리는 십년이라고 알고 있습니다.

그리고 다른 의논을 하게 됩니다. 그러면 이 보따리는 무슨 천으
로 짜여졌느냐를 놓고 연구한 결과가 나왔습니다. 그 보따리를 싼
천은 대략 어디에서 생산되었고, 비단으로 짜여졌다는 결론도 보았
습니다. 그리고 이제는 그 보따리가 얼마나 가겠느냐는 수명을 놓고
토론을 하였습니다. 그러나 결론을 얻지 못하였습니다. 아직도 그
수명을 놓고 연구 중이며, 여러 의견을 수렴하고 있는 중입니다. 다
음은 보따리의 주인을 놓고 수백만 번도 더 싸웠습니다. 그 보따리
에 무엇이 들어있는지도 알아 내지 못한 상태에서 지금까지 그 주인
을 놓고 싸우고 있는 중입니다.


## 보따리의 주인이 없으니 모두 내가 주인이라고 한다

여러 가지 결론 가운데 흥미있는 답이 나왔습니다. 이 보따리는
어떻게 만들어졌다는 것을 거의 알아낸 것입니다. 이 보따리는 저
우주에서 어떤 힘에 의하여 많은 재료들이 혼합되고 그리고 그 과정
에서 엄청난 열이 나오고, 그 다음으로는 열에 의하여 수증기가 하

늘 끝 닿는 데까지 치솟았다가 그 수증기들이 모여 구름이 되었다는 것입니다. 구름이 된 수증기는 큰 보따리가 너무 뜨거워서 내려오지 못하고 그만 오천만년 동안을 허공에 머물러야 했습니다.

그런데 그 큰 보따리는 점점 식어져 부피도 줄어들고 공처럼 동그랗게 만들어 졌습니다. 하늘에 머물러 있던 수증기가 이제 다시 지상으로 내려갈 준비를 하고 있었습니다. 그리고 그 수증기는 비가 되어 큰 보따리로 떨어지기 시작한 이래로 폭풍을 동반하고, 번개를 동반하고, 엄청난 회오리를 만들어 내면서, 무려 하루도 쉬지 않고 백년 간을 내렸습니다. 그것이 최초의 비〔雨〕폭풍입니다.

그리고 하늘에는 구름이 한 점 없이 되었습니다. 그리고는 햇볕이 너무 뜨거워서 지상에 내린 비는 다시 하늘로 올라가지 않으면 안 되었습니다. 그리고는 또 다시 한량없는 비구름을 만들어 내고, 쏟아지고 또 만들어 내고, 쏟아지기를 거듭 반복하기를 무려 몇 억년을 소비해야 했으며 지금도 그 일을 반복하고 있는 중입니다.

**지금도 부처님은 비밀작법(秘密作法)을 계속 진행하고 계신다**

구름의 신, 바람의 신, 빛의 신, 불의 신들이 빚어낸 조화는 가히 탄복할 만합니다. 구름의 신은 비를 내리어서 한량없이 보따리 같은 땅을 적시었고, 바람의 신은 바람을 세차게 불어서 보따리 같은 땅을 고루 평탄하게 하였으며, 불의 신은 만물을 태우는 역할뿐만 아니라 인간에게 필요에 따라 쓰도록 하였으며, 빛은 언제나 밝은 광명을 주었습니다. 한번 열이 나서 불이 붙으니, 그 불꽃은 하늘로 치솟는 데 천만 유순이나 되고, 그 불꽃이 꺼져서 식는 데만도 10억년이 걸렸습니다. 빛은 대낮같이 밝아 만물을 자라게 하였으며, 그들만이 갖는 독특한 생활 방식을 터득하게 하였고, 그들도 많은 인연을 쌓아 서로를 의지하게 하였다고 합니다. 그러나 그들은 거기에서 만족하지 않고 더 많은 것을 갖고자 투쟁을 하기 시작한 것입니다. 보따리 주인을 서로 자처하게 된 연유입니다.

## 사모가(思母歌)

법신은 만물을 따라서 그림자로 나타난다 합니다. 그것은 마치 물속의 달과 같고, 인연(因緣)은 마치 음영(陰影)이 본체(本體)를 따라감과 같습니다. 오늘 어머니는 부처님을 만나시고, 성역(聖域)에 드시니 이것 또한 아미타의 본원인가 합니다. 우리 어머니는 말씀이 온화하시고, 행하심에 항상 고심(苦心)했습니다. 우리들을 낳아 기르시기까지 손의 마디마다 소나무 등걸같이 되도록 일을 하시었고, 남편의 고집을 다 비위 맞추고 많은 자식들을 거두느라 잠인들 어찌 곤히 드셨겠습니까. 오늘 저희들은 산사에서 정갈히 산촌의 진수를 어머니께 올리고 애끓는 마음으로 엊그제 같았던 어머니의 얼굴을 그려 봅니다.

이제 입동도 지나고 내일 모레 동지가 다가오며 소한과 대한이 찾아오는데 바깥은 차가워 속속이 껴입어도 저희들은 춥다고 하는데 추운 날씨에 어머니는 어디에 계시옵니까. 아들과 딸들은 낳으신 은혜 잊지 못하고, 기르신 은혜도 생각하면 가슴이 아파옵니다. 자식의 잘못은 눈감아 주시고 잘한 일은 칭찬을 아끼지 않으신 바다와 같은 은혜를 어찌 저희들이 모른단 말입니까. 백세를 수(壽)하신들

많다 하겠습니까. 천세를 사신들 많다 하겠습니까. 그런데 어이도 그렇게 빨리 저희들을 두고 가신단 말입니까.

어머니께서 저희들을 남기시고 떠나신 후 저는 수도 없이 꿈속에서 어머니를 만나 뵙고 하였지만 희미한 그림자만 남기시고 언제나 떠나십니다. 회고하여 보면 계실 땐 몰랐으나 안 계시니 어머니의 자리가 크옴을 이제야 깨달았습니다. 어느날 갑자기 어머니의 머리가 희어지는 것을 보았을 때도 철없이 어린 양 하였는데 오늘도 저희들은 그렇게 어린애들과 같습니다.

불원의 법당에서 향적의 마지를 부처님께 올리고, 전단향을 피워 도량을 그윽하게 하고, 스님들은 기도를 올리었고, 오늘 또 수륙의 자리를 베풀어서 영산(靈山)의 묘음으로 극락으로 안내하옵니다. 부디 공양을 드시고 사바세계의 고통을 잊으시고, 극락정토에 왕생하시어 아미타불의 수기를 받으시옵소서. 또 저희들이 함께 원하옵나니 무량한 유주고혼과 무주고혼 등도 법계에 두루한 법향을 얻어 청정을 얻으시고, 천강에 비친 달처럼 맑게 차리시고 극락국의 법석의 한 자리를 얻으시어 백호의 광명을 받아 미혹을 제거하시고 깨침을 얻으시옵소서. 그리고 이 자리에 동참한 모든 분들도 현세에 수복하시고 두루 복락을 함께하여지이다.

— 행효자 김철용이 어머니 박분순 영가님의 왕생극락을 빕니다.

# 이세간품(離世間品)

**합론** 여기에 뜻이 둘이 있으니 하나는 설법주(說法主)에게 바라노니 가르침으로 이 세상 사람을 이익케 할지니라. 그러므로 이익 세간품이요, 중생이 법문을 들을 때 바라노니 세상에 처하되 물듦이 없어야 이세간품이 되는 연고라. 합당히 이익의 이름을 지을 것이요, 이(二)는 중생이 법을 들으매 세상에 처하여 물듦이 없어야 한다는 것이다. 다음은 설법주와 법을 듣는 이익자를 잡아서 두 가지 뜻을 해석함이라. 이 때에 세존이 마갈제국 아란야법 보리도량 중 보광명전으로부터 이에 묘법을 이미 깨달아 이른 것은 뜻이 보광명의 지혜로써 일시에 널리 인가하여 설법을 함일새 이로써 하늘에 오르매 깨달은 보광명전을 여의지 않고 처음과 끝을 원통함이라 한다.

**합론, 소** 소에 세 가지 별로 해석함이니 하나는 행법(行法)을 빛냄이요, 행위(行位)가 걸림이 없고 전후가 원융하여 나타내고자 할새 고로써 이름하니라. 둘은 인과를 아우러 거두어 이루어 행함이 보광명 지혜를 여의지 않음이요, 셋은 전에 일과 후에 일이 거듭 그 뜻이요, 원융을 잡아매 뜻에 나아감에 거듭함이라 함이라.

## 1. 원만한 이 세상〔器世間〕

**경문** 그 때 세존이 마갈제국 아란야 법 보리도량의 보광명전에서 연화장 사자좌에 앉으셨다.

### 머물고 떠남에 자유자재하다

    묘각이 원만하니 두 가지 행을 모두 끊었으며, 모양 없는 법을 모두 통달하여 부처님의 머무는 데 머물고, 부처님의 평등함을 얻어서 막힘이 없는 곳에 이르며, 움직일 수 없는 법을 행함이 걸림없으며, 헤아릴 수 없는 데 서서 삼계(三界)를 두루 보며, 몸은 모든 국토에 가득하고, 지혜는 온갖 법을 밝게 보아 통달하여서 모든 행을 분명히 알고, 모든 의심을 끊었으며, 측량할 수 없는 몸과 모든 보살이 구하는 지혜로 부처님의 언덕에 이르며, 여래의 평등한 해탈을 갖추고 부처님의 평등법을 얻어 증득하니 허공계와 같았다.

### 원만한 중생 세간〔利世間〕

    말할 수 없는 백천억 나유타 세계에 티끌 수 보살 마하살과 함께 계셨으나 모두 한 생에 아뇩다라삼먁삼보리를 이룰 이들이라. 각각 다른 지방의 갖가지 국토로부터 와서 모이었다. 그들은 모두 지혜와 방편을 갖추고 이른바 일체 중생을 잘 관찰하고 방편의 힘으로 그들을 조복시켜 보살의 법에 머물게 하며, 일체 세계를 방편의 힘으로 두루 나아가며, 분별을 떠나 묘행(妙行)을 닦아서 간단함이 없으며, 일체 중생을 잘 거두어 주고 한량없는 방편에 들어가서 업과 과보를 깨뜨리지 아니하며, 마음이 보리와 평등하고 보리가 마음과 평등함을 알며, 마음과 생각이 뒤바뀌고 소견이 뒤바뀜을 내지 않는 것이 불가 사의이며, 생각생각마다 멸진정(滅盡定)에 들어가 모든 번뇌를 다 하 지만 진실한 경계에 들지 않고 세간법이 곧 부처님 법인 줄 알지만 둘 도 없고 변함도 없음을 아는 연고이니 이것이 열 번째 불가사의니라.

십회향(十廻向)의 행(行)을 말하다

"무엇이 몸의 업이며, 무엇이 몸이며, 무엇이 말이며, 무엇이 말의 업을 깨끗이 닦음이며, 무엇이 수호함을 얻음이며, 무엇이 마음이며, 무엇이 마음을 냄이며, 무엇이 두루한 마음이며, 무엇이 깊은 마음이 며, 무엇이 결정한 지혜이며, 무엇이 결정한 지혜로 세계에 들어감이 며, 무엇이 결정한 마음으로 중생계에 들어감이며, 무엇이 익힌 버릇 이며, 무엇이 가짐이며, 무엇이 불법에 들어감이며, 무엇이 불법을 성 취함이며, 무엇이 생사를 여의는 길이오니까?"

## 2. 환희행(歡喜行)을 말씀하시다

보살은 열 가지 힘으로 유지된다

"불자여, 보살 마하살은 열 가지 힘으로 유지함이 있으니 무엇이 열인가. 부처님의 힘으로 유지되며, 서원력의 힘으로 유지되며, 법의 힘으로 유지되며, 중생의 힘으로 유지되며, 업의 힘으로 유지되며, 행 의 힘으로 유지되며, 경계의 힘으로 유지되며, 때의 힘으로 유지되며, 착한 힘으로 유지되며, 지혜의 힘으로 유지함이니 이것이 열이니라."

### 요익행(饒益行)으로 의지가 있다

"불자여, 보살 마하살은 열 가지 의지가 있어서 보살의 행을 하나니  이른바 모든 부처님께 공양함을 의지하여 보살행을 하며, 일체 중생을 부처님께 이끌어 의지하여 보살행을 하며, 선근을 쌓아 보살행을 하며, 청정불국토를 장엄하여 보살행을 하며, 일체 중생과 함께 함으로 보살행을 하며, 바라밀에 깊이 들어감으로 보살행을 하며, 보살의 원을 만족하여 보살행을 하며, 보리심에 의지하여 보살행을 하며, 부처님에 의지하여 보살행을 함이니, 이것이 보살행의 열 가지이니라."

### 보살에게는 열 가지 불가사의한 일이 생긴다

"불자여, 보살 마하살은 열 가지 불가사의한 일이 있으니 무엇이 열인가. 이른바 모든 선근이 불가사의한 일이며, 온갖 서원이 불가사의한 일이며, 온갖 서원을 이룸이 불가사의한 일이며, 일체의 법이 환(幻)과 같음을 아는 것이 불가사의한 일이며, 법에 들어가서 머물러 있으나 열반에 들어가지 않고 모든 서원을 이루지 못한 연고인 것이 불가사의한 일이며, 자비와 서원을 버리지 않고 중생을 구호함이 불가사의한 일이며, 보살도를 닦으면서도 하늘에서 내려와 태에 들어가 탄생하고 출가하고 고행하고 도량에 나아가서 마군중을 항복받고 바른 깨우침을 이루고 법륜을 굴리어 열반에 들며, 신통변화가 자유자재하여 쉬지 않으면서 자비와 서원을 버리지 않고 중생을 구호함이 불가사의한 일이니라."

보살은 열 가지 해탈문이 있다

"불자여, 보살 마하살은 열 가지 해탈문이 있으니 무엇이 열인가. 몸이 모든 세계에 두루하면서 해탈을 함이요, 모든 세계에 한량없는 가지가지 모양을 나투는 두루 해탈함이요, 한 세계에 들어가 두루함의 해탈문과 일체 중생의 가지는 힘의 해탈문과 일체 부처님의 장엄한 몸으로 모든 세계에 가득하여 두루하는 해탈문과 제 몸 가운데 일체 세계를 보는 해탈하는 문과 잠깐 동안에 일체 세계에 나아가는 해탈문과 잠깐 동안에 모든 세계가 보이는 해탈문과 잠깐 동안에 모든 세계에서 나오는 해탈문과 한 세계의 모든 부처님이 출현함을 보이는 해탈문과 잠깐 동안에 모든 부처님의 유희하는 신통력을 나타내는 것이 열반이니라."

## 3. 등각위(等覺位)를 말씀하시다

"불자여, 보살 마하살은 업을 깨닫고 근본을 깨닫고 법과 법계를 깨닫고, 생사 없는 지혜를 알아서 불법에 자유자재하여 지혜 삼매 관찰로 시방에서 불사를 짓는 연고라. 만일 이 법에 편안히 머물면 위없는 여래의 지혜를 얻느니라."

## 4. 묘각위(妙覺位)를 말하다

"불자여, 보살 마하살이 저 도솔천에 머무는 데 짓는 선업(善業)이 있으니, 첫째는 욕심 세계의 천자들을 권하여 쾌락을 여의고 보리심을 내게 하느니라. 둘째는 천상 세계 천인들을 위하여 여러 선정과 해탈을 드나들되 실다운 지혜를 내어 보리심을 내게 하느니라. 셋째는 또 보살 마하살은 도솔천에 머물러 삼매에 드나니 이름이 광명장엄이라. 몸에서 광명을 놓아 삼천대천 세계를 두루 비추고 목숨을 다하면 도솔천에 태어나 보리심을 내게 하느니라. 넷째는 보살 마하살은 도솔천의 보살들을 보고 도솔천에서 내려오고 어머니 태에 들고 출가하고 도량에 나아가서 가장 큰 장엄을 갖추며 선업을 떠나지 않음이라. 다섯째는 보살 마하살은 저 도솔천에 머물 때 욕심세계의 천마(天魔) 파순(波旬)이 보살업을 파괴하려고 보살의 처소에 이르거든 보살은 마의 군대를 꺾으려고 지혜의 문에 머물러 마왕 파순으로 하여금 편의를 얻지 못하게 하느니라."

❀

### 능지자(能知者)와 전능자(全能者)

　인도에 마하리쉬(Maharishi) 벵가타라만이라는 사람이 있습니다. 이 분은 일생 동안 '나는 누구인가?' 라는 질문에 응답한 사람입니다. 그는 스스로 산에 들어가서 혼자만의 시간을 가졌습니다. 그리고 자신이 누구인지를 깨달았습니다. 그의 과거는 매우 복잡하기도 한 고뇌의 세월이었으나 이제는 편안한 삶을 얻은 것입니다.

　그의 아버지는 이름이 순다람이었고, 변호사였기 때문에 남부럽지 않은 생활을 할 수가 있었습니다. 순다람은 둘째 아들을 얻자, 이름을 벵가타라만이라고 지어 주었습니다. 벵가타라만이 12살 되던 어느날 벵가타라만이 학교에서 돌아오자, 사람들은 아버지가 돌아가셨다고 말했습니다. "벵가타라만아! 아버지가 돌아가셨다."

그의 어머니가 침대에 누워 있는 아버지 앞에서 흐느껴 울고 있는 것을 보았습니다. 그는 눈물이 나지 않았습니다.

'왜 사람들은 슬퍼할까? 그리고 어머니는 왜 저리도 슬퍼하면서 우실까? 아버지는 저렇게 침대 위에 누워 있지 않은가?'

이렇게 생각한 벵가타라만은 사람들에게 물었습니다.

"아버지가 돌아가시다니요. 여기 이렇게 계시잖아요."

이 때 그의 삼촌이 가련하다는 표정을 지으면서,

"애야, 벵가타라만아! 아버지를 불러 보아라. 그리고 아버지를 흔들어 보아라. 아버지는 대답을 못하신단다. 이제 너와 같이 밥도 못 먹고, 너와 함께 살 수도 없게 되었단다. 그런 것을 돌아가셨다고 하는 것이란다."

삼촌은 죽음에 대해서 자세히 가르쳐 주었습니다. 그러나 벵가타라만은 도저히 이해가 가질 않았습니다.

'도대체 왜들 그럴까. 아버지가 저기 저렇게 누워 있지 않나, 그런데 왜 아버지가 죽었단 말인가.'

이렇게 의문을 품은 벵가타라만은 이런 생각을 하였습니다.

'그래 육신은 죽었다고 하자. 그러나 육신도 저기 저렇게 있지 않는가. 그는 죽지 않았다. 내가 아버지 하고 부르면 늘 아버지는 대답을 하시곤 하였다. 그는 죽을 리가 없다. 그런데 사람들은 아버지가 돌아가셨다고 하니 참으로 이상하다.'

## 죽은 자는 누구인가

그 후 벵가타라만은 그의 삼촌 집에서 공부를 하였고, 거기서 자랐습니다. 그는 자라면서 많은 것을 생각하였고 『63명의 성자』라는 책을 읽다가 홀연히 출가하고 싶은 마음을 얻게 되었습니다. 그의 나이 17세 때 평범한 소년으로부터 위대한 성인의 길을 걷게 되는 아주 중요한 길을 선택하게 됩니다. 그는 아주 이상한 아이였습니다. 그는 '나는 어쩌면 죽을지 모른다.' 는 생각을 자주 했고 그런 생각을 하니, 모든 것이 두려웠습니다. '아니야, 내가 죽을 순 없어, 내가 만약 죽는다면 아버지처럼 된다는 것이 아닌가.' 하는 생각이 들었습니다. 죽음이라는 것을 한번 생각하니까 자꾸 그런 쪽으로 생각하게 되는 것이었습니다. '죽음이 찾아온다고 하자, 그러면 나는 어떻게 할까, 죽을까? 그런데 어떻게 죽는단 말인가? 나 스스로 죽지 않고, 정확히 말하여 나를 죽이지 않고, 내가 어떻게 죽는단 말인가. 육체는 죽는다. 그러면 정신도 죽을까.'

그는 수도 없이 스스로 죽음과 삶이라는 것에 대하여 많은 것을 생각하였습니다. 또 이렇게 혼자서 죽는 장면을 경험하기 위하여 여러 가지로 실험을 해보았습니다. 그는 침대 위에 누워 전에 아버지가 누워 있었던 것처럼 팔다리를 쭉 펴고, 몸을 뻣뻣하게 만들고, 입을 꼭 다물고, 눈은 감고, 숨을 죽이고서 생각하였습니다.

그렇다. 나는 죽었다. 그렇게 되면 나를 사람들이 메고 나가 장작더미 위에 올려 놓고 불을 놓으면 활활 타고 죽은 몸은 다 타버리고 재가 되고, 그 후엔 아버지처럼 갠지스 강에 뿌려지겠지. 그런데 육신은 태워서 없앤다고 하자. 그러면 '나 벵가타라만' 은 어떻게 태울까? 사람들을 둘러 보면서 "삼촌 그리고 형, 나를 태워 보세요. 나는 태우지 못하잖아요."라고 말한다. 그리고 그는 '나는 아무리 해도 타지 않는다' 는 것을 알면서, 또 다른 자신을 본 것입니다.

그는 이런 과정을 거치면서 자신의 내부에 초월적인 영(靈)이 있다는 것을 깨달았습니다. '그렇다. 나는 절대로 태울 수 없는 존재다. 나는 누구도 태울 수 없다. 나 자신도 나를 죽일 수 없다.' 그는 죽는다는 것은 단지 육체만이 죽는다는 것을 알았습니다. 육체는 죽을지라도 절대로 '나' 라고 하는 영혼은 죽이지 못한다. 그는 태울래야 타지 않는, 즉 타지 않는 것이 아니라 절대로 태워지지 않는 물건〔一物〕이 있다는 것을 깨달았던 것입니다.

"영혼은 육체를 초월한 것이므로 절대로 죽지 않는다."

그는 스스로 얻어낸 해답을 가지고 무한한 광명을 얻습니다. 이것은 살아있는 진리로서 섬광처럼 큰 빛을 발하는 광명입니다. 내 안에 죽지 않는 영원한 생명이 꿈틀거리면서 하늘로 큰 빛줄기를 쏘아대는 자신! 그렇다. 나는 매우 실재적(實在的)인 존재이다. 나는 죽지 않는 생명이다. 그리고 나의 육체와 의식적인 모든 행위는 그 '나' 에 집중되고 있다. 그는 그 후 '나' 라는 '나' 곧 '진아' 라는 자신에 초점이 맞춰지고 죽음에 대한 공포라든가 의심은 영원히 사라졌습니다.

모든 것을 안다는 그 자는 곧 전지자(全知者)요, 모든 것을 마음먹은 대로 행하는 '나' 가 곧 전능자(全能者)라는 것을 그는 깨달았던 것입니다.

# 입법계품(入法界品)

**합론** 장차 이 품을 해석함에 있어서 여섯 문으로 분별함이니 1은 품(品)의 제목을 해석함이요, 2는 품의 원뜻을 해석함이요, 3은 여래의 처소를 해석함이요, 4는 설법주를 해석함이요, 5는 모인 바 대중을 해석함이요, 6은 글을 따라 그 뜻을 해석함이라. 그 1은 명목을 해석함이니 왜 입법계품이 되었는가. 믿음을 즐거워하여 미(迷)를 좇아 통달함을 이름하여 입(入)이라 하고, 몸과 마음의 경계가 성(性)이 스스로 의지가 없음을 이름하여 법(法)이라 하고, 일다(一多)가 통철(通徹)하여 진가시비(眞假是非)의 장애가 없음을 이름하여 법계(法界)라 하며, 또 무명종식(無明種識) 순전히 지혜를 씀으로써 미혹에 속하지 않음이 무의지(無依智)의 경계인 줄 통달함을 이름해서 법계라 한다.

불찰(佛刹)이 중중(重重)무진하여 성인과 범부가 동체(同體)요, 경계의 모양이 서로 상즉상입(相卽相入)함을 보니 이것이 법계라. 한 티끌 안에 많은 불세계를 머금어 허공의 세계에 두루하지 않음이 없고, 불찰(佛刹)마다 해당치 않음이 없음이라. 경계의 한량없는 세계가 무너지지 아니하고 진리(法)가 참되지 않음이 없다. 이치에 통하고 사리에 통철하여 이름이 법계가 되고, 또한 묘음(妙音)으로써 두루 법계의 부처님 세계에 들고 일섬모(一纖毛)로써 그 양(量)이 방위(方位)가 없음과 동등하여 대소의 봄이 없어지매(見亡) 물아(物我)가 동체(同體)요, 식(識)을 버리고 정(情)을 멸하매 지혜가 통하여 걸림 없음에 이름이 입법계(入法界)가 됨이라. 지혜의 경계를 잡아 널리 밝힘이니 육안과 식정(識情)의 소견(所見)에 의지하지 말지어다.

2는 품(品)의 원뜻을 해석함이니 여래의 출현을 밝히었으며, 또 마음이 물듦이 없음을 이름이 이세간(離世間)이라. 이 품은 일체 제불의 성도해 마친 지혜의 상과(常果)라, 시작도 없고 마침도 없음이며 오위진수(五位進修: 五位는 오종의 位態라는 뜻이다. 오위를 五事, 五法, 五品이라고도 한다. 色法은 물질적인 것, 心法은 마음의 주체인 識, 心所法은 마음의 작용, 心不相應法, 소위 生·住·異·滅 이라고 하는 존재의 존재하는 행태, 無爲法은 생멸변화가 없고 인연에 .따라 조작됨이 없으며 작용을 일으킴이 없는 것. 유식종에서는 (1) 資糧位 (2) 加行位 (3) 通達位 (4) 修習位 (5) 究竟位)가 이로써 체(體)가 되어서 여기에 이르러 관습(慣習)이 가득한 연고로 지혜에 맡겨서 베풀어서 근원에 돌아감이라.

3은 여래께서 사는 곳을 해석함이라. 묻되 무슨 까닭인가. 먼저 보리도량에 보광명전을 여의지 않는다 말함이며, 자기의 성불과만(成佛果滿)한 중생을 제도하는 것을 밝힐새 곧 순전히 자재 법계로써 체(體)를 삼아서 오위 보살과 행함과 수행을 세우지 아니하며, 또한 차별지(差別智)인 보현행원의 불과가 총히 이 불과가 이미 가득하여 보현행이 이미 두루하였다. 뿐만 아니라 중생을 이롭게 하는 법이라.

4는 설법의 주인을 말하여 해석한다는 것은 설법의 주인도 앞의 보리도량의 비로자나 부처님 여래이며, 또한 모든 보살의 스스로 이룬 바 부처님이며, 또한 당래 미륵 부처님의 이룬 바 부처님이며, 삼세고금의 일체 부처님인 연고라. 중생과 열반과 법계의 일호(一毫) 일미진(一微塵)의 체용시분(體用時分)이 다름을 옮기지 않는 줄을 보는 연고라. 범정망견(凡情亡見)에 있음에 다르거니와 법계 지혜에 있어서는 일체 삼세제불의 성불과 일체 중생의 성불함이 한가지이니 일찰나(一刹那) 일미진(一微塵) 일법신(一法身) 일지혜(一智慧) 일언음(一言音) 일해탈(一解脫) 일신통(一通神) 일부사의(一不思議) 일보경계(一報境界) 일연화좌(一蓮華座)에 주(住)하여 거듭거듭하며, 무애무애하나니, 이는 여래의 실견을 밝힘이라.

5는 모인 대중의 뜻을 해석함이란, 경에 이르되, 보살 마하살 오백인으로 함께한다 하며, 또 아래에 이르기를, 모든 보살이 다 보현행을 성취한다 하시니, 이 같은 오백 보살이니라. 문수 보살로서 법신 근본 지혜의 체를 삼고, 보현 보살로 차별한 지혜로 대용(大用)을 삼나니, 어떻게 142의 보살로 500의 수를 이루었는가 하면 천관 보살(天冠菩薩)로부터 이하에 100의 보살은 본 법계의 과체(果體) 가운데 십 바라밀의 행이 서로 융통하여 하나 가운데 10을 갖추고 100을 갖춤이니 이는 법계 가운데 행과(行果)이니 십당 보살(十幢菩薩)로부터 십력(十力) 보살, 십장(十藏) 보살, 십안(十眼) 보살 다 문수 보현의 두 가지 지행(智行)으로 십주(十住) 십행(十行) 십회향(十廻向) 십지(十地) 가운데 보현·문수를 통한 42현성행(四十二賢聖行) 가운데 각각 십 바라밀로써 이지(理智)와 대원력과 대자비를 융합하여 40심을 닦아 나아가매 400을 이루고 뒤의 법계 본과 가운데 백

바라밀을 더하여 오백을 이루나니 보현과 문수의 체용을 삼아서 후의 법계 본과(本果) 천관 보살 이하로 100보살의 행한 결실을 본과에서 밝힘이라.

6은 처음으로부터 좇아 61권 일체중생이역불리차서다림여래지소(一切衆生而亦不離此逝多林如來之所)에 이르기까지 여래께서 사자빈신삼매(獅子頻伸三昧)에 드시며 미간에 백호 광명을 놓으사 법계문(法界門)을 나투었고, 모든 보살들로 하여금 오위승진불과(五位昇進佛果)로서 법계에서 구할 게 없는 자재불과(自在佛果)에 들어서 밝힌 분(分)이라.

## 십신위선지식(十信位善知識)

### 1. 문수 보살(文殊菩薩)

**합론** 양시문수사리이하(兩時文殊師利已下)로 이름이 성취이생(成就利生) 행문(行門)이 되나니 다만 문수사리라 운(云)하고 속(俗)에 들어가 행(行)으로써 이름을 세웠을새니라. 이어 이는 삼세법(三世法)의 비로서 보리심을 발할새 처음 법신(法身)이 나툰 근본지(根本智)의 본성이 없는 이(理)의 묘혜(妙慧)의 연고이니 일체 삼세법(三世法)이 이를 좇아 불가(佛家)에 처음으로 태어남이며, 이를 좇아 보현의 대행(大行)을 성취(成就)하는 연고라.

문수사리 보살이 여러 도반들과 함께 남쪽으로 향하다

① 부처님 처소에 온 이들

**경문** 그 때 문수사리 동자가 선주누각(善住樓閣)으로부터 한량없이 함께 수행하는 보살과 항상 따르는 금강신장들과 함께 중생들과 두루하여 부처님을 에워싼 금강신장들과 함께 오랜 옛적부터 견고한 서원으로 부처님을 찬탄하고 공양하기를 마치고 하직하고 남쪽으로 떠났다.

② 사리불 존자가 6000 비구와 문수를 따르다

그 때 사리불 존자는 부처님의 신력을 받자와 문수사리 보살이 여러 보살 대중으로 장엄하고 서다림에서 나와 남쪽으로 인간세계를 향하여 가는 것을 보고 생각하기를, '나도 문수사리와 더불어 남쪽으로 함께 가리라' 하였다. 6천의 비구들 중 사리불과 함께한 여러 비구가 있었으니 이른바 해각(海覺) 비구, 선생(善生) 비구, 복광(福光) 비구, 대동자(大童子) 비구, 정행(淨行) 비구 등 한량없는 이였다.

③ 문수 보살이 선재 동자의 내력을 살피다

그 때 문수사리 보살이 복성 사람들이 다 와서 모인 줄 알고 그들이 좋아하는 마음을 따라 자유자재한 몸을 나투었으니, 위풍이 찬란하여 대중들을 가렸으며, 자재하신 인자함으로 그들을 가엾이 여기고, 자재한 지혜로 그 마음을 알고 광대한 변재로 법을 설하였다. 이 보살은 과거의 여러 부처님을 공양하였고, 선근을 많이 심었고, 믿고 이해함이 커서 여러 선지식을 항상 찬탄하고, 말과 몸과 뜻으로 짓는 일이 허물이 없고, 보살도를 깨끗이 닦아 온갖 지혜를 구하여 불법을 담는 그릇이 되었고, 마음이 청정하기가 허공과 같고, 마음이 넓기가 바다와 같고, 온갖 음성을 갖추기가 묘음이라. 보리에 회향함이 장애가 없는 줄을 알았다.

④ 문수 보살이 선재 동자를 찬탄하다

이 때 문수사리 보살은 선재 동자를 보고 이렇게 말하였다.

"선재라, 선재라. 선남자여, 그대는 이미 아뇩다라삼먁삼보리심을 내었고, 또 선지식들을 가까이 하여 보살의 행을 물어 보살도를 닦으려 하는구나. 선남자여, 선지식을 친근하는 것은 온갖 지혜와 공덕을 짓는 첫째 인연이니라. 이 일에는 고달프다는 생각을 내지 말지니라."

⑤ 문수 보살이 선재를 위하여 법을 설하다

이 때 문수사리 보살이 선재를 위하여 부처님의 법을 연설하니 이른바 모든 부처님이 말한 법을 설하였고, 모든 부처님이 청정대중을 위하여 설한 청정한 법을 설하였다.

2. 지혜를 성취하기 위하여 선지식 찾기를 권하다

그 때 문수사리 보살이 게송을 말하고 선재 동자에게 말하였다.

"선재라, 선재라. 선남자여, 어떤 중생이 아뇩다라삼먁삼보리심을 내는 것이 매우 어려운 일이거니와 또 보살행을 구하는 것은 더욱 어려운 일이니라.

선남자여, 온갖 지혜를 성취하려거든 결정코 선지식을 찾아야 하나니 선지식을 보고는 싫어하는 마음을 내거나 고달프다는 생각을 내지 말지니 선지식이 가르치는 대로 순종할 것이요, 선지식의 교묘한 방편을 허물하지 말지니라. 선남자여, 여기서 남쪽으로 가면 승락(勝樂)이라는 나라가 있고 그 나라에 묘봉(妙峰)이라는 산이 있으니 그곳에 덕운(德雲) 비구가 있느니라. 거기에 가서 보살도를 자세히 물으라."

그 때 선재 동자는 이 말을 듣고 뛸듯이 기뻐하며 문수 보살의 발에 엎드려 절하고 수없이 돌고 은근히 앙모하면서 하직하고 남쪽으로 갔다.

## 3. 덕운 비구(德雲比丘)

### 덕운 비구를 뵙고 법을 묻다

승락국을 향하여 가서 묘봉산에 올랐다. 그 산상에서 동서남북과 네 간방과 아래 위로 살피다가 7일이 지난 뒤에 다른 산에서 덕운 비구가 노니는 것을 보았다. 선재는 그 앞에 나가서 절하고 말하였다.

"거룩하신 이여, 저는 이미 아뇩다라삼먁삼보리심을 내었사오나 보살이 어떻게 보살행을 닦는 지를 알지 못하옵니다. 듣자오니 거룩한 이께서는 잘 가르쳐 주신다 하오니 자비하신 마음으로 말씀하여 주소서."

선재 동자에게 법을 설하다

　① 갖가지 염불문을 찬탄하다

　"선남자여, 나는 이 모든 부처님의 경계를 생각하여 지혜의 광명으로 두루 보는 법문을 얻었거니와 모든 대보살들이 그지없는 지혜로 청정하게 수행하는 문이야 어떻게 알겠는가."

　② 일체의 염불로 이루는 세계

　"이른바 지혜의 빛으로 두루 비추는 염불문이 있으니 모든 부처님 국토의 갖가지 국토를 청정하게 장엄함을 항상 보는 연고이니라. 일체 중생으로 생각하게 하는 연고이니 중생의 마음을 따라 부처님을 뵈옵고 청정함을 얻게 하는 연고이니라. 힘에 편안히 머물게 하는 염불문이니 한량없는 부처님을 보고 법을 듣는 연고이니라. 여러 방위를 밝게 비추는 염불문이니 모든 세계의 차별이 없는 부처님을 보게 하는 연고이니라. 사람이 볼 수 없는 염불문이니 모든 미세한 경계에 계시는 부처님들의 자유자재한 신통력을 다 보는 연고이니라. 자유자재한 마음에 머물고 자기가 좋아함을 따라서 권속을 선주(善住)케 하는 염불문이니 항상 부처님이 형상을 보이시는 연고이니라."

다음 선지식 찾기를 권유하다

　"선남자여, 남쪽에 한 나라가 있으니 이름이 해문(海門)이라. 거기 비구가 있으니 이름을 해운이라 하느니라. 그대는 가서 묻기를 '어떻게 보살행을 배우며, 보살의 도를 닦는가'라고 물어야 한다. 해운 비구가 광대한 선근을 발기(發起)하는 인연을 말하리라."

그 때에 선재 동자가 덕운 비구 발에 절하고 하직하였다.

## 4. 해운 비구(海雲比丘)

### 해운 비구를 뵙고 법을 묻다

　　그 때 선재 동자는 한결같은 마음으로 선지식의 가르침을 생각하며, 바른 생각으로 지혜광명으로 문을 관찰하며, 점점 남쪽으로 가서 해문국에 이르렀다. 해운 비구가 있는 데 도착하여 엎드려 발에 절하고 오른쪽으로 돌기를 마치고 합장하고 이렇게 말하였다.

　　"거룩한 이시여, 저는 이미 아뇩다라삼먁삼보리심을 내었사오나 보살이 어떻게 세계의 세속을 버리고 여래의 집에 태어나며, 어떻게 생사의 흐름을 끊고 보살행의 흐름에 들어가며, 어떻게 세계성에서 벗어나 온갖 지혜의 성에 들어가며, 어떻게 모든 노리개를 버려서 모든 중생을 이익케 할 수 있사오리까."

### 해운 비구가 선재 동자에게 법을 설하다

　　"선남자여, 중생이 선근을 심지 않고는 아뇩다라삼먁삼보리심을 내지 못하나니, 선근의 뿌리 광명을 얻어야 하며, 삼매의 지혜 광명을 얻어야 하며, 광대한 지혜의 복바다를 내야 하며, 선지식을 섬기는 데 고달파하는 생각을 내지 말아야 하며, 희고 깨끗한 법을 자라게 하는 데 게으름이 없어야 하며, 항상 모든 중생을 사랑하여야 하며, 여래의 경계 관찰하기를 항상 좋아하여야 능히 보리심을 내게 하느니라."

## 바다에서 큰 연꽃이 피어나다

"선남자여, 내가 생각할 적에 또 이렇게 생각하였느니라. 이 세상에는 바다보다 더 넓은 것이 있는가. 이 바다보다 더 깊은 것이 있는가. 선남자여, 내가 이렇게 생각할 적에 바다 밑에서 홀연히 큰 연꽃이 솟아났는데, 아라니 보배로 줄기가 되고, 유리 보배로 연밥이 되고 마노로 꽃술이 되어 아름답게 피어 바다 위에 가득히 덮이었느니라. 백만 범천왕이 와서 엎드려 절을 하고, 백만 정거천(淨居天)은 합장하고 절하며, 백만 전륜왕이 칠보로 장엄하여 공양하고 백만 여의 마니 보배는 갖가지 빛을 갖추고 광명이 찬란히 비추었다."

## 다음 선지식을 찾기를 권유하다

"선남자여, 여기서 남쪽으로 가면 능가산으로 가는 길 옆에 한 마을이 있어 이름이 해안(海岸)이라 하며, 거기 비구가 있으니 이름은 선주(善住)라 하니 그대는 그에게 가서 보살도를 물으라."

그 때 선재 동자가 해운 비구의 발에 절하고 우러러 보면서 물러 갔다.

## 5. 선주 비구(善住比丘)

## 선주 비구를 뵙고 법을 묻다

그 때 선재 동자가 선지식의 가르침으로 오로지 생각하며, 넓은 법문으로 오로지 생각하며, 부처님의 신통한 힘으로 오로지 생각하며, 법문의 글귀를 오로지 지니며, 법바다에 오로지 들어가며, 능가산으로 가는 길 옆에 있는 해안 마을에 이르러 사방을 살피며 선주 비구를 찾았다.

이 때 선주 비구는 이런 일을 보고 마음이 환희하였다. 선재 동자는 마침내 선주 비구를 찾아 합장 예경하고 이렇게 말하였다.

"거룩하신 이여, 저는 이미 아뇩다라삼먁삼보리심을 내었사오나 보살이 어떻게 불법을 수행하며, 어떻게 불법을 쌓아 모으며, 어떻게 불법을 갖추며, 어떻게 불법을 익히며, 어떻게 불법을 통달하는지를 알지 못하나이다. 바라옵나니 사랑하시고 어여삐 여기사 저에게 말씀을 하여 주소서."

선주 비구가 설법을 하다

이 때 선주 비구가 설법하였다.

"선남자여, 그대가 이미 아뇩다라삼먁삼보리심을 내었고 이제 또 마음을 내어 부처님의 온갖 법과 지혜의 법과 자연의 이치법을 묻는구나. 선남자여, 나는 이미 보살의 걸림없는 해탈의 문을 성취하였으므로 오고 가고 다니고 그칠 적에 생각하고 관찰하여, 곧 지혜의 광명을 얻으니 이름이 걸림없는 없음이라. 지혜광명으로 일체 중생의 마음과 행을 아는 데 걸림이 없고, 일체 중생의 지금 세상을 아는 데 걸림이 없고, 일체 중생의 교화를 받을 만한 곳에 모두 나아가는 데 걸림이 없나니 왜냐하면 머무름도 없고 짓는 일도 없는 신통한 힘을 얻는 연고이니라."

다음 선지식 찾기를 권유하다

"선남자여, 여기서 남방에 한 나라가 있으니 이름이 달리비다요, 그 나라에 자재성이 있고, 그 성중에 사람이 있는데 이름이 미가(彌伽)니라. 그대는 그에게 가서 보살행도를 물으라."

그 때 선재 동자가 그의 발에 예배하고 오른쪽으로 돌고 우러르며 하직하였다.


## 6. 미가 장자(彌伽長子)

**미가 장자를 뵙고 보살의 도를 묻다**

"거룩한 이시여, 저는 이미 아뇩다라삼먁삼보리심을 발하였나이다. 그러나 보살이 어떻게 보살도를 행하는지 알지 못하나이다. 어떻게 생사의 여러 길을 헤매면서도 보리심을 항상 잊지 아니하며, 어떻게 평등한 뜻을 얻어 견고하여 흔들리지 아니하나이까. 어떻게 지혜의 힘을 얻어 모든 진리를 능히 알아 이치를 분별함인지를 알지 못하나이다."

**미가 장자가 법을 설하다**

① 보살은 일체 중생의 의지처가 된다

"선남자여, 그대는 알아라. 보살이 하는 일은 매우 어렵나니 나기도 어렵고 만나기도 어렵나니, 보살을 만나기는 더욱 어려우니라. 보살은 모든 중생의 믿을 데가 되나니 낳고 기르고 성취하는 연고니라. 보살은 모든 중생의 의지할 곳이니 세간을 수호하는 연고이니라. 또 보살은 모든 중생을 구호함이 되나니 그들에게서 두려움을 없애주고,

나쁜 길에 떨어지지 않게 하기 위한 연고이니라. 보살은 땅과 같고 바다와 같으니 복덕이 충만하여 다하지 않는 연고이니라. 보살은 마치 해와 같아서 지혜 광명이 널리 비춤이요, 수미산과 같으니 선근이 깊은 까닭이니라. 보살은 용맹한 장수와 같으니 일체 마의 군중을 굴복시킴이니라. 보살은 임금과 같으니 불법의 성(城)에서 마음대로 할 수 있음이니라. 보살은 구름과 같으니 한량없는 법비를 내려 싹을 자라게 함과 같음이니라. 보살은 뱃사공과 같아 법바다의 나루터를 찾아 인도함과 같음이니라.”

미가 장자는 방편으로 장엄 법문을 보여서 연설하고 분별하여 해석하니 중생들이 법문을 듣고 모두 아뇩다라삼먁삼보리에서 물러나지 않게 되었다.

② “선남자여, 나는 다만 이 보살들의 묘한 음성 다라니 광명법문만을 알거니와 저 여러 보살 마하살은 모든 중생의 여러 가지 생각바다와 여러 가지 시설바다와 여러 가지 이름바다와 여러 가지 말씀바다에 들어가고 모든 비밀을 말하는 법구(法句)바다, 모든 반연할 것 가운데 온갖 세 세상에서 반연할 것을 말하는 법구바다와 차별을 말하는 법구바다에 두루 들어가느니라.”

다음 선지식 찾기를 권유하다

“선남자여, 여기서 남쪽으로 가면 한 마을이 있으니 이름이 주림(住林)이니 거기 장자가 있느니라. 그 장자의 이름은 해탈이니 그대는 그에게 가서 보살행도를 물으라.”

그 때 선재는 미가의 발에 예배하고 눈물을 흘리면서 수도 없이 돌고 사모하고 앙모하면서 하직하고 물러났다.

## 7. 해탈 장자(解脫長子)

**합론, 소** 해탈 장자가 곧 보살삼매에 들어 몸 가운데 시방십불찰토(十方十佛刹土)를 나투어서 선재 동자의 청한 바를 답하여 그로 하여금 동입(同入)케 함이요, 해탈 장자가 정(定)으로 좇아 일어나 언설로써 그 정(定) 가운데 십불경계(十佛境界)의 대회도량(大會道場)으로 설(說)함이요, 해탈 장자가 마음을 따라 생각에 응하여 모든 부처님이 현전(現前)함을 밝힘이라.

법문으로 인하여 수행이 깊어지다
**경문** 이 때 선재 동자는 보살의 걸림없는 지혜 다라니의 광명으로 장엄한 문을 생각하며 보살들의 말씀바다에 깊이 들어갔다. 시방의 차별한 법을 알아 지혜가 걸림없으며, 차별한 곳에 가되 몸이 고달프지 않으며, 차별한 업을 분명히 알며, 차별한 부처님을 모두 보며, 청정한 묘법에 마음이 가득하고, 넓은 지혜의 삼매가 마음을 밝게 비추고, 몸과 마음이 항상 불법을 떠나지 않아 모든 부처님의 신통으로 가피를 내리고, 큰 서원을 성취하고, 서원의 몸이 모든 세계에 두루하여 온갖 법계가 다 그 몸에 있다.

해탈 장자에게 보살행도(菩薩行道)를 묻다

선재 동자는 걸어서 12년 동안 다니다가 주림성에 이르러 해탈 장자를 보고 땅에 엎드려 절하고 말하였다.

"거룩한 이시여, 제가 이제 선지식과 한 데 모였으니 이는 제가 광대한 복을 얻었습니다. 왜냐하면 저를 인도하는 선지식은 만나기도 어렵고 보기도 어렵나이다. 받들어 섬기기도 어렵고, 가까이 모시기도 어렵고, 뵈옵기도 어렵고, 만나기도 어렵고, 함께 있기도 어려우며, 기쁘게 하기도 어렵나이다. 원하옵나니 거룩하신 이여, 보살이 어떻게 보살의 행을 배우며, 보살의 도를 닦으며, 청정을 이루는지를 말씀하여 주소서."

### 해탈 장자가 법을 설하다

이 때 해탈 장자가 삼매에서 일어나서 선재 동자에게 말하였다.

"선남자여, 나는 이미 걸림없는 장엄 해탈문에 들어갔다 나올 적에 여래·응공·정등각 도량에 모인 대중에 둘러 싸였는데 비로자나장 보살이 우두머리가 되었음을 보았다. 선남자여, 알아라. 보살이 부처님 법을 닦아 부처님의 세계를 청정케 하며, 묘덕을 쌓아 중생을 교화하고, 큰 서원을 이루고 온갖 지혜에 들어가 자재하고 유희(遊戲)하며, 부사의한 해탈문으로 깨침을 얻으며, 큰 신통력을 나타내고, 시방 세계에 두루 가며, 미세한 지혜로 널리 들어가 보살행도를 이룰 것이니라."

### 다음 선지식 찾기를 권유하다

"선남자여, 여기서 남방으로 가면 염부제의 경계선에 이르면 한 나라가 있으니 이름이 마리가라(摩利伽羅)요, 그 나라에 비구가 있으니 이름이 해당(海幢)이니라. 그대는 그에게 가서 보살행도를 물으라."

선재 동자는 해탈 장자의 발에 절을 하고 찬탄하고 앙모하고 슬프게 울며 눈물을 흘리면서 생각하기를, '선지식을 생각하며, 공경하고, 속이지 아니하며, 순종하고, 어머니라고 생각을 일으키고, 선지식을 아버지라고 생각을 일으킬 것'이라 하며 하직하고 물러갔다.

## 8. 해당 비구(海幢比丘)

### 해당 비구에게 법을 묻다

**① 해당 비구는 삼매에 들어 있었다**

점점 남방으로 가서 염부제 경계선인 마리 마을에 이르러 해당 비구를 찾아 다니다가 문득 보니 그가 나무 밑에서 가부좌하고 삼매에 들었는데 숨을 쉬지 아니하고 몸이 편안히 동하지 아니하였다.

**② 삼매에 든 해당 비구의 전신(全身)을 보다**

보니 그의 발바닥에서는 백만억 장자·거사·바라문들이 나오는 장엄을 하였고, 가슴의 만자에서는 백천의 아수라왕을 내는 장엄을 하였고, 등에서는 일체 중생을 제도할 수 있는 천억 성문과 독각을 내고, 두 어깨에서는 백천 억 야차왕과 나찰왕들을 나타내고, 집금강신(執金剛神)으로 나타내어 부처님을 수호하며, 얼굴에서는 백천억 전륜성왕이 나오는데 칠보가 구족하고 네 가지 군대가 둘러 쌓았으며, 큰 광명을 놓으며, 일체 오욕락을 끊었으며, 자비가 가득한 용모를 이루었으며, 두 눈에서는 백천 억 해가 나오는 듯하며, 모든 지옥과 나쁜 길을 널리 비추어 괴로움을 여의게 하며, 이마에서는 중생들의 한량없는 사업을 이루게 하며, 너그러운 얼굴의 갖춘 모양이 일체의 빈궁한 과보를 여의었으며, 정수리에서는 수없는 백천 억 부처님의 몸이 나오는데 거룩한 모습으로 잘 생겼으며, 항상 중생들을 위하여 평등한 법비를 내리고, 털구멍에서는 낱낱의 아승지 세계의 티끌 수 광명을 내고 아승지 사업을 다 갖추어서 시방의 모든 법계에 가득하였다.

### 해당 비구가 법을 설하다

해당 비구가 말하였다.

"선남자여, 이 삼매의 이름은 '넓은 눈으로 어둠을 버림'이라고 하고 반야바라밀다의 '청정한 광명'이라 하고, 두루 장엄한 청정한 문이라고 하느니라. 선남자여, 이 삼매에 들면 일체 모든 세계에 가는 데 장애가 없고, 세계를 다스리는 데 장애가 없고, 자재한 신통을 얻는 데 장애가 없고, 증득하는 데 장애가 없고, 법을 관찰하는 데 장애가 없고, 모든 중생 바다에 들어가는 데 장애가 없고, 중생의 차별과 근기를 아는 데 장애가 없느니라."

### 다음 선지식 찾기를 권유하다

"선남자여, 여기서 남방으로 가면 한 곳이 있으니 해조요, 거기 동산이 있으니 이름이 보장엄이며, 그 동산에 우바이가 있으니 이름이 휴사우바이(休捨優婆夷)라 하느니라. 그대는 그에게 가서 보살도행을 물으라."

선재는 해당 비구에게서 견고한 몸을 얻고 묘한 법의 재물을 얻었으며, 지혜가 밝게 통달하였다. 그는 오체투지(五體投地)하고 공경하고 앙모하고 찬탄하면서 하직하고 광명을 받으면서 떠나왔다.

❀

호랑이 입에 들어간 고기는 다시 나오지 않는다

호랑이의 입에 들어간 먹이는 다시 입 밖으로 나오지 않듯이, 스승의 훌륭한 가르침은 구원을 받게 됩니다. 스승의 구원을 모르는 사람은 그 어떤 가르침이라고 할지라도 아무 소용이 없습니다. 예로부터 우리 나라에서는 스승을 알기를 하늘같이 하라고 하였고 스승의 그림자는 밟지도 않는다 하였습니다. 스승을 우습게 아는 사람은 절대로 구제의 은총을 받을 수 없을 뿐더러 그들의 자손은 그러한 영향을 받아서 잘 되지 않습니다. 부모가 간악하다든지 또는 포악한 가정은 자손이 망합니다. 그러나 부모가 훌륭하고, 선근을 심으며, 스승을 존중하면 그의 자손은 잘 되게 되어 있습니다.

내가 잘 아는 교수가 있었는데 그 분은 옛날 어느 여중학교에서 교편 생활을 한 적이 있습니다. 그 분은 영문학과 출신도 아니고, 그리고 영어를 잘하지 못합니다. 그런데도 그 여중학교에서는 이 신참내기 선생님에게 영어를 가르치라고 하였습니다. 그 소리를 듣고 선생님은 집에 왔는데 식은땀이 다 나더라는 것이었습니다. 그렇다고 영어를 아주 모른다고 할 수도 없고 학교를 안 나갈 수도 없고, 그리하여 이리저리 궁리를 해보고 생각을 해보아도 도저히 가망이 없더라는 것이었습니다. 대학에서 공부하다 보면 영어를 잊어버리는 것은 거의 모든 학생들이 다 그렇습니다. 밤을 꼬박 새우고 학교에 갔는데 어린 여중 2학년 학생들이 얼마나 눈이 초롱초롱하고, 젊은 새 선생님이 왔다고 좋다고 하든지 그만 아이들한테 쏙 빠져 버렸습니다.

그 때 그랬답니다. 그래 내가 공부를 다시 시작하자. 그리고 매일 그는 집으로 오자마자, 중학교 영어 교과서를 놓고 하루에 네 시간 이상씩 하였습니다. 그리고 아이들에게 자신있게 영어 공부를 시켰는데 그 해 경기도 전 중학교에서 영어 테스트를 하였는데 당당히 그 선생님이 맡은 학교 그 반 학생들이 2위를 하였답니다. 학생들이 따라 배우기를 잘하니까 거의 중ㆍ하위권 어린 학생들이 모두 은총을 받은 것입니다.

스승은 제자를 바라볼 때 제자라는 생각조차 없지만, 제자 쪽에서 보면 스승은 부처님 같은 존재이며, 구원의 자비를 내리는 존재이기도 합니다. 어떤 사람은 스승을 비방하는 사람이 있습니다. 그런 사람은 아무리 자기발전을 꾀하더라도 결국 스스로 무너지고 맙니다. 왜냐하면 스승을 경시한 과보입니다. 만약 어떤 학생이 작은 종이컵 정도를 가지고 가서, 얻기는 많은 것을 바랍니다. 스승도 그 제자를 사랑하기 때문에 무엇이든지 많이 주고 싶었습니다. 그러나 담을 그릇이 못 되는 것입니다. 결국 그 제자는 컵 속에 조금밖에 못 가지고 갔습니다. 그는 집으로 돌아가서 '아! 우리 스승은 왜 나에게는 이렇게 조금밖에 주지 않지.' 이렇게 생각할 것입니다. 많고 적음을 얻는 것은 오직 배우는 자에게 달려 있습니다.

문수 보살은 스승입니다. 우리들의 스승입니다. 문수 보살은 지혜를 상징하는 보살입니다. 문수 보살은 항상 경전 속에서 많은 사람들에게 가르침을 주는 역할을 합니다. 그러므로 문수 보살은 우리들에게 스승의 상징입니다. 영적인 삶을 가르치는 스승은 바로 나의 '아버지' 입니다. 영적인 아버지란 나의 영혼을 일깨워 눈을 뜨게 하기 때문입니다. 그가 직접 가르쳤건 아니면 책을 통하여 가르침을 받았건 다른 사람을 가르치는 것을 곁에서 보았건 모두 나의 영혼을 일깨워 주는 사람은 모두 문수라는 스승입니다.

인간은 영리하여 아무리 깡패 사회라 할지라도 그들은 어느날 조용히 생각하면 옳고 그름을 그들 스스로 잘 압니다. 만약 그것조차 모른다면 그 사람은 구제불능일 것입니다. 스승 가운데 가장 큰 스승님은 부처님입니다. 부처님은 우리들의 그 모든 것에 가르침을 주신 분이며 일체의 귀의처이기도 합니다.

## 진정한 스승은 그의 내면에 숨어 있다

참스승을 찾고자 한다면 자신의 내면에서 찾아야 합니다. 내가 얼마나 스승을 갈구하고 있는지 또는 스승이 될 수 있는지를 말입니다. 제자가 될 수 있는 사람은 스승도 될 수 있습니다. 그러나 제자가 되기를 거부하는 사람은 스승이 되지 못합니다. 이 세상은 모두가 스승이 되어야 합니다. 그런 사회가 바람직한 사회입니다. 나에게 일시적으로 그저 믿는 정도의 스승이 아니라, 진정한 스승은 영원히 믿을 수 있는 스승입니다. 잠시 글공부를 하기 위하여 공부하는 사람은 오직 글줄 몇 자 정도를 얻습니다. 그러나 참공부를 하기 위하여 스승을 믿는 사람은 가치를 배우게 되어 글이 더욱 머릿속에 잘 들어갈 것입니다.

**스승을 통하면 참 나를 발견할 수가 있다**

사람은 그 사람의 차원으로 스승을 그리고 있는 지도 모릅니다. 그 사람은 생각하기를 자신의 육(肉)을 가지고 생각하면 그 스승은 육인 그 정도를 벗어날 수가 없습니다. 그러나 만약 어떤 사람이 육이 아니라 정신을 구원하면 그 사람은 바로 전신이 정신의 세계에 들어가게 됩니다. 조용히 자신의 내면 세계를 관할 것을 가르치는 스승은 참으로 훌륭한 스승입니다.

**불퇴주선지식(不退住善知識)**

9. 해조처(海潮處)의 휴사 우바이(休捨優婆夷)

**휴사 우바이를 뵙고 법을 묻다**
**경문** 이 때 선재가 장엄 동산을 보니 여러 보배로 된 담이 둘리었는데 보배 나무는 열을 지어 장엄을 하고, 여러 보배 나무꽃은 땅에 흐트러져 보배 향나무 꽃향기가 자욱하게 시방에 풍기고, 보배 화만 나무는 큰 보배 화만을 곳곳에 드리우고, 땅은 청정하고 그 곳에 백만 궁전이 있으니 염부단이 위에 덮이었고, 많은 궁전으로 비로자나 마니 보배가 사이사이 장엄을 하였다.

이 때 휴사 우바이는 황금자리에 앉아서 진주 그물관을 쓰고 하늘
것보다 더 좋은 진금 팔찌를 끼고, 검푸른 머리카락을 드리우고, 마니
그물로 머리를 감싸고, 사자구(獅子口) 마니 보배로 귀걸이를 하고,
여의마니 보배로 영락을 만들고, 온갖 보배 그물로 몸을 덮어 드리웠
는데 백천 억 나유타 중생이 허리를 굽혀 공경하였음이라.

선재 동자가 법을 묻다

그 때 선재 동자는 두루 장엄 동산을 들어가 살피었는데 휴사우바
이가 묘좌(妙座)에 앉은 것을 보고 그 곳에 나아가 발에 절을 하고 법
을 청하였다.

"거룩하신 이여, 저는 이미 아뇩다라삼먁삼보리심을 내었으나 아
직 보살이 어떻게 보살행도를 이룸인지를 알지 못하옵니다. 듣자오
니 거룩하신 이께서는 보살도를 잘 가르치신다 하오니 말씀하여 주
소서."

휴사 우바이가 설법하다

"선남자여, 나는 과거 연등 부처님을 모시고 범행을 닦고 공경하고
공양드리면서 법을 들었고, 그 전에는 이구(離垢) 부처님에게 출가하
여 도를 배우며 바른 법을 받아 지녔고, 그 전에는 묘당(妙幢) 부처님
에게서 배웠던 것을 기억하노라.

선남자여, 나는 과거 무량세에 한량없이 태어나면서 이렇게 차례
차례 삼십육 항하수의 모래 수만큼 부처님 계신 데서 섬기고 공경하
고 공양하며 보살행을 닦던 일을 기억하거니와 그 전의 일은 부처님

의 지혜로나 알 수 있는 일이라 나는 알지 못하노라."

다음 선지식 찾기를 권유하다

"선남자여, 여기서 남쪽으로 가면 바다가 있으니 그 곳에은 파랑이 이는 곳이니라. 거기에 한 나라가 있으니 나라소(邢羅素)라. 거기 선인(仙人)이 있으니 이름이 비목구사 선인(毘目瞿沙仙人)이니라. 그대는 거기에 가서 보살이 어떻게 보살도를 이루는지를 물으라."

선재는 그의 발에 절을 하고 수없이 돌고 은근하게 앙모하고 눈물을 흘리면서 이렇게 생각하였다. '보리는 얻기 어렵고, 선지식은 뵙기 어렵고, 보살의 근기 얻기 어렵고, 함께 수행할 선지식을 만나기 어렵고, 착한 마음으로 방편 내기 어렵고, 온갖 방편을 증장하기 어렵고, 법의 광명 만나기가 어렵구나.' 이렇게 생각하고 하직하고 물러갔다.

## 10. 비목구사 선인(毘目瞿沙仙人)

비목구사 선인을 뵙고 법을 묻다

그 때 선재 동자가 보살의 바른 가르침을 따라 생각하고, 보살의 깨끗한 행을 따라 생각하며, 보살의 복력을 증장하는 생각을 하며 다니다가 나라소 국의 비목구사 선인을 찾았다.

선재 동자는 비목구사 선인 앞에 나아가서 오체투지하고 말하였다.

"저는 이제 선지식을 만나뵈오니 선지식께서는 온갖 지혜에 나아가는 연고이며, 선지식은 온갖 지혜의 배에 나아가는 문인 연고이며,

선지식은 온갖 지혜에 나아가는 길이니, 열반의 성에 들어가는 연고입니다."

### 수승한 보살의 법을 말하다

비목구사 선인이 말하였다.

"선남자여, 나는 다만 이 보살의 이길 이 없는 당기 해탈을 만나나니 보살 마하살이 훌륭한 삼매를 성취하며, 자유자재하고 잠깐 동안에 부처님의 한량없는 지혜를 내고 부처님의 지혜 등불로 장엄하여 세간을 두루 비추며, 생각생각에 세상 경계에 두루 들어가서 형상을 나누어 시방의 국토에 두루 가며, 지혜를 이룬 몸은 서원과 광명을 내어 지혜의 경계와 신통·변화·음성의 청정함 모두 어떻게 다 말하겠는가."

### 다음 선지식 찾기를 권유하다

"선남자여, 여기서 남쪽에 한 마을이 있으니 이름이 이사나(伊沙那)요, 거기에 바라문이 있으니 이름이 승렬이라. 그대는 그에게 가서 보살이 어떻게 보살도를 행하는지를 물으라."

이 때 선재는 즐거워 뛰면서 그의 발에 절하고 은근하게 앙모하며 하직하고 남쪽으로 떠났다.

## 11. 승렬 바라문(勝烈婆羅門)

### 승렬 바라문에게 법을 묻다

466

이 때 선재 동자가 이길 이 없는 당기 해탈의 비춤을 받은 연고로 부처님의 부사의한 신통에 머물며, 세상에서 가장 훌륭한 지혜 생명을 얻었느니라.

"거룩하신 이여, 저는 이미 아뇩다라삼먁삼보리심을 내었사오나 보살이 어떻게 보살행도를 닦는 지 알지 못하나이다. 선지식께서는 바라옵건대 말씀하여 주소서."

승렬 바라문이 설법하다

바라문이 말하였다.

"선남자여, 그대가 만일 이 칼산 위에 올라가서 몸을 불구덩이에 던지면 모든 보살의 행이 청정하여지리라."

① 자재천왕의 찬탄

"선남자여, 이 바라문이 다섯 군데 뜨거움으로 몸을 볶을 때에 그 불의 광명이 나의 궁전에 있는 장엄거리에서 애착을 끊게 하니 일체의 것에 자재하여 불법에까지 자재하게 하였느니라."

② 화락천왕과 그 권속들의 찬탄

또 십천의 도솔천왕과 천자 천녀와 한량없는 권속들이 공경하며 절하고 이렇게 말하였다.

"선남자여, 이 바라문이 다섯 군데 뜨거움으로 고행을 할 때 그 처소에 와서 그의 설법을 들었더니 우리들은 경계에 탐하지 않고 욕심을 적게 내어 넉넉함을 알았으며, 선근으로 보리심을 내어 모든 불법을 원만케 하였느니라."

다음 선지식 찾기를 권유하다

"여기서 남쪽으로 가면 사자분신이라는 성이 있고 그 성 중에 동녀가 있으니 이름이 자행이라. 그대는 그녀에게 가서 보살도행을 물으라."

그 때 선재는 그의 발에 절하고 하직하고 물러나왔다.

## 12. 자행 동녀(慈行童女)

자행 동녀를 뵙고 법을 묻다

그 때 선재 동자는 선지식에게 가장 존경하는 마음을 내며 광대하고 가장 청정한 마음을 내어 대승을 생각하고 부처님의 지혜를 일심으로 구했다.

반야바라밀로 인하여 아승지 다라니 문이 앞에 나타나다

"거룩한 이시여, 반야바라밀다로 장엄한 문의 경계는 어떠한 것입니까?"

동녀가 대답하였다.

"선남자여, 내가 반야바라밀다 문으로 들어가서 생각하고 관찰하고 기억하고 분별할 적에 백만 아승지 다라니 문 앞에 나타나느니라."

다음 선지식 찾기를 권유하다

"선남자여, 나는 다만 다라니문을 여는 해탈문을 열었거니와 저 보
살 마하살의 마음이 광대하고 허공과 같고 복과 덕이 만족하며 지혜
의 마음이 허공과 같으며 온갖 중생의 마음을 아는 지혜야 내가 어떻
게 다 알겠는가. 남쪽에 한 나라가 있으니 이름은 삼안(三眼)이요, 거
기 비구가 있으니 선견이라. 그대는 가서 그에게 법을 물으라."

그 때 선재는 그의 발에 절하고 사모하며 우러러 바라보고 하직하
였다.

## 13. 선견 비구(善見比丘)

선견 비구가 법을 묻다

이 때 선재 동자가 보살이 머물러 있는 행이 깊음을 생각하고, 보
살이 가는 깊은 곳을 생각하였다.

"거룩한 이시여, 듣자온즉 거룩한 이께서는 보살도를 잘 열어 보이
신다 하오니 바라옵건대 어떻게 보살행도를 닦는 지 말하여 주소서."

선견 비구가 법을 설하다

"선남자여, 나는 나이는 젊고 출가한 지 오래지 않았으나 팔십 항
하사 모래 수 부처님 처소에서 범행을 닦았느니라. 그 동안 나는 한량
없는 세월 동안 가르침을 서원으로 장엄하였으니 마하반야바라밀로
만족하였느니라."

다음 선지식 찾기를 권유하다

"선남자여, 여기서 남쪽으로 가면 한 나라가 있으니 이름이 명문 (明聞)이요, 물가에 한 동자가 있으니 이름은 자재주라. 그에게 가서 보살도를 물으라."

## 14. 자재주(自在主) 동자

자재주 동자를 뵙고 법을 묻다

이 때 선재 동자는 선견 비구의 가르침을 받고 그 법문에 깨달아 자재주 동자를 찾아가 법을 물었다.

"거룩하신 이여, 저는 이미 아뇩다라삼먁삼보리심을 내었으나 보살 이 보살행을 닦는 일을 알지 못하옵니다. 원컨대 말씀하여 주소서."

자재주 동자가 법을 설하다

"선남자여, 나는 옛날에 문수사리 보살에게서 글씨와 산수와 결인 (結印)의 법을 배워 온갖 공교한 신통과 법문에 들어 갔노라. 중생들 에게 이러한 법에 들어가게 하고 도를 배우도록 하고 결정케 하여 끝 까지 청정하게 하였노라."

다음 선지식 찾기를 권유하다

"선남자여, 여기서 남쪽에 성이 있으니 이름이 해주(海住)요, 거기 에 우바이가 있으니 이름이 구족(具足)이니라. 보살도를 그녀에게 물 으라."

## 15. 해주성(海住城)의 구족 우바이(具足優婆夷)

**구족 우바이를 뵙고 법을 묻다**

　그 때 선재는 구족 우바이를 보고 그의 발에 절하고 법을 물었다.

　"거룩하신 이여, 저는 이미 아뇩다라삼먁삼보리심을 내었사오나 어떻게 보살도를 닦는 지 알지 못하옵니다. 제가 듣자온즉 거룩한 이께서는 잘 가르치신다 하오니 바라옵건대 잘 가르쳐 주시옵소서."

**다음 선지식 찾기를 권유하다**

　"선남자여, 나는 다하지 않는 복덕장 해탈을 얻었으므로 중생의 욕망을 따라 다 들어 주느니라. 가령 시방 세계의 중생들이 그들의 욕망을 따라 배부르도록 원하면 모든 음식을 나누어 주어 끝나지도 부족하지도 않게 하느니라. 이제 선남자여, 남쪽으로 가면 성이 있으니 이름이 명지라. 그대는 그에게 가서 보살이 어떻게 보살행도를 닦는가를 물으라."

❦

**황제의 꿈**

　황제란? 중국에서 정의를 내리길 성천자(聖天子)라고 했습니다. 황제는 국가 대소사의 정치 현안들, 내·외빈들의 방문으로 생긴 연회, 수많은 후궁이나 궁녀들과의 만남, 이웃 나라와의 전쟁, 어느날 쳐들어올지 모르는 저 오랑캐들, 천재지변으로 생기는 기후의 변화들, 국내의 반란이나 후계자를 두는 일 등 황제의 자리는 몸이 열 개라도 부족해 그야말로 지칠 대로 지치는 자리가 황제의 자리입니다. 그래서 황제의 옥좌를 천형좌(天刑座)라고 말하기도 합니다. 하늘의 형벌이라는 뜻입니다.

황제는 육체와 정신이 어지러워지면 정확한 판단을 내리기가 쉽지 않습니다. 황제의 자리만 그런 것이 아닙니다. 작은 나라를 다스리는 임금이나 또는 마을을 다스리는 군현의 장이라도 마찬가지입니다. 그러니 자연 황제는 항상 마음이 상해 있을 때가 많으며 그로 인한 피로의 누적으로 단명할 수밖에 없을 것입니다.

어느날 황제는 명을 내렸습니다.

"짐이 여름철 3개월 간 저 하궁(夏宮)에서 쉬고 싶으니 어떠한 일이 있어도 나에게 찾아오지 말라."

황제는 여름 궁전에서 모든 정사를 놓고 편안히 쉬고 있었는데, 어느날 낮잠을 즐기다가 꿈을 꾸었습니다.

꿈속에서 황제는 화서씨(華胥氏)의 나라에 놀러 갔습니다. 그런데 그 곳은 그지없이 평화롭고 아름다운 이상향의 나라였습니다. 그 곳에 있는 사람들의 입가엔 항상 웃음이 서려 있었고, 자신이 하고 싶은 것은 모두 다 할 수 있는 그런 나라였습니다. 농부가 밭을 갈고, 가을에 추수를 하니 풍년이라! 농부는 남부러운 것이 없습니다. 관리가 있어서 세금을 징발하는 것도 없고, 강도나 도둑이 물건을 강탈해 가는 것도 없습니다. 통치자가 없으니 백성이 벌벌 떨 일도 없고, 백성을 관리하는 사람이 없는 데도 백성은 그야말로 순진하여 누구 하나 나쁜 사람이 없는 천진스러움 그 자체였습니다.

황제가 가도 사람들은 아무도 무서워하지 않았고, 오히려 황제의 옷을 만져 보기도 하고, 참 좋다고 칭찬을 아끼지 않았습니다. 애증도 없고, 갈등도 없고, 구하는 것은 언제나 늘 모든 곳에 널려 있었습니다. 그래서 황제는 지나가는 사람을 붙들고 물었습니다.

"이 나라는 왜 이리 조용하며, 어떻게 모두 평화롭게 살 수 있습니까?"

나그네가 답하길,

"여기는 황제가 없습니다. 그러니 조용하고, 평화롭게 살 수 있는 것입니다."

황제는 놀라서 물었습니다.

"어떻게 황제가 없으니, 나라가 조용하고 평화롭다는 말이오."

나그네는 이상하다는 눈으로 황제를 바라보더니,

"황제가 없으니 모두 자기가 하고 싶은 일들을 하고 살지요. 만약에 황제가 있다면 궁궐이 있어야 하고, 후궁이 있어야 하고, 궁녀가 있어야 하고, 대신이 있어야 하고, 군사가 있어야 하니 이런 사람들을 먹여 살리는 사람이 누구겠소? 백성이 아닙니까. 만약에 그 사람들을 다 먹여 살리노라면 등골이 다 빠질 것입니다."

황제는 고개를 끄덕였습니다.

황제가 잠에서 깨어 보니 꿈이었습니다.

"짐도 이제는 황제의 자리를 버리고 조용하게 살고 싶소."

잠에서 깨어난 황제가 이렇게 대신들에게 말하자, 대신들은

"만약에 황제께서 하루라도 없다면 나라의 백성들은 그 사는 것

이 말이 아니며, 오랑캐가 쳐들어와 백성들은 도탄에 빠질 것입니다. 만약에 황제께서 그만두신다고 해도 그만둘 수 없는 자리가 그 자리이며, 그만두신다고 해도 누군가 그 자리를 채울 것입니다."

그 후 황제는 궁으로 돌아와서 온 백성을 어떻게 다스려야 하는지 알았다고 합니다. 모든 사물을 보되 지극히 자연스럽게 보며, 사람이 사는 곳을 자연스럽게 만든다는 것은 그것이 잘하는 통치의 기술일 것입니다. 이와 같이 이상향은 어디에 따로 있는 것이 아니라 곧 내가 만들어 가는 것이고, 정치인이 만들어 가는 것입니다.

## 16. 대흥성(大興城)의 명지 거사(明智居士)

**합론, 경해소**  회론(會論)의 경해소에 명지 거사는 무굴요행(無屈撓行)에 있다 하였다. 무굴요행에 기(寄)한다는 것은 부지런하여 게으르거나 물러남이 없다는 뜻이다. 지명(地名)이 대흥(大興)이라는 것은 대정진(大精進)을 일으키는 연고요, 명지(明智)란 지혜의 덕목이 족한 연고라.

### 명지 거사를 뵙고 법을 묻다
　① 명지 거사
**경문**  이 때 선재 동자는 성안의 네 거리 칠보대 위에 명지 거사가 무수한 보배로 장엄한 자리에 앉아 있는 모습을 보았다. 자리가 훌륭하여 청정한 마니 보배로 이루어 지고, 금강 제청 보배로 자리가 되었으며, 오백 가지로 장식을 하였는데 하늘 보배 옷을 깔고 번기를 세우고 보배 휘장을 쳤으며 염부단금으로 일산을 삼았다. 청정한 거위의 깃으로는 부채를 삼았고 좌우에는 음악이 들리며 지나가는 중생들이 모두 즐거워하였다.

② 중생이 보리심을 얻다

"거룩한 이시여, 저는 모든 중생을 이익케 하고 모든 중생을 괴로움에서 벗어나게 하고, 모든 중생이 생사에서 벗어나게 하고, 모든 중생이 사랑하면서 살게 하고, 애욕을 버리고, 부처님의 지혜를 앙모하고, 부처님의 공덕을 좋아하여 중생들로 하여금 보살의 도에 들기를 마음 내었사오나 보살이 어떻게 보살도를 닦는 것인 지를 알지 못합니다. 보살도를 말씀하여 주소서."

명지 거사가 법을 설하다

① 보리심을 낸 이는 만나기 어렵다

"선재 선재라. 선남자여, 그대가 능히 아뇩다라삼먁삼보리심을 내었도다. 선남자여, 아뇩다라삼먁삼보리심을 내는 그러한 사람을 만나기가 무척 어려우니라.

만약 이러한 마음을 내는 이는 보살의 도를 이루리니 선지식을 만나는 데 싫어함이 없으며, 선지식을 친근하는 데 게으름이 없으며, 선지식을 공양하는 데 싫어하지 않으며, 선지식을 시봉하는 데 근심을 내지 않으며, 선지식을 섬기는 일을 앙모하며, 그칠 새 없이 가르침을 행하여 게으르지 않으며, 선지식 마음을 받자와 그르침이 없을 것이니라."

보살은 부사의한 해탈 경계를 보인다

"선남자여, 잠깐만 기다려라. 그대가 마땅히 보게 되리로다. 나는 이렇게 말할 적에 한량없는 중생이 갖가지 국토, 갖가지 세계, 갖가지 도시로부터 오는 사람들이 다 같지 않아 제각기 욕망대로 말한다."

이 때 거사가 허공을 잠시 보다가 우리들이 요청한 법을 설하시니, 이른바 잘 사는 행과 빈궁을 여의는 행과, 위의를 닦는 일과, 굴복하기 어려움을 증장시키는 일과, 성취하는 행과, 위엄과 덕과 힘을 성취하는 일과, 생사의 애착을 버리고 부처님의 진리 속에 들게 하며, 여래의 청정한 모습을 얻게 하여 법을 연설하시니 중생들이 법문을 듣고는 모두 자기 집으로 돌아갔다.

다음 선지식 찾기를 권유하다

"선남자여, 여기서 남쪽에 큰 성이 있으니 이름이 사자궁이요, 거기 장자가 있으니 법보계이니라. 그에게 가서 법을 물을 것이니라."

선재는 선지식을 존중하는 마음을 무너뜨리지 않고 그의 발에 절하고 은근히 앙모하면서 하직하고 떠났다.

## 17. 사자궁성(師子宮城)의 법보계 장자

법보계 장자를 뵙고 법을 묻다

이 때 선재 동자는 남방의 사자궁성을 향하여 법보계 장자를 두루 찾았다. 장자가 시장(市場) 한가운데 있는 것을 보고 나아가 그의 발에 절하고 합장하고 서서 말하였다.

"거룩한 이시여, 저는 이미 아뇩다라삼막삼보리심을 내었사오나 보살도를 어떻게 닦는 지 알지 못하옵니다. 거룩한 이시여, 저에게 보살도를 말씀하여 주소서."

법보계 장자가 법을 설하다

이 때 장자가 선재의 손을 잡고 칭찬하고 거처하는 데 가서 집을 보이며 "선남자여, 내 집을 보라"고 하였다.

선재가 그 집에 들어가니 한량없는 십층의 누각으로 되었는데 각각의 층층마다 한량없는 보살이 구름처럼 모여 각각의 보살들이 법문을 하였다. 7층에서는 보살들이 메아리 같은 여향인(如響忍)을 얻고 방편과 지혜로 분별하며 관찰하여 벗어남을 얻어서 다 능히 부처님의 바른 법문에 들어갔다.

다음 선지식 찾기를 권유하다

"선남자여, 여기서 남쪽에 한 나라가 있으니 이름이 등근(藤根)이요, 나라에 성이 있음이라. 이름은 보문(普門)이며, 거기 장자가 있으니 이름이 보안(普眼)이라. 가서 보살도를 물으라."

선재는 엎드려 그의 발에 절하고 은근히 앙모하면서 하직하고 물러 갔다.

## 18. 등근국(藤根國)의 보안 장자(普眼長子)

**합론, 경해소** 보안 장자는 선현행(善現行)을 잘함이다. 선현행이란 지혜가 능히 삼제(三諦)의 이치를 현발(顯發)하여 반야가 현전한 연고라 하였고, 국명(國名)이 등근(藤根)이란 땅에 깊이 들어 꽃이 피어나나니 선현행의 반야지가 능히 후에 얻게 됨을 표하나니, 후에 얻게 됨이란, 물(物)을 따라 구르게 되는 고로 이러한 비유로써 등(藤)에 취함이다. 지명이 보문(普門)이란 실상반야(實相般若)가 통하지 못함이 없음이다라고 하였다.  (신화엄경 회론 통권 18권, 168,169p)

보안 장자를 뵙고 법을 묻다
**경문** 이 때 선재는 등근국(藤根國)에 이르러 그 성이 있는 데를 물었다.  성을 찾아 보문성을 보았는데 백천 마을이 주위에 둘려 있고 장자가 높은 곳에 있는 것을 보고 그 앞에 나아가 엎드려 절하고 합장하고  서서 말하였다.

　"거룩한 이시여, 저는 이미 아뇩다라삼먁삼보리심을 내었사오나 보살도를 알지 못하옵니다. 법을 설하여 주소서."

보안 장자가 법을 설하였다
　"선재 선재라. 선남자여, 그대가 능히 아뇩다라삼먁삼보리심을 내었도다. 선남자여, 나는 능히 모든 사람들의 병을 아노니 풍병, 황달병, 열병, 귀신의 침책, 불에 상한 것 등 여러 가지 병을 내가 방편으로 다 치료하노라. 나는 그들로 하여금 세존의 깨끗한 육신을 나타나게 하려고 방편 바라밀을 칭찬하며, 중생들을 위하여 모든 겁에 머물게 하려고 서원 바라밀을 칭찬하며, 청정한 몸을 나타내어 중생들의 마음을 따라 기쁘게 하려고 지혜 바라밀을 칭찬하며, 깨끗하고 묘한 몸을 얻기를 보시하노라."

**다음 선지식 찾기를 권유하다**

　"선남자여, 이 남쪽에 큰 성이 있으니 이름이 다라당(多羅幢)이요, 거기 왕이 있으니 이름이 무염족(無厭足)이라. 그대는 그에게 가서 보살의 행을 배우며 보살의 도를 배우라."

　그 때 선재는 보안 장자의 발에 절하고 앙모하면서 하직하였다.

## 19. 다라당성(多羅幢城)의 무염족왕(無厭足王)

**합론** 간략히 십사문(十四門)을 나누리니, 1은 선지식을 바르게 생각해서 승진(昇進)함이요, 2는 다라당성(多羅幢城)에 주(住)함이요, 3은 대중에게 왕의 소재를 물음이요, 4는 대중사람이 궁중에 있다 답함이요, 5는 선재가 나아가 왕이 나라연금강(那羅延金剛)의 자리에 앉아 멀리 봄이요, 6은 왕의 장엄한 전각들이 장엄함을 봄이요, 7은 왕의 도구로 악을 다스려 벌줌이 통절해 감당하기 어려움이요, 8은 선재가 마음에 의혹을 냄이요, 9는 공중의 하늘이 고하되 선지식의 말씀을 써서 의혹을 없앰이요, 10은 선재가 의심이 사라져 왕 앞에 나아가 절하고 구하는 바를 말함이요, 11은 왕이 선재의 손을 잡고 거느려 궁중에 들어가 경치를 보게 함이요, 12는 왕이 환과 같은 해탈문으로 그 몸이 악업을 자작(自作)하고 가지가지 고를 받음을 나타내어 실로 중생으로 하여금 선근의 마음을 내어 보리심을 발하게 함이라.

무염족왕을 뵙고 법을 묻다

① 무염족왕의 방편

**경문** 왕은 정전(正殿)에서 부처님 법으로 나라를 다스리고 있었다. 다스릴 이는 다스리고 벌을 줄 이는 벌을 주고 소송을 판결하며, 나약한 이는 어루만져 주고, 살생·훔치는 일·음행·거짓말·이간·욕설·싸움·탐욕·성내는 일 등을 여의게 함이라.

② 무염족왕이 죄인에게 벌을 주다

한량없는 중생이 무염족왕의 법령을 범하는 중생이 모두 무서워 하였음이라. 한량없는 중생이 나라의 법령을 어기는데 남의 것을 훔치고, 음행을 하고, 남의 목숨을 죽이고, 삿된 소견을 내었거나, 원한을 원수로 갚으면, 손과 발을 끊기도 하고, 귀와 코를 베기도 하고, 눈을 뽑고 살가죽을 베끼며, 몸을 오리고, 끓는 물에 삶고, 불에 지지고, 감옥에 가두고 하여 중생이 울부짖는 소리가 지옥과 같았다.

③ 선재 동자가 무염족왕을 의심하다

선재 동자는 이것을 보고 이렇게 생각하였다.

'나는 모든 중생을 이익케 하려고 보살도를 닦는데 이 왕이 선한 법은 하나도 없고 큰 죄업을 지으며, 중생을 핍박하여 생명을 빼앗으면서도 장래의 나쁜 길을 두려워하지 않으니 어떻게 여기서 법을 구하며 대비심을 내란 말인가' 하고 의심을 내었다.

④ 선재 동자를 위하여 천왕이 경계하는 법을 설하다

이렇게 생각하고 있는데 천왕이 나타나서 이렇게 말하였다.

"선재 선재라. 선남자여, 그대는 마땅히 보안 장자의 가르침을 생각하라." 선재는 우러러 보면서 말하였다. "나는 언제나 잊지 않고 있습니다." 천왕이 말하였다. "선남자여, 그대는 선지식의 말을 떠나지 말라. 선남자여, 보살의 교묘한 방편 지혜를 헤아릴 수 없으며, 중생을 거두어 주는 지혜를 헤아릴 수 없으며, 중생을 생각하여 주는 지혜를 헤아릴 수 없으며, 중생을 성숙시키는 지혜를 헤아릴 수 없으며, 중생을 지키는 방편 지혜를 헤아릴 수 없으며, 중생을 조복시키는 지혜를 헤아릴 수 없느니라."

법을 설하다

① 방편을 보여주다

이 때 무염족왕이 선재 동자에게 말하였다.

"선남자여, 어떻게 생각하는가. 내가 만일 참으로 악업을 짓는다면 이런 과보와 이런 육신과 이런 권속과 이런 부귀와 이런 자유자재함을 얻었겠는가. 선남자여, 나는 보살의 환술과 같은 해탈을 얻었느니라. 나의 국토에서 살생하고 훔치고 하는 온갖 나쁜 일 저지르는 중생을 다른 방편으로는 나쁜 업을 버리게 할 수가 없느니라. 선남자여, 나는 저런 중생을 조복시키기 위하여 나쁜 사람으로 화(化)하여 여러 가지 죄악을 짓고 갖가지 무서운 얼굴을 보이나니 저 나쁜 짓 하는 중생들이 보고는 무서운 마음을 내고, 싫어하는 마음을 내고 겁나는 마음을 내고, 그들이 짓던 나쁜 업을 그치게 하고, 아뇩다라삼먁삼보리심을 내게 하느니라. 선남자여, 나는 그뿐만 아니라 착한 일을 한 중생에게는 항상 그들이 편안히 있을 곳을 마련하여 주고 상을 주어 그들로 하여금 아뇩다라삼먁삼보리심을 내게 하느니라."

다음 선지식 찾기를 권유하다

"선남자여, 여기서 남쪽에 성이 있으니 이름은 묘광이요, 왕의 이름은 대광(大光)이니라. 그대는 그 왕에게 가서 보살도를 물으라."

이 때 선재 동자는 왕의 발에 절하고 앙모하고 수없이 돌고 하직하였다.

## 20. 묘광성(妙光成)의 대광왕(大光王)

대광왕을 뵙고 법을 묻다

"거룩한 이시여, 저는 이미 아뇩다라삼먁삼보리심을 내었사오나 보살이 어떻게 행을 배우며 보살의 도를 닦는 지를 알지 못하나이다. 듣자온즉 거룩한 이께서는 잘 가르쳐 주신다 하오니 바라옵건대 설법하여 주소서."

대광왕이 설법하다

왕이 말하였다. "선남자여, 나는 한량없는 처소에서 백만 억으로 말할 수 없이 부처님을 뵈옵고 법문을 듣고 관찰하였느니라. 선남자여, 나는 이 법으로 가르치고, 이 법으로 거두어 주고, 이 법으로 세상을 따라가고, 이 법으로 중생을 교화하고, 이 법으로 중생에게 방편을 주고, 이 법으로 중생들로 하여금 인자한 마음을 내게 하고, 나는 이 법으로 생사의 애착을 끊고 바른 법락을 즐기며, 업장을 깨뜨리고, 생사의 흐름을 끊고, 진정한 법 바다에 들어가며, 마음 바다를 청정케 하여 신심에서 물러나지 않게 하노라."

다음 선지식 찾기를 권유하다

"선남자여, 거기서 남쪽으로 가면 한 서울이 있으니 이름이 안주(安住)며, 거기 우바이가 있으니 이름이 부동(不動)이라. 그대는 그에게 가서 보살도를 물으라."

이 때 선재는 왕의 발에 엎드려 절하고 앙모하면서 물러갔다.

## 21. 안주왕도(安住王都)의 부동 우바이(不動優婆夷)

부동 우바이를 뵙고 법을 묻다

① 선지식의 은혜를 생각하다

선재 동자는 또 생각하기를, '선지식은 모든 나쁜 길을 널리 구호하며, 여러 평등한 법을 널리 연설하며, 평탄하고 험난한 길을 가심을 보여 주며, 대승의 넓은 길을 깨우치게 하시며, 말의 덕성을 일깨워 주어 깨닫게 하시며, 행의 중요함을 일깨워 주며, 보현행으로 널리 인도하며, 법계의 바다에 들게 하여 세상의 법 바다를 보게 하며, 여러 성인의 도량을 널리 주며, 널리 청정법을 증장케 함이니라'고 하였다.

② 부동 우바이의 집의 광명

이 때 선재 동자는 그 삼매의 지혜 광명에서 일어나서 점점 가다가 머무는 서울에 이르러 부동 우바이가 어디 사는가 하고 두루 물었다. 많은 사람들이 다 이렇게 말하였다.

"선남자여, 부동 우바이는 동녀로서 집에 있어서 부모의 보호를 받으면서 한량없는 법을 설합니다."

선재 동자는 이 말을 듣고 부모를 본 것처럼 기뻤다. 그 집에 금빛 두루 비추는 광명이 있는데 그녀의 몸에서 나왔다.

③ 게송으로 찬탄하다
청정한 계를 항상 지키고
여러 가지 큰 '참'을 행하여
꾸준히 노력하여 물러가지 않으니
광명이 온 세계에 밝게 비추네.

부동 우바이가 법을 설하다

"선남자여, 그대는 능히 아뇩다라삼먁삼보리심을 내었도다. 선남자여, 나는 보살의 꺾을 수 없는 지혜장문(智慧藏門)을 얻었으며, 보살의 견고하게 받아지니는 수행의 문을 얻었으며, 보살의 모든 문을 얻었으며, 법을 밝히는 변재의 문을 얻었으며, 고달픔 없는 삼매의 문을 얻었노라."

다음 선지식 찾기를 권유하다

"선남자여, 여기서 남쪽에 큰 성이 있으니 이름이 무량도살라(無量都薩羅)요, 거기 출가한 외도가 있으니 이름이 변행(遍行)이라. 그대는 그에게 가서 보살이 어떻게 '보살의 행을 배우며 보살의 도를 닦느냐'고 물으라."

그 때 선재 동자는 그의 발에 예배하고 한량없이 돌고 은근히 앙모하면서 하직하였다.

## 22. 무량도살라성(無量都薩羅城)의 출가 변행 외도(出家遍行外道)

### 변행 외도를 뵙고 법을 묻다

그 때 선재 동자는 그의 앞에 나아가서 엎드려 절하고 한량없이 돌고 합장하고 서서 말하였다.

"거룩하신 이여, 저는 이미 아뇩다라삼먁삼보리심을 내었으나 보살이 어떻게 보살의 행을 배우며, 어떻게 보살의 도를 닦는 지를 알지 못합니다. 거룩하신 이께서는 잘 가르쳐 주시옵소서."

### 변행 외도가 법을 설하다

"선남자여, 염부제에 있는 96종 외도들이 제각기 야릇한 소견으로 고집을 세우거든 나는 그 가운데서 방편으로 조복시켜 모든 잘못된 소견을 버리게 하며, 시방의 한량없는 세계의 중생의 바다에 방편을 써서 법을 말하여 이익되게 하노라."

### 다음의 선지식 찾기를 권유하다

"선남자여, 여기서 남쪽에 한 나라가 있으니 이름이 광대요, 거기 향을 파는 장자가 있으니 이름은 우발라화(優鉢羅華)이니라. 그대는 그에게 가서 보살이 어떻게 보살행의 도를 닦는가를 물으라."

　이 때 선재는 그의 발에 절을 하고 한량없이 돌고 은근하게 앙모하면서 하직하고 물러갔다.

❀

백년지대계(百年之大計)

　일일지계는 재어(在於) 인시(寅時)요,

　일월지계는 재어(在於) 일일(一日)이요,

　일년지계는 재어(在於) 일월(一月)이요,

　일생지계는 재어(在於) 소년(少年)이라.


　윗글은 내가 어릴 적에 동문선습(童文先習)에서 읽은 것으로 기억합니다. 일체 만사는 하루 아침에 이루어지는 것은 하나도 없습니다. 모두가 계획과 그 계획에 의하여 실행에 옮기는 실천력이 만사를 이루게 하는 것입니다. 아무리 어려운 일이라도 계획이 잘 서있으면 꼭 이루게 되어 있습니다.

　백년대계를 가지고 일을 하고 계획을 잡으라는 것이지요. '백년대계' 라는 말은 백년이라는 긴 세월을 보고 일을 하라는 뜻도 있지만, 맡은 바 일을 튼튼히 하라는 뜻도 있습니다. 아무리 좋은 계획이라도 그 계획서가 서랍 속에서 낮잠을 잔다거나, 아니면 시효가 지나간 뒤의 계획이라든가 하면 있으나 마나한 것입니다.

　가끔 보면 어떤 사람은 방안에 누워 매일 기와집을 몇 채씩 짓는 사람이 있습니다. 이런 사람은 실제 무엇 하나 할 줄 모르는 게으름 뱅이입니다. 공상만 늘어서 아무 짝에도 쓸모가 없습니다. 그야말로 밥이나 축내면서 주변 사람들에게 폐나 끼치는 존재입니다.

또 하나는 되지도 않을 계획을 가지고 사람들을 현혹시키면서 주변을 괴롭히는 사람입니다. 사리 판단을 하지 못하여 정신적 결함이 있는 사람입니다. 실제, 이런 사람은 정신적인 결함이 있다고 하는 말을 내 친구 의사로부터 들은 적이 있습니다. 좋은 계획은 계획인데 아직 때가 이른 계획도 있습니다. 시기가 안 되었다는 것은 틀린 계획이나 다름없습니다.

예컨대 우리 나라가 경제발전을 위하여 여러 가지 계획을 수립하는 데는 일의 순서가 있고, 할 수 있는 계획이 있고, 힘이 벅차서 할 수 없는 계획이 있습니다. 개인도 마찬가지입니다. 이와 같이 개인이나 사회나 그 누구라도 계획이 없다면 인생도 없는 것과 같습니다.

어떤 사람이 병이 났습니다. 그런데 이상하게도 발가락이 곪기 시작하는 것입니다. 아무리 병원을 찾아보았지만 도대체 차도가 없는 것입니다. 점점 환부는 커져 가고, 이제는 발목까지 붓고 통증이 심하다 못해서 온몸이 쑤시고 아파서 견딜 수가 없습니다. 의사가 권고합니다.

"선생님, 이 병은 바로 발가락을 잘라냈으면 나았을 것인데 이제 발목까지 썩어 들어가니 하는 수 없습니다. 다리를 잘라내야 하겠습니다."

그는 의사의 말을 들어야 합니다. 만약 다리를 잘라내면 목숨을

건질 수가 있습니다. 걷는 데는 물론 불편하지만 건강한 몸을 가질
수는 있습니다. 만약 환부를 그대로 놔두면 그 환부는 커져서 돌아
올 수 없는 길을 가고 말 것입니다.

### 고름은 피가 되지 않는다

　아무리 고름을 피로 만들려고 하나 고름은 피가 되지 않습니다.
왜냐하면 피가 썩은 것이 고름이기 때문입니다. 그래서 피고름이라
고 하지 않습니까. 종기가 난 사람이 있습니다. 종기를 고치는 데는
의사가 반드시 그 환부를 도려내고 새 살이 돋아나도록 해야 합니
다. 그리고 환부에 소독약과 항생제를 발라서 다시는 2차 3차 감염
이 되지 않도록 해야 합니다. 살을 도려내고, 뼈를 깎아내고, 잘라내
는 일인데 왜 아프지 않겠습니까.

　그러나 생명을 구하기 위하여는 방편을 동원해야 합니다. 종기의
고름을 짜내고, 그 자리의 환부를 도려내는데 안 된다는 사람은 없
습니다.

　다 아는 일인데도 너무 고통스러울까봐 그리고 괴로워하는 모습
이 안쓰러워서 환부를 그대로 놔둔다면, 이 사람은 보살의 도(道)를
모르는 사람일 것입니다. 치료도 그렇고 세상일도 다 그렇습니다.
아무리 훌륭한 의사라도 그 시기를 한번 잃으면 회복하는 데는 상당
한 시간이 필요합니다. 방법은 하나입니다. 고름을 제거해야 새 살
이 돋는 것처럼 세상일도 그와 같습니다.

## 십회향선지식(十廻向善知識)

## 22. 광대국(廣大國)의 육향(鬻香) 장자

제1 구호일체중생이중생상회향선지식(救護一切衆生離衆生相廻向善知識)

### 육향 장자를 뵙고 법을 묻다

**경문** 그 때 선재 동자가 선지식의 가르침으로 인하여 몸과 목숨도 돌보지 않고 재물에도 집착하지 않고 여러 사람들을 좋아하지도 않고 오욕을 탐하지도 않고 권속을 그리워하지도 않고 왕의 지위를 소중히 하지도 않았다. 오직 모든 중생을 교화하고 불국토를 깨끗이 하고, 모든 부처님께 공양하고, 법의 참된 성품을 알고, 모든 보살의 공덕 바다를 닦아 모으고, 모든 공덕을 닦아 행하여 물러나지 않고, 큰 서원으로 보살행을 닦고, 모든 부처님 도량에 모인 대중 속에 들어가서, 한 삼매의 문에 들어가서 모든 삼매의 문을 자재하고, 모든 지혜광명을 얻어서 부처님의 법장(法藏)을 보호하고 유지하기를 원하였다.

### 육향 장자의 설법을 듣다

육향 장자는 말하였다. "선재 선재라. 그대는 능히 아뇩다라삼먁삼보리심을 내었도다. 선남자여, 나는 모든 향을 잘 분별하여 알며, 나는 모든 향을 조화롭게 만드는 법을 아나니 이른바 모든 향, 사르는 향, 바르는 향, 가루 향, 나는 이런 향이 나는 곳도 아느니라. 또한 하늘 향, 병을 낫게 하는 향, 나쁜 짓을 끊는 향, 환희한 마음을 내는 향,

번뇌를 늘게 하는 향, 번뇌를 없애는 향, 함이 있는 법에 애착을 내는 향, 함이 있는 법에 싫은 마음을 내게 하는 향, 모든 교만함과 방일함을 함께 버리는 향, 마음을 내어 염불하는 향, 법문을 들을 때 내는 향, 성인이 받아쓰는 향, 모든 보살의 차별하는 향, 모든 보살들의 지위의 향을 다 아느니라.

선남자여, 인간 세상에 향이 있는데 이름은 상장(象藏)이요, 용이 싸울 적에 생기며, 한 개만 살라도 큰 향구름을 일으키어 온 세계를 덮으며, 이레 동안 가는 향비를 내리느니라. 또한 몸에 닿으면 몸이 금빛이 되고 의복이나 궁전이나 누각에 닿아도 금빛으로 변하며, 바람에 날려 궁전에 들어가면 그 향기를 맡은 중생은 이레 동안 밤과 낮으로 환희한 마음이 나고 몸과 마음이 쾌락하여 지며 몸에 병이 침노하지 못하니 근심이 없어지고 인자한 마음으로 서로 대하고 청정하거든 그것을 알고 법을 말하여 그들로 하여금 아뇩다라삼먁삼보리를 내게 하느니라.

선남자여, 아나바달다 못에서 침수향(沈水香)이 나는데 이름은 연화장(蓮華藏)이라. 그 향 한 개 삼씨만큼만 태워도 향기가 염부제까지 풍기며 중생이 맡으면 모든 죄가 다 여의어 청정해 지느니라. 선남자여, 설산에 향이 있으니 이름은 아로나니라. 또 선남자여, 나찰 세계에 향이 있으니 이름이 해장(海藏)이라. 전륜성왕이 사용하는데 한 개만 피워도 네 가지 군대가 다 허공에 날으니라. 선남자여, 나는 다만 향을 화합하는 법을 알거니와 보살 마하살들이 모든 나쁜 버릇을 여의어 세상 탐욕에 물들지 않게 함이니라."

다음 선지식 찾기를 권유하다

"선남자여, 여기서 남쪽에 큰 성이 있으니 이름은 누각이요, 거기 뱃사공이 있으니 이름이 바시라(婆施羅)라 하느니라. 그대는 그에게 가서 보살이 어떻게 보살행을 배우며 어떻게 보살도를 닦는가를 물어라."

선재는 그의 발에 엎드려 절을 하고 한량없이 앙모하면서 하직하였다.

## 23. 누각성(樓閣城)의 바시라 선사(婆施羅船師)를 뵙고 법을 묻다

**경해, 소** 제 2에 바시라는 불괴회향(不壞廻向)에 듦이라. 기불괴회향(寄不壞廻向)이란 무너지지 않는 믿음을 얻어서 천종(千種) 선근으로 회향할새 고로 이름이 불괴(不壞)가 된다 하였다. 바시라는 우리말로 자재(自在)이니 이르되 불법해(佛法海)에 이미 잘 통달하며, 생사의 바다에 이미 잘 통달하며, 능히 잘 운전하여 이르며, 일체 믿음이 깊이 믿어 무너지지 아니할새 고로 이름이 자재(自在)라. 재루각성(在樓閣城)이라는 것은 회향을 말미암아 보림으로 하여금 전전(轉轉)히 다시 증장케 하여 지비(智悲)가 상의(相依)해서 뛰어난 연고라.

〈합론 제 101권 37, 합론 통권 18, 70p〉

길을 살피면서 선지식을 생각하다

**경문** 이 때 선재 동자가 누각성을 향하면서 길을 살피니 길이 높고 낮음을 보며, 길이 평탄하고 험준함을 보며, 길이 깨끗하고 더러움을 보며, 길이 곧고 굽음을 보며, 점점 나아가면서 이와 같이 생각하였다. '내가 마땅히 저 선지식을 친근하리니 보살의 수행함을 성취할 원인이라. 중생의 거둬주는 도를 수행함이며, 장애가 없는 도를 수행함이며, 중생의 교만함을 여의게 하는 수행함이며, 모든 중생이 여러 가지 소견을 버리게 하고 도를 수행함을 성취하게 함이란 원인이 되리라는 것을 알았다.'

## 바시라의 설법

뱃사공이 말하였다.

"착한 이여, 착한 이여, 그대는 이미 아뇩다라삼먁삼보리심을 내었고, 이제 또 큰 지혜를 내어 모든 생사의 괴로움을 끊는 인(因)과 온갖 지혜의 보배섬에 가는 인과 무너지지 않는 대승과 이승(二乘)들이 생사를 두려워하고 고요한 삼매의 소용돌이에 머무름을 멀리 여의는 서원의 수레를 타고 모든 곳에 두루하는 보살행을 수행함이라. 선남자여, 온갖 지혜의 바다에 빨리 들어가는 청정한 도의 인연을 묻는구나."

## 중생을 이익케 하다

"선남자여, 나는 이 성(城)의 바닷가에 있으면서 보살의 크게 가엾이 여기는 당기(幢旗)의 행을 깨끗하게 닦았노라. 선남자여, 나는 빈궁한 중생들을 보고 그들을 이익케 하려고 여러 가지 고행을 닦으며, 그들의 소원을 모두 만족케 하는데 먼저 세상의 물건을 주어 마음을 채우고, 다시 법의 재물을 보시하여 환희케 함이라."

바다에 대한 모든 것과 일월성신을 알다

"또한 소용돌이치는 데, 얕은 데, 깊은 데, 파도가 멀고 가까운 것과 물빛이 좋고 나쁜 것들이 여러 가지로 같지 아니함을 알며, 일월성신이 돌아가는 이치인 밤과, 낮과, 새벽과, 신시(辰時) 때와 시각과 누수가 늦고 빠름을 잘 분별함을 알고, 배의 철물과 나무가 견고하고 굳고 연한 것과 바람이 많고 적음과 순하고 거슬림을 잘 알며, 편안하고 위태로운 것을 분명하게 알고 갈 만하면 가고 못 갈 만하면 안 가노라. 선남자여, 나는 이런 지혜를 성취하여 모든 중생을 이익케 하노라."

다음 선지식 찾기를 권유하다

"선남자여, 여기서 남쪽에 성이 있으니 이름이 가락(可樂)이요, 거기에 장자가 있으니 이름은 무상승(無上勝)이라. 그대는 거기에 가서 '보살이 어떻게 보살의 행을 배우며, 보살의 도를 닦느냐'고 물어라."

그 때 선재 동자는 그의 발에 엎드려 절을 하고 앙모하며 슬프게 울며 선지식을 만날 것을 싫어하지 않고 하직하였다.

## 24. 가락성(可樂城)의 무상승 장자(無上勝長子)

무상승 장자를 뵙고 법을 묻다

이 때 선재 동자는 크게 인자함으로 복덕과 지혜를 갖추었으며, 걸림없는 서원이 법계에 가득하며, 지혜의 성에 들어가서 이렇게 보살의 도를 구하면서 점점 앞으로 나아가 그 성에 이르렀다.

무상승 장자

　무상승 장자가 그 성의 동쪽에 크게 장엄한 당기 근심 없는 숲 속에 있는데, 한량없는 상인들과 백천 거사들이 둘러쌌으며, 인간의 갖가지 일을 끊어 버리고 법을 말하여 그들의 모든 교만을 뽑아 주고 나와 나의 것을 여의게 하며, 보살의 바른 법에 머물러 보살의 욕망을 늘게 하고 있었다.

보살도를 닦는 법을 묻다

　"거룩하신 이여, 저는 선재입니다. 저는 일심으로 보살의 행을 구하고 있습니다. 보살이 어떻게 보살의 행을 닦습니까. 모든 여래의 신통한 힘을 능히 알며 모든 여래의 지혜를 능히 얻겠나이까?"

무상승 장자의 설법

　그 때 장자는 선재에게 말하였다.

　"좋다, 좋다. 선남자여, 그대는 아뇩다라삼먁삼보리심을 이미 내었구나. 선남자여, 나는 모든 곳에 이르는  보살의 행하는 문과 의지함이 없고 지음이 없는 신통한 힘을 성취하였느니라.

　선남자여, 나는 이 삼천대천 세계의 욕심 세계에 사는 모든 중생으로 이른바 모든 삼십삼천, 모든 수야마천, 모든 도솔타천, 모든 선변화천(善變化天), 모든 타화자재천, 모든 마의 하늘과, 그 외에 모든 하늘, 용, 야차, 나찰, 구반다, 건달바, 아수라, 가루라, 긴나라, 마후라가, 사람과 사람 아닌 이의 마을과 성중과 도시의 모든 곳에 있는 중생들에게 법을 말하노라. 그들에게 갖가지 언론을 분별하여 환희심을 내고 점점 성숙하여 외도를 따라서 훌륭한 지혜를 말하며 모든 소견을 끊고 불법에 들어오게 함이니라."

다음 선지식 찾기를 권유하다

"선남자여, 여기서 남쪽에 한 나라가 있으니 이름이 수나(輸那)요, 그 나라에 성이 있으니 이름이 가릉가(迦陵迦) 숲이요, 거기 비구가 있으니 이름이 사자빈신(獅子頻伸)이니라. 그대는 거기 가서 보살이 어떻게 보살행을 하며 보살의 도를 닦느냐고 물어라."

선재 동자는 그의 발에 절을 하고 한량없이 돌고 은근하게 앙모하며 하직하고 물러갔다.

🌸

진아(眞我), 그것은 지복(至福)이다

진아(眞我) Self, 참나, 그것은 무엇인가? 그는 지복(至福) 그 자체입니다. 참나와 복(福)이라는 자체는 둘이 아니라 그것은 곧 나이며, 그것은 절대이며, 그것은 또한 지극한 복이라는 말입니다. 왜 그런가? 어떻게 나라는 그 자신을 알 수 있단 말인가? 지극한 복이 아니면 이 세상에 태어날 수도 없을 뿐더러 그런 세상이 주어지지 않는 것입니다. 지복이란, 나라는 존재가 있다는 사실만으로도 나는 행복한 존재이기 때문에 지복이 됩니다. '진아'는 땅을 밟고 서있는 당당한 존재가 아닌가. 생각해 보세요. 이 세상에 우뚝 선 그 당당한 모습 얼마나 장한 일입니까? 그러기에 지복(至福) 그 자체입니다.

나는 만물과 둘이 아니며, 천하와 동체이고, 유일무이한 하나이며, 실체의 근원이며, 변화무쌍한 화신(化身)이며, 그러면서도 본질을 떠나지 않고, 항상 왕래자재(往來自在)합니다. 나는 또 만 가지를 체험하나 그 하나를 떠나지 않습니다. 나를 떠나 있으나 각성(覺性)할 수 있는 존재, 그는 언제나 하지 못하는 것이 없습니다. 나는 본체를 떠나서 이제 온갖 것으로 화현됩니다. 참나는 보이지 않는 주체(主體)이고, 현신(現身)은 주체(主體)를 떠나지 않고 온갖 만복(萬福)을 만들어 내는 것입니다. 그러므로 나는 여기에서 진아 즉 참나는 지복(至福)이라 하였습니다. 즉 'Self realization 깨달음'입니다. 깨달음과 지복(至福)이 따로 있을 수가 없음을 말한 것입니다.

## 예배 대상으로의 불(佛)

부처님은 그 뜻을 두가지로 해석하고자 합니다. 그 첫째는 신앙의 대상인 불(佛)입니다. 신앙(信仰)이란 우리들이 기도하면서 우리들이 무엇을 기도하는 곳(곳이란 장소가 아닌 기도를 받는 존재를 말합니다. 기도 같은 것을 말하기도 합니다.) '그 곳'에서 우리들은 응공(應供)합니다. 물론 응공(應供)도 부처님의 다른 이름입니다만 응당히 공양할 만한 부처님, 그러나 형상을 만들어 모시었고 그 형상은 형상 아닌 실체적 존재로 생각되는 '님'이라고 규정짓고 출가 이중과 재가 이중〔四部大衆〕이 기도를 하는데 불(佛)의 존재를 그리워한 나머지 불상(佛像)을 만들었던 것입니다.

다시 말하면 신(神)을 그리워한 나머지 신(神)의 형상(形象)을 만들어 모시었다고 보면 됩니다. 회교에서는 '알라'라는 신을 만들면 알라를 훼손한다고 못 만들게 하는 것이 회교의 생각입니다. '그리스도교'에서는 십자가가 곧 그들의 신(神)의 형상(形象)이라고 보면 됩니다. 법당이나 도량에 조상(造像)하여 모셔져 있는 부처님은 우리 중생들이 부처님을 보고 싶은 나머지 그리워하는 사랑의 마음으로 표현된 것이 불상(佛像)입니다. 그리고 실제 석가모니불이 이 사바세계에 오셨던 분이므로 어떠한 문제가 될 것이 없습니다. 즉 부처님은 우리 곁에 와계신다는 근원사상(根源思想)에 둔 근본정신(根本精神)입니다.

그러므로 불교도들은 이것에 조금도 거부감을 갖지 않습니다. 뿐만 아니라 온 세계의 모든 불교 국가는 이와 같은 불상 조성에 관하여 이상하게 생각하지 않습니다. 다만 우리 나라에서 불상을 우상이라 하는 이들이 있는 것은 이질적 종교 집단의 몰이해(沒理解)에서 오는 무지(無知)의 소치(所致)일 뿐입니다.

### 진리로서의 불(佛)

진리로서의 부처님은 '법(法)'입니다. 법(法)이라는 것은 과거 무량세의 끝없는 시간으로부터 지금까지 그리고 미래세의 끝없는 시간까지 오직 이 한 '법(法)'뿐입니다. 그 법은 절대로 변치 아니하며, 생기는 것도 죽는(滅) 것도 없어지는(滅) 것도 아닙니다. 생(生)하는 것이 아니기 때문에 멸(滅)하는 것도 아닙니다. 그 법은 모양을 볼 수가 없으며 모양을 생각할 수도 없습니다. 크기로 말하면 우주 전체에 걸쳐 있고, 작기로 하면 겨자씨에 들어가고도 겨자씨가 텅 비어 있을 정도입니다.

그 '법(法)'은 모양이 정해진 것이 없어서 어떻다고 할 수가 없어서 옛 조사가 말하기를 대(大)라 하고, 방(方)이라 하고, 광(廣)이라 했으며, 그 색깔이 없어서 무엇이라고 이름 지을 수가 없다고 합니다. 그 법은 통하지 않는 곳이 없어서 사람이나 동물이나 미물이나 식물이나 땅이나 돌맹이나 흙이나 물이나 어디에고 다 그 처소에 즉(即)해 있으며, 해나 달이나 별들이나 허공이나 모든 곳에 즉(即)해 있으며, 그 전체로 몸(體)을 삼습니다.

법은 새봄에 돋아나는 작은 풀잎에서도 찾을 수 있고, 무장다리 꽃으로 날아가는 노랑 나비에서도 그 법(法)은 찾아집니다. 물론 가을 하늘에 떠있는 구름에서도 그 법(法)은 찾아질 수가 있으며, 하늘을 나는 금속성 비행기의 엔진에서도 그 법(法)은 찾을 수가 있습니다.

그러한 법을 진리(眞理)라고 합니다. 그러한 진리는 위대하신 비로자나불(毘盧遮那佛)이라는 이름으로 부처님이 되십니다. 그 부처님은 진리의 당체(當體)이며 모든 만물의 어버이가 됩니다.

**합론** 큼이여, 진계(眞界)의 만법(萬法)이 비로소 자양되고 공(空)과 유(有)를 포함하되 그 상(相)이 끊어지며, 언어의 세계에 들어서는 자취가 없는지라. 묘유(妙有)가 이를 얻어 유(有)가 아니며, 진공(眞空)이 이로 말미암아 공(空)이 아니며, 생멸(生滅)이 이를 얻어 떳떳하고, 연기(緣起)가 이로 하여 밝게 비침이라. 우리 부처님이 이를 얻으사 묘(妙)히 깨달음에 나아가 확연(廓然)히 티끌세계를 깨끗이 하시니, 만화(萬化)의 땅에 고요히 일허(一虛) 가운데 움직여 모두 씀이라. 실상의 몸과 찰해(刹海)를 융섭(融攝)해서 서로 합하여 음성과 빛으로 유통(流通)하고 멀리 비추었도다. 아황(我皇)이 이를 얻으사 허극(虛極)을 신령스러이 거울하여, 태화(太和)를 보전하고 성문(聖文)이 백왕(百王)을 엄폐(掩蔽)하고 순풍이 만국(萬國)에 부는지라. 그윽히 교화함을 깨달음으로써 펼치며, 천진(天眞)을 성정(性情)으로 드리우다.

## 25. 가릉림성(迦陵林城)의 사자빈신 비구니(獅子頻伸比丘尼)

### 일광(日光) 동산의 갖가지 장엄(莊嚴)을 보다

**경문** 그 때 선재 동자가 점점 다니다가 그 나라에 이르러 이 비구니를 두루 찾았다. 한량없는 사람들이 말하기를, "그 비구니는 승광왕(勝光王)이 보시한 일광 동산에서 법을 설하여 한량없는 중생을 이익케 한다."고 하였다.

선재 동자는 그 동산을 두루 살펴 보았다. 그 동산에는 큰 나무가 있으니 이름이 만월(滿月)이요, 형상은 마치 누각과 같았다. 하늘 풍류나무와 향기가 나는 향나무가 있으니 그 아래에는 팔 공덕수가 가득하고 우발라꽃, 파두마꽃, 분다리꽃 등이 한량없이 피었다.

### 사자빈신 비구니

이 때 선재 동자는 사자빈신 비구니가 모든 보배나무 아래 놓인 사자좌에 앉아 있음을 보았다. 몸매가 단정하고 위의가 고요하여 여러 감관이 조화로웠다.

### 사자빈신 비구니가 설법을 하다

낱낱 사자좌에 모인 대중이 같지 아니하고 법문도 같지 아니하였다. 범천의 무리들이 둘러 앉았는데 애락범천왕이 우두머리가 되었다. 또한 어떤 자리는 선변화천의 천자·천녀들이 둘러 앉았는데 선변화천왕이 우두머리가 되고, 이 비구니가 설법하는 자리를 장엄하였다. 또 어떤 자리는 성문승들이 좋아하는 중생들이 둘러 앉아 있고, 또 어떤 자리는 대승을 믿고 좋아하는 중생들이 둘러 앉아 있고, 어떤 자리는 제 4지 보살들이 둘러 앉아 있고, 어떤 자리는 제 5지 보살들이 둘러 앉아 있고, 비구니가 법문을 하는데 묘한 꽃갈무리를 하였다.

어떤 자리는 제 6지 보살과, 제 7지 보살과, 제 8지 보살과, 제 9지 보살과, 제 10지 보살들이 둘러 앉아 있고, 금강저를 든 신장들이 둘러 앉아 있는데 이 비구니가 법문을 하는데 법문은 금강 지혜의 나라연 장엄이었다. 사자빈신 비구니는 열 반야바라밀문을 머리로 삼아 백만 반야바라밀다에 들어 갔으며, 거기 모인 일광 동산의 보살들은 모두 아뇩다라삼먁삼보리에서 물러나지 않게 한 이들이다.

### 지혜를 성취하는 해탈을 이루다

"선남자여, 나는 온갖 지혜를 성취하는 해탈을 얻었노라."

"거룩한 이시여, 무슨 까닭으로 온갖 지혜를 성취한다 하오니까?"

"선남자여, 이 지혜의 광명은 잠깐 동안에도 성취하여 모든 세상의 법을 비춤이라."

다음 선지식 찾기를 권유하다

"선남자여, 남쪽에 한 나라가 있으니 이름이 험난이요, 그 나라에 보장엄(寶莊嚴) 성이 있고, 그 성 중에 여인이 있으니 이름은 바수밀다(婆須密多)라 하느니라."

이 때 선재는 그의 발에 엎드려 절을 하고 앙모하면서 하직하고 물러 나왔다.

## 26. 험난국(險難國)의 바수밀다녀(婆須密多女)

바수밀다녀를 뵙고 법을 묻다

① 선재 동자가 지혜 광명으로 마음이 열리었다

그 때 선재 동자가 큰 지혜 광명이 비치어 마음이 열리며 생각하고 관찰하여 법의 성품을 보고 모든 음성을 아는 다라니 문을 얻었다. 또한 모든 이치를 관찰하는 광명의 문을 얻었으며, 법계에 가득한 청정한 서원을 얻었으며, 시방을 두루 비추는 광명을 얻었다.

바수밀다녀의 집에 도착하다

지금까지 오는 도중에 한량없는 사람들을 만났는데 선재에게 말을 하되, "착한지라, 착한지라, 선남자여, 그대가 바수밀다녀를 찾으니 그대는 이미 광대한 이익을 얻었도다."

선재는 이 말을 듣고 즐거웠다. 그녀의 집에 도착하여 보니 크고 훌륭하였다.

바수밀다녀의 용모

이 때 선재 동자가 그 여인을 보았다. 용모는 단정하고 모습이 원만하여 살갗은 금빛이요, 눈매와 머리카락이 검푸르며, 욕심 세계의 사람이나 하늘사람으로도 비길 수가 없었다. 음성이 미묘하여 범천보다 뛰어나며, 모든 중생의 말을 모두 구족하여 알지 못함이 없었다.

바수밀다녀의 설법

① 탐욕을 떠나 해탈을 얻다

그는 말하였다. "선남자여, 나는 보살의 해탈을 얻었으니 이름은 탐욕의 경계를 여읨이라. 그들의 욕망을 따라 몸을 나타내노니 하늘이 나를 볼 적에 나는 천녀의 형상이 되며, 광명이 훌륭하여 비길 데 없어 사람들이 나를 볼 적에 그들의 욕망대로 나를 보게 하노라. 또한 어떤 중생이 애욕에 얽매이어서 나에게 오거든 내가 그에게 법을 말하면 그가 법을 듣고 탐욕이 없어지고 보살의 집착 없는 삼매를 얻느니라. 어떤 중생이 나를 보면 탐욕이 없어지고, 어떤 중생이 나의 손목을 잡으면 탐욕심이 없어지고, 부처님 세계로 가는 삼매를 얻느니라.

또 어떤 중생이 잠깐만이라도 나를 보면 탐욕이 없어지고, 또 어떤 중생이 나의 자리에 잠깐만 올라와도 탐욕이 없어지고, 또 어떤 중생이 내가 눈을 깜박이는 모습만 보아도 탐욕이 없어지고, 또 어떤 중생이 잠깐만 나를 끌어 안으면 탐욕이 없어지고, 보살이 모든 중생을 거두어 주고 떠나지 않는 삼매를 얻느니라. 또 어떤 중생이 나의 입술을 한 번만 맞추더라도 탐욕이 없어지고, 보살이 이와 같이 중생의 복덕을 늘게 하는 삼매를 얻느니라."

② 과거 고행(苦行) 여래에게서 법을 배우다

선재 동자가 여쭈었다.

"거룩한 이시여, 어떤 착한 뿌리를 심고 무슨 복업을 닦아서 이렇게 자재하심을 얻었나이까?"

바수밀다 여인이 대답하였다.

"선남자여, 지난 세상에 부처님이 나셨으니 이름이 고행이었고, 그 나라의 수도는 묘문(妙門)이었느니라. 고행 여래께서 중생을 불쌍히 여기시고 수도에 오시어 성안에 드시니 성안이 갑자기 넓어지고 그 성안에 있던 모든 것이 갑자기 다 보배로 장엄하여 한량없는 광명이 비추고, 하늘 풍악이 온 세계에 가득하였느니라. 나는 그 때 한 장자의 아내였는데 이름은 선혜(善慧)였다. 그 때 부처님의 신통을 보고 깨달아 남편과 함께 부처님께 나아가서 보배 돈으로 공양을 올리었는데 그 때 문수사리 동자가 시자가 되었다가 나에게 법을 말하여 아뇩다라삼먁삼보리심을 내게 하였느니라."

다음 선지식 찾기를 권유하다

"선남자여, 여기서 남쪽으로 가면 성이 있으니 이름이 선도(善度)요, 그 성에 거사가 있는데 이름이 비슬지라(鞞瑟胝羅)라. 그는 항상 전단좌 부처님 탑에 공양하느니라."

그 때 선재가 그의 발에 엎드려 절하고 한량없이 돌고 앙모하면서 떠났다.

## 27. 선도성(善度城)의 비슬지라(鞞瑟胝羅)거사를 찾아 법을 묻다

### 수순견고일체선근(隨順堅固一切善根)에 회향한 선지식

그 때 선재는 가다가 선도성에 이르러 비슬지라 거사의 집에 나아가 발에 엎드려 절을 하고 서서 여쭈었다.

"거룩하신 이여, 저는 이미 아뇩다라삼먁삼보리심을 내었사오나 어떻게 보살의 도를 닦는지 알지 못하나이다. 바라옵건대 말씀하여 주소서."

### 비슬지라의 설법

"선남자여, 나는 보살의 해탈을 얻었으니 이름이 열반의 경계에 들지 않음이라. 나는 여래가 열반에 든다고 생각을 내지 않노라. 나는 시방의 부처님 여래가 필경에 열반에 들지 않으니 중생을 조복하시기 위하여 일부러 보이시는 것은 제외니라. 선남자여, 내가 전단좌 여래의 탑문을 열 때 삼매를 얻었으니 이름이 불종무진(佛種無盡)이라. 나는 이 삼매에 들어 생각마다 한량없이 훌륭한 일을 다 아느니라."

### 다음 선지식 찾기를 권유하다

"선남자여, 여기서 남쪽으로 가면 보달낙가 산이 있고 거기에 보살이 있으니 이름이 관자재이니라. 그대는 그에게 가서 어떻게 보살도를 닦는 지 물을 것이니라."

비슬지라 거사가 게송으로 말하였다.

바다 위에 산이 있고 성인이 있으니
보배로 되어서 아주 깨끗해
꽃과 과일 두루하여서
그대는 거기 가서 공덕을 물으라.


선재는 그의 발에 절을 하고 은근하게 앙모하면서 물러났다.


**수순일체중생회향(隨順一切衆生廻向) 선지식(善知識)**

28. 보달낙산(補㤼洛山)의 관자재 보살(觀自在菩薩)


관자재 보살을 뵙고 법을 묻다
**경해, 소** 제 7은 등수순일체중생회향(等隨順一切衆生廻向)이다. 선우(善友)의 이름인 관자재(觀自在)는 삼업(三業)으로 귀향(歸向)하면 육통(六通)으로 인연에 따라 섭리(攝利)가 난사(難思)일새 이름이 관자재이니 이를 말미암아 두루 변재하니 중생은 수순함이라.

　환(歡)은 능환(能歡)이니 일체에 통함이요, 세(世)는 소(所)이니 일체 세(世)에 통(通)함이다. 만일 음(音)이라 할진대 또한 소(所)에 통(通)함이니 소구(所救)의 일체의 기(機)요, 만일 자재(自在)라 원할진대 능화(能化)의 용(用)에 속(屬)함이다. 〈同卷 二十四〉

**경문** 그 때 선재 동자는 일심으로 비슬지라 거사의 법을 듣고 보살의 해탈하는 갈무리에 들어가고, 보살의 생각따라 힘을 얻었다. 그 때 향풀이 가득히 깔려 있는데 관자재 보살이 금강보석 위에서 가부좌하고 앉았고 한량없는 보살들도 보석 위에 앉아서 공경하여 관자재 보살의 대비 법문을 들었다.

이 때 선재는 눈도 깜박이지 않고 쳐다보면서 생각하기를, '선지식은 여래다. 선지식은 법구름이다. 선지식은 모든 공덕의 광명' 이라고 생각하였다.

선재 동자를 찬탄하시다

그 때 관자재 보살이 멀리서 온 선재 동자를 보고 말하였다.

"잘 왔도다. 그대는 대승의 마음을 내어 중생들을 널리 거두어 주고 정직한 마음으로 불법을 구하고 자비심으로 모든 중생을 구호하는구나."

관자재 보살의 설법

관자재 보살이 말하였다.

"착하다, 착하다. 선남자여, 그대는 이미 아뇩다라삼먁삼보리심을 내었구나. 나는 크게 가엾이 여기는 행의 문에 들어 해탈문을 성취하였느니라. 중생을 위하여 거두어 주기도 하며, 육신을 나투어 중생을 거두어 주기도 하고, 갖가지 부사의한 빛과 광명을 나타내어서 거두어 주며, 음성으로써 거두어 주기도 하며, 위의로써 거두어 주기도 하며, 법을 말하며, 신통을 보여 주기도 하며, 마음을 깨닫게 하기도 하고, 형상으로 변화하여 성숙시키기도 하느니라."

관자재 보살이 정취 보살에게 나아가기를 권유하다

관자재 보살이 선재 동자에게 말하였다.

"선남자여, 여기 온 정취 보살을 보았느냐?"

선재가 말하기를, "보았나이다."

관자재 보살이  말하였다.

"선남자여, 그대는 그에게 가서 보살행도를 배우며 어떻게 보살도를 닦는가 하고 물으라."

## 진여상(眞如相) 회향 선지식

### 29. 정취 보살(正趣菩薩)

정취 보살을 뵙고 보살의 행을 묻다

그 때 선재 동자가 가르침을 받고 나아가서 정취 보살에게 절을 하고 합장하고 서서 여쭈었다.

"거룩한 이여, 어떻게 보살행을 닦아야 하나이까. 어떻게 보살도를 닦아야 할 지를 모르나이다. 바라옵건대 말씀하여 주소서."

정취 보살의 설법

"선남자여, 이 일은 알기 어려우나 모든 세간의 하늘 · 사람 · 아수라 · 바라문들은 알지 못하느니라. 오직 용맹하게 정진하여 물러나지 않고  겁이 없는 중생들로 하여금 선지식이 거두어 주고, 부처님이 생각하시고, 보살의 근기를 얻고 지혜의 눈을 얻어 배움이 있고 능히 알고 능히 말하느니라."

다음 선지식 찾기를 권유하다

"선남자여, 여기서 남쪽에 타라발저(墮羅鉢底)라는 성이 있고, 거기 신이 있으니 이름은 대천(大天)이니라. 그에게 가서 보살이 어떻게 보살행을 배우며 보살의 도를 닦느냐고 물으라."

이 때 선재 동자는 그의 발에 절하고 수없이 절을 하고 앙모하면서 하직하고 물러갔다.


**무박무착해탈(無縛無著解脫) 회향 선지식**

## 30. 타라발저성(墮羅鉢底城)의 대천신(大天神)

보살행을 묻다

그 때 선재 동자가 대천신에게 가서 그의 발에 절하고 앞에서 합장하고 말하였다.

"거룩한 이여, 저는 이미 아뇩다라삼먁삼보리심을 내었사오나 보살이 어떻게 보살의 행을 닦으며 어떻게 보살의 도를 닦아야 할지 알지 못하나이다. 바라옵건대 말씀하여 주소서."

대천신의 설법

이 때 대천신이 네 손을 길게 펴서 네 바다의 물을 움키어 얼굴을 씻으며 황금빛을 선재 동자에게 흩고 말하였다.

"선남자여, 모든 보살은 보기 어렵고 듣기 어렵고 세간에 나오기 힘들어서 중생 가운데 가장 제일이며, 사람들 가운데에서 분다리꽃이니라. 미혹한 이에게는 편안한 길을 가리키고 길잡이가 되어 중생을 인도하여 불법의 문에 들어가게 하며, 법의 대장이 되어 온갖 지혜의 성을 수호하노라. 선남자여, 나는 이미 보살의 해탈을 얻었노라. 이름이 구름그물이니라."

이렇게 말하면서 선재 앞에 금더미, 은더미, 유리더미, 자거더미, 마노더미, 큰 보배꽃더미, 보배영락더미, 보배마니더미, 모든 장엄더미, 여의주더미들을 산같이 나타내 보이었다.

다음 선지식 찾기를 권유하다

"선남자여, 이 염부제 마갈제국의 보리도량에서 땅 맡은 신이 있으니 이름이 안주(安住)니라. 그에게 가서 어떻게 보살행을 닦아야 하는지 도를 물으라."

이 때 선재는 대천신의 발에 절을 하고 하직하고 떠났다.


**등법계무량(等法界無量) 회향 선지식**

## 31. 보리도량(菩提道場)의 안주신(安住神)

안주신을 뵙고 법을 묻다

① 땅의 신들이 선재 동자를 찬탄하다

그 때 선재 동자는 걸어서 마갈제국의 보리도량에 있는 안주신의 처소에 갔다. 백만의 땅 주지신들이 함께 있어서 서로 말하였다.

"여기서 오는 동자는 곧 부처님의 장(佛藏)이니 반드시 모든 중생의 의지처가 될 것이며, 반드시 모든 중생의 무명을 깨뜨릴 것이다. 이 사람은 이미 법왕의 문중에 났으니 마땅히 때(垢)를 여의고 지혜 보배광명을 열고 삿된 외도를 꺾으리라."

② 안주신과 땅의 신들이 광명을 놓다

이 때 안주신 등 백만의 신들이 큰 광명을 놓아 삼천대천세계에 두루 비치니 온 땅이 한꺼번에 진동하며 갖가지 보물이 곳곳에서 장엄하며, 깨끗한 그림자와 흐르는 빛이 번갈아 사무치었다.

안주신이 설법하다

이 때 안주신이 선재에게 말하였다.

"잘 왔도다. 동자가 이 땅에 선근을 심었을새 내가 나타나노니, 그대는 보려는가?"

그 때 선재 동자가 땅신에게 수없이 절하고 합장하고 서서 여쭈었다. "거룩한 이여, 보려 하나이다."

이 때 땅신이 발로 땅을 눌러서 백천의 아승지 보배광이 저절로 솟아오르고 말하였다.

"선남자여, 이 보배광명은 그대를 따라다니나니 이것은 그대가 옛적에 심은 착한 뿌리의 과보이며, 그대의 복덕으로 유지되는 것이니 그대 마음대로 쓰라."

다음 선지식 찾기를 권유하다

"선남자여, 이 염부제 마갈제국의 가비라성에 밤 맡은 신이 있으니, 이름이 바산바연저(婆珊婆演底)니라. 그대는 그에게 가서 보살이 어떻게 보살의 행을 배우며 보살의 도를 닦느냐고 물으라."

이 때 선재 동자는 그의 발에 절하고 앙모하면서 떠났다.


## 십지위(十地位) 선지식

### 32. 바산바연저 주야신(婆珊婆演底主夜神)

제 1 환희지 선지식 바산바연저주야신(主夜神)을 뵙고 법을 묻다

이 때 선재동자는 일심으로 안주신의 가르침을 생각하고 보살의 깨뜨릴 수 없는 지혜광 해탈을 생각하였다.

"거룩한 이시여, 저는 이제 아뇩다라삼먁삼보리심을 내었나이다. 저는 선지식을 의지하여 여래의 공덕과 법장을 보호하려 하오니 바라옵건대 저에게 온갖 지혜에 이르는 길을 보여 주소서. 그 길을 행하여 열 가지 힘의 지위에 이르고자 합니다."

주야신의 설법

그 때 주야신이 선재 동자에게 말하였다.

"선재 선재라. 선남자여, 그대는 깊은 마음으로 선지식을 공경하여 말을 듣고 가르치는 대로 수행하는 연고로 결정코 아뇩다라삼먁삼보리를 얻으리라. 선남자여, 나는 밤이 깊고 바람이 고요하여 중생이 쏘다닐 때나 구름이 끼고 안개가 끼고 태풍이 불고 억수가 퍼붓고 해와 달의 빛이 어두워 지척을 분별 못할 때에 중생들이 바다에 들어가서 방향을 모르거나 길을 잃거나 황급해서 벗어나지 못하는 이를 보고는 내가 갖가지 방편으로 그들을 구제하여 주노라. 육지에서도 험준한 산악에서도 아름다운 달빛과 햇빛을 밝게 밝혀 주어서 '그들로 하여금 공포가 없는 곳에 이르러 끝까지 안락하게 하여지이다' 하느니라. 나는 항상 어둠을 깨뜨리는 수승한 공덕으로 해탈을 얻게 하느니라."

이 때 선재 동자는 한량없는 법문을 듣고 게송을 말하고는 그의 발에 엎드려 절하고 앙모하면서 하직하고 떠났다.

## 33. 제2 이구지(離垢地) 선지식 보덕정광 주야신(普德淨光主夜神)

### 보덕정광 주야신의 설법

밤을 맡은 신이 말하였다.

"선남자여, 보살이 열 가지 법을 성취하면 능히 보살의 행을 원만히 하는 열 가지 법이란 무엇인가. 하나는 청정한 삼매를 얻어 청정한 눈을 얻음이요, 부처님의 경계에 이르러 중생을 조복함이요, 부처님의 음성을 얻고 모든 중생의 말과 같아서 온갖 세상 법륜을 굴림이요, 부처님께서 중생을 조복시키는 부사의하고 자재한 힘을 앎이니라."

부처님의 몸매를 보아라
청정한 모습으로 장엄을 하시고
잠깐 동안에 신통한 힘으로
법계에 가득하시니라.

노사나 부처님께서
도량에 바른 깨우침 이루고
모든 법계에서
법륜을 굴리시니라.

이 근처에 밤 맡은 신이 있어
이름은 희목관찰이라
그대는 그에게 가서
보살의 수행을 물으라.

이 때 선재는 그의 발에 절을 하고 수없이 앙모하면서 하직하고 물러갔다.

❁

## 죽지 않고는 살 수 없음

'진아(眞我)는 영원히 죽지 않는다.'

진아는 마음을 초월해 있고, 그는 깨달음만을 통하여 살아 나옵니다. 진아는 마음을 비워 버리지 아니하면〔無我〕그를 만날 수가 없습니다. 마치 진아는 보자기에 싸여진 보물과 같기도 합니다. 우리들이 나라고 하는 것은 마치 보자기에 싸여진 안의 것이 아니라 그 보자기를 말하는 것과도 같습니다. 그러므로 그 보자기 안에 있는 것을 갖고 말해야 합니다.

내가 죽지 않고는 살 수가 없습니다. 즉 가아(假我)를 죽이지 않고는 참나를 발견하지 못합니다. 죽는다는 것은 육신이 죽는 것은 물론 아닙니다. 육신도 거짓일 따름입니다. 죽은 마음은 곧 무아(無我)를 말합니다. 무아는 내가 없다는 것입니다. 그리고 참나를 보는 즉시 그 참나를 위하여 나라는 존재를 그 영혼 위에서 확인하여야 합니다. 잠자고 먹고 말하고 일하는 나는 순수한 '내'가 아니며 그것은 꾸며진 나일 뿐입니다. 그 내면에 존재하는 순수실체(純粹實體)가 따로 있습니다. 무지와 망상으로부터 벗어나 있고, 생사와는 아무런 관계도 없이 내가 있습니다. 그것을 '광명(光明)'이라 합니다. 그 광명은 나와 함께하는 모든 광명과 동일합니다.

어느날 하늘에 떨어지는 섬광(閃光)을 가끔 봅니다. 우리들은 별 똥별이라 말하기도 합니다. 그런데 인간의 육신이 죽어서 어디론가 가버릴 때에도 그와 같은 현상이 일어난다고 합니다. 어떠한 인간을

514

말하는가. 그것은 깨달은 영혼입니다. 깨침은 곧 광명이라는 존재와 합일한다는 뜻을 갖고 있습니다. 우리들은 한량없는 빛을 갖고 있습니다. 그 빛은 내 안에 존재한다고 합니다. 어두운 방에 촛불을 켜놓았습니다. 그러나 밝은 해가 뜨고 그 햇빛이 방안에 들어오게 되면 촛불 같은 것은 필요없게 됩니다.

## 발광지(發光地) 선지식

### 34. 희목관찰중생 주야신(喜目觀察衆生主夜神)

**희목관찰중생 주야신이 선재 동자에게 가피를 내리다**
**경문** 이 때 기쁜 눈으로 보는 신은 선재 동자에게 가피를 내려 선지식을 친근하면 모든 착한 뿌리를 내어 성숙하게 함을 알게 하였다. 이 때 선재 동자는 이러한 생각을 내었다.

'선지식을 친근함으로써 지혜의 길을 용맹하게 닦고 선지식을 친근함으로써 큰 서원 바다를 빨리 내게 하고 선지식을 친근함으로써 모든 중생을 위해서는 오는 세월이 끝나도록 그지 없는 고통을 받지 않고 항상 법계를 반연하여 조금도 동하지 않고 시방 세계에 가리라' 하였다.

**희목관찰중생주야신의 설법**
① 보시 바라밀

"이른바 한량없는 몸을 나투어 시방의 모든 세계에 가득하여서 보살들이 보시 바라밀다를 행하던 일을 말하여 모든 일에 중생을 위하여 다 버리는 것이니 마음이 평등하여 교만한 마음을 갖지 않고 주되 버리기 어려운 것을 버리게 함이니라."

② 지계 바라밀

"중생의 수효와 같이 한량없이 나툰 몸을 내어서 법계에 가득하여 중생의 앞에 나타나서 깨끗한 계율을 지킬 것이니 죄를 짓지 않고 여러 가지 고행을 하여야 한다. 뒤바뀐 것을 버리고 부처의 경계에 있어서 여래의 계율을 지켜야 하느니라."

③ 인욕 바라밀

"이른바 오리고 꾸짖고 때리고 업신여기고 욕하여도 태연히 흔들림이 없어야 하며 중생에게 교만한 마음을 내지 말 것이니 모든 중생의 번뇌를 끊으며, 중생의 미천하고 누추하고 염증을 내고 함을 참는〔忍〕 것이니 여래의 청정하고 미묘하고 위없는 몸을 말하며 즐거움을 내게 하느니라."

④ 정진 바라밀

"또한 중생 세계와 같은 갖가지 몸구름을 내어 중생들의 좋아함을 따라서 용맹하게 정진하여 모든 지혜로 도(道)를 도와주는 법을 닦으라. 교만한 마음을 내지 말며, 여래의 청정하고 미묘하고 위없는 몸을 말하여 즐거움을 내게 할지니라."

⑤ 선정 바라밀

"또한 갖가지 한량없는 몸구름을 내어서 여러 가지 방편으로 중생들의 마음을 기쁘게 하여 나쁜 버릇을 버리고 모든 감관을 숨겨서 보호하며, 세상의 오욕락을 좋아하지 말라고 가르치느니라. 또 모든 보살의 삼매 바다와 신통한 힘으로 변화해서 나타나서 자유자재하게 유희함을 말하며, 중생들로 하여금 환희하고 기뻐서 모든 근심을 여의고 마음이 깨끗하여 법을 소중히 여기어 닦아 증장케 하니라."

⑥ 반야 바라밀

"또한 온갖 중생 세계와 갖가지 구름을 내어서 그들을 위하여 선지식에게 공양하여 모든 부처님의 법륜을 받아 지니되 부지런히 정진하고 게으르지 말라고 말하느니라. 중생의 작은 소견을 깨뜨리어 지혜의 해가 떠서 중생의 어리석은 어둠을 피하여 환희하여 온갖 지혜를 이루었느니라."

선재 동자가 자재한 힘을 내는 해탈을 얻다

이 때 선재 동자가 위에 나타난 모든 희유한 일을 보고 듣고는 생각 생각에 관찰하고 이해에 깊이 들어가 편안하게 머물렀으며, 부처님의 부사의한 세력과 널리 기뻐하는 당기의 자재한 힘을 내는 해탈을 얻었다.

다음 선지식 찾기를 권유하다

"선남자여, 여기 모인 대중 가운데 주야신(主夜神)이 있으니, 이름이 보구중생묘덕(普救衆生妙德)이라. 그대는 그에게 가서 보살이 어떻게 보살행에 들어가며, 보살도를 깨끗이 하는가를 물으라."

이 때 선재 동자는 그의 발에 절하고 앙모하면서 하직하고 떠났다.

**염혜지(焰慧地) 선지식**

## 35. 보구중생묘덕 주야신(普救衆生妙德主夜神)

보구중생묘덕 주야신에게 법을 묻다

선재 동자는 기쁜 마음으로 중생을 보는 주야신에게 널리 기쁜 당기의 해탈문을 듣고 믿고 이해하고 나아갔다. 이 때 광명을 놓아 선재 동자의 정수리에 들어가니 이와 같은 원을 세우고 널리 중생을 구호하는 보구중생묘덕 주야신에게 나아가니 그 주야신은 선재를 위하여 보살이 중생을 조복하고 해탈의 신통함을 보이고 광명을 놓으니 이름이 지혜 등불 두루 비추는 청정당기라.

중생들을 구호하는 까닭

"또한 모든 중생으로서 난생·태생·습생·화생·형상 있는 것·형상 없는 것·생각 있는 것·생각 없는 것·생각 있지도 않고 생각 없지도 않은 것들이 앞에 나타나면 구호함을 알라."

보구중생묘덕 주야신이 태어난 과거 세계

"이제 부처님의 힘을 받자와 그대에게 말하리라. 선남자여, 지나간 옛적 부처님의 세계의 티끌 수 겁 전에 겁이 있었으니 이름이 원만청정이요, 세계의 이름은 비로자나 대위덕이니라. 그 부처님의 세계는 일체 향왕 마니 보배로 자체가 되고 여러 보배로 장엄을 하였으며, 때 없는 광명마니왕 바다에 머물렀다.

또 이 세계의 동쪽 윤위산(輪圍山) 곁에 천하가 있으니 이름이 보배등불꽃당기라. 농사를 짓지 않아도 벼와 기장이 풍부하고 궁전과 누각이 모두 훌륭하니라. 또 한량없는 여러 가지 음악이 나오는데 바람이 부는 대로 묘한 음악을 연주하며, 일월광명 마니 보배가 밤낮으로 빛나며 쾌락이 끊어지지 아니하였다. 뿐만 아니라 백만억 나유타 마을이 있으며 그러한 도성과 마을에 한량없는 백천 나유타 궁전과 숲이 있느니라."

### 다음 선지식 찾기를 권유하다

"선남자여, 여기서 멀지 않은 곳에 주야신(主夜神)이 있으니 이름이 적정음해(寂靜音海)라. 마니광명당당기장엄연꽃자리(摩尼光明幢幢旗莊嚴蓮華座)에 앉아 있으며 백만 아승지 주야신들이 앞뒤로 둘러싸였느니라. 그에게 가서 어떻게 보살도를 닦는 것인가를 물으라."

이 때 선재가 그의 발에 절하고 은근히 앙모하면서 하직하였다.

## 난승지(難勝地) 선지식

### 36. 적정음해 주야신(寂靜音海主夜神)

적정음해 주야신을 뵙고 법을 묻다

　그 때 선재 동자는 중생을 널리 구호하는 묘한 덕 많은 신에게 보살이 온갖 세간에 나타나서 세간을 조복시키는 해탈 법문을 듣고 주야신에게 가서 절하고 법을 물었다.

　"거룩한 이시여, 저는 이미 아뇩다라삼먁삼보리심을 내었나이다. 저는 선지식을 의지하여 보살도를 배우고자 합니다. 바라옵건대 자비하신 마음으로 가엾이 여기시고 저를 위하여 보살도를 말씀하여 주소서."

적정음해 주야신의 설법

　그 때 주야신이 선재에게 말하였다.

　"선재 선재라. 선남자여, 그대가 능히 선지식을 의지하여 보살의 행을 구하려 하는구나. 선남자여, 나는 광대한 기쁨을 내는 장엄 해탈문을 얻었노라. 선남자여, 나는 평등하고 즐거운 마음을 내었느니라. 나는 모든 세간의 티끌을 여의고, 청정하고 견고하게 장엄하여 깨뜨릴 수 없는 좋아하는 장엄을 얻었노라. 나는 항상 중생의 갖가지 폐단을 없애니 중생이 늙고 병들고 죽는 고통을 여의게 하려는 마음을 내었느니라. 어떤 중생이 가옥이나 궁전에 애착을 보이면 여러 가지 집착을 떠나 여의게 하느니라. 부모나 형제 자매를 그리워하면 나는 그에게 법을 말하여 생사의 애착을 버리고 가엾이 여기는 마음을 내어 가엾은 중생을 평등하게 하느니라. 나는 어떤 중생이 신체가 불구됨을 보면 법을 말하여 여래의 청정한 육신을 보게 하느니라. 또 나는 어떤 중생이 탐심이 많은 것을 보면 부정관(不淨觀)하는 법을 가르쳐 주어 생사에 애착을 끊게 하느니라."

사바 세계에서 수행하는 일

"선남자여, 그대는 나의 발심한 지가 얼마나 오래 되었는가 묻거니와 선남자여, 지나간 옛적 티끌 수 겁 전에 불퇴전법계음(不退轉法界音) 여래의 법문을 듣고 아뇩다라삼먁삼보리를 내었고, 두 티끌 수 겁 동안 보살행을 닦았느니라."

다음 선지식 찾기를 권유하다

"선남자여, 이 보리도량의 여래의 모임 가운데 주야신이 있으니 이름은 모든 성을 수호하고 위력을 증장하는 수호일체성(守護一切城)이니라. 그대는 그에게 가서 보살이 어떻게 보살행을 배우며 보살도를 닦는가를 물으라."

이 때 선재 동자가 그의 발에 엎드려 절을 하고 은근하게 앙모하면서 하직하고 떠났다.

## 현전지(現前地) 선지식

### 37. 수호일체성 주야신(守護一切城主夜神)

**수호일체성 주야신을 뵙고 법을 묻다**

이 때 선재 동자가 고요한 음성바다 주야신의 가르침을 따라 그가 말한 법문을 생각하고 관찰하면서 낱낱 글귀를 하나도 잊지 않고 수호일체성 주야신이 있는 곳으로 갔다.

**수호일체성 주야신의 설법**

"선남자여, 그대가 모든 중생을 구호하기 위하여, 모든 부처님 세계를 깨끗이 장엄하기 위하여, 모든 여래께 공양하기 위하여, 중생을 구호하기 위하여, 부처님 성품을 수호하기 위하여, 모든 중생의 마음을 따라 법비를 내리기 위하여 보살들의 수행하는 문을 묻는구나."

① 보살의 자유자재한 묘한 음성 해탈

"선남자여, 나는 보살의 매우 깊고 자유자재한 묘한 음성을 얻어 해탈을 얻었고, 큰 법사가 되어 거리낌없으니 모든 부처님의 법장을 잘 열어 보이는 연고이며, 큰 자비의 힘을 갖추었으니 모든 중생으로 하여금 보리심에 머물게 하기 위함이니라."

② 갖가지 법을 말하다

"선남자여, 나는 중생에게 듣는 지혜의 법을 말하기도 하고, 중생에게 생각하는 지혜 법을 말하기도 하고, 중생에게 닦는 지혜의 법을 말하기도 하고, 부처님의 수기 바다의 법을 말하기도 하고, 한 여래께서 한 살바야 마음 바다 법을 말하기도 하고, 선남자여, 이러한 말할 수 없는 법문으로 중생에게 말하느니라."

### 수승한 보살의 일을 찬탄하다

"선남자여, 나는 다만 이 매우 깊고 자유자재한 묘한 음성의 해탈을 알고 세간 사람들로 하여금 부질없는 마음을 여의고 두 가지 말을 하지 아니하며, 진실한 말을 하고 청정한 말을 하게 할 뿐이니 저 보살 마하살이 모든 말의 성품을 알아 생각 생각마다 모든 중생을 자유롭게 깨닫게 하며, 모든 중생들이 음성 바다에 들어가서 온갖 말을 다 분명하게 하며, 모든 법문 바다를 다 분명하게 보며, 온갖 법을 모두 포섭한 다라니에 이미 자재하여졌으며, 잘 관찰하고 법륜을 성취한 연고이니 그런 일이야 내가 어떻게 알며 그 공덕의 행을 말하겠는가."

### 다음 선지식 찾기를 권유하다

"선남자여, 부처님 회중에 주야신이 있으니 이름은 모든 나무의 꽃을 피우는 개부일체수화니라. 그대는 그에게 가서 보살이 어떻게 온갖 지혜를 배우며, 어떻게 모든 중생들을 편안히 있게 하여 온갖 지혜에 머물게 하는가를 물으라."

## 원행지(遠行地) 선지식

### 38. 개부일체수화 주야신(開敷一切樹華主夜神)

개부일체수화 주야신을 뵙고 법을 묻다

　이 때 선재 동자는 보살의 매우 깊고 자유자재한 묘한 음성의 해탈문에 들어가서 모든 나무의 꽃을 피우는 주야신에게 나아가서 보니 주야신의 몸이 보배 향나무로 이루어졌다. 주야신은 누각 안에서 보배로 만든 사자좌에 앉았는데 백만의 주야신이 함께하였다.

　"거룩한 이시여, 바라옵건대 자비하신 마음으로 저에게 말씀하여 주소서."

개부일체수호 주야신의 설법

　"선남자여, 세존이 옛적에 보살로 계실 때 모든 중생들이 내 것이라　하는 데 집착하여 무명이라는 어두운 밤에 머물며, 여러 소견의 숲에 들어가서 탐애에 얽매이고, 성내는 데 깨지고 어지럽히고, 미워하는 데 감기어 나고 죽는 데 윤회하고, 빈궁하고 피곤하여 부처님이나 보살들을 만나지 못하는 것을 보았다. 이와 같음을 알고 나는 보살의 힘을 얻어 신통 변화를 나타내며, 법계와 허공계에 두루하여 모든 중생의 앞에서 생활에 필요한 모든 물품을 비내리어 그들의 욕망대로 뜻에 만족하게 환희케 하며, 후회하지도 인색하지도 아니하며, 중생들을 두루 거두어 교화하고 성숙케 하여 온갖 갖가지 지혜와 복덕 바다를 증장케 하느니라."

다음 선지식 찾기를 권유하다

"선남자여, 이 도량 안에 주야신이 있으니 이름은 큰 서원 정진력 주야신이니라. 그대는 그에게 가서 보살도를 물으라."

그 때 선재 동자는 그의 발에 절을 하고 은근하게 앙모하면서 하직하고 물러갔다.

**부동지(不動地) 선지식**

## 39. 대원정진력 주야신(大願精進力主夜神)

대원정진력 주야신을 뵙고 법을 묻다

그 때 선재 동자는 대원정진력 주야신에게 나아갔다. 해와 달, 별 그림자인 몸을 나투고, 중생들의 마음을 따라 모두 볼 수 있는 몸을 나투고, 부처님 계신 데에서 예배하는 몸을 나투고, 부처님의 법을 받아 지니고 잊지 않는 몸을 나투고, 보살의 큰 서원을 이룩하는 몸을 나투고, 광명이 시방에 가득한 몸을 나투고, 법의 등불로 세상의 어둠을 두루 없애는 몸을 나투었다.

대원정진력 주야신의 설법

"선남자여, 한량없는 모양의 육신의 모양을 나타내리니 이른바 갖가지 육신, 육신 아닌 육신, 청정한 육신, 모든 것으로 장엄한 육신, 광명을 내는 육신, 모든 음성을 잘 갖춘 육신, 얻기 어려운 육신, 용맹스러운 육신, 세간에 가릴 이 없는 육신을 나타내느니라.

또한 일체 번뇌를 없앤 육신, 공덕 바다를 말하는 육신, 복밭인 육신, 중생의 몸이 헛되지 않는 육신, 큰 자비 바다를 구족한 육신, 바른 생각을 내는 육신, 신통 변화를 내는 육신, 여래의 가문에 태어나는 육신, 모든 악을 여의고 법계 바다에 두루하는 육신, 모든 여래의 회중에 두루 태어나는 육신을 나타내느니라."

다음 선지식 찾기를 권유하다

"선남자여, 이 염부제 람비니(嵐毘尼) 숲 동산이 있고 그 숲 속에 묘덕이 원만한 신이 있으니 그에게 가서 보살도를 물으라."

이 때 선재 동자는 그의 발에 엎드려 절을 하고 합장하고 우러러 보면서 하직하고 물러갔다.


**선혜지(善慧地) 선지식**

40. 람비니림신(嵐毘尼林神)


람비니 숲의 신을 뵙고 법을 묻다

그 때 선재 동자는 큰 서원 정진하는 힘으로 모든 중생 구호하는 주야신에게 보살의 해탈을 얻고 생각하고 닦으며 분명히 알고 정진하며 람비니 숲에 이르러 묘덕신을 두루 찾았다. 선재 동자가 그를 보고는 그의 발에 절을 하고 서서 말하였다.

"거룩한 이시여, 저는 이미 아뇩다라삼먁삼보리심을 내었나이다. 보살행을 어떻게 닦으며 여래의 가문에 나서 세상의 큰 광명이 되는지를 알지 못하나이다. 바라옵건대 말씀해 주소서."

람비니 숲 신이 법을 설하다

"선남자여, 평등한 광명으로 태어나나니 이 보살이 '여러 가지 행을 구족히 하고 중생을 널리 교화하되, 모든 가진 것을 능히 버리고 부처님의 청정한 계율에 머물며, 참는 법을 구족히 하여 부처님의 법인(法忍)의 광명을 얻으며, 깨끗한 지혜가 원만하여 지혜의 해(日)로 모든 법을 다 밝히며, 장애 없는 눈을 얻어서 진실한 법의 성품에 들어가게 하여지이다' 하느니라."

다음 선지식 찾기를 권유하다

"선남자여, 이 가비라성 중에 석종(釋種)의 여자가 있으니 이름이 구파라. 그대는 그에게 가서 보살이 어떻게 나고 죽는 속에서 중생을 교화하는가를 물으라."

선재 동자는 그의 발에 절을 하고 은근히 앙모하면서 하직하였다.


**법운지(法雲地) 선지식**

41. 석녀 구파(釋女瞿波)

### 석녀 구파를 뵙고 법을 묻다

이 때 선재 동자는 가비라성을 향하면서 태어나는 해탈을 생각하고 닦아 더 늘게 하며, 광대하게 하여 기억하고 버리지 아니하며, 점점 행하여 보살들이 모여 있는 법계를 널리 나타내는 광대한 강당에 이르렀다. "잘 오셨도다." 하고 선재 동자를 맞이하는 석녀 구파에게 선재 동자가 물었다.

"마음의 광대한 서원을 항상 버리지 않고, 방편 문에 들어가 여래의 큰 공덕 바다를 성취하였고, 묘한 변재를 얻어 중생들을 잘 조복시키고, 거룩한 지혜의 몸을 얻어 항상 수행하고, 모든 중생의 마음과 행이 차별함을 알아 부처님의 도에 나아가나이까?"

### 석녀 구파의 설법

그 때 구파 아가씨는 선재에게 말하였다.

"선재 선재라. 선남자여, 그대가 이제 보살 마하살의 도를 묻는구나. 보현의 모든 행과 원을 닦아 이렇게 묻는구나. 자세히 듣고 잘 생각하여라. 내가 부처님의 신통한 힘을 받아 그대에게 말하리라. 선남자여, 만약 보살이 법을 성취하면 인다라 그물 같은 넓은 지혜 광명인 보살의 행이 능히 원만하게 하리라. 이른바 선지식을 의지하는 연고이며, 청정한 욕망을 얻는 연고이며, 지혜를 얻는 연고이며, 부처님의 법을 듣는 연고이며, 항상 세상 부처님을 버리지 않는 연고이며, 모든 여래가 보호하고 염려하는 연고이며, 생사를 모두 끊는 연고이니, 이것이 열반을 성취하는 것이니라. 만일 보살이 이 법문을 들어 성취하면 인다라 그물 같은 넓은 지혜의 광명 보살의 행이 능히 원만케 되느니라.

불자여, 보살이 선지식을 친근히 하면 정진에서 물러나지 아니하며 다함없는 부처님 법을 닦아 내느니라. 모든 지혜와 서원을 버리지 아니하며, 모든 법계의 진실한 모양을 관찰하고, 마음에 모든 존재의 바다를 향해 항상 떠나며, 모든 보살의 모든 서원을 성취하며, 보살의 걸림없는 지혜를 깨끗이 닦는 것이다. 불자여, 마땅히 이 법으로써 너의 선지식을 섬기라. 그리고 어기지 말라."

### 다음 선지식 찾기를 권유하다

"선남자여, 이 세계 안의 부처님의 어머니이신 마야 부인이 있으니 그에게 가서 보살이 어떻게 보살도를 닦으며, 모든 세간에 물들지 아니하며, 보살의 업을 짓고 영원히 물러가지 아니하며, 보살의 도에 머물고 모든 중생을 거두어 주며, 오는 세월이 끝나도록 보살행을 닦으며, 대승의 원을 내어 중생의 선근을 증장케 하기를 어떻게 하면 쉬지 아니하느냐고 물으라."

❀

### 무위와 열반, 버터와 빠다 그리고 된장

불교를 배우다 보면 낯선 단어들이 많이 나옵니다. 그래서 사람들은 '불교는 어려운 종교'라고 합니다. 그도 그럴 것이 불교는 우리나라에서 탄생한 종교가 아니기 때문입니다. 만약 우리 나라에서 탄생된 것이라면 사정은 조금 달라졌을 것입니다. 예를 들면 컴퓨터에서 쓰는 용어와 같습니다. 만약 컴퓨터가 우리 나라에서 만든 물건이라면 당연히 우리 나라 말로 되어 있기 때문에 쉽게 배울 수 있을 것입니다. 가령 컴퓨터를 요술상자라든지 뭐, 여러 가지 이름을 지을 수 있을 것입니다. 자동차도 마찬가지이고, 텔레비전도 마찬가지입니다. 그러기 때문에 불교가 어렵다고들 하는 것입니다. 꼭 용어 문제로 어려운 것만은 아니지만 말입니다. 고행한다든가 알 수 없을 듯한 마음을 알아낸다는 것 자체가 난해한 문제입니다.

불교가 어려운 것은 다종(多種)이라는 데 있습니다. 우선 경전의 종류가 상상을 초월할 정도로 방대합니다. 대승경전, 소승경전, 경·율·론 삼장으로 구분되고, 다음으로는 선문답이라는 형식 자체가 사람들에게 어렵습니다. 다른 종교나 다른 서적들은 모두가 이 세상 일들이기 때문에 이해가 쉽습니다. 마치 컴퓨터를 우리가 만들었으면 우리들이 이해하기가 쉽듯이 말입니다. 그런데 불교는 인간들이 사는 세상 일들만 말씀한 것이 아닙니다. 그 안에는 무한한 우주의 신비스러운 일들을 말씀하시고 계십니다.

다음으로 어렵다고 하는 것이 한자 때문입니다. 불교는 중국으로 넘어 오면서 한문 문화권에 들어와 엄청난 글을 만들어 냈습니다. 왜냐하면 거의 모든 분야에 걸쳐서 새로운 사상의 틀을 만들기 위해서는 새로운 한자도 만들어야 했고, 사상을 받아들이기 위해서는 인도말로 된 경전을 한자로 고치고 번역하는 어려움도 있었습니다.

한 가지 예를 들어 무위(無爲)는 도가(道家)의 말입니다. 불교가 처음으로 중국에 들어 왔을 때 열반(Nirvāṇa)을 어떻게 설명하여야 사람들이 이해할 수 있을까 생각하다가 설명할 길이 없자 하는 수

없이 도가의 말을 끌어다가 쓸 수밖에 없었습니다. 마치 기독교가 불교의 용어를 갖다 쓸 수밖에 없듯이 말입니다. 예를 하나 들어볼 까요. 기독교에는 장로(長老)가 있습니다. 장로란 불교에서 가장 어른스님들을 일컫는 말입니다. 그랬듯이 불교에서 열반의 버금가는 말로 무위(無爲)를 처음으로 차용해서 쓰기 시작했습니다.

그 후 불교는 독자 노선을 걸으면서 '니르바나'를 한자로 열반(涅槃)이라고 고쳐 쓰기 시작했습니다. 버터가 처음으로 우리 나라에 들어왔을 때 사람들은 먹어 보지 않고는 도저히 이해될 수 있는 음식이었습니다. 그 후 우리 나라의 된장과 같은 것이 버터라고 말하면서 사람들은 조금씩 이해를 했습니다. 그러나 사람들은 버터를 모르기에 음이 변질되어 '빠다'라고 불렀습니다. 버터라는 원음은 사라지고 빠다가 남은 것이지요. 그런데 놀랍게도 이 빠다 속에 버터라는 말의 의미의 '버터의 맛'이 고스란히 남는다는 것입니다. 그렇듯이 열반(涅槃)이라는 한자에 '니르바나'라는 말의 의미가 고스란히 남는 것입니다. 우리들이 불교를 공부하다 보면 언제쯤인가는 부처님의 맛이 고스란히 남게 될 것입니다. 그러니 언어에 대하여는 조금도 걱정할 것이 없습니다.

## 42. 마야 부인을 뵙고 법을 묻다

**합론** 마야 부인은 성모(聖母)이시다. 〈신화엄합론 20권, 138p〉

일체 중생을 구제해서 삼계(三界)의 고해 중생을 출리(出離)케 하여 모두 성불하게 함이요, 원컨대 시방 일체 모든 부처님의 일을 이어 공경·공양하며 헛되지 않게 함이라 하였고〈신화엄합론 20권, 139p, 2행〉, 세간에 상주하여 인천일체육도중생(人天一切六道衆生)을 이익케 하여 정토를 별구〔淨土別求〕함을 바라지 않고, 일체 법계문을 밝게 보아 깨끗하고 더러운 것이 본래 진(眞)에 의지하며 본래 없음을 안다 하였다.

**경문** 그 때 선재 동자는 한결같은 마음으로 마야 부인이 계신 데 나아가서 부처님의 경계를 관찰하는 지혜를 얻으려 하면서 이렇게 생각하였다. '이 선지식은 세간을 멀리 여의고 머물 데 없는 데 머물며, 환술과 같은 몸을 나투시고, 오고 감이 없는 몸을 나투시고, 무너지지 않는 몸, 치우침을 떠난 몸, 해와 같은 몸, 마치 허공과 같아서 세간에 걸림이 없어 오직 보현의 깨끗한 눈으로 보는구나.'

### 선재가 신중신(身衆神)을 만나다

그 때 몸 많은 신이 있으니 이름이 연꽃 법의 공덕과 묘한 광명 꽃인데 한량없는 신들이 앞 뒤로 둘러 모시고 도량에서 나와 공중에 머물러 있으면서 선재의 앞에 묘한 음성으로 마야 부인을 갖가지로 찬탄하였다. 선재 동자가 깨끗하고 광명의 눈을 얻었으니 어두움을 영원히 여읜 연고라.

### 나찰귀왕(羅刹鬼王)이 선재에게 일러주다

이 때 보살의 법당을 수호하는 나찰귀왕이 있으니 허공에서 묘한 꽃을 흩으면서 말하였다. "선재 선재라. 그대는 나를 딱하게 여기고 거두어 주기 위하여 방편으로 나에게 선지식을 보도록 가르치시니 어느 지방에서 선지식을 구하오리까?"

## 마야 부인의 신상(身相)을 보다

이 때 선재 동자가 보니 다시 한량없는 자리를 둘러 쌌으며, 마야 부인은 그 자리에 앉아 여러 중생의 앞에서 청정한 육신을 나투었다. 이른바 삼계를 초월한 육신이니 모든 존재의 길에서 뛰어난 존재이며, 좋아함을 따르는 육신이니 모든 존재의 길에서 뛰어난 연고이며, 널리 두루하는 육신이니 모든 중생의 수효와 같은 연고이며, 견줄 수 없는 육신이니 중생의 마음을 따라 나타나는 연고이며, 그지없는 육신의 모습이니 갖가지 형상을 나타내는 연고이며, 널리 상대하여 나투는 육신이니 크게 자재하여 나타내는 연고이며, 온갖 중생을 교화하는 색신이니 마땅함을 따라 앞에 나타나는 연고라.

## 마야 부인이 설법하시다

### ① 비로자나불의 어머니

"불자여, 나는 이미 보살의 큰 원과 지혜가 환술과 같은 해탈 문을 성취하였으므로 나는 항상 여러 보살의 어머니가 되노라. 불자여, 이제 내가 염부제 가비라 성 숫도다나 왕(淨飯王)의 보살로 이 세상에 와 싯달 태자를 낳아 부사의하고 자재한 신통 변화를 나타내듯이 이 세계에 있는 모든 비로자나 여래가 다 나의 몸에 들어왔다가 탄생하면서 자재한 신통 변화를 나타내느니라. 선남자여, 저 묘한 광명이 내 몸에 들어 올 적에 나의 몸은 형상과 크기는 본래보다 다르지 않지만 실제로는 모든 세간을 초월하였음이라. 왜냐하면 그 때 나의 몸은 허공과 같아서 시방 보살이 태어나는 장엄과 모든 궁전을 용납하는 연고이니라."

② 과거 모든 부처님의 어머니

"선남자여, 내가 지금 세존에게 어머니가 되듯이 지난 옛적에 계시던 한량없는 부처님들에게도 그와 같이 어머니가 되었느니라.

선남자여, 내가 옛적에 연꽃 못 맡은 신이 되었을 적에 보살이 연꽃 속에서 화(化)하여 나는 것을 내가 받아 양육하였는데 모든 세간의 사람들이 나를 보고 보살의 어머니라 하였고, 내가 보리도량에 신이 되었을 적에 보살이 나의 품에서 홀연히 화하여 나셨는데 세상에서 나를 보살의 어머니라 하였느니라."

③ 현겁(賢劫) 중의 모든 부처님의 어머니

"선남자여, 이 세계의 현겁에서와 같이 지나간 세상의 구류손 부처님, 구나함모니 부처님, 가섭 부처님과 석가모니 부처님이 탄강 하실 적에 내가 그들의 어머니가 되었고, 오는 세상에 미륵 보살이 도솔천에서 내려 오실 적에 큰 광명을 놓아 법계에 두루 비추며, 모든 보살이 태어나는 신통 변화를 나타내어 인간에서 훌륭한 가문에 탄생하여 중생을 조복시킬 때에도 그의 어머니가 되었느니라.

이와 같이 차례로 사자불(獅子佛)·법당불(法幢佛)·선안불(善眼佛)·정화불(精華佛)·화덕불(華德佛)·제사불(提舍佛)·불사불(弗沙佛)·선의불(善意佛)·금강불(金剛佛)·이구불(離垢佛)·월광불(月光

佛)·지거불(持炬佛)·명칭불(名稱佛)·금강순불(金剛楯佛)·청정의
불(淸淨義佛)·감신불(紺身佛)·도피안불(到彼岸佛)·보염산불(寶焰山
佛)·지명불(持明佛)·연화덕불(蓮華德佛)·명칭불(名稱佛)·무량공
덕불(無量功德佛)·최승등불(最勝燈佛)·장엄신불(莊嚴身佛)·선위의
불(善威儀佛)·자덕불(慈德佛)·무주불(無住佛)·대위광불(大威光
佛)·무변음불(無邊音佛)·승원적불(勝寃敵佛)·이의혹불(離疑惑佛)·
청정불(淸淨佛)·대광불(大光佛)·정심불(淨心佛)·운덕불(雲德佛)·
장엄정계불(莊嚴頂戒佛) 등도 그러하니라.

또한 수왕불(樹王佛)·보당불(寶幢佛)·해혜불(海慧佛)·묘보불(妙
寶佛)·화관불(華冠佛)·만원불(滿願佛)·대자재불(大自在佛)·묘덕
왕불(妙德王佛)·최존승불(最尊勝佛)·전단운불(栴檀雲佛)·감안불(紺
眼佛)·승혜불(勝慧佛)·관찰혜불(觀察慧佛)·치성왕불(熾盛王佛)·견
고혜불(堅固慧佛)·자재명불(自在名佛)·사자왕불(獅子王佛)·자재불
(自在佛)·최승정불(最勝頂佛)·금강지산불(金剛智山佛)·묘덕장불(妙
德藏佛)·보망엄신불(寶網嚴身佛)·선혜불(善慧佛)·자재천불(自在天
佛)·대천왕불(大天王佛)·무의덕불(無依德佛)·선시불(善施佛)·염
혜불(焰慧佛)·수천불(水天佛)·득상미불(得上味佛) 등도 그러하니라.

또한 출생무상공덕불(出生無上功德佛)·선인시위불(仙人侍衛佛)·
수세어언불(隨世語言佛)·공덕자재당불(功德自在幢佛)·광당불(光幢
佛)·관신불(觀身佛)·묘신불(妙身佛)·향염불(香焰佛)·금강보엄불
(金剛寶嚴佛)·희안불(喜眼佛)·이욕불(離欲佛)·고대신불(高大身
佛)·재천불(財天佛)·무상천불(無上天佛)·순적멸불(順寂滅佛)·지
각불(智覺佛)·멸탐불(滅貪佛)·대염왕불(大焰王佛)·적제유불(寂諸有

佛)·비사거천불(毘舍去天佛)·금강산불(金剛山佛)·지염덕불(智熖德
佛)·안은불(安隱佛)·사자출현불(獅子出現佛)·원만청정불(圓滿淸淨
佛)·청정현불(淸淨賢佛)·제일의불(第一義佛)이며,

백광명불(百光明佛)·최증상불(最增上佛)·심자재불(深自在佛)·대
지왕불(大地王佛)·장엄왕불(莊嚴王佛)·해탈불(解脫佛)·묘음불(妙音
佛)·수승불(殊勝佛)·자재불(自在佛)·무상의왕불(無上醫王佛)·공
덕월불(功德月佛)·무애광불(無碍光佛)·공덕취불(功德聚佛)·월현불
(月現佛)·일천불(日天佛)·출제유불(出諸有佛)·용맹명칭불(勇猛名稱
佛)·광명문불(光明門佛)·사라왕불(娑羅王佛)·최승불(最勝佛)·약
왕불(藥王佛)·보승불(寶勝佛)·금강혜불(金剛慧佛)·무능승불(無能勝
佛)·무능영폐불(無能暎蔽佛)·중회왕불(衆會王佛)·대명칭불(大名稱
佛)·민지불(敏持佛)·무량광불(無量光佛) 등도 그러하니라.

또한 대원광불(大願光佛)·법자재불허불(法自在不虛佛)·불퇴지불
(不退地佛)·정천불(淨天佛)·선천불(善天佛)·견고고행불(堅固苦行
佛)·일체선우불(一切善友佛)·해탈음불(解脫音佛)·유희왕불(遊戱王
佛)·멸사곡불(滅邪曲佛)·담복정광불(薝蔔淨光佛)·구중덕불(具衆德
佛)·최승월불(最勝月佛)·집명거불(執明炬佛)·수묘신불(殊妙身佛)·
불가설불(不可說佛)·최청정불(最淸淨佛)·우안중생불(友安衆生佛)·
무량광불(無量光佛)·무외음불(無畏音佛)·수천덕불(水天德佛)·부동
혜광불(不動慧光佛)·화승불(華勝佛)·월염불(月熖佛)·불퇴혜불(不退
慧佛)·이애불(離愛佛) 등도 그러하니라.

또한 무착혜불(無着慧佛)·집공덕온불(集功德蘊佛)·멸악취불(滅惡
趣佛)·보산화불(普散華佛)·사자후불(獅子吼佛)·제일의불(第一義

536

佛) · 무애견불(無碍見佛) · 파타군불(破他軍佛) · 불착상불(不着相佛) · 이분별해불(離分別海佛) · 단엄해불(端嚴海佛) · 수미산불(須彌山佛) · 무착지불(無着智佛) · 무변좌불(無邊座佛) · 청정주불(淸淨住佛) · 수사행불(隨師行佛) · 최상시불(最上施佛) · 상월불(常月佛) · 요익왕불(饒益王佛) · 부동취불(不動聚佛) · 보섭수불(普攝受佛) · 요익혜불(饒益慧佛) · 지수불(持壽佛) · 무멸불(無滅佛) · 구족명칭불(具足名稱佛) 등도 그러하니라.

또한 대위력불(大威力佛) · 종종색상불(種種色相佛) · 무상혜불(無相慧佛) · 부동천불(不動天佛) · 묘덕난사불(妙德難思佛) · 만월불(滿月佛) · 해탈월불(解脫月佛) · 무상왕불(無上王佛) · 희유신불(希有身佛) · 범공양불(梵供養佛) · 불순불(不瞬佛) · 순선고불(順先古佛) · 최상업불(最上業佛) · 순법지불(順法智佛) · 무승천불(無勝天佛) · 부사의공덕광불(不思議功德光佛) · 수법행불(隨法行佛) · 무량현불(無量賢佛) · 보수순자재불(普隨順自在佛) · 최존천불(最尊天佛) 등 이렇게 누지(樓至) 여래에 이르기까지 현겁 동안에 이 삼천대천세계에서 부처님 되실 이의 어머니가 되느니라.

이 삼천대천세계에서와 같이 이 세계해에 있는 시방의 한량없는 세계와 모든 겁에서 보현의 행과 원을 닦아서 모든 중생들을 교화하려는 이에게도 나의 몸이 그들의 어머니가 되는 것을 내가 보느니라."

다음 선지식 찾기를 권하다
"선남자여, 이 세계의 삼십 삼천에 정념이라는 왕이 있고, 그 왕에게 딸이 있으니 이름이 천주광이라. 그대는 그에게 가서 보살이 어떻게 보살의 행을 배우며, 보살도를 닦느냐고 물으라."

그 때 선재 동자는 가르침을 공경히 받고 엎드려 절하고 우러러 사모하고 물러갔다.

## 43. 천주광녀(天主光女)

### 천주광녀를 뵙고 법을 묻다

선재 동자가 천궁에 가서 그 천녀를 보고는 발에 절하며 돌고 합장하고 서서 말하였다.

"보살이시여, 어떻게 보살도를 닦는 지 알지 못하나이다. 거룩하신 이께서 잘 가르쳐 주시옵소서."

### 천주광녀의 설법

하늘 아씨가 말하였다.

"선남자여, 나는 보살의 해탈을 얻었으니 이름이 걸림없는 생각의 깨끗한 장엄이니라. 선남자여, 항하사 모래 수 겁에 내가 부처님 여래 · 응공 · 정등각을 항상 버리지 않았음을 기억하며, 저 모든 여래께서 걸림없는 여래의 깨끗한 장엄인 보살의 해탈을 듣고 받아 지니고 행하기를 잊지 아니하느니라."

### 다음 선지식 찾기를 권유하다

"선남자여, 가비라 성에 한 동자 스승이 있으니 이름이 변우(遍友)이니라. 그대는 그에게 가서 보살이 어떻게 보살의 행을 배우며, 보살의 도를 배우느냐고 물으라.”

## 44. 변우 동자사(遍友童子師)

**변우 동자사를 뵙고 법을 묻다**

　천궁에서 내려와 가비라 성을 찾아갔다. 변우가 있는 데 나아가 발에 절을 하고 합장하고 공경하며 한 곁에 서서 법을 여쭈었다.

　“거룩한 이시여, 저는 이미 아뇩다라삼먁삼보리심을 내었사오나 보살이 어떻게 보살도를 닦는 지 알지 못하나이다. 거룩한 이께서 잘 가르치신다 하오니 바라옵건대 말씀하여 주소서.”

　**변우가 답하였다**

　“선남자여, 여기 한 동자가 있으니 이름이 선지중예라. 보살이 그 지혜를 배웠으니 그대는 가서 물으라. 그대에게 말하여 줄 것이다.”

## 45. 지중예 동자(知衆藝童子)

**지중예 동자를 뵙고 법을 묻다**

　이 때 선재 동자가 곧 그에게 가서 엎드려 절하고 한 곁에 서서 말하였다.

　“거룩한 이시여, 저는 이미 아뇩다라삼먁삼보리심을 내었사오나 보살도를 알지 못하나이다. 듣자오니 거룩한 이께서 잘 가르치신다 하오니 바라옵건대 저에게 말씀하여 주소서.”

### 지중예 동자의 설법

지중예 동자가 선재에게 설법하였다.

"선남자여, 나는 보살의 해탈을 얻었으니, 이름은 모든 예술을 잘 앎이라. 나는 항상 이 자모(字母)를 부르노라. 아(a 阿)자를 부를 때에는 반야바라밀다의 문에 들어가니 그 이름은 '보살의 위력으로 차별이 없는 경계에 들어감'이라. 다(ta 多)자를 부를 때에는 반야바라밀다문에 들어가나니 그 이름은 '그지없는 차별 문'이라. 파(pa 波)자를 부를 때에는 반야바라밀다문에 들어가나니 그 이름은 '법계에 두루 비춤'이니라."〈이하에 40여 자모가 있으며 자모를 부를 때마다 온갖 공덕이 나옴〉

### 다음 선지식 찾기를 권유하다

"선남자여, 이 마갈제국에 한 부락이 있고 거기 성이 있으니 이름은 바다니요, 그 성 안에 우바이가 있으니 이름은 현승(賢勝)이니라. 그대는 가서 법을 물으라."

## 46. 현승 우바이 (賢勝優婆夷)

### 현승 우바이를 뵙고 법을 묻다

선재 동자가 취락성을 향하여 현승 우바이에게 이르러 발에 절하고 합장하고 공경하며 한 곁에 서서 여쭈었다.

"거룩한 이시여, 저는 아뇩다라삼막삼보리심을 내었나이다. 보살이 어떻게 보살행을 하며 어떻게 보살도를 닦는 지 알지 못하옵니다.

거룩하신 이께서는 잘 가르쳐 주시옵소서."

### 현승 우바이의 설법

"선남자여, 나는 보살의 해탈을 얻었으니 이름은 의지할 곳 없는 도량이라. 이미 스스로 깨우쳐 알고 또 다른 이에게 말하였느니라."

### 다음 선지식 찾기를 권유하다

"선남자여, 남쪽에 한 성이 있으니 이름이 옥전(沃田)이요, 거기 장자가 있으니 이름이 견고한 해탈이라. 그대는 그에게 가서 보살도를 물으라."

이 때 선재 동자는 현승의 발에 절하고 사모하면서 하직하고 남쪽으로 떠났다.

## 47. 견고 장자(堅固長子)

### 견고 장자를 뵙고 법을 묻다

그 성에 이르러 장자에게 절을 하고 법을 물었다.

### 견고 장자의 설법

"선남자여, 나는 보살의 해탈을 얻었으니 이름이 '집착한 생각 없이 청정한 장엄'이라. 나는 이 해탈을 얻고부터는 시방의 부처님 계신 데 와서 바른 법을 부지런히 구하여 쉬지 아니하였느니라."

다음 선지식 찾기를 권유하다

"선남자여, 이 성 중에 장자가 있으니 이름은 '묘한 달(妙月)'이라. 그 장자의 집엔 항상 광명이 있으니 그대는 그에게 가서 보살이 어떻게 보살의 행을 배우며 보살의 도를 닦느냐고 물으라."

## 48. 묘월 장자(妙月長子)

### 묘월 장자를 뵙고 법을 묻다

묘월 장자를 찾아가서 발에 절하고 합장하고 공경하면서 한 곁에 서서 여쭈었다.

"거룩한 이시여, 저는 이미 아뇩다라삼먁삼보리심을 내었사오나 보살이 어떻게 닦는 것인지를 알지 못하옵니다. 듣자오니 거룩하신 분께서는 잘 가르치신다 하오니 바라옵건대 말씀하여 주소서."

### 묘월 장자가 법을 설하다

묘월 장자가 답하였다.

"선남자여, 나는 보살의 해탈을 얻었으니 이름이 깨끗한 지혜 광명이라."

### 다음 선지식 찾기를 권유하다

"선남자여, 남쪽에 성이 있으니 이름이 출생이요, 거기 장자가 있으니 이름은 '이길 이 없는 군대'니라. 그에게 가서 보살도를 물으라."

## 49. 무승군 장자(無勝軍長子)

무승군 장자를 뵙고 법을 묻다

"거룩한 이시여, 저는 이미 아뇩다라삼먁삼보리심을 내었나이다. 그러나 보살이 어떻게 보살행을 하며 보살도를 닦는 지 알지 못하나이다.  듣자온즉 거룩하신 이께서 잘 가르치신다 하오니 바라옵건대 말씀하여 주소서."

무승군 장자의 설법

"선남자여, 나는 보살의 해탈을 얻었으니 이름이 '다함없는 형상'이라. 나는 보살의 해탈을 증득하였으므로 한량없는 부처님을 뵈옵고 무진장(無盡藏)을 얻었느니라."

다음 선지식 찾기를 권유하다

"선남자여, 남쪽에 한 촌락이 있으니 이름은 법(法)이요, 그 촌락에  바라문이 있으니 이름이 '가장 고요함(寂靜)'이라. 그에게 가서 보살도를 물으라."

## 50. 적정 바라문(寂靜婆羅門)

적정 바라문을 뵙고 법을 묻다

점점 남쪽으로 가다가 그 촌락에 이르러 적정 바라문을 보고 그의 발에 절하고 합장하고 공경하여 한 곁에 서서 여쭈었다.

"거룩한 이시여, 저는 이미 아뇩다라삼먁삼보리심을 내었으나 어떻게 보살도를 배우는지 알지 못하옵니다. 듣자온즉 거룩하신 이께서는 잘 가르치신다 하오니 바라옵건대 말씀하여 주소서."

### 적정 바라문의 설법

"선남자여, 나는 보살의 해탈을 얻었으니 이름이 진언(眞言)이라 과거 · 현재 · 미래 보살들이 이 말을 인하여 아뇩다라삼먁삼보리심에서 물러나지 않느니라."

### 다음 선지식 찾기를 권유하다

"선남자여, 이 성 남쪽에 성이 있으니 이름이 묘의화(妙義華)요, 이름이 덕생 동자와 유덕 동녀이니라. 그들에게 가서 보살도를 물으라."

## 51. 덕생 동자와 유덕 동녀(德生童子 有德童女)

### 덕생 동자와 유덕 동녀의 설법을 듣다

"선남자여, 우리들은 보살의 해탈을 얻었으니 이름이 여환주(如幻住)이니라. 이 해탈을 얻었으므로 모든 세계가 환술처럼 머무는 줄로 보나니 인연으로 생긴 탓이라. 또한 모든 세계가 다 환술처럼 머무나니 생각이 뒤바뀌고 마음이 뒤바뀌고 소견이 뒤바뀌어 무명으로 나타나는 탓이니라."

누각의 장엄

동자와 동녀는 자기의 해탈을 말하고는 부사의한 선근의 힘으로써 선재 동자의 몸이 부드럽고 빛나고 윤택하게 하고 말하였다.

"선남자여, 이 남쪽에 해안(海岸)이라는 나라가 있고 거기 대장엄(大莊嚴) 동산이 있으며, 그 안에 광대한 누각이 있으니 이름은 비로자나 장엄장이라. 보살의 선근의 과보로 좇아 생겼으며, 보살의 생각하는 힘·서원하는 힘·자재한 힘·신통한 힘으로 생겼으며, 보살의 교묘한 방편으로 생겼으며, 보살의 복덕과 지혜로 생겼느니라. 선남자여, 부사의한 해탈에 머무른 보살은 크게 가엾이 여기는 마음으로 중생을 위하여 이러한 경계를 나타내며, 이러한 장엄을 모으는 것이니라."

미륵 보살에게 묻기를 권유하다

"그대는 그에게 가서 '보살이 어떻게 보살의 행을 행하며, 어떻게 보살의 도를 닦으며, 어떻게 보살의 계율을 배우며, 어떻게 보살의 마음을 깨끗이 하며, 어떻게 보살의 서원을 내며, 어떻게 보살의 도를 돕는 거리를 모으며, 어떻게 보살의 머무는 지위에 들어가며, 어떻게 보살의 바라밀다를 만족하며, 어떻게 보살의 생사 없는 법의 지혜(無生法忍)를 얻으며, 어떻게 보살의 공덕의 법을 갖추며, 어떻게 보살 선지식을 섬기는가'를 물으라.

왜냐하면 선남자여, 저 보살 마하살은 모든 보살의 행을 통달하였으며, 모든 중생의 마음을 알고 그 앞에 나타나서 교화하고 조복시키며, 저 보살은 모든 바라밀다를 이미 만족하였고, 모든 보살의 지위에 이미 머물렀고, 모든 보살의 지혜(忍)를 이미 증득하였고, 모든 보살의 지위에 이미 들어갔고, 구족한 수기 주심을 이미 받았고, 모든 보살의 경계에 이미 이르렀고, 모든 부처님의 신통한 힘을 이미 얻었고, 모든 여래가 온갖 지혜인 감로의 법물로 정수리에 부음을 받았느니라.

선남자여, 저 선지식은 그대의 선근을 윤택케 하고, 그대의 보리심을 증장케 하고, 그대의 뜻을 견고케 하고, 그대의 착한 일을 더하게 하고, 그대의 보살의 뿌리를 자라게 하고, 그대에게 걸림없는 법을 보이고, 그대를 보현의 지위에 들어가게 하고, 그대에게 보살의 원을 말하고, 그대에게 보현의 행을 말하고, 그대에게 모든 보살의 행과 원으로 이룩한 공덕을 말하리라."

## 선지식이 하는 일

"무슨 까닭인가. 선남자여, 선지식은 모든 장애를 깨끗이 하며, 모든 죄를 소멸하며, 모든 어려움을 없애며, 모든 악한 짓을 그치게 하며, 무명의 캄캄한 밤을 깨뜨리며, 모든 소견의 견고한 옥을 부수며, 생사의 성에서 나오게 하며, 세속의 집을 버리게 하며, 마의 그물을 찢으며, 괴로운 화살을 뽑으며, 무지하고 험난한 곳을 여의게 하며, 삿된 소견의 벌판에서 헤어나게 하며, 모든 존재의 강을 건너게 하며, 모든 삿된 길을 여의게 하느니라.

또한 보리의 길을 보여 주며, 보살의 법을 가르치며, 보살의 행에 편안히 머물게 하며, 온갖 지혜로 나아가게 하며, 지혜의 눈을 깨끗하게 하며, 보리심을 자라게 하며, 크게 가엾이 여김을 내며, 묘한 행을 연설하며, 바라밀다를 말하며, 나쁜 동무를 배척하며, 모든 지위에 머물게 하며, 모든 참음을 얻게 하며, 모든 선근을 닦아 익히게 하며, 모든 도 닦는 기구를 장만케 하며, 모든 큰 공덕을 베풀어 주느니라.

또한 갖가지 지혜의 자리에 이르게 하며, 기뻐서 공덕을 모으게 하며, 뛰놀면서 모든 행을 닦게 하며, 깊고 깊은 이치에 들어가게 하며, 뛰어나는 문을 열어보이게 하며, 나쁜 길을 막아버리게 하며, 법의 광명으로 비추게 하며, 진리(法)의 비로 윤택케 하며, 모든 의혹을 소멸케 하며, 모든 소견을 버리게 하며, 모든 부처님의 지혜를 자라게 하며, 모든 부처님의 법문에 편안히 머물게 하느니라.”

### 선지식은 이와 같다

“선남자여, 선지식은 어머니와 같으니 부처의 종자를 내는 연고이며, 아버지와 같으니 광대하게 이익케 하는 연고이며, 유모(乳母)와 같으니 보호하여 나쁜 짓을 짓지 못하게 하는 연고이며, 스승과 같으니 보살의 배울 것을 보여주는 연고이며, 좋은 길잡이와 같으니 바라밀다의 길을 보여주는 연고이며, 좋은 의사와 같으니 번뇌의 병을 치료하는 연고이며, 설산과 같으니, 온갖 지혜의 약을 자라게 하는 연고이며, 용맹한 장수와 같으니 모든 두려움을 제거하는 연고이며, 강을 건네주는 사람과 같으니 생사의 빠른 물에서 나오게 하는 연고이며, 뱃사공과 같으니 지혜의 보배섬에 이르게 하는 연고이니라. 선남자여, 항상 이렇게 바른 생각으로 선지식을 생각해야 하느니라.”

### 선지식을 섬기는 마음

"또한 선남자여, 그대가 모든 선지식을 받자와 섬기는 데는 땅과 같은 마음을 내야 하나니 무거운 짐을 지어도 고달프지 않은 연고이 며, 금강과 같은 마음을 내야 하나니 뜻과 소원이 견고하여 깨뜨릴 수 없는 연고이며, 철위산과 같은 마음을 내야 하나니 모든 괴로움으로 요동칠 수 없는 연고이며, 시중하는 사람과 같은 마음을 내야 하나니 시키는 일을 모두 순종하는 연고이며, 제자와 같은 마음을 내야 하나 니 가르치는 일을 어기지 않는 연고이니라.

또한 하인들과 같은 마음을 내야 하나니 여러 가지 일하는 것을 싫 어하지 않는 연고이며, 어머니 봉양함과 같은 마음을 내야 하나니 여 러 가지 괴로움을 받아도 고달프다 하지 않는 연고이며, 머슴살이 같 은 마음을 내야 하나니 시키는 일을 어기지 않는 연고이며, 거름치는 사람과 같은 마음을 내야 하나니 교만을 버리는 연고이며, 익은 곡식 과 같은 마음을 내야 하나니 고개를 숙이는 연고이며, 양순한 말과 같 은 마음을 내야 하나니 나쁜 성질을 여의는 연고이며, 큰 수레와 같은 마음을 내야 하나니 무거운 짐을 운반하는 연고이니라.

길들은 코끼리 같은 마음을 내야 하나니 항상 복종하는 연고이 며, 수미산 같은 마음을 내야 하나니 흔들리지 않는 연고이며, 좋은 개와 같은 마음을 내야 하나니 주인을 해하지 않는 연고이며, 전다 라(栴茶羅) 같은 마음을 내야 하나니 교만함을 떠난 연고이며, 거세 한 소와 같은 마음을 내야 하나니 성내는 일이 없는 연고이며, 배와 같은 마음을 내야 하나니 가고 오는 데 게으르지 않는 연고이며, 교 량과 같은 마음을 내야 하나니 건네주면서도 고달픈 줄 모르는 연고 이며, 효자와 같은 마음을 내야 하나니 기색을 받들어 순종하는 연고이며, 왕자와 같은 마음을 내야 하나니 내리는 조치를 따라 행하는 연고이니라."

### 선지식을 비유하면 이와 같다

"또 선남자여, 선지식은 착한 뿌리를 자라게 하나니 마치 설산에서 약풀이 자라는 것 같느니라. 선지식은 부처님 법의 그릇이니 마치 바다가 여러 강물을 받아들이는 것 같느니라. 선지식은 공덕이 나는 곳이니 마치 바다에서 여러 가지 보배가 나는 것 같느니라.

선지식은 보리심을 깨끗하게 하나니 마치 맹렬한 불이 진금을 단련하는 것 같느니라. 선지식은 세간법에서 뛰어나나니 마치 수미산이 큰 바다에서 솟아나는 것 같느니라.

선지식은 세상법에 물들지 않나니 마치 연꽃이 물에 묻지 않는 것 같느니라. 선지식은 모든 나쁜 것을 받지 않나니 마치 큰 바다가 송장을 머물러 두지 않는 것 같느니라."

### 선지식의 가르침을 따르는 이익

"선남자여, 중요한 것을 말하면 보살 마하살이 만일 선지식의 가르침을 따르면 열 곱 말할 수 없는 백천억 나유타 공덕을 얻으며, 열 곱 말할 수 없는 백천억 나유타 깊은 마음을 깨끗이 하며, 열 곱 말할 수 없는 백천억 나유타 보살 근기를 기르며, 열 곱 말할 수 없는 백천억 나유타 보살의 힘을 깨끗이 하며, 열 곱 말할 수 없는 백천억 아승지 장애(障碍)를 끊으며, 열 곱 말할 수 없는 백천억 아승지 마(魔)의 경계를 초월하며, 열 곱 말할 수 없는 백천억 아승지 법문에 들어가며,

열 곱 말할 수 없는 백천억 아승지 도를 돕는 일을 만족하며, 열 곱 말
할 수 없는 백천억 묘한 행을 닦으며, 열 곱 말할 수 없는 백천억 아승
지 큰 원을 내게 되느니라.

선남자여, 내가 다시 간략히 말하거니와 모든 보살의 행과 모든 보
살의 바라밀다와 모든 보살의 지위와 모든 보살의 법지혜와 모든 보
살의 다라니문과 모든 보살의 삼매문과 모든 보살의 신통한 지혜와
모든 보살의 회향과 모든 보살의 서원과 모든 보살의 불법을 성취하
는 것이 다 선지식의 힘을 말미암나니, 선지식으로 근본을 삼으며, 선
지식을 의지하여 생기며, 선지식을 의지하여 뛰어나며, 선지식을 의
지하여 자라며, 선지식을 의지하여 머물며, 선지식이 인연이 되고 선
지식이 능히 발기하느니라.”

### 선재 동자가 예배하고 물러나다

이 때 선재 동자는 선지식의 이러한 공덕이 한량없는 보살의 묘한
행을 열어보이고 한량없이 광대한 부처님 법을 성취함을 듣고, 기뻐
뛰놀면서 덕생 동자와 유덕 동녀의 발에 엎드려 절하고 수없이 돌고
은근하게 앙모하며 하직하고 물러갔다.

⚜

### 부처님께 복종하라

개체적 자아에서 진리의 자아로 가고자 한다면 부처님께 복종하여
야 합니다. 자신의 모든 것을 부처님께 맡겨 놓는 것은 곧 자기 완성

의 첫걸음입니다. 불교에서, 특히 한국 불교에서는 복종의 의미를 잘 모르고 있습니다. 모두가 자신을 돌보라고 합니다. 그러나 그들은(일반적 중생) 자신을 어떻게 돌보는 지 모릅니다. 어떻게 하여야 참 자기를 돌볼 수 있는 지를 가르친 스승이 없다는 말이 됩니다. 부처님에게 복종하는 것은 자기 탐구와 무관하지 않습니다. 자기 발견과 아무런 관련이 없다고 말할 수 없습니다. 왜냐하면 복종은 '나(我)라는 생각'을 완전히 지워버릴 수 있기 때문입니다.

많은 선사(禪師)들은 나를 버리라고 말합니다. 그러나 어떤 방법으로 나를 버리라는 것을 제시하지 못하고 있습니다. 행위를 가르칠 때에는 반드시 그 방법도 제시되어야 합니다. 나는 없는 존재요, 오직 부처님만이 존재한다는 것을 파악해야 합니다. 무아(無我)라면 곧 '내가 없음'입니다. 내가 없다는 것은 곧 그것은 절대적인 그 무엇을 생각하고 있습니다. 불교에서는 '절대적인 것이 없다'라고 가르치고 있습니다.

그러나 그렇지 않습니다. 지금까지 불교를 그렇게 가르친 데에서 문제가 생긴 것입니다. 내가 없는 그 자리에 절대자가 있습니다. 부처님이 바로 절대자입니다. 부처님을 불교에서 '진리(眞理)'라는 말로도 표현합니다. 그렇다면 그 진리(眞理)는 절대자입니다. 절대로 변질될 수 없는 완벽한 자, 그는 바로 진리요, 부처님입니다. 그러한 진리인 부처님께 복종하는 자는 자신을 발견할 수가 있습니다. 복종이라는 행위 자체가 자아를 발견하게 된다는 것을 말합니다. 나를 부처님에게 고정시켜 움직일 수 없게 만든다면, 근원적으로 티끌 같은 번뇌를 없앨 수 있습니다.

복종하는 자는 죄업이 소멸된다

화엄경이나 금강경 같은 데에서 복종이라는 말로 번역된 것은 없지만 복종하여야 한다는 사실을 말한 구절은 경전에 아주 흔해 빠진 것입니다. 즉 '내가 없다' 라는 말입니다. 물아(物我)가 비어야 곧 '깨침' 을 이룬다는 가르침은 나를 내던져야 한다는 말이기도 합니다. 나를 내던지고는 어떻게 해야 한다는 것입니까. 아무런 대책이 없이 나를 버리라고 한다면 그것은 진리에로의 안내가 아닙니다. 복종이란 주객을 초월해야 합니다. 부처님과 나와의 이분화된 것이 아니라 완전히 합일(合一)된 것을 복종이라 할 수 있습니다. 부처님에게 복종하는 사람이라면 그는 부처님과 하나가 된 것입니다.

① 나와 부처님이 분리되어 부처님 따로, 내가 따로 있다고 한다면 그런 사람은 아직 성공을 거둘 수 없습니다.

② 자기 일생의 모든 것을 그리고 그 몸과 마음을 완전히 부처님께 복종한다는 결의가 차 있다면 그런 사람은 '샘이 없는' 선근(善根)을 짓습니다.

③ 부처님은 내가 복종해야 할 응공(應供)이며, 가치이며, 부처님은 내가 있어야 할 소례(所禮)입니다.

④ 부처님은 절대적 존재이므로[實相] 상주법계(常住法界)하며, 자비무한(慈悲無限)이므로 정변지입니다.

## 52. 미륵 보살(彌勒菩薩)

**합론**　남쪽에 나라가 있으니 이름이 해안(海岸)이라는 것은 선재 동자가 승진(昇進)해서 자씨(慈氏) 미륵 보살의 도량에 이르렀다는 말이다. 곧 일생성불(一生成佛)이 이루어짐을 말한다. 미륵 보살의 거처하는 곳이 생사로 원(園)을 삼고, 만행(萬行)으로 수풀을 삼아서 지비불과(智悲佛果)로 장엄하였다. 이로써 만족할새 이름이 대장엄이라. 그 가운데 광대누각이 있으니 이름이 비로자나장엄장(毘盧遮那莊嚴藏)이라. 선재 동자가 누각에 들어가서 청정 세계와, 부정 세계와, 대천 세계와, 소천 세계와, 내지 지옥 · 축생 · 아귀 · 시방 세계 종종 일체 일들이 그 가운데 있음을 보아서 설하심이라.

　일체 중생이 생사의 원림에서 만행하여 길이 백정법신(白淨法身)과 더러움 없는 깨끗한 땅에서 청정한 낙을 얻게 함이라. 경에 이르되 선근 과보로 좇아 선교(善巧) 방편으로 복덕의 지혜를 좇아 난다 하였다.

### 미륵 부처님의 교화

**해설**　미륵(彌勒)은 산스크리트어로 Maitreya(마이트레아)라고 합니다. 마이트레아는 사랑이라고 번역되는 바, 사랑의 보살, 혹은 사랑의 부처, 사랑의 붓다라 할 수 있습니다. 마이트레아 그러니까 자씨(慈氏)라는 성이며, 이름은 아일타(Ajita)입니다. 아일타의 뜻은 무승

(無勝) 또는 막승(莫勝)이라 하여 '이길 이 없는' 이라는 뜻입니다. 인도의 '바라내' 국의 바라문 집에 태어나 세존의 교화를 받고 미래에 성불하리라는 수기를 받았습니다. 석가모니 부처님은 말씀하시길 "미륵이 먼저 열반에 들어 저 도솔천에 태어나 천인(天人)들을 교화하고 부처님 입멸 후 56억 7천만 년이 지나서 사바세계 중생을 구제하기 위하여 오신다"고 하셨습니다.

미륵 보살을 뵙고 법을 묻다
　① 보살을 생각하며 해안국으로 걸어가다
**경문** 이 때 선재 동자가 선지식의 가르침으로 마음이 윤택하고, 바른 생각으로 보살의 행을 생각하며 해안국을 향하여 걸어갔다.

　지난 세상에 예경을 닦지 않은 것을 생각하며 즉시 뜻을 내어 부지런히 행하였다. 지난 세상에는 뒤바뀐 생각으로 뒤바뀌게 응하던 일을 생각하고 즉시 뜻을 내어 바른 소견으로 보살의 원을 일으켰다. 또한 과거 현재 미래의 부처님이 교묘한 방편을 써서 성도하심과 신통 변화를 나타내시어 내지 터럭 끝만한 곳이라도 두루하지 않은 데 없음이라 상상하여 보았으며, 지혜 광명을 얻어 모든 보살이 행하던 경계를 보고 마음은 시방의 부처님의 그물 세계에 들어가고, 소원은 허공과 법계에 가득하여 모두 이룸을 쉬지 않았다. 모두가 선지식의 가르침인 까닭이라.

　② 큰 누각을 바라보며 수없이 절을 하다
　선재는 이렇게 존중함과 이렇게 공양함과 이렇게 칭찬함과 이러한 서원의 힘으로 또 한량없는 지혜의 경계로서 누각 앞에서 절을 하였다.

여러 선지식 앞과 여러 보살 앞과 모든 선지식 앞과 모든 여래의 탑 앞과 모든 여래의 형상 앞과 모든 부처님과 보살의 처소 앞과 모든 법보 앞과 모든 부모님 앞과 모든 어른의 앞과 시방 중생의 앞에 있으면서 위에 배운 것처럼 존중하고 예경하며 찬탄하기를 세상이 끝나도록 쉬지 않기로 하였다.

③ 모든 경계가 일어나는 과정

또한 과보는 여러 생에 지은 업의 습기로 일어나고, 모든 결과는 인(因)에서 일어나고, 모든 부처님은 믿음으로 일어나고, 모든 부처님은 공경하는 데서 일어나고, 모든 부처님은 선근을 심는 데서 일어나고, 모든 불사는 큰 원력에서 일어나고, 모든 보살의 소원은 회향에서 일어나고, 법계와 광대한 장엄은 지혜의 경계에서 일어남을 결정코 알아야 하느니라.

④ 선재 동자의 찬탄 그리고 다 함께 찬탄하다

이렇게 자비하고 청정한 행원
세간을 이익케 하시는 미륵 보살님
정수리에 물을 부은 부처님의 장자(長子)
여래의 경계에 드신 이의 머무는 곳.

나쁜 길 모든 중생 고통 받으며
돌아갈 데 없음을 두루 살피고

인자한 광명 놓아 다 없애시니
가없는 부처님 공덕 이루리.


중생의 번뇌 병 얽힘을 보고
가엾게 생각하시어 마음을 내시고
지혜의 약으로 치료를 하시니
부처님은 대의왕이시라.


미륵 보살이 선재 동자의 덕을 칭찬하시다
　① 선재를 게송으로 찬탄하시다
　그대들은 선재를 보아라
　지혜 있고 마음 청정하니라
　보살의 길을 따라 구하고
　이제 나에게 왔노라.


　잘 왔도다 잘 왔도다 인자한 보살이여
　잘 왔도다 청정하고 자비한 이여
　잘 왔도다 고요한 지혜의 눈을 가진 이여
　잘 왔도다 잘 왔도다 수행자 보살이여.


　잘 왔도다 묘덕을 갖춘 이여
　잘 왔도다 세상 법에 물들지 않은 이여
　잘 왔도다 그지없는 수행자여

잘 왔도다 세상에서 만나기 어려운 이여

잘 왔도다 진실한 불자여
잘 왔도다 광대한 큰 마음이여
잘 왔도다 물러남 없는 이여
잘 왔도다 공덕을 갖춘이여.

② 선재 동자가 감동하여 울다

이 때 선재는 펄쩍펄쩍 뛰면서 좋아하고 털이 곤두서고 슬피 울며 흐느끼고 일어나 합장하고 공경하며 절을 하였다. 문수사리 보살은 신통력으로 갖가지 보배와 꽃을 선재의 손에 쥐어 주었다. 선재는 기뻐서 이러한 보배 꽃들을 미륵 보살에게 흩뿌리었다.

③ 미륵 보살이 선재의 정수리를 만지며 인가하다

선재라 선재라. '참' 불자여
감관을 책려하여 게으르지 않으니
내일에 모든 공덕 구족하여서
내 몸이나 문수 보살이 되리라.

선재 동자가 미륵 보살에게 보살의 행을 묻다

"큰 성인이시여, 보살이 어떻게 보살행을 배우며 어떻게 보살의 도를 닦고 배움을 따라서 여러 부처님의 법을 빨리 구족하나이까?원을 세워 보살도를 헛되지 않게 하며, 불종자를 헛되지 않게 하며, 부처님의 법의 눈을 가질 수 있사옵니까? 말씀하여 주소서."

미륵 보살이 선재 동자의 법을 찬탄하다

이 때 미륵 보살이 한량없이 닦은 공덕으로 오늘에 온 선재를 찬탄하였는데 1.이익 얻음을 찬탄하였고, 2.보리심의 한량없는 공덕을 찬탄하였고, 3.대승의 법에 나아감을 찬탄하였고, 4.온갖 공덕을 찬탄하였고, 5.방편을 뛰어넘어 보리를 빨리 증득함을 찬탄하였고, 6.십주의 덕을 갖추고 있음을 찬탄하였고, 7.십행의 덕을 갖추고 있음을 찬탄하였고, 8.십회향의 덕을 갖추고 있음을 찬탄하였고, 9.십지의 공덕을 갖추고 있음을 찬탄하였고, 10.보리심은 등각의 덕을 갖추고 있음을 찬탄하였고, 11.이제 미륵 보살께서 법을 설하시다.

① 보리심은 한량없는 공덕을 모두 성취한다

"무슨 까닭이냐, 선남자여, 보리심은 종자와 같으니 모든 불법을 내는 연고이며, 보리심은 좋은 밭과 같으니 중생들의 깨끗한 법을 자라게 하는 연고이며, 보리심은 땅과 같으니 모든 세간을 유지하는 연고이니라. 보리심은 깨끗한 물과 같으니 모든 번뇌의 때를 씻는 연고이며, 보리심은 큰 바람과 같으니 세간에 두루 걸림이 없는 연고이며, 보리심은 치성한 불과 같으니 모든 소견의 섶나무를 태우는 연고이며, 보리심은 밝은 해와 같으니 모든 세간을 두루 비추는 연고이며, 보리심은 보름달과 같으니 여러 가지 깨끗한 법이 다 원만한 연고이며, 보리심은 밝은 등불과 같으니 가지가지 법의 광명을 놓는 연고이니라."

②미륵 보살의 발심과 수행과 설법 등을 보다

"그 때 선재 동자는 잠깐 머리를 조아리자 미륵 보살의 신통한 힘을 말미암아 자기의 몸이 모든 누각 속에 두루하여 있음을 보았으며, 또 갖가지 부사의한 자재로운 경계를 보았다.

이른바 미륵 보살이 처음에 위없는 보리심을 낼 적에 이런 이름, 이런 성미와 이렇게 선지식의 가르침으로 이런 착한 뿌리를 심던 일을 보았으며, 이렇게 오래 살고 이런 겁을 지내면서 이런 부처님을 만나고, 이렇게 장엄한 세계에 있으면서 이렇게 행을 닦고 이렇게 원을 세웠으며, 저 여래의 이러한 대중의 모임에서 이러한 수명과 이러한 세월을 지내면서 친근하고 공양하던 일을 모두 분명하게 보았다.

미륵 보살이 처음에 인자한 삼매를 증득하고, 그 뒤로부터 자씨(慈氏)이었던 때의 일을 보기도 하고, 미륵 보살이 묘한 행을 닦으며 모든 바라밀다를 만족하던 일을 보기도 하고, 법 아는 지혜를 얻기도 하고, 지상에 머물기도 하고, 청정한 국토를 성취하는 것을 보기도 하였다. 여래의 바른 교법을 보호하며 큰 법사가 되어 생사 없는 법의 지혜를 얻고, 어느 때 어느 곳에서 어느 여래에게 가장 높은 보리의 수기를 받던 일을 보기도 하였다.

또한 미륵 보살이 전륜왕이 되어서 중생들을 권하여 열 가지 착한 길에 머물게 함을 보기도 하고, 사천왕이 되어 중생을 이익케 하고, 제석천왕이 되어 다섯 가지 욕락을 꾸짖고, 염마천왕이 되어 방일하지 않는 일을 찬탄하고, 도솔천왕이 되어 일생보처(一生補處) 보살의 공덕을 칭찬하고, 화락천왕이 되어 하늘무리에게 보살들의 변화하는 장엄을 나타내고, 타화자재천왕이 되어 하늘무리에게 모든 부처님 법을 연설하고, 마왕이 되어 모든 법이 무상하다 말하고, 범천왕이 되어 큰 지혜 바다에 들어가서 법이 환술 같음을 알고, 모인 무리들에게 법을 연설하여 모든 교만하고 취하고 거추장스러움을 끊게 함을 보기도 하였다."

③ 불망념지장엄장(不忘念智莊嚴藏) 해탈문

다시 선재 동자가 말하였다.

"거룩하신 이여, 이 해탈문의 이름은 무엇이오니까?"

미륵 보살이 말하였다.

"선남자여, 이 해탈문의 이름은 세 세상의 모든 경계에 들어가서 잊지 않고 기억하는 지혜로 장엄한 갈무리니라. 선남자여, 이 해탈문 가운데 말할 수 없는 해탈문이 있으니, 일생보처 보살이라야 얻는 것이니라."

선재 동자가 물었다.

"이 장엄하였던 것이 어디 갔나이까?"

미륵 보살이 대답하였다.

"왔던 데로 갔느니라."

"어디서 왔었나이까?"

"보살의 지혜의 신통한 힘으로부터 와서 보살의 지혜의 신통한 힘을 의지하여 머무른 것이며, 간 곳도 없고 머무른 곳도 없고 모인 것도 아니고 항상한 것도 아니어서 모든 것을 멀리 여의었느니라.

선남자여, 용왕의 비를 내리는 것이 몸에서 나오는 것도 아니고 마음에서 나오는 것도 아니고 모으는 일도 없지마는 보지 못하는 것도 아니니 다만 용왕의 마음에 생각하는 힘으로 비가 줄줄 내려서 천하에 두루하는 것이며 이런 경계는 헤아릴 수 없느니라.

선남자여, 저 장엄하는 일도 그와 같아서 안에 머무는 것도 아니고 밖에 머무는 것도 아니지마는 보지 못하는 것이 아니니 다만 보살의 위덕과 신통의 힘과 그대의 착한 뿌리의 힘으로 그런 일을 보는 것이니라."

### 미륵 보살이 법을 보이시다

1. 선재가 누각에 들어가니, 2. 누각 장엄을 보고 이익을 얻고, 3. 미륵 보살의 발심과 수행과 설법 등을 보고, 4. 미륵 보살과 함께한 여러 대중을 보고, 5. 여래를 보고 누각 속의 누각을 보고, 6. 누각의 여러 장엄구를 보고, 7. 누각의 모든 것을 보고, 8. 비유로써 나타냄을 보고, 9. 미륵 보살이 신통과 삼매로 선재 동자를 일으키고, 10. 미륵 보살이 불망념지(不忘念智) 해탈을 얻게 하시고, 11. 보살의 가고 옴의 근원을 알게 하시고, 12. 보살이 태어나신 곳을 알게 하시고, 13. 보살의 권속을 알게 하시고, 14. 보살의 수승함을 깨닫게 하시고, 15. 미륵 보살의 현생의 일을 알게 하시고, 16. 미륵 보살의 당래생(當來生)의 일을 알게 하시었다.

"선남자여, 나는 중생들의 마음을 따라주기 위하여, 나는 도솔천에서 함께 수행하던 하늘을 성숙케 하기 위하여, 나는 보살의 복과 지혜와 변화와 장엄이 모든 욕심세계보다 뛰어남을 보이기 위하여, 그들로 하여금 모든 욕락을 버리게 하려고, 함이 있는 법이 무상함을 알게 하려고, 모든 천인들도 성하면 반드시 쇠함을 알게 하려고, 장차 내려

올 적에 큰 지혜의 법문을 일생보처 보살과 함께 토론하려고, 같이 수행하는 이를 거두어 교화하려고, 석가 여래께서 보내시는 이를 교화하여 연꽃처럼 깨닫게 하려고 여기서 목숨을 마치고는 도솔천에 태어나느니라.

선남자여, 내 서원이 만족하고 온갖 지혜를 이루어 보리를 얻을 때에는 그대가 문수보살과 함께 나를 보게 되리라."

문수 보살을 찬탄하고 그를 찾기를 권유하시다

"선남자여, 그대는 문수사리 보살을 찾아 그에게 보살의 도를 물으라. 어떻게 보현의 수행문에 들어가며, 어떻게 성취하며, 어떻게 광대하게 하며, 어떻게 청정하게 하며, 어떻게 원만하게 하는가를 물으라. 선남자여, 문수사리 보살은 그대에게 분별하여 법을 설하리라."

## 53. 문수 보살(文殊菩薩)

문수 보살이 선재 동자를 칭찬하고 법문을 보이시다

이 때 선재 동자는 미륵 보살이 가르쳐준 대로 점점 나아가 백십여 성을 지나서 보문 국의 소마나 성에 이르러서 문수사리를 생각하고 뵈옵기를 희망하였다. 이 때 문수사리는 멀리서 손을 펴서 선재의 정수리를 만지며 말하였다.

"선재 선재라. 선남자여, 만일 믿는 뿌리를 여의었던들 보살도를 어떻게 증득할 수가 있겠는가."

이 때 문수사리 보살은 이 법을 말하여 주고 가르쳐 주고, 통달하여서 기쁘게 하며, 선재로 하여금 아승지 법문을 성취하며, 한량없는 지혜 광명을 구족하여 보살의 그지없는 큰 지혜 광명을 구족하여 원과 삼매와 신통과 지혜를 얻어 보현의 도량에 들어가게 하며 선재를 자신의 도량에 있도록 하시고 나타나지 않았다.

문수 보살을 만나 뵙기를 갈망하다

그 때 선재 동자는 보현 보살의 이름이 행과 원이 들어감과 나옴, 경계와 위력과 머무름을 갈망하여 보현 보살을 뵙기를, 모든 중생 세계를 교화하려는 마음, 두루한 마음, 모든 국토를 깨끗이 하는 마음, 모든 겁에 머물려는 마음, 여래의 열 가지 힘에 나아가려는 구경의 마음을 일으키었다.

열 가지 광명을 보다

그 때 낱낱 티끌 속에서 모든 세계의 티끌 수 같은 부처님의 광명 그물 구름을 두루 비춤을 보며, 낱낱 티끌 속에서 부처님의 광명의 수레를 보며, 갖가지 법계에 두루함을 보았다. 낱낱 티끌 속에서 티끌 수 같은 부처님의 형상 보배 구름을 내어 법계에 두루함을 보았다. 낱낱 티끌 수 같은 세계에서 묘한 향구름을 내어 시방에 두루하여 보현의 모든 행과 원과 공덕 바다를 칭찬함을 들었다. 낱낱 티끌 수 같은 세계에서 일월성신의 구름을 내고 일체 중생을 보현 보살이 광명을 놓아 법계에 두루 비침을 보았다. 낱낱 티끌 수 같은 세계에서 보살이 몸 형상을 내어 낱낱 중생을 원력에 따라서 구원하여 주는 것을 보았다.

그 때 선재 동자는 곧 보현 보살의 이름과 행과 원과 도를 돕는 것·바른 도·모든 지위(地)·지위의 방편·지의 들어감·지의 더 나아감·지의 머무름·지의 닦아 익힘·지의 경계·지의 위력·지의 함께 머무름을 듣고 갈망하여 보현 보살을 뵈오려 하였다.

곧 이 금강장 보리도량에서 비로자나 여래의 사자좌 앞에 있는 모든 보배연화장 자리 위에 앉아서 허공계와 같으려는 광대한 마음·모든 세계를 버리고 모든 애착을 여의려는 걸림없는 마음·모든 걸림없는 법에 두루 행하려는 걸림없는 마음·모든 시방 바다에 두루 들어가려는 걸림없는 마음·모든 지혜의 경계에 널리 들어가려는 청정한 마음·도량의 장엄을 보려는 분명한 마음·모든 부처님 법바다에 들어가려는 광대한 마음·모든 중생세계를 교화하려는 두루한 마음·모든 국토를 깨끗이 하려는 한량없는 마음·모든 겁에 머물려는 끝없는 마음·여래의 열 가지 힘에 나아가려는 구경의 마음을 일으켰다.

## 54. 보현 보살(普賢菩薩)

보현 보살을 뵙다

이 때 선재 동자는 열 가지 광명한 모습을 보았고 이렇게 생각하였다.

'나는 이제 반드시 보현 보살을 뵙고 선근을 심으며 부처님을 뵙고 여러 보살의 광대한 경지에 대하여 결정한 지혜를 내어 온갖 지혜를 얻을 것이다.'

이 때 선재 동자가 보니 보현 보살이 여래의 앞에 대중이 모인 가운데서 보배 연꽃 사자좌에 앉았는데 모든 보살이 함께 둘러 앉아 모셨으며, 생각하기 어려워 평등하고 짝할 수 없는 보살들이 모여 살펴볼 수 없었다.

보현 보살이 법문을 보이다

① 보현 보살이 선재의 정수리를 만지다

선재 동자가 지혜를 얻은 뒤 보현 보살이 오른손을 펴서 그 정수리를 만지었고, 정수리를 만진 뒤에는 선재가 그 모든 세계의 티끌 수 삼매문을 얻었는데 각각 모든 세계의 티끌 수 삼매로 권속을 삼았다. 이 사바세계의 비로자나 부처님 처소에서 보현 보살이 선재 동자의 정수리를 만진 것처럼 시방에 있는 세계들과 저 세계의 낱낱 티끌 속에 있는 모든 세계의 모든 부처님 처소에 보현 보살도 이와 같아서 선재 동자의 정수리를 만지었고, 얻은 법문도 또한 이와 같았다.

② 보현 보살의 특이한 청정신

이 때 선재 동자는 보현 보살의 몸을 보니 세상의 모든 곳에 부처님 세계에 나투시는 것을 보았다. 모든 세계 바다에 갖가지로 건립되고, 갖가지 형상으로 갖가지로 장엄을 하고, 빛구름이 허공을 덮고, 갖가지로 법을 연설하시는 것이 다 같지 아니하였다.

보현 보살 게송

이 때 보현 보살이 게송으로 말하였다.

너희들 번뇌의 때 떨어 버리고
한마음으로 정신차려 자세히 들으라
여래는 바라밀 구족하시고
해탈의 참된 길은 내가 말하리.

여래는 보고 듣기 어렵나니
한량없는 겁 동안에 이제 만났어라
우담바라 좋은 꽃 어쩌다 핀들
그러므로 부처님 공덕에 들어가나니

세간을 따라주며 지으시는 일
환술과 같은 일 모두 나타내
중생 마음 기쁘게 하심이언정
분별하여 여러 가지 내지 않았네.

### 미륵불(彌勒佛), 미륵보살(彌勒菩薩)

범어로 'Maitreya' 라고 부릅니다. 그래서 미륵 부처님을 '마이뜨리아 붓다' 라 부르기도 합니다. 미륵 보살을 '대승보살(大乘菩薩)' 이라 하기도 합니다. 미륵은 보살의 성(姓)이요, 여기 말로 하면 자씨(慈氏)입니다. 자씨란 자비가 있다는 뜻입니다. 항상 중생에게 희망을 주고, 사랑을 베푼다는 의미를 갖고 있습니다. 이름은 아일다

(Ailta)라 합니다. 아일다는 인도 바라내 국의 바라문 가정에 태어나 석가모니불의 교화를 받고 수행을 하였다고 합니다. 미륵 보살의 용모가 어찌나 잘 생겼던지 사람들이 미륵을 보고, 혹시 이 미륵이 석가모니불의 또 다른 화현신이 아닌가 하였다고 합니다.

**미륵신앙의 미륵삼부경**

　미륵신앙의 토대가 되는 미륵삼부경은 미륵상생경, 미륵하생경, 미륵성불경으로 이루어져 있습니다. 그 가운데 미륵 부처님이 지금 도솔천에 있으니 우리들이 그곳에 태어나야 한다는 믿음을 갖는 것을 말하고, 그러한 줄거리로 이루어진 경전을 미륵상생경이라 합니다. 또한 미륵 보살은 석가모니 부처님이 열반하신 후 56억 7천만 년 후에 오시는 것으로 되어 있는 것을 다룬 것을 미륵 하생경이라 합니다. 미륵대성불경(彌勒大成佛經)에 보면 장래에 미륵이 오시는데 그 때가 되면 저절로 이 땅이 낙토(樂土)가 된다고 합니다.

**미륵 부처님의 중생 구제**

　석가모니 부처님은 당신의 제자인 미륵에게 모든 것을 위임하였습니다. 그리고 미륵이 이 세상에 하생한 뒤에 용화세계라는 세상에서 제도하신다 하여 용화수하삼회설법(龍華樹下三會說法)하시는 것으로 되어 있습니다. 그 때 제도를 받은 모든 중생은 미륵 부처님의 정토인 도솔천에 다 태어난다고 합니다. 중국의 수나라 규기(窺基;632-682)는 미륵상을 만들고, 미륵 신앙을 하면서 제자들에게는 부처님의 계율을 외우게 하고, 신자들도 보살계를 외우도록 하였다고 합니

다. 왜냐하면 우리들이 보살계를 받으면 혹시 잘못 되어 구제를 못
받더라도 용화세계에서는 반드시 구제받는다는 것입니다.

### ① 상생정토(上生淨土)

상생정토 신앙(上生淨土 信仰)으로 미륵 부처님이 계신 도솔천에
태어난다는 신앙을 상생정토라 합니다. 56억 7천만년을 지나서 교
화받을 것이 아니라 바로 이 몸이 상생하여 미륵 보살을 만나 뵙고
아뇩다라삼먁삼보리심을 내어 보살도를 성취한다는 화엄경의 입법
계품 저 끝에 이르면 미륵에 관한 법문이 나옵니다. 미륵상생경이나
기타 다른 경전을 따지지 않더라도 화엄경의 말씀을 갖고도 이러한
신앙의 체계를 갖습니다. 즉 도솔천 내원궁에서 미래 중생을 위하여
성불을 기다리고 계신 미륵 보살을 모시며 함께 정토를 성취하여 간
다는 사상은 미륵 사상 가운데 핵심이라 할 수 있을 것입니다. 이것
이 상생정토를 이룩한다는 정신입니다.

### ② 하생정토 신앙(下生淨土 信仰)

미륵불을 본존으로 하는 신앙의 형태를 말합니다. 부처님이 계시
는 국토를 정토(淨土)라 합니다. 정토를 정토답게 하는 일이 우리 중
생의 믿음이라는 것입니다. 그러니까 미륵 부처님이 저 도솔천에서
56억 7천만년 후에 이 땅에 오시면 중생을 교화하실 수 있도록 미리
수행하여 이 땅을 정토화시킨다는 적극적 신앙을 말합니다. 그러니
까 위의 상생신앙이 이상적 불국세계를 지향한다면 아래의 하생신
앙은 중생구제의 적극적 사고에서 출발합니다. 물론 미륵불이 용화

수 아래로 하생하여 중생구제하실 때 나도 그 때 성불한다는 하생신앙으로써 우리가 사는 이 땅의 중생을 부처님이 오시기 전에 이미 다 구호하여야 한다는 의미를 갖고 있습니다.

**미륵경전들**

　미륵 경전들을 보통 미륵 삼부경이라 합니다. 그리고 미륵 육부경이라고도 합니다. 미륵 삼부경이라 하였을 때는,

　① 불설관미륵보살상생도솔천경(佛說觀彌勒菩薩上生兜率天經)

　② 불설미륵하생경(佛說彌勒下生經)

　③ 불설미륵대성불경(佛說彌勒大成佛經)

　입니다.

# 대방광불입부사의해탈경계보현행원품
## (大方廣佛入不思義解脫境界普賢行願品)

　길이 있으나 지혜바다는 밖이 없고, 망혹은 취함이 아니나 그윽함은 비어 있지 않는도다. 사상(四相)의 불도 태울 수 없고, 만화(萬化)의 문(門)에 다 들어감이니, 진속(眞俗)에 명합(冥合)하되 하나가 아니며, 천 가지로 변화하여도 많음은 아니로다. 사리(事理)가 교철(交徹)하여 쌍망(雙亡)하며, 성품으로 모양을 융합함이 무궁하니 진나라 거울이 서로 비춤과 같으며, 황제의 구슬이 서로 비춤과 같아서, 중중(重重)히 비추어 역력(歷歷)히 나투는지라.

　고(故)로 공에 이르름을 찰나에 원만하게 하고, 부처님 경계를 터럭 끝에서도 얻음이라. 모든 부처님 마음 가운데서 중생들이 부처를 짓고, 중생의 마음 속에서 모든 부처님이 생각생각에 증득하도다. 한 글자 법문을 바닷물을 먹으로 써도 다하지 못하고, 한 터럭 같은 선(善)이 공계(空界)가 다하되 그는 다함이 없도다.


### 보현행을 실천한 중국의 보제선사(普濟禪師)
　화엄종의 초조(初祖) 두순(杜順)은 보현행을 닦은 사람으로 유명합니다. 종남산의 보제 선사도 보현행의 실천가로 이름나 있습니다.

보제(普濟) 선사는 보원(普圓) 화상에게 머리를 깎고 중이 되어 두타행(頭陀行)으로 일생을 보냈습니다. 그는 화엄경을 접하고는 신심이 나서 늘 화엄경을 읽고 외웠다 하였습니다. 특히 보현행원품을 읽고 외워서 늘 보현 보살처럼 살려고 하였던 것입니다. 산길을 가다가 호랑이나 표범을 만나서 몸을 주려고 하여도 호랑이는 슬그머니 피했다고 합니다. 북주시대에 선사는 불교탄압이 일어나자 태백산(太白山)에 숨어 들어가서 목숨을 보전하였습니다. 그 후 그는 불교탄압이 끝나자 마을로 내려와서 보현행을 닦아서 현수국(賢首國)에 태어나길 바라면서 사신공양(捨身供養)을 맹세하였다고 합니다.

그 때에는 이미 수문제가 불교를 다시 홍왕시키고자 불교부흥운동을 벌이고 있을 때입니다. 그는 불교가 융성해지는 것을 보고 기뻐하였고, "마침내 나의 원이 이루어졌다" 하고 높은 바위에 올라가서 사홍서원을 외치면서 몸을 날려 아래로 떨어져 사신공양(捨身供養)을 하였다고 합니다. 그 후에 사람들이 그 곳에 백탑(白塔)을 세워서 스님을 추도하였다고 합니다. 이러한 보제 선사의 전기는 화엄경(華嚴經) 전기(傳記) 권4에 실려 있습니다.

또 변재(辯才)라는 스님도 보현행원을 닦고자 노력하여 화엄경을 읽고 외우기를 쉬지 않았다고 합니다. 그는 번뇌로 마음이 안정이 되지 않고 장애를 많이 받자 몸을 깨끗이 하고 향내 나는 상자를 만들어 그 곳에 화엄경을 넣고 머리에 이고 독송하기를 3년이 되어서야 마침내 꿈을 꾸었는데 보현 보살이 꿈속에 나타나서 화엄경의 심오한 이치를 깨닫고 보현행으로 살기를 원력으로 세우고 화엄경의 가르침대로 살라고 하였다 합니다.

화엄경의 보현행원품에 "성내는 마음을 일으키면 백천 가지 장애가 일어나다."라는 구절이 있습니다. 성내면 모든 악의 근원이 이 곳에서 일어난다는 것입니다. 법장은 탐현기(探玄記) 권16에서 전설결정비니경(傳說決定毘尼經) 가운데 경의 한 구절을 취하여 말하였습니다. "보살은 차라리 백천 가지 탐내는 마음을 일으킬지언정 한 번이라도 성내는 마음을 일으키지 말아야 하네. 대비(大悲) 어긋나는 해로운 일은 이보다 더한 것은 없기 때문이네."

욕심을 백천 가지로 낼 것이라도 만약 한 번이라도 성낸다면 이는 보현 보살이 아니라는 것입니다. 모든 보살은 이와 같이 성내거나 살생, 또는 기타 악한 일을 일으키는 마음조차 내지 않는다는 것입니다.

진실을 말하는 것과 살생하지 않는 것과 보시하는 것을 잊지 않는다면 이 사람은 반드시 천상의 세계에 난다고 하였습니다. 스님은 불교탄압을 하여도 성내지 않고 열심히 수행하였기에 불교의 발흥을 돕지 않았을까 하는 마음이 생기기도 합니다. 허공과도 같은 마음을 갖는다면 이는 분명 보살의 마음일 것입니다.

보현행원에서 '모든 업장을 참회하다.' 라는 분이 있습니다.

지난 세상 내가 지은 모든 악업은
성 잘 내고 욕심부리고 어리석어서
몸과 말과 뜻으로써 지었어라
제가 이제 모두 다 참회합니다.

라는 말씀입니다. 참회한다는 것은 과거세에서 지금 생에 이르기까지의 모든 악한 행과 마음을 참회하는 것입니다. 참회라는 것은 적극적인 삶을 이루고자 하는 자신과의 싸움에서 이기고자 하는 다짐이기도 합니다. 보통 우리들은 자신이 무슨 짓을 하고 사는 지를 잘 알지 못합니다. 어디에서부터 잘못된 지도 모릅니다. 그리고 잘못된 것을 설사 안다 할 지라도 그것을 고치려고 하는 마음이 없다면 그것은 어떤 일을 한다고 하여도 모두 허사입니다. 몸으로 지은 잘못된 일도 많거니와 마음으로부터 잘못된 것을 고치는 일이 어리석음에서 벗어나는 일일 것입니다.

그리고 남이 지은 공덕(功德)을 기뻐하는 일입니다. 경전에,

시방세계 여러 종류 모든 중생들
성문, 연각, 배우는 사람, 다 배운 사람
제불(諸佛) 보살(菩薩) 모든 공덕
지극한 마음으로 받들어 기뻐합니다.

남의 공덕을 칭송하고 따라 기뻐한다는 것은 쉬운 일인 것 같지만 그리 쉽지만은 않은 것 같습니다. 우리 속담에 "사촌이 땅을 사면 배가 아프다."라는 말이 있습니다. 형제가 아닌 것이 다행입니다. 남이 땅을 사는데 왜 내가 배가 아파야 하고 고민을 해야 하느냐 이겁니다. 오히려 부처님 마음으로 남이 땅을 사면 '아! 그는 열심히 살아서 땅을 사는구나' 하고 그의 노력을 칭송하고 찬탄하여야 합니다. 남을 칭찬하면 사람들로부터 그도 역시 칭송을 받습니다. 경문에 중

생의 공덕이나 제불 보살님의 공덕이나 그것도 지극한 마음으로 칭송하고 찬탄한다는 말입니다.

　이 세상에는 버릴 것이 하나도 없습니다. 산을 지키는 나무와 풀들은 사실은 이름 모를 풀과 나무들입니다. 소나무와 또는 귀하다고 하는 산삼이나 이런 것이 산을 지키는 것이 아니라 전혀 이름도 또는 모양도 잘 모르는 그런 것들이 산을 푸르게 하고, 이름 모를 돌멩이와 보잘것 없다고 하는 흙 한 줌이 산을 지킵니다. 징그럽다고 하는 뱀도 어찌 보면 사람보다 먼저 그 산의 주인이 되어서 살고 있습니다. 산에 개미 한 마리도 없는 산이라면 살아있다는 말을 듣지 못할 것입니다. 그러니 모든 것에 대한 공덕을 찬탄하는 마음을 일으킨다는 것은 진실로 모든 것에 대한 존경과 경외심 그리고 고마움들입니다. 보현행에서 이와 같이 마음부터 몸에 이르기까지 실천해야 한다는 것을 일깨워 주는 말씀이 아닌가 합니다.

　아래에 보현행원품 가운데 중요부분만을 싣습니다.

　서분, 정종분, 제불예경, 여래찬탄, 광수공양, 제업장 참회, 수순공덕, 법륜전법, 항순중생, 보회향 등입니다.

## 1. 서 분(序 分)

**경문** 그 때에 보현 보살 마하살은 부처님의 거룩한 공덕을 찬탄하고 여러 보살과 선재 동자에게 말하였다.

　"선남자여, 부처님의 공덕은 비록 시방세계 모든 부처님이 이루 다 말할 수 없는 많은 부처님 세계의 아주 작은 티끌 같은 많은 수의 겁을 계속하여 말할지라도 끝까지 다하지는 못할 것이니라. 만일 그와 같은 공덕을 이룩하려면 마땅히 열 가지 큰 행원(行願)을 닦아야 하느니라."

## 2. 정종분(正宗分)

### 열 가지 서원(誓願)의 이름

"그 열 가지 원이란 모든 부처님께 예배하고 공경함이 그 하나요, 부처님을 우러러 찬탄함이 그 둘이며, 널리 공양함이 그 셋이요, 스스로의 업장을 참회함이 그 넷이며, 남의 공덕을 따라 기뻐함이 그 다섯이요, 설법하여 주기를 간청함이 그 여섯이며, 부처님이 세상에 오래 머무르시기를 간청함이 그 일곱이며, 항상 부처님을 따라 배움이 그 여덟이며, 항상 중생을 수순(隨順)함이 그 아홉이요, 모두 다 회향함이 그 열이니라."

선재 동자가 아뢰었다.

"거룩하신 분이시여, 어떻게 예배하고 공경하오며, 어떻게 회향하오리까?"

### 제불예경(諸佛禮敬)

보현 보살이 선재 동자에게 말하였다.

"선남자여, 부처님께 예배하고 공경하는 것은 온 법계 허공계 시방 삼세 모든 부처님 세계의 티끌처럼 많은 수의 모든 부처님들께 보현의 수행과 서원의 힘으로 깊은 믿음을 일으켜 눈앞에 뵈온 듯이 받들고 청정한 몸과 말과 뜻으로써 항상 예배하고 공경하는 것이니라. 낱낱 부처님께 이루 다 말할 수 없이 말할 수 없는 아주 작은 티끌만큼 많은 부처님께 두루 절하는 것이니 허공계가 다하여야 나의 이 예배하고 공경함도 다하려니와 허공계가 다할 수 없으므로 나의 이 예배하고 공경함도 다함이 없느니라. 이와 같이 중생의 세계가 다하고 중생의 업이 다하고 중생의 번뇌가 다하여야 나의 예배함도 다하려니와, 중생계와 내지 중생의 번뇌가 다함이 없으므로 나의 이 예배하고 공경함도 다함이 없느니라. 일념(一念)으로 계속하여 쉬지 않건만 몸과 말과 뜻으로 하는 일은 지치거나 싫어함이 없느니라."

제불찬탄(諸佛讚歎)

"선남자여, 부처님을 찬탄한다는 것은 온 법계·허공계·시방·삼세 모든 부처님 세계의 작은 낱낱 티끌 가운데 모든 세계의 작은 티끌 수의 부처님이 계시고, 부처님 계신 데마다 보살 대중이 모여와 둘러싸 모시는 것이니 내가 마땅히 깊고 훌륭한 알음알이로 앞에 나타나듯 알아보며, 변재 천녀의 미묘한 혀보다 더 훌륭한 혀를 내어 그 낱낱 혀로 그지없는 소리를 내고 낱낱 소리로 온갖 말을 내어 부처님들의 모든 공덕을 찬탄하며, 오는 세월이 다하도록 계속하여 그치지 않아 법계가 끝난 데까지 두루하는 것이니라.

이와 같이 하여 허공계가 끝나고 중생계가 끝나고 중생의 업이 끝나고 중생의 번뇌가 끝나야 나의 찬탄이 끝나려니와, 허공계와 내지 중생의 번뇌가 끝날 수 없으므로 나의 찬탄도 끝남이 없나니 염념히 계속하여 잠깐도 쉬지 않건만 몸과 말과 뜻으로 하는 일은 지치거나 싫어함이 없느니라."

광수공양(廣修供養)

"선남자여, 널리 공양한다는 것은 온 법계 · 허공계 · 시방 · 삼세 모든 부처님 세계의 작은 티끌의 그 하나하나마다 일체 세계의 작은 티끌만큼 많은 수의 부처님이 계시고, 부처님 계신 데마다 갖가지 보살 대중이 모여서 둘러싸 모시는 것이니 내 보현의 수행과 서원의 힘으로 깊은 믿음과 지혜를 일으켜 눈앞에 나타나듯 알아보며, 훌륭한 여러 가지 공양거리로 공양하나니 이른바 꽃과 꽃타래와 하늘음악과 하늘일산과 하늘옷과 여러 가지 하늘향과 바르는 향 · 사르는 향 · 가루향과 이와 같은 것들의 낱낱 무더기가 수미산과 같으며, 여러 가지로 켜는 등불은 향유등 같은 것이 심지는 각각 수미산 같고 기름은 바닷물 같아 이와 같은 여러 가지 공양거리로 항상 공양하느니라.

선남자여, 모든 공양 가운데는 법공양이 으뜸이니라. 부처님 말씀대로 수행하는 공양과 중생들을 이롭게 하는 공양과 중생들을 거두어 주는 공양과 중생들의 고통을 대신하는 공양과 착한 바탕 닦는 공양과 보살의 할 일을 버리지 않는 공양과 보리심을 여의지 않는 공양들이 그것이니라.

선남자여, 먼저 말한 여러 가지로 공양한 한량없는 공덕을 한생각 잠깐 동안 법으로 공양한 공덕에 비하면, 그 백분의 일이 못 되고 천분의 일도 못 되며, 백천구지 나유타분의 일, 가라분의 일, 산분 · 수분의 일, 유분의 일, 우파니사타분의 일도 못 되느니라.

왜냐하면 모든 부처님들은 법을 존중하기 때문이며, 부처님 말씀대로 수행함이 부처님을 내기 때문이며, 만일 보살들이 법공양을 행하면 이것이 곧 부처님께 공양함을 성취하는 것이며, 이와 같이 수행함이 진실한 공양이기 때문이니라. 이는 넓고 크고 가장 훌륭한 공양이니 허공계가 끝나고 중생계가 끝나고 중생의 업이 끝나고, 중생의 번뇌가 끝나야 나의 공양이 끝나려니와, 허공계와 내지 중생의 번뇌가 끝날 수 없으므로 나의 이 공양도 끝나지 않느니라. 이와 같이 생각 생각이 계속하여 잠깐도 쉬지 않건만 몸과 말과 뜻으로 하는 일은 지치거나 싫어함이 없느니라."

## 업장참회(業障懺悔)

"선남자여, 업장을 참회한다는 것은 보살이 스스로 생각하기를, '내가 지나간 세상 비롯 없는 겁 동안에 탐내고 성내고 어리석은 탓으로 몸과 말과 뜻을 놀리어 악한 업을 지음이 한량없고 가이없으니 만일 그 악한 업이 형태가 있다면 끝없는 허공으로도 그것을 다 용납할 수가 없을 것이니라. 내가 이제 청정한 세 가지 업으로 법계에 두루 찬 아주 작은 티끌 세계의 모든 부처님과 보살 대중 앞에 지성으로 참회하고 다시는 악한 업을 짓지 않으며, 깨끗한 계율의 모든 공덕에 항상 머물겠나이다.' 하는 그 마음이니라.

이와 같이 하여 허공계가 끝나고 중생계가 끝나고 중생의 업이 끝나고 중생의 번뇌가 끝나야 나의 참회도 끝나려니와, 허공계와 내지 중생의 번뇌가 끝날 수 없으므로 나의 이 참회도 끝나지 않느니라. 염념히 계속하여 잠깐도 쉬지 않건만 몸과 말과 뜻으로 하는 일은 지치

578

거나 싫어함이 없느니라."

### 수순공덕(隨順功德)

"선남자여, 남의 공덕을 따라 기뻐한다는 것은 온 법계·허공계·시방·삼세 모든 부처님 세계의 아주 작은 티끌만큼 많은 수의 여러 부처님들이 처음 마음낸 때로부터 모든 지혜를 위하여 복덕을 부지런히 닦을 적에 몸과 목숨을 아끼지 않고, 이루 다 말할 수 없이 말할 수 없는 많은 부처님 세계의 아주 작은 티끌만큼 많은 수의 겁을 지나는 동안 이루 다 말할 수 없이 말할 수 없는 많은 부처님 세계의 아주 작은 티끌만큼 많은 수의 머리와 눈과 손과 발을 버렸느니라.

이와 같이 행하기 어려운 고행을 하면서 갖가지 바라밀다문을 원만히 갖추었고 갖가지 보살의 지혜에 들어가 모든 부처님의 가장 훌륭한 보리를 성취하였으며, 열반에 든 뒤에는 그 사리를 나누어 공양하였나니 그 모든 착한 바탕을 나도 따라 기뻐하며, 또 시방 모든 세계의 여섯 갈래 길에서 네 가지로 생겨나는 모든 종류들이 지은 바 공덕과 내지 한 티끌만한 것이라도 내가 모두 따라서 기뻐하느니라.

또한 시방 삼세 모든 성문과 벽지불의 배우는 이와 배울 것 없는 이의 온갖 공덕을 내가 모두 따라서 기뻐하며, 모든 보살들이 한량없이 행하기 어려운 고행을 닦으면서 가장 높은 보리를 구하던 그 넓고 큰 공덕을 내가 모두 따라서 기뻐하나니 이와 같이 하여 허공계가 다하고 중생계가 다하고 중생의 업이 다하고 중생의 번뇌가 다하여도 나의 이 함께 기뻐함은 끝나지 않느니라. 염념히 계속하여 쉬지 않건만 몸과 말과 뜻으로 하는 좋은 일은 지치거나 싫어함이 없느니라."

## 청전법륜(請轉法輪)

"선남자여, 설법하여 주기를 청한다는 것은 온 법계·허공계·시방·삼세 모든 부처님 세계의 작은 티끌 하나하나마다 이루 다 말할 수 없이 말할 수 없는 많은 부처님 세계의 작은 티끌같이 많은 수의 넓고 큰 부처님 세계가 있고, 그 낱낱의 세계 안에서 잠깐 동안에 이루 다 말할 수 없이 말할 수 없는 많은 부처님 세계의 아주 작은 티끌만큼 많은 수의 부처님들이 바른 깨달음을 이루는지라, 모든 보살대중이 둘러앉아 있나니 내가 몸과 말과 뜻으로 하는 갖가지 방편으로써 법문 설하여 주기를 은근히 청하는 것이니라.

이와 같이 하여 허공계가 끝나고 중생계가 끝나고 중생의 업이 끝나고 중생의 번뇌가 끝나더라도 내가 모든 부처님께 항상 바른 법 설하여 주기를 청함은 끝남이 없을 것이니 염념히 계속하여 잠깐도 쉬지 않건만 몸과 말과 뜻으로 하는 일은 지치거나 싫어함이 없느니라."

## 항순중생(恒順衆生)

"선남자여, 중생의 뜻에 항상 따른다는 것은 온 법계·허공계·시방세계의 중생들이 여러 가지 차별이 있어 태생(胎生), 난생(卵生), 습생(濕生), 화생(化生)으로 나나니 땅과 물과 불과 바람을 의지하여 살기도 하고, 허공을 의지하여 살기도 하며, 풀과 나무를 의지하여 살기도 하는 바 여러 가지 종류와 여러 가지 몸과 여러 가지 형상과 여러 가지 모양과 여러 가지 성질과 여러 가지 소견과 여러 가지 욕망과 여러 가지 뜻과 여러 가지 위의와 여러 가지 의복과 여러 가지 음식으로 여러 시골의 마을과 도시의 사람 큰 집에 사는 이들이며, 내지 하늘과

용·팔부 신중과 사람인 듯 아닌 듯한 것들이며, 발 없는 것·두 발 가진 것·네 발 가진 것과 여러 발 가진 것이며, 몸 있는 것·몸 없는 것·생각 있는 것·생각 없는 것·생각 있는 것도 아니고 생각 없는 것도 아닌 것 따위를 내가 모두 그들에게 수순하여 갖가지로 섬기고 갖가지로 공양하기를 부모같이 공경하고, 스승과 아라한과 내지 부처님이나 다름이 없이 받들며, 병든 이에게는 의원이 되고, 길 잃은 이에게는 바른 길을 보여주고, 캄캄한 밤에는 빛이 되며, 가난한 이에게는 묻혀 있는 보배를 얻게 하면서 이렇게 보살이 일체 중생을 평등하게 이롭게 함을 말하는 것이니라.

왜냐하면 보살이 중생을 수순하는 것은 곧 부처님께 순종하여 공양하는 것이 되고, 중생들을 존중하여 섬기는 것은 곧 부처님을 존중하여 받드는 것이 되며, 중생들을 기쁘게 하는 것은 곧 부처님을 기쁘게 함이 됨이요, 그 까닭은 부처님은 자비하신 마음으로 바탕을 삼으시기 때문이니라. 중생으로 인하여 큰 자비심을 일으키고, 자비로 인하여 보리심을 내고, 보리심으로 인하여 정각을 이루심이 마치 넓은 벌판 모래사장에 서 있는 큰 나무의 뿌리가 물을 만나면 가지와 잎과 꽃과 열매가 모두 무성함과 같으니 나고 죽는 광야의 보리수도 또한 이와 같으니라.

일체 중생은 뿌리가 되고 부처님과 보살들은 꽃과 열매가 되어 자비의 물로 중생들을 이롭게 하면 모든 부처님과 보살들의 지혜의 꽃과 열매를 이루느니라. 왜냐하면 보살들이 자비의 물로 중생들을 이롭게 하면 아뇩다라삼먁삼보리를 성취하기 때문이니라. 그러므로 보리는 중생에게 달렸으니 중생이 없으면 모든 보살이 마침내 가장 훌륭한 정각을 이루지 못하느니라.

선남자여, 그대는 이 이치를 이렇게 알아야 하느니라. '중생에게 마음을 평등히 함으로써 원만한 자비를 성취하고, 자비심으로 중생들을 수순함으로써 부처님께 공양함을 성취하는 것이라'고 알아야 하느니라. 보살은 이와 같이 중생을 수순하나니 허공계가 다하고 중생계가 다하고 중생의 업이 다하고 중생의 번뇌가 다하여도 나의 수순함은 다함이 없느니라. 일념으로 계속하여 잠깐도 쉬지 않건만 몸과 말과 뜻으로 하는 일은 지치거나 싫어함이 없느니라."

### 보개회향(普皆廻向)

"선남자여, 모두 다 회향한다는 것은 처음 예배하고 공경함으로부터 중생의 뜻에 수순함에 이르기까지 그 모든 공덕을 온 법계·허공계·일체 중생에게 회향하여 중생들로 하여금 항상 편안하고 즐거움을 얻게 하고 병고가 없게 하기를 원하며, 하고자 하는 나쁜 짓은 모두 이뤄지지 않고 착한 일은 빨리 이루어지며, 온갖 나쁜 갈래의 문은 닫아버리고 인간이나 천상이나 열반에 이르는 바른 길은 열어보이며, 중생들이 쌓아온 나쁜 업으로 말미암아 받게 되는 모든 무거운 고통의 과보를 내가 대신하여 받으며, 그 중생들이 모두 다 해탈을 얻고 마침내 더없이 훌륭한 보리를 성취하기를 원하는 것이니라.

보살은 이와 같이 회향하나니 허공계가 끝나고 중생계가 끝나고 중생의 업이 끝나고 중생의 번뇌가 끝나더라도 나의 회향은 끝나지 않고 일념으로 계속하여 쉬지 않건만 몸과 말과 뜻으로 하는 일은 지치거나 싫어함이 없느니라."

# 華嚴經 百日法門

1999년 4월 1일 초판인쇄
1999년 4월 7일 초판발행

편저자 · 장산
펴낸이 · 봉화영
펴낸곳 · 불광출판부

138-190 서울시 송파구 석촌동 160 - 1
대표전화 · 420 - 3200
팩시밀리 · 420 - 3400
등록번호 제1-183호(1979. 10. 10)

ISBN 89-7479-620-1